ロシア革命と東方辺境地域

「帝国」秩序からの自立を求めて

西山克典 著

北海道大学図書刊行会

本書を父と母に捧げる

ロシア革命と東方辺境地域——目　次

凡例

第一章 帝国：抑圧と矛盾

第三章　ソヴェト同盟：統合と批判

凡例

一、本書における日付は、一九一八年一月末まではロシアの旧暦（ユリウス暦）による。一八世紀で一一日、一九世紀で一二日、二〇世紀で一三日を加えれば、今日の新暦（グレゴリウス暦）に換算できる。一九一八年二月以降は新暦の日付を用いているが、一部、移行期のため二つの日付を併記してある。

二、本書で使用されているロシアの度量衡の単位は、次のように換算できる。

一デシャチーナ＝二四〇〇平方サージェン＝一・〇九ヘクタール

一ヴェルスタ＝五〇〇サージェン＝一・〇六七キロメートル

一プード＝四〇フント＝一六・三八キログラム

三、人名の表記に関しては、名と父称と姓は・で区切りを示し、名と父称を略した場合は、ロシア文字のイニシャルで示してある。複合姓は＝で複合されていることを示す。人名と地名は、慣用的な表記以外は、発音に近い片仮名表記としてある。

四、民族名称は、それぞれの時代に用いられていた呼称を用いている。ヴォチャーキ、チェレミスは、それぞれ現在のウドゥムルト、マリを指している。帝政時代のキルギスという呼称には、現在のカザフ、キルギスの両民族が含まれている。本書では、その時代の状況のなかで使われている呼称を原則として用いたが、文意を明確にするため、（現——）と補った場合もある。

五、引用した学術雑誌は、次のように略記してある。

«Вопросы истории»　«ВИ»　«Красный архив»　«КА»

«Вопросы колонизации»　«ВК»　«Пролетарская революция»　«ПР»

«Жизнь национальностей»　«ЖН»　«Cahier du Monde russe et soviétique»　«CMRS»

«История СССР»　«ИСССР»

はじめに——ロシアにとっての「東方」と「辺境」

教養のあるオーストリア人の多くは、「アジアは東部国道がウィーンを出た所から始まる」というメッテルニヒの考えに共感を覚えていた。そして北部イタリア人は南部イタリア人のことをアフリカの野蛮人の一種とみなしていた。しかし、オーストリア、イタリアの両王国ともこうした後進的な地域は、その国のほんの一部であったにすぎない。ロシアでは「ヨーロッパ的かアジア的か」という問題は、もっと深刻な意味をもっていた。なぜなら、教養のあるごく一部の階層を除くと、白ロシアとウクライナから東方の太平洋に至るほぼ全域が、おしなべて、ブルジョワ社会からかけ離れていたからである。……(E・J・ホブズボーム、野口建彦・野口照子訳『帝国の時代　一八七五—一九一四　I』みすず書房、一九九三年、二七〜二八頁)

Ⅰ 「東方」と「辺境」

ロシアの年代記にモスクワが初めて登場するのは一二世紀中葉の記述においてである。モスクワを中心に他の諸公国や地域を統合してロシアは発展をとげた。このモスクワ大公国は、一六世紀半ばのイヴァン雷帝の時代には、ヴォルガ中・下流域を征服し、やがてウラル地方まで支配下に組み入れた。

このヴォルガ中流からウラルにかけての地域は、すでにノヴゴロドからの北方への植民と交易がみられたとはいえ、ロシアにとって最初の本格的な非ロシア系諸民族の住む地域であった。この地域の併合は、ロシアとは異質な地域の支配と編成のはじまりを意味した。モスクワ国家は、その後、首都をバルト海に面したサンクトペテルブルクに移しつつ、ヨーロッパの制度と文化を積極的に吸収し「帝国」としての発展をとげていった。帝政ロシアは、専制国家の主導のもとで西欧化を急速に進めつつ、広大な地域を「帝国」へ編成したのである。これは、いわば楕円の二つの中心のように、サンクトペテルブルクとモスクワを両首都として、中央部ロシアとは異質な各地域を帝国へ編成し周縁と化す過程でもあった。東に向かっては、すでに一七世紀に、シベリアはロシアの支配下に組み込まれ、ロシアの支配は太平洋まで及び、一八世紀には、西シベリアからヨーロッパ部へ穀物が供給されるまでになっていた。西に向かっては、一八世紀の初めには、バルト地方が併合され、さらにポーランド、フィンランドが支配下に入った。南方では、一七世紀半ばにウクライナ左岸が併合されていたが、さらにクリミア半島から黒海に面するカフカース地方は、エカチェリーナ二世の治政から一九世紀前半にかけて併合された。クリミア戦争後の一九世紀後半には、中央アジアが征服され、帝国の領土の拡張は、ほぼ極限に至った。一九世紀末に、帝政ロシアはアジアにも広大な領域を有し、アジア諸国に大きな影響力を行使するヨーロッパの大国として大英帝国に対峙し、国際政治の場に重きをなすことになる。

この帝国の発展過程のなかで、ロシアにおいて「東方 ВОСТОК」と認識される地域が生まれた。この「東方」とは、地理的概念における東、つまり、日の出る方位、およびその方向に広がる地域を指すといった中性的な意味ではない。また、この「東方」は自然地理学で確立したヨーロッパ大陸と区別されるアジア大陸と等価でもない。ロシアにおいて、ヨーロッパとアジアの境界をウラルとカフカースの山脈といった指標で区分するのは一八世紀以降の自然地理学の発展のなかでである。

帝国の拡張と発展のなかで形成された「東方」意識は、地理学ではヨーロッパに含まれるヴォルガ中流からウラルにかけての地域、さらに、シベリア、極東地域、クリミア半島からカフカース地方、中央アジアという広大な領域に向けられ、そこに付着した意識である。この「東方」意識とは、キリスト教文明に帰属するロシアが異質な世界に向けた眼差しに根ざしており、ロシアがその文明を異質の世界に伝え、その「開化 просвещение」を促すという文明史的役割を担っており、その役割を果たす「場」として「東方」は意識されている。これは、ヨーロッパ近代の知識人に通底する意識であり、彼らにとってオスマン帝国の支配する地中海沿岸から太平洋の日本に至る広域が「東」として異質な世界と認識されていた。ピョートル大帝以降の近代化、つまりは西欧化であるが、そのなかでロシアの知識人もこのオリエンタリズムを受け入れたのであり[1]、革命家マルクスにもこれは通底するものであった。イギリスのインド統治に関するマルクスの理解と評価はつとに知られているが、ロシアに関しても、その「東方」への支配とロシアの文明史的役割への評価は同じであった。ホブズボームが「帝国主義の最大の詩人」と評したインド生まれのイギリス人作家キプリングの "East is East, and West is West〔東は東、西は西〕" という言葉には、「東」と「西」では全てが異なり、両者は相いれないという含意がこめられているが[2]、この「東」と「西」という意識はロシアの知識人を呪縛し、彼らの思想に離れがたい影のようにつきまとっていた。ロシアはヨーロッパではアジアとみられ、アジアではヨーロッパとみられると述べたのは文豪ドストエフスキーであるが、帝国ロシアの知識人はこの意識のなかで苦悩しながらも、基本的には「西」に自らの立脚点をおいていた。
一九一一年七月のロンドンでの人種会議で、ロシアの教育評論家A・ヤーシチェンコは、「東」と「西」の対立を軸にしながら、その超克を求め、ロシアの文明史的位置を次のように述べた。「ロシアの施策は、その東と西にまたがる位置によって規定されている。ロシアは、アジアの諸民族がヨーロッパ文化を受容することにおいて、文明化するという自らの歴史的な役割を常に意識していた。地上の植民という偉大な使命を果たしているのは、ヨーロッパのそれぞれの大きな種族、第一にアングロ・サクソン人、ついでイスパニア人、最後にドイツ人とフランス人である。ロシアは、その使命を自らの内部で、東方と西方の要素をともに変容させつつ、果たしているのである。[3]」

本書では、帝政ロシアの支配下に編成され包接された広大な「東方」のなかから、二つの地域に焦点があてられている。一つは、ヴォルガ中流からウラルにかけての地域であり、ここは、ウラル山脈の以西であり、地理的には帝国のヨーロッパ部に属するが、歴史文化的な含意では「東方」に属し、ヨーロッパ・ロシアの東部辺境地域と呼ばれた。もう一つの地域は、中央アジアのセミレーチエ地方である。天山山脈からバルハシ湖に流れる七つの河――ロシア語で七(セミ)、河(レーチ)――を意味する地方である。ここは、八世紀半ばには唐とアッバース朝がタラス川で干戈《かんか》を交えたことでも知られ、文明圏の交叉するところであるが、一九世紀後半以降はロシアの中央アジア支配の一つの拠点として、タシケントとならぶ地域である。

この二つの地域は「東方」であるとともに、帝国における「辺境」との規定がなされてきた。「辺境 окраина」という言葉は、帝国にとって単なる辺鄙な「地方 область」を指すのではない。ロシア語の「辺境オクライーナ」という言葉は、端《はし》、縁《へり》という意味の「クライ край」を語幹とし、それに接頭辞の「オ о-」を付して合成された名詞である。接頭辞「オ」は「〜化する」という意味である。したがって、「辺境」とは、ロシアの支配下に編入され、中枢をなす中央部(メトロポーリ)に対して、それとは異なる周縁と化された地域を意味している。

さて、歴史上の国家には一定の地域構造が内在されており、その構造のうえに、いわばそれに依拠して、全体的な統治と支配も貫徹されている。したがって、それぞれの時代に、政治体としての国家は一定の地域構造を内在化してきた。キエフ・ルーシにおいては、首都キエフを中心に「外ルーシ Внешняя Русь」と「内ルーシ Внутреняя Русь」が意識されていたことが知られている。[4] モスクワ国家にも、独特な地域構造が内在化されていた。そのことは、歴史の大家プラトーノフが名著『動乱時代のモスクワ』の叙述を、諸地域の分類と記述から説き起こしていることからも窺える。[5] ピョートル大帝の改革以降の帝政ロシアにおいても、県・郡、総督府、州・道などの官僚＝軍事的な行政区分を包括して独特の地域構造が形成され、辺境は帝国に編成され、その構造のなかに内在化されていた。この地域構造の認識を進展させたのは、П・П・セミョーノフであるが、彼の地域区分は一八七〇年代に地理学の分野において一応の確立をみている。[6] 帝政を革命によって否定したソ連にも、連邦を構成するいくつかの共和国、「自治」の名を冠した共和国と州、管区といった民族領域にそった区分と、計画経済に基づく地域区分が複合し、全体としてモスクワを中枢とする中央集権的な地域構造を内在化させていた。このような地域構造への認識なくして、「帝国」をなしたロシアとソ連の理解は覚束ない。この認識を欠くとき、モスクワの政治動向から、あるいはロシア庶民の生活から、ロシア全体への認識が直截に導き出される。モスクワ・クレムリンの政治(クレムノロジー)がロシアの政治世界と意識されたり、ロシア中央部のタムボフ地方の農民もシベリアの農民も同じようにイメージされる。ロシアは、均質で平面的な空間ではなく、異質な地域の立体的構造、すなわち、歴史的な地域構造を内在化させているのである。

この地域構造、そこにおける中枢と辺境という支配と編成の関係は、ロシアに限られるものではなく、大英帝国にも、共和政下のフランスの「帝国」にも、新大陸の米国、そして東アジアの中華帝国にも、さらには日本の歴史にも内在するものである。

この「東方」と「辺境」という意識が投影され、それに呪縛された二つの地域に視点を据えることで、帝政ロシアの構造、そこにおける抑圧と矛盾の体系を構造的に開示し、そこでの解放の諸相とソヴェト連邦(同盟)への編成の様態をあとづけること、これが本書の目的である。

この目的に照らして、いくつかの研究上の論点にふれて、補足しておかねばならない。まず、帝政ロシアの中枢—辺境構造についてである。帝政ロシアは、その政治・経済、および文化の「中枢」である中央部ロシア Центр России の周縁に独特の辺境社会 окраина を内包していた。これらの辺境地域は、体制の危機、そして崩壊、ロシア革命の展開のなかで、「中枢」からの著しい自立(律)性を示し、その政治的抑圧と経済的従属からの解放を志向した。ここで分析の対象とする二つの地域も、帝国の中枢への編成のあり方と自立の独自のリズムを示している。

ヴォルガ中流からウラルにかけての地域は、一六世紀の半ば以来、ロシアに併合され、その支配下に編成されてきた地域である。この地域の中心となるカザンは、一五五二年以来、ロシアの支配に服し、ウラルの要衝となるウファとオレンブルグは、それぞれ一五八六年、一七三五年の開基である。こうして、一六世紀半ばから一八世紀にかけて、この地域は、教会・修道院、貴族地主と隷属する農民、都市住民の移住と入植が行われ、帝政ロシアの東部辺境をなす独特の地域として形成された。この地域は、フィン・ウゴル系とチュルク系の諸族、そして入植してきたスラヴ系のロシア人をはじめとする人々が混住し、正教とイスラム、そして「異教 язычество」と総称される種族的信仰が複雑に交錯する地域となった。この地域は、文化の対抗と断裂のなかで帝国への統合が目指される地域であった。

もう一つの対象であるセミレーチエ地方は、帝政ロシアの支配するトルケスタンの一地方であるが、ヨーロッパ列強に伍す帝政ロシアの中央アジアへ向けた典型的な植民地であった。ここでは大規模な入植が進められ、革命と内戦は独特のプロセスを経て展開し、土地問題が鋭いイッシューをなした。これは、中央部ロシアのように地主＝貴族と共同体に結集する農民の対立ではなく、外来の入植者＝ロシア農民と原住民ムスリムとの対立を基軸とし、民族問題とも連関する植民地問題の核心をなしていた。中央アジアの革命史研究にみられる様々な論点――例えば革命の地域的自立（律）性、ムスリム原住民にとっての革命の外来性と疎外性、共産党をはじめとする諸党派の社会的基盤とその政策的「偏向」、等々[7]――もまた、辺境植民地における土地問題とともに、「移民・入植」の視点から、すぐれて具体的かつ明晰に把握されうるであろう。

この二つの地域、さらに帝政ロシアの全ての辺境地域において、植民は帝国への統合と編成をめぐる重要な問題であった。植民の問題は、帝政ロシアにおいてその歴史学の重要な基調をなしており、セルゲイ・ソロヴィヨフからクリュチェフスキーに至るロシア歴史学に響く通奏低音であった。クリュチェフスキーの名著『ロシア史講話』第一巻（一九〇四年初版）では、植民はロシアの歴史的発展と二重写しにされ、「東方」に対してロシアの文明史的役割を果たすものとして肯定的な解釈を得ていた[8]。植民の問題は、革命後の一九二〇年代には帝国主義の政策的一環として厳しく批判されたが、一九三〇年代に入ると、辺境の開発に進歩的役割を果たした点に評価が転移した。スターリン時代におけるこの評価の大きな揺れ戻しとともに、レーニンの著作に依拠した研究の枠組みは継承されている。すなわち、移民＝入植問題は、中央部ロシアの農業問題への安全弁として、また、辺境への資本主義の急速な外延的拡大の契機としてもっぱら理解され、辺境植民地の農業問題が中央部ロシアのそれに規定されていることが強調された。ここでは、移民＝入植問題が辺境社会においてもつ独自性と重大さが看過されるのである[9]。

この植民の問題は、移民を送り出すヨーロッパ・ロシアの農業問題にとっては、それから派生する些細な一従属要因であるとしても、移民を受け入れる辺境にとっては、その実態把握なくしては、「辺境」とされた地域の近・現代史も革命の構造把握も覚束ない、研究のキー的意義を有するのである。

本書では、以上のような帝国の中枢―辺境という構造とそこにおける植民をめぐる問題状況をふまえて、帝政ロシアの辺境植民地として編成された二つの地域、つまり、ヴォルガ中流・ウラル地域と中央アジアのセミレーチエ地方、(10)に焦点がおかれている。ロシア革命のなかで未完に終わった辺境植民地の土地革命の理解に向け、また、帝国の「東方」「辺境」における革命の基本的論争点の解明への一助としたい。

(1) カルパナ・サーヘニー、袴田茂樹監修、松井秀和訳『ロシアのオリエンタリズム』柏書房、二〇〇〇年、一四頁。

(2) E・J・ホブズボーム、野口建彦・野口照子訳『帝国の時代 II』みすず書房、一九九三年、一一六頁。

(3) А. Ященко, Роль России в сближении Востока и Запада. «Православный собеседник», 1912, март, с. 381.

(4) 一〇世紀に逸名のペルシャ人がのこした『世界の境についての本』でも、ビザンツ皇帝コンスタンチン七世の『帝国統治論』でも、古代国家ルーシは「外 внешняя」と「内 внутренняя」に意識されていた。外ルーシは遠きノヴゴロド Далекий Новгород とルーシへの貢納に服する地であり、内ルーシは公が自ら貢納徴収行 полюдье に赴くキエフの周りに広がる地域である。内ルーシの北門は、リューベッチで、南門は、ドニエプル渡河の浅瀬で重要な戦略地点でもあったヴィチェチェフである。本来のルーシとはこの内ルーシのことであり、ネストルが『原初年代記』で示したルーシに近い。История СССР с древнейших времен до наших дней. Т. I, М., 1966, с. 486.

(5) С. Ф. Платонов, Очерки по истории смуты в Московском государстве XVI-XVII вв. 5-ое изд., М., 1955, сс. 7-9.

(6) В. И. Чернявский, П. П. Семенов-Тян-Шанский и его труды по географии. М., 1955, сс. 169-71, 176-77. セミョーノフは、人口規模に基づく県・郡の行政区分は地域区分として適切ではないと批判し、ヨーロッパ・ロシアの四九の県と一軍州(ドン)を一二の地域に、さらにこれにフィンランド、ヴィスラ流域(ポーランド)を加え、アジア部は七つに区分した(カフカース、トルケスタン、キルギス・ステップ、シベリアの西部、中部、東部、東太平洋)。帝政ロシアをこのように二一の地域に再編する彼の試みは、帝国全体をとらえ包括的であったため、一九世紀末から革命を経た一九二〇年代末まで広く用いられた。

(7) このような論点を、「植民地革命 колониальная революция」という概念で提示しようとする動きが、革命後の一九二〇年代に、二人の研究者によってなされた。アジアの革命運動とその研究に大きな影響を与えたゲオルギー・サファーロフと、ソ連の中央アジア革命史研究の第一世代に属するガルーゾである。Г. Сафаров, Колониальная революция. Ташкент, 1921; П. Г. Галузо, Туркестан-колония. М., 1929; его же, Восстание 1916 г. в Средней Азии. «Красный Архив», 1929, Т. 34, с. 43. だが、二人の研究は一九三〇年代に厳しく批判され、党の指導性と、中央と地方の革命過程の「一体性 единство」が研究上の準則とされ、方法概念としての「植民地革命」論も十分な展開をみるに至らなかった。サファーロフは、やがてスターリン体制下で植民地解放の「理論家」とされるが、粛清され、ソ連体制の最後まで名誉回復がなされなかった。ガルーゾは、スターリン批判後、研究活動を復活させ、ソ連崩壊後のカザフスタン史においても再評価される人物の一人である。M. K. Козыбаев, глав. ред., Уроки отечественной истории и возрожение казахстанского общества. Алматы, 1999, с. 5.

（8） S. Becker, "The Muslim East in Nineteenth-Century Russian Popular Historiography". *Central Asian Survey*, Vol. 5, No. 3/4 (1986), pp. 39, 41.

（9） レーニン『ロシアにおける資本主義の発展』第八章「国内市場の形成」第五節「辺境の意義」（『レーニン全集』第三巻、大月書店、六二六〜三〇頁）、同「移民問題」（第一八巻、八五〜九七頁）、同「移民事業の意義」「再び移民事業について」（第一九巻、四九〜五六、七七〜七八頁）。

（10） 一八六七年に中央アジア統治のためトルケスタン総督府が形成され、その一州としてセミレーチエ州も設置された。Полное собрание законов Российской империи.〔以下ПСЗと略記〕Т. LXII, 1-ое отделение 1867 (Спб. 1871), с. 1151. 一八八二年のステップ総督府設置に伴い、同州はその管轄下へ移され（ПСЗ. Т. II, 1882 (Спб. 1886), с. 212）一八九一年からは「ステップ統治規定」が施行された。ПСЗ. Т. XI, 1891 (Спб. 1894), с. 136. 同州は、一八九七年末には再びトルケスタン総督府の管轄に移されたが、「トルケスタン統治規定」ではなく「ステップ統治規定」の適用される、いわば統治の二重性を有する地域となった。П. Г. Галузо, Аграрные отношения на юге Казахстана в 1867–1914 гг. Алма-Ата, 1965, с. 35: А. П. Фомченко, Русские поселения в Туркестанском крае в конце XIX–начале XX вв. Ташкент, 1983, с. 37. 革命後はトルケスタン共和国の一州となったが、一九二四年の中央アジアの民族境界区分により、同州南部はキルギス共和国へ、同州北部はジェトゥイス州としてカザフ共和国へと、それぞれ分割・編入された。

II　植民地革命の問題によせて

一七世紀以来、ヨーロッパの戦争と革命は、植民地の争奪とその解放の問題とも関連して展開するようになった。イギリス革命の最中に、クロムウェルによるアイルランド征服がなされ、その植民地化の本格的開始をみたのは周知のことである。また、フランス革命では、「黒いジャコバン」トゥサン・ルベルチュールに率いられ、カリブ海の仏領西インド諸島で黒人の解放（ハイチ革命）が闘われた。帝政ロシアも、ヨーロッパ列強の覇権のもとに形成された世界システムのなかで、植民（地）の問題を内部に抱え込んできた。ロシア革命のなかで、この植民地の問題をどう解決するかが鋭く問われることになった。しかし、移民＝入植地の土地問題、それをめぐる社会の動向、さらに革命の展開過程については、歴史学において十分に検討されることなく冷戦の終焉を迎えることになった。

これには、政治体制に係わる、あるいは思想的ないくつかの背景がある。帝政ロシアにあっては、「単一不可分のロシア」を脅かす運動と思想は国法上の禁制のもとにおかれたし、帝政ロシアの歴史学も基本的に併合と植民地支配を正当化するものであった。革命によって帝国とその植民地支配は否定されたが、すでに一九二〇年代半ばから、辺境民族地域の自立をにおわせる論者には「民族的偏向者 национал-уклонист」の嫌疑がかけられ、三〇年代のスターリン体制のもとでは、彼らは厳しい弾圧の対象となった。体制的には、ソ連邦の崩壊に至るまで、中央と辺境地域の結合を正当化する論理が一貫しているのである。歴史学の分野では、ポクロフスキー史学によって帝国の植民地支配は厳しく断罪されていたが[1]、一九三〇年代半ばに帝国への併合は「最も小さな悪」として容認されることになった[2]。その後は、帝政ロシアへの反抗と離反は、民衆を主体とした階級闘争であるかどうか厳しく査定され、全体的には、封建的、あるいは宗教的指導者の反動的運動とみなされ、その意義が否定的に評価されたのである。

これらの「併合」を正当化し「帝国」との一体性を容認する論理には、植民と開発によって進歩がもたらされたとする認識が基調として一貫しているのである。ロシア近代歴史学の主流を占め、支配的地位を保持していた国家学派は、植民の歴史を重要なテーマとして扱い、いわば歴史の自然史的過程としてとらえた。だが、これはロシア国家の辺境民族地域への支配を正当化する弁証にも帰した。クリュチェフスキーは植民に基づくロシア史の時期区分と把握を提示したが、彼の論理は、帝政ロシアのアジア支配の成果を誇示する『ロシア領アジア』第一巻（一九一四年）の巻頭も飾ったのである[3]。Н・И・コストマーロフ、А・П・シチャーポフ、Н・М・ヤードリンツェフらは、歴史過程における国家原理の勝利という国家学派のライトモチーフに対して、地域と人民を国家に対置し、連邦制の主張をも示唆していた。これらの歴史家、さらに彼らの影響を受けた革命家のなかに、国家主導の移民＝植民政策に「自由な人民の植民 вольно-народная колонизация」という概念を対置し、称揚する考えが生まれた。この考えは、А・Н・ラディーチシェフ以来のロシアの革命思想を貫く「赤い糸」でもあった[4]が、ロシアの辺境植民地の現実のなかでは、移民の窮状に共感し、専制政府の移民政策を批判し、移民の入植を積極的に推進する立場でもあった。

他方で、移民＝植民政策を批判しつつ、中央部ロシアの農業問題の解決を優先する立場も強く存在した。レーニンにみられるように、移民と植民の問題をあくまで中央部ロシアの土地問題の解決によって解かれるものととらえ、その限りでは辺境植民地の原住民の土地要求は後景にしりぞき従属的なものとみなされた[5]。

革命後のソ連では、中央から辺境への革命の波及、革命過程における中央と地方の「一体性 единство」を強く打ち出したスターリンが書記長としてソヴェト体制に君臨していくなかでは、植民問題の批判的研究の可能性も閉ざされた[6]。スターリン体制を「個人崇拝」の論点において批判したフルシチョフのもとで、カザフスタンの処女地開墾が大々的に進められ、彼によってカザフスタンに送り込まれたブレジネフがソ連共産党書記長に就いた後も、長く、植民の問題を歴史的、批判的に扱う雰囲気は生まれなかった。なるほど、ソヴェト体制下では「植民 колонизация」という用語は慎重に回避され、「開発 освоение」と言い換えられていたのであるが、植民と中央への統合という問題は、帝政ロシアからソ連に至るまで、体制的にも思想的にも、いわば禁忌の「死角」とされてきたのである。

欧米では、ボリシェヴィズムとソヴェト権力の辺境民族地域への扶植、「ソヴェト化」の視点からの研究が主流をなし、[7]ここでは結局、ロシア帝国が「ソヴェト帝国」へ横滑り連続したことになる。革命において植民問題がどのような展開をみたかは、具体的に充分に究明されることはなかったのである。[8]日本では、帝政ロシアとソ連邦の民族地域の研究が、個別に、中央アジアに関しては木村英亮によって、ウクライナは中井和夫によって、カフカースはグルジアを中心に高橋清治によって精力的に進められてきた。[9]こうしたなかで、青木節也が、一九八〇年に一連の発言のなかで、移民の入植が問題となる地域に関して「社会主義と植民地の解放という二者の間にあった矛盾」を指摘・強調した。[10]また、原暉之は、ロシア革命を展望しつつ、南シベリアの民族関係を植民の視点からとらえ直していた。[11]

さて、本書は、ロシア、欧米、日本のこのような研究動向とそこでの蓄積に支えられて、帝政ロシアの辺境植民地で革命がどのような展開をみたか、その基本線をあとづけることを課題としている。対象とするのは、移民＝入植が積極的に推進された地域で、これは民族問題の場となる辺境民族地域一般より、さらに限定した地域となる。すなわち、シベリア南部のブリヤート地方から、トヴァ、ハカス、山地アルタイ地方、さらにカザフのステップに連なり、ここからトルケスタンのセミレーチエ、スィルダリヤ地方に南下し、また、西に向かってウラルのバシキール地方、カルムィクの草原とカフカース地方へと及ぶユーラシアの大ステップ地帯である。本書では、このユーラシアの大ステップ地帯のなかのセミレーチエ地方とバシキール地方に焦点をあてつつ、植民と土地革命の問題が究明されている。

この植民の問題とともに、本書はもう一つの研究動向に多くを負っている。それは、山内昌之の方法と提言と係わっている。ロシア史をイスラムとの連関から鋭く問い直し、その再考を求める動向である。同氏によって、ヴォルガ中流のタタール人の帝政ロシアへの編成と文化統合、スルタン＝ガリエフの活動が明らかにされてきた。[12]

この研究方向は、小松久雄らによってカザフスタン、トルケスタンへと拡大され研究の進展をみている[13]。ヴォルガ中流から中央アジアに広がるイスラム世界の帝国への統合と再編を問う研究とその成果が、本書の研究を刺激し促したもう一つの背景である。ここでは、植民地での解放をめぐる様々な社会運動と文化的対抗、解放へ向けての政治構想がタタール人の運動とも関連して追求される。

さて、本書で対象とされる時間の枠組みは、一八六一年の農民解放を中心とする「大改革」期から一九一六年の「異族人」の反乱を経て、一九二三年六月のスルタン=ガリエフ事件までである。このように対象を時間と空間において限定しつつ、ここでは「中央」から「辺境」への革命の波及、その革命過程の「一体性」ではなく、これら植民地の革命における「自立性」と、それを規定する、原住の諸民族と入植民らの社会運動の「並存性」に注目している。いわば、「地域」から全体性を開示する試みである。具体的には、これらの地域の帝国への編成のあり方、帝国の崩壊とソヴェト権力の樹立、そのもとで進展した農民革命の性格を示し、一党制政治システムの成立と民族自治、そのもとで実施された土地改革をはじめとする一連の改革が党内闘争を醸成させつつ、スルタン=ガリエフ事件に至る過程を描き、未完に終わった東方辺境の植民地革命の全体像の把握に迫りたい。

(1) マルクス主義歴史家の全連邦協議会が一九二八年一二月末から翌年一月にかけ開かれ、ここでは、併合の進歩的意義をめぐっても論争があった。しかし、当時、ポクロフスキーを含め多くの論者がその進歩性を批判していた。«Историк-марксист», 1929, T. 11, c. 245.

(2) А. Шестаков, Основные проблемы учебника "краткий курс истории СССР". «Историк-марксист», 1937, No. 3, cc. 91–92. その後のこの「最も小さな悪」論の展開については、次を参照せよ。А. Якушин, О применении понятии «наименьшее зло» в оценке присоединения к России нерусских народностей. «Вопросы истории», 1951, No. 11, cc. 83–86. この併合正当化史観は、カザフスタン併合二五〇周年の学術会議の基調をなしていたことからもわかるように、各地で催された併合何周年の記念学術会議でたえず確認され、ソ連体制の崩壊まで維持された。Конференция к 250-летию вхождения Казахстана в состав России. «Вопросы истории», 1982, No. 4, cc. 116–18.

(3) Азиатская Россия. Т. I. Издание Переселенческого Управления Главного Управления Землеустройства и Земледелия. Спб., 1914, с. v.

(4) А. П. Окладников, глав. ред., История Сибири. Т. II, Л., 1968, сс. 13-15.

(5) В. И. Ленин, Аграрная программа социал-демократии в первой русской революции 1905-1907 годов. ПСС, 5-ое изд. Т. 16, М., 1973, сс. 227-31, 394; его же, Аграрный вопрос в России к концу XIX века. ПСС. 5-ое изд., Т. 17, М., 1968, сс. 68-71.

(6) И. Сталин, Октябрьский переворот и национальный вопрос. Сочинения, Т. 4, М., 1951, с. 160; его же, Политика Советской власти по национальному вопросу. Там же, сс. 351-63.

(7) R. Pipes, *The Formation of the Soviet Union. Communism and Nationalism. 1917-1923*. Harvard U. P., 1964.

(8) 欧米では、カザフスタンを中心に植民の実証的研究は進展している。G. J. Demko, *The Russian Colonization of Kazakhstan. 1896-1916*. The Hauge, 1969; M. B. Olcott, *The Kazakh*. Hoover Institution Press, 1987.

(9) 木村英亮『スターリン民族政策の研究』有信堂、一九九三年、中井和夫『ソヴェト民族政策史――ウクライナ一九一七―一九四五』東京大学出版会、一九八八年、高橋清治『ペレストロイカと民族の問題』平凡社、一九九〇年。

(10) 青木節也「ユーラシヤ革命の現代史によせて――木村英亮・山本敏著『ソ連現代史II・中央アジア・シベリヤ』(山川出版社 一九七九年)の印象から」『ロシア史研究』三一号、一九八〇年、五一頁。

(11) 原暉之「シベリアにおける民族的諸関係」『史苑』四二巻一―二号、一九八二年五月。

(12) 山内昌之『スルタンガリエフの夢――イスラム世界とロシア革命』東京大学出版会、一九八六年、同『神軍、緑軍、赤軍――ソ連社会主義とイスラム』筑摩書房、一九八八年。

(13) 小松久男『革命のなかの中央アジア』東京大学出版会、一九九六年、山内昌之編訳『史料 スルタンガリエフの夢と現実』東京大学出版会、一九九八年、宇山智彦『中央アジアの歴史と現在』ユーラシアブックレット、東洋書店、二〇〇〇年、帯谷知可「フェルガナにおけるバスマチ運動一九一六―一九二四年」『ロシア史研究』五一号(一九九二年)。

III　ソヴェト史学と課題の設定

二〇世紀初頭の帝政ロシアは先に指摘したように、「中央ロシア Центральная Россия」とその周縁にいくつもの「辺境 окраина」を配する、中枢―辺境構造を内在していた。この中枢―辺境構造のもとでは、ロシア革命は一律に展開したのではなく、中央ロシアでソヴェト権力が擁護され維持されたのに対し、辺境地域では革命は著しい自立性を示した。辺境地域は、中央ロシアと異なる政治・経済的、文化・社会的構造を歴史的に形成し、中央ロシアへ統合・編成されてきたのであり、ここは、内戦と干渉戦の舞台となり、やがて赤軍によって解放され、中央ロシアへ再統合されたのである。この辺境地域では、したがって、帝政ロシアへの統合が鋭く問われ、民族解放運動の主体が形成され民族問題が論じられる「場」であった。

帝政ロシアの辺境民族地域に関する革命史研究の枠組みは、一九三〇年代にソヴェト史学の成立とともに確定した。ソ連の崩壊とともに、このソヴェト史学に対する清算的態度が顕著となっている。しかし、ソヴェト史学の思考と方法、成果、そこにおける問題性の認識なくしては、歴史学の発展も望めない。清算とは、その放擲と忘却ではなく、それを支えた「知」の軌跡の内在的理解とそれへの批判を通じてなされるべきであろう。

中央アジアとヴォルガ・ウラル地域に関して、このソヴェト史学の成立と展開をいささか詳しく検討しておく必要がある。その知的枠組みは、革命に関する一九二〇年代の様々な論点のいわば否定的総括でもあった。中央アジアにおける革命が原住ムスリムを疎外しつつ進展し(1)、辺境植民地での土地改革も彼らには成果の少ないものであったとの判断は(2)、革命直後の一九二〇年代には革命家と研究者に共有の見解であった。革命からの疎外というこの問題は、ここでは党とソヴェト権力がおかした大ロシア覇権主義の誤りという認識とも通底し、ロシア人の植民主義 колонизаторство の社会的基盤の解明も目指されていた。このようなムスリム民衆の革命からの疎外性、ロシア人が革命を主導したという外来性、さらに、土地改革の不徹底性、党とソヴェト権力の民族問題での「偏向」などの論点が結びついて、中央アジアの革命は中央ロシアのそれから自立し、独自の律動をもっていたという意味で、その自立(律)的な性格が確認されていた。(3) このような「自立(律)性 самостоятельность」という認識にも支えられて、中央アジアの革命を、「植民地革命 колониальная революция」として研究・分析することが模索され、セミレーチエ地方は、このような諸論点を明示する一つの有力な論拠として、また、それらの論点の結節として援用されたのである。(4)

だが、一九三〇年代に入ると、ロシア革命史研究の枠組み全体が大きく転換した。すなわち、『党史小教程』(一九三八年)に準拠し、党の指導性と階級同盟に基づく二月から一〇月への革命の「成長転化 перерастание」というテーゼが定礎され、革命の諸段階は、党中央の指導のもとに進展する過程とみなされた。革命史研究におけるこの転換、さらには、一九三〇年代の地方史研究の壊滅、(5) 民族主義に対する「偏向」としての強い否定的評価という状況が相まって、(6) 地域の自立(律)を主張する研究は不可能となった。かつての帝政ロシアの辺境民族地域である中央アジアの革命は、プロレタリアートの支援を得て、資本主義を飛び越え社会主義に至る革命として位置づけられ、それはロシア革命の「不可分の構成部分」をなすとされ、中央と地方の革命過程の「一体性 единство」が強調されることになった。

この「一体性」論のもとでは、地方の革命は中央の時期区分と同一の枠に押し込まれ、中央のそれの波及過程とみなされた。そして、その遅延と困難のうちに地方の革命の特殊性が探られ、それは結局、地域の「後進性 отсталость」によって説明された。(7) これは、一九二〇年代の地域の「自立(律)性」という考えの全否定であり、地方はもっぱら中央の視点から、中央との「一体性」のもとでとらえられることになった。このような「一体性」論は、単一の党中央の指導性を前提にし、「長兄」ロシア人とそのプロレタリアートの主導・援助、革命への原住ムスリムの参加と諸民族の友好・共闘を強調する歴史叙述となった。このような叙述の枠に組み込めない要素から、辺境の異民族地域を「反革命ヴァンデー地域」とみる視点も生まれた。中央アジア革命史研究におけるこのような転換は、一九三二年のФ・ボシュコの小冊子に始まり、セミレーチエに関してはC・H・ポクロフスキーの研究によって体系化された(8)。

スターリン批判とともに、中央アジア革命史の「美化 лакировка」が批判され、「暗部」も研究・言及されるようになった(9)。だが、一九三〇年代に成立した研究の大枠は維持・継承された。したがって「一体性」論で説明されえない諸論点は、ときとして表面へ浮上したが(10)、潜伏させられた。フルシチョフ農政のもとで処女地開墾キャンペーンが積極的に進められ、後の党書記ブレジネフがカザフ共和国党第二書記として送り込まれてくる状況では、セミレーチエをはじめ中央アジアの植民問題の批判的な史的研究、さらに中央アジア革命史の枠組みを問い直すことは、政治的に困難であった(11)。

欧米では、ソ連とは逆に、革命と共産党への否定的ニュアンスのなかで、ボリシェヴィキのクーデターとその地方への波及として革命をとらえる、セントラリスト史観が基調にあり、結局、地域の革命の自立(律)性は等閑視されてきた。日本では、木村英亮の一連の先駆的な研究があるが、やはり、辺境民族地域の革命を、ロシア革命の時期区分と枠内でとらえ、そのなかで中央アジアの革命の諸困難、「偏向」を問題にしていると思える(12)。

本書では、以上のような冷戦時代の東と西の両体制に強く影を落としていたセントラリスト史観の克服を課題の一つとしている。中央アジアの革命を二月革命の波及から、十月革命とソヴェト権力の樹立、内戦、ネップへの移行という枠内でとらえる従来の「一体性」論に基づく見解を批判しつつ、その革命の始期を一九一六年ムスリム蜂起に求め、終期を一九二一～二二年の土地改革とする。この独自の時期区分は、革命における地域の自立(律)性を再考しようとする立場からである。同時に、「一体性」論に基づく研究が強調する、入植者、ムスリム原住民など諸民族勤労者の支援・共闘ではなく、むしろ、ムスリム原住民とロシア人を中心とする入植者の、二つの互いに並存・対抗する革命運動を基軸に据えてのことである。具体的には、中央アジアの革命の諸論点の結節をなし、革命の諸矛盾が鮮明に現れた一地域であるセミレーチエ地方に焦点をあてることになる。ロシア革命が、すぐれて、地域と民衆の社会的ベクトルの複合的な所産であるとするならば、革命を中央から一律にとらえるのではなく、地域と民衆の潜勢力を可能な限り掘り下げる知的作業も必要であろう。

他方で、ヨーロッパ・ロシアの東部に位置するヴォルガ中流・ウラル地域に関しては、非ロシア系諸民族の住むこの地域の帝国への統合、さらには、帝国の東方辺境へのタタール人の文化・政治的ヘゲモニー、その脅威への対策に苦心したところでもある。帝政の崩壊とともに、この地域の諸民族、ロシア人の都市住民、農民の社会運動が展開し、一九一八年春にはソヴェト権力によって、複雑な民族構成をもつこの地域の統合のため、「タタール・バシキール共和国」プランが提出された。内戦の終了する一九二〇年には、このプランが放棄され、タタール人とバシキール人に個別の自治共和国、チュヴァシ、マリ、ウドゥルムトのそれぞれに自治州の形成が確定した。

南ウラルに広がるバシキール共和国の形成をめぐる問題は、帝国、あるいは革命後のソ連体制への統合と民族問題を鋭く表現するものとして、従来、注目され論争されてきた。ソ連邦では、一九二六年から二八年にかけて『プロレタリア革命』誌で、バシキール問題が激しく論争された。この論争でハリス・ユマグーロフは、ロシア農民からなるクラーク移民とバシキールの農牧民の対立に至るバシキール地方の複雑な社会・経済状態を強調しつつ、地方の共産党組織とソヴェトがバシキール政府とその民族自治に敵対的に行動したとし、その背景として、地方の党活動家の大ロシア主義とタタール人の覇権主義を指摘した。(13) これに対して、フョードル・サモーイロフはバシキール革命委員会は「小ブルジョワ民族主義者」からなり、小ブルジョワの利害を追求し、他の東方ムスリム諸民族と連絡をとり、バシキール地方の孤立とソ連邦からの完全な分離を志向したと述べ、その政策を「反党的」と厳しく批判した。(14) この論争は決着をみないまま、(15) 一九二〇年代末から三〇年代にかけて、バシキール民族主義へ強い批判のアクセントをおきつつ、シャムソン・チペーエフとサモーイロフが研究を先導した。(16) 当時、サモーイロフは党中央委員会の党史責任補佐の要職にあり、チペーエフはスターリン名称共産主義大学の助教授であり、ОГПУ（合同国家政治保安部）の中央学校の私講師でもあった。二人とも党の方針を忠実に歴史研究に持ち込む人物であった。スターリン時代には、バシキール地方の党州委員会書記のリフ・ライーモフが一連の研究を発表したのである。(17)

スターリン批判後は、史料集や研究書が多く出版され、スターリンとレーニンの民族問題での対立も明らかにされたが、民族問題を扱う知的枠組みは変わらずに存続した。すなわち、二〇年代の研究にみられた論争性が失われ、「大ロシア覇権主義」と「地方民族主義」という二つの「偏向」を知的枠組みとして、問題の把握が目指されている。ここでは、辺境民族地域ではロシア人プロレタリアートの指導と援助のもとで異民族勤労者の解放がなされ、民族自決に基づく民族自治が達成されたとされるが、地域の社会経済、文化的対抗のなかで二つの「偏向」がとらえ直され、分析されることがなかった。したがって地方ソヴェトとその独占的な政治的担い手となった共産党組織が、辺境の地域社会で原住の異民族民衆に対してもった疎外性とその克服過程の困難性が看過されるのである。

ただ、この点で、当時さかんに編纂された民族地域ごとの共和国・州の形成史に関する史料集のなかで、バシキール共和国のそれは出色であったことを指摘しておかねばならない。収録史料の量のみならず、本文に収録されない情報が、注に詳細にイソップの言葉で書かれていたのである。この史料集の編集者ビラル・ユルダシュバーエフは、一九六三年六月にバシキーリアの党州委員会ビューローとモスクワの党中央委員会で批判され、科学アカデミーのバシキーリア支部の歴史部門責任者から解任されたのである。(18)

欧米では、一九二〇年代から三〇年代にかけて民族地域のソヴェト権力の樹立に関心を払った人々は、一方では、民族の階級分化を重視せず、ブルジョワが存在しないということ、つまり、「ブルジョワの不在性 безбуржуазность」という論拠に基づき、民族地域の社会主義革命は根拠がなく、革命運動は反ロシア的方向性をもっていたと主張した。亡命研究者のもう一つの潮流は、「単一不可分のロシア」という大ロシア主義的立場から、帝政ロシアの民族問題を過少評価し、民族解放運動を無視するもので、革命と内戦期の辺境民族地域への理解は、彼らの視野から落ちかすんでいった。[19] しかし、一九五〇年代に冷戦を迎える状況のなかで、一九二〇年代のソ連での論争を継承するかたちで、新しい研究と論争が行われた。ここでは、ロシア人入植者（農民と労働者）に依拠する地方の共産党組織とソヴェト権力、バシキール人を糾合・同化しつつムスリムの統一を志向するタタール人の民族運動、これらに対抗するバシキール人の自立的な民族運動という知的枠組みのなかでバシキール問題の分析が行われている。この枠組みのなかで研究者の力点は多様である。「モスクワの権力」に民族問題解決の「究極の源泉」をみ、「自治」の「必然」性を説くE・H・カーの〈ハイ・ポリティック〉の視点から、[20] バシキールの「自治」の〈虚偽性〉と「原住民」に対する「ロシア人植民者」の勝利を説くR・パイプス、バシキール民族運動の〈人工性〉を説く論者まで、[21] 多様に分岐している。

ヴォルガ・ウラル地域の解放という問題では、山内昌之の鋭いパイオニア的な問題提起によって、日本の研究は大きな推進力を与えられたことも指摘しておかねばならない。[22] ロシア史にイスラムの視点からの読み直しを迫るとともに、スルタン＝ガリエフの思想と行動を通じて、この地域の帝国への編成と解放の問題性を鮮やかに提示してくれた。本書は、ヴォルガ・ウラル地域に関するこのような先行する諸研究にもやはり多くを負っている。

また本書では、「ペレストロイカ」からソ連崩壊以降の新しい研究動向と、そこで明らかにされた史料にも多くを負っている。ここでは研究における共産主義イデオロギーの後退とともに民族史への強い回帰が顕著であり、ロシア人にとっては、その歴史的「アイデンティティ」が問われ、非ロシア系の諸民族にとっては、ロシアとは異なる文明・文化圏への接合の志向が顕著である。[23] ソ連崩壊に前後して、多くの新しい史料が公刊されるようになったが、そのなかで、ソ連邦の形成に係わるもの、共産党の中央委員会の議事録の公刊が重要であった。[24] また、ゼキ・ヴァリードフ、ミルサイド・スルタン＝ガリエフをはじめとするソ連体制下で禁圧、封じられてきた人々の著作の公刊と研究も大きな刺激となった。さらに、スターリン批判後、名誉回復はなされたが、情報が完全に公開されることがなかったトゥラル・ルィスクーロフをはじめとする人々の著作と情報の公刊も重要である[25]。彼らは、ヴォルガ中流からウラル、さらにセミレーチエを含むトルケスタンの革命において、重要な役割を果たしており、その著作と行動の公開は、この地域を開示するうえできわめて貴重である。だが、他方でソ連の崩壊後、ソ連の民族政策を批判するなかで、帝政ロシアの辺境支配を美化し、自由主義者カデットの民族理論に共感を示す著作も現れている。その基調には、新生ロシアの統合を文化的自治の枠で実現しようとの志向がある[26]。しかし、本書は、禁圧されてきた植民地革命に生きてきた人々への共感に裏づけられている。

本書では、時期的には、農奴解放後の「東方」辺境地域の帝国への編成と矛盾、革命と内戦の時代を通して、いかに、これらの地域に一党制政治システムが定礎し、ソ連という新しい体制へと統合されていったかを明らかにしたい。その際に、ヴォルガ中流・ウラル地域と中央アジアのセミレーチエという「東方」の「辺境」をなす二つの地域に焦点をあてている。このことで、認識の安定性とバランスが得られることを期している。これらの「東方」と「辺境」をなした地域では、新しい歴史像を求めるなかで、民族と自らの国家に回帰し、一部では神話化の様相さえ窺える。本書では、ロシア革命における「東方」と「辺境」の地域社会を、個別の民族史や狭く限定された地域史としてではなく、全体史との有機的関連のもとで構造的に把握することを目指している。このことで、一九二〇年代以降のソヴェト政治社会への理解へとつなぐ展望も得られると考える。

(1) З. Миндлин, Киргизы и революция. «Новый Восток», 1924, No. 5, с. 217. 党中央委員会中央アジア・ビュロー付属の党史編纂委員会が編集した『中央アジアの十月革命』(一九二八年、タシケント)では、原住ムスリムの革命への「共感というよりは中立的対応」がみられ、「党も、ソヴェト当局にも、地方の勤労大衆を自らの側に迅速かつ無碍に引き入れる能力が最初はなかった」と指摘していた。П. Антропов, Первый съезд Коммунистической партии Туркестана. Истпарт Средазбюро ЦК ВКП(б). «Революция в Средней Азии». сб. 1, Ташкент, 1928, с. 17.

(2) ムスリム共産主義の指導者の一人であるトゥラル・ルィスクーロフは、第一二回党大会（一九二三年）で、中央部ロシアでは農業改革がなされたが、多くの辺境地域では、それは事実上存在せず、キルギス（現カザフ）人社会では、どのような変化も生じなかったと述べている。Двенадцатый съезд РКП (б). Стенографический отчет. М., 1968, сс. 512-14.

(3) Г. Сафаров, Колониальная революция. Ташкент, 1921, сс. 61, 75-76.

(4) サファーロフとならんで、ガルーゾも「植民地革命」の方法を模索していた。П. Г. Галузо, Туркестан—колония. М., 1929; его же, Восстание 1916 г. в Средней Азии. «Красный архив», 1929, Т. 34, с. 43.

(5) См., Всесоюзная конференция по историческому краеведению. «История СССР», 1988, No. 5, сс. 212-13. 第二回の歴史地方誌学全連邦会議は、ペンザで一九八九年四月初旬に開かれている。В. Б. Жиромская, Возрождение исторического краеведения. «Вопросы истории», 1989, No. 9, с. 179. ここでは、歴史地方誌学が「忘れられ」黙された事件や事実の研究に向けた強い動きを示しているとされるが、それが全体史とかみ合い、全体史を豊かにしていくことができるかが課題である。一九二〇年代の末に開かれたマルクス主義歴史家全連邦協議会では、地方誌に対し多くの論者が、新しい方法ではなく「ブルジョワ民族主義と結びついたかなり古い方法」に依拠しているとし、マルクス主義の方法論に従属させねばならないとの意見も出されていた。«Марксист-историк», 1929, Т. 11, сс. 264-65.

(6) См., О некоторых вопросах истории народов Средней Азии. «Вопросы истории», 1951, No. 9, с. 14.

(7) Э. Генкина, Победа Великой Октябрьской социалистической революции на местах. «Исторический журнал», 1942, No. 10, с. 64. このような地方のとらえ方は、中央に革命を、辺境に反革命を代表させる「革命と反革命の地域区分に関するテーゼ」として、定着していった。Е. Н. Городецкий, Некоторые черты современной советской историографии Октябрьской революции. «История СССР», 1967, No. 5, сс. 18-19.

(8) Ф. Божко, Октябрьская революция в Средней Азии. Ташкент, 1932; С. Н. Покровский, Великая Октябрьская социалистическая революция и гражданская война в Семиречье. «Вопросы истории», 1947, No. 4. これはポクロフスキーの博士号取得論文に基づいたものであるが、彼は後にモノグラフィーを著す。С. Н. Покровский, Победа советской власти в Семиречье. Алма-Ата, 1961.

(9) 一九五七年五月にアルマ・アタで開かれた、中央アジアの革命に関する研究会議では、その基調報告の一つを読み上げたК・Е・ジートフに対し、А・В・ピャスコーフスキーが党と国家を「美化」していると厳しい批判を行った。Материалы объединенной научной сессии, посвященной истории Средней Азии и Казахстана эпохи социализма. Алма-Ата, 1958, сс. 160-61. この会議でП・Н・ソーボレフは「中央ロシアの革命的諸事件の発展をその辺境地域に機械的に移してはならない。ましてや、トルケスタンのブルジョワ的諸変革を中央ロシアのこれらの諸改革の時期に人工的に追い込んではならない」と、注目すべき発言を行った。この「機械的」と「人工的」という言葉に、中央アジアの革命の独自性の認識を求める志向が伏在しているのであるが、大会の論議の的にはならなかった。Там же, с. 150. スターリン批判とともに、党の民族政策の「偏向」と誤りも取り上げられ、一九二〇年代の土地・水利改革の始期とその性格をめぐって論議がなされるようになった。В. П. Николаева, Туркомиссия как полномочный орган ЦК РКП(б). «Вопросы истории КПСС», 1958, No. 2; Г. Ф. Дахшлейгер, К истории подготовки постановления ЦК РКП(б) «об основных задачах РКП(б) в Туркестане». «История СССР», 1960, No. 2; В. П. Данилов, К итогам изучения истории советского крестьянства и колхозного строительства в СССР. «Вопросы истории», 1960, No. 8, сс. 42-42.

(10) 一九五一年にすでに、「一体性」論の枠内に収まらない研究が批判されたが、この批判は、一九六〇年代にも尾を引いている。О некоторых вопросах истории народов Средней Азии. «Вопросы истории», 1951, No. 9, сс. 9, 11-12, 15; Письмо группы казахских историков. «История СССР», 1962, No. 2, сс. 229-34; Письмо А. П. Кучкина в редакцию, там же, сс. 234-36.

(11) 一九七〇年代末に出された『カザフ共和国史』全五巻では、「一体性」論に基づいて革命の叙述が行われている。История Казахской ССР с древнейших времен до наших дней, Алма-Ата, Т. I, 1977, сс. 29-30, 42; Т. III, 1979, с. 9; Т. IV, 1977, сс. 8-9.

(12) 木村英亮「植民地における革命の構造——中央アジアにおける十月革命」『比較文化研究』(東大教養部紀要)第六輯、一九六五年。この論文で木村は、「帝政ロシアの周辺植民地領域の一つであった中央アジアでも一一月一日にソヴェト政権が成立し、ロシア・プロレタリア革命の一部を成した」とし、西欧の研究を意識しつつ、この革命が「行政的手段で押しつけられたり、輸出されたものではない」と指摘・批判し、中央アジアの革命はロシア革命を「補い強化した」と、その「一体性」を強調している。そして、この革命はプロレタリアートの指導する革命として、非資本主義的発展の道をたどったと説明された。同上、一七七〜七八頁。

(13) Х. Юмагулов, Об одном неудачном опыте изучения национальной политики в Башкирии в 1918-1920 гг. (ответ тов. Самойлову). «Пролетарская революция»(далее-«ПР»), 1928, No. 3(74), сс. 170-95.

(14) Ф. Самойлов, Об одном националистической вылазке или о неизученных ошибках Х. Юмагулова. «ПР», 1928, No. 3(74), с. 213. この論争はサモーイロフが口火を切り次の人々が参加した。Ф. Самойлов, Малая Башкирия в 1918-1920 гг. «ПР», 1926, No. 11-12; П. Мостовенко, О больших ошибках в "малой" Башкирии (к вопросу из первых наших опытов в национальном вопросе). «ПР», 1928, No. 5; С. Диманштейн, Башкирия в 1918-1920 гг. (к дискуссии по этому вопросу в «Пролетарской

революции)». «ПР», 1928, No. 5.

(15) この論争は、『プロレタリア革命』誌、一九二八年第五号のセミョン・ディマンシュタインの論文をもって終わった。編集部は、この問題に関する「レジュメ」を後の号に発表すると、この論文の末尾で告げていた。しかし、この「レジュメ」は発表されなかった。ディマンシュタインは、論争の最後となったこの論文で「我々は、ウクライナ、トルケスタンで誤りをおかしたが、バシキーリアもその例である」と述べていたのである。С. Диманштейн, Башкирия в 1918–1920 гг. «ПР», 1928, No. 5(76), сс. 139, 157. 一九二八年一月末に、カザン考古・歴史・民族学協会の創立五〇周年を祝う会議が開かれた。ここでは、協会には「五〇年間に収集された広範な資料を習得し、新たに加工するという巨大な課題」とともに「中流ヴォルガ諸民族の成長する民族文化の新しい要望に応えるという課題」が全幅で提起されているとされた。会議では、チェルヌイショーフが一九〇六～一八年のバシキール人の土地訴訟について報告し、バシキール人の土地闘争をあとづけた。コールブトは一九一七年のヴォルガ=カマ地方の「民族ブルジョワ」の諸大会について報告していた。ここには、革命後の、一九三〇年代に確定する歴史学とは異なる方向が継続していたといえよう。С. Пионтковский, К 50-летию Казанского общества археографии, истории и этнографии. «Историк-марксист», Т. 11, 1929, сс. 275-76.

(16) Ш. Типеев, К истории национального движения и Советской Башкирии (1917–1929 г.). Уфа, 1929; Ф. Самойлов, Малая Башкирия в 1918–1920 гг., М., 1933.

(17) Р. Раимов, 25 лет Башкитской АССР. «Исторический журнал», 1944, книга 4; его же, К истории образования Башкирской автономной социалистической советской республики. «Вопросы истории», 1948, No. 4; его же, Аграрная революция в Башкирии 1917–1923 гг. «Исторические записки», 1950, Т. 32; его же, Образование Башкирской автономной советской социалистической республики. М., 1952.

(18) Башкортостан. Краткая энциклопедия. Уфа, 1996, с. 655. 一九六三年六月の党中央委員会総会の決定「党のイデオロギー活動の当面の課題について」では、スターリンの「個人崇拝」への批判を確認するとともに、次のように民族主義に強い否定的評価を与えていた。「総会は、社会主義インターナショナリズムの精神で勤労者教育の活動を強化し、ソ連邦の諸民族の親密な友好という社会主義のきわめて大きな成果を強固なものとし、ソ連邦諸民族の文化を相互に豊かにすることを積極的に支援し、民族主義のどのような現れ、つまり、地方主義、民族が特異で孤立していると説くこと、過去の理想化、反動的な伝統や慣習の賞賛に対し容赦なく闘うことを党組織に義務づける。民族主義は、その本性からして、社会主義、マルクス・レーニン主義の世界観、諸民族の友好に敵対し、社会主義諸民族の発展と親和の客観的な過程に反する。」Коммунистическая партия Советского союза в резолюциях съездов, конференций и пленумов ЦК. Т. X, М., 1986, с. 357. バシキールの民族運動とその自治に関する研究に生涯を捧げたこの碩学は、二〇〇一年四月に死去した。См., Вестник Академии наук Республики Башкортостан. 2001, Т. 6, No. 2, сс. 73-76.

(19) Н. В. Романовский, О некоторых вопросах критики буржуазной историографии победы Великого Октября в национальных районах России. сб. статей «Великий Октябрь и национальный вопрос». Ереван, 1977, сс. 309-10.

(20) E. H. Carr, *The Bolshevik Revolution.* 1917-1923. Vol. 1, London, Macmillan, 1950, p. 329.（邦訳、E・H・カー、原田三郎ほか訳『ボリシェヴィキ革命』第一巻、みすず書房、一九六七年、七二一頁）; ditto, "Some Notes on Soviet Bashkiria", *Soviet Studies*, Vol. VIII, No. 3 (1957, January); R. E. Pipes, "The First Experiment in Soviet National Policy. The Bashkir Republic. 1917-1920", *The Russian Review*, Vol. 9, No. 4 (October, 1950); ditto, *The Formation of Soviet Union. Communism and Nationalism 1917-1923.* revised ed., Harvard U. P., 1964, pp. 161-68; S. A. Zenkovsky, "The Tatar-Bashkir Feud of 1917-1920." *Indiana Slavic Studies*, 1958, Vol. 2, pp. 37-62. パイプス、カー、ゼンコフスキーの三人の西側の優れた研究とその特徴を、研究者の来歴までさかのぼって明らかにした研究として、次のものがある。И. В. Кучумов, сост. Башкирское национальное движение. 1917-1920 гг. и А. Валиди. Уфа, 1997, сс. 3-16.

(21) R. Pipes, *The Formation of Soviet Union*, pp. 52-53. ムスリム統一を目指すタタールに対抗して、バシキールの運動は膨張させられたとし、その民族運動の〈人工性〉を主張する見解が西欧に根強いと、E・H・カーは指摘している。E. H. Carr, "Some Notes on Soviet Bashkiria," p. 231, note 17. ダヴレットシンと田中克彦もこの〈人工性〉論の影響下にある。Т. Давлетшин, Советский Татарстан. 1974, London, сс. 152, 174-75. 田中は「造成言語」という視点からであるが、「ソヴェト政権はタタール人とバシキール人とが一体になろうとする「汎イスラム主義」の野望にとどめをさし」、タタール人とバシキール人は別個の自治共和国を「あてがわれた」と述べている。田中克彦『ことばと国家』岩波新書、一九八一年、一六三頁。

(22) 山内昌之『スルタンガリエフの夢』東京大学出版会、一九八六年。本書への評価については書評も参照されたい。『史朋』（北海道大学東洋史談話会）、二一号（一九八七年一二月）一二～一八頁；Masayuki Yamauchi, Sultan Galiev's Vision: Islam and the Russian Revolution. *Acta Slavica Iaponia*, T. VII, 1989, pp. 147-48.

(23) ソ連崩壊後の新しい研究動向については、次の文献を参照されたい。К. Аймермахер, Г. Бордюгов, под ред., Национальные истории в советском и постсоветских государствах. М., 1999, сс. 132-36.

(24) 党中央委員会の活動（一九一七～一九二〇年）を示す文書が『ソ連共産党中央委員会通報』に公表された。民族問題では一九二二年秋のソ連形成に関するスターリン委員会の動向、一九二三年春の第一二回党大会の民族部会の議事録が初めて公刊された。Из истории образования СССР. «Известия ЦК КПСС», 1989, No. 9; 1991. Nos. 3, 4, 5. 公刊されていたが「特別保管庫」に収納され、閲覧できなかった第四審議会の議事録も再刊された。Тайны национальной политики ЦК РКП. «Четвертое совещание ЦК РКП с ответственными работниками национальных республик и областей в г. Москве. 9–12 июня 1923 г. Стенографический отчет», М., 1992.

(25) 彼ら二人に関する研究は、革命史研究の中心となっている。Заки Валиди Тоган, Воспоминания. М., 1997: Мирсаид Султан-Галиев, Избранные труды, Казань, 1998. ルィスクーロフに関しては、獄中から娘へ宛てた最後の手紙を含め、完全な三巻本が公刊された。Т. Р. Рыскулов, Собрание сочинений в трех томах. Алматы, Т.1, Т. 2, 1997, Т. 3, 1998.

(26) 併合を容認し、カデットの文化的民族自治論を称揚するとともに、帝国にそもそも「本国 метрополия」という観念はなく、支配民族も法的には存在しなかったとし、中央 метрополия と辺境を分ける境界は存在せず、辺境自治の負担はロシアが負ったと主張される。В. А. Михайлов, Национальная политика России. история и современность, М., 1997, сс. 47–48, 173–80.

第一章　帝国‥抑圧と矛盾

第一節　ロシア帝国の地域編成

ヨーロッパのあらゆる国家のなかで、ロシアはアジアの大部分の領域を獲得したのみならず、その大陸において最も堅固に自らを確立した国家である。その手順方法が示すところは——これはみくびった批評を前にして強調されねばならないが——、今日のロシアは、その偉大にしてかつ古くからの植民の才知をもっており、維持しているということである。（オットー・ヘッチェ『ロシア評論』二巻三号（リヴァプール）一九一三年）

I　帝国の民族的・社会的構成

モスクワ国家は一六世紀中葉にイヴァン雷帝(四世)のもとでカザン、アストラハン両汗国を征服し、一七世紀にはシベリアを東に向かって進出し太平洋に達し、この世紀の半ばにはウクライナ左岸を獲得している。一八世紀に入るとピョートル大帝のもとで北方戦争を経てバルト地方を併合し、同世紀後半にはエカチェリーナ二世のもとでポーランド、リトアニアを支配下に編入し、また、オスマン帝国と戦いクリミア半島を獲得した。同世紀末から一九世紀にかけてはカフカースを征服し、さらにクリミア戦争後の「大改革」期には、中央アジアに進攻して、トルケスタンを併合した。こうして一九世紀末から二〇世紀初めには、ロシアは大英帝国に対峙するグローバルな帝国となっていた。

この一六世紀から二〇世紀にかけての時代は、ヨーロッパ世界が大航海時代を経てその征服と支配の領域を世界に拡大していった時代であり、いわば「帝国」の時代でもあった。アジアでは、「帝国」は、オスマン、ムガール、清のそれぞれの王朝にみられるように、衰退と崩壊の危機過程に入ったが、ヨーロッパでは、ポルトガル、スペインの両帝国に続き、オランダ、イギリス、フランスが、非ヨーロッパ地域の植民地を支配し新大陸からアジアにまたがる「帝国」を築いた時期であった。ロシアもまた、この時代に海上からの支配に遅れをとったとはいえ、陸上からアジアに、一時は新大陸アメリカにまで及ぶ帝国を築いたのである。

第一次大戦を前にして、ロシア帝国は、膨大な植民地や自治領を抱える大英帝国の二八九五万平方キロメートルに次いで、二一八〇万平方キロメートルの広大な領土を誇っていた。この二つの超帝国に比すと、共和制フランスの「帝国」は面積にして一一五二万、伝統的な中華の帝国を体現する清は一一一四万、新大陸のアメリカ合衆国は九七三万平方キロメートルとほぼ半数を前後し、領域の広さからは一ランク下がる。さらに、極東の新興の「大日本帝国」は、北海道、千島、琉球に台湾、南樺太などの最新の植民地を含め、わずか四四万五千平方キロメートルであった。(1)

このヨーロッパからアジアにまたがる帝政ロシアは、多様な地域と民族を支配・編成し、文化的統合を目指す巨大なリヴァイアサン国家であった。リヴァイアサンとは、旧約聖書に登場する「硬く、大きく、強い剣をもって、滑るように動く、曲がった蛇」(イザヤ書)、つまり、怪物の意味においてであるが、ここでは巨大な軍事・官僚機構を従えキリスト教(正教)の文明史的役割を掲げつつ統合を目指す帝国である。

このリヴァイアサンを連想させる帝政ロシアは、その拡大と支配を通じて帝国人口を著しく増大させている。一八世紀の初頭(一七一九年)から、二〇世紀初めの第一次大戦までに、その人口は一五七三万から一億七一七五万まで実に一〇・九倍に増大している。しかし、帝国におけるロシア人の比率は、表1-1にみられるように、この間に逆に七〇・七%から四四・六%へと著しく低下しているのである。(2)これは、帝国が急速に異民族を支配・編入し拡大したことの現れであるが、ロシア人は、帝国の支配民族としては比率を低下させ、帝国は、近代の「国民」国家の形成ではなく、逆に多民族国家としての性格を強めたことを示している。

帝国人口を一八九七年の第一回帝国国勢調査で横断的に分析すると、その多様性は歴然とする。この調査では一四六の言語をもつ民族が記録されたが、大ロシア(現在のロシア)人は総人口一億二五〇〇万人のうち、わずか四一%にすぎなかった。(3)ロシア人はウクライナ人、白ロシア人を含めて、はじめて六五・五%と帝国人口の過半数をなした。しかし、民族の帰属が言語に基づいて確認されたため、他の民族を言語において同化していたロシア人に関しては、この比率は過大に膨らまされており、実体の比率はもっと低いことになる。ついでチュルク＝タタール系の諸民族が一〇・六%、ポーランド人が六・二%、フィン系の諸族が四・五%、ユダヤ人が三・九%、リトアニア人が二・四%と続く。この六つの民族グループで総人口の九三%をなし、残り七%にはドイツ人、グルジア人、アルメニア人、カフカースの山岳諸民族、モンゴル系の諸族がひしめき合っていた。(4)

表 1-1　帝国人口の民族構成(1719—1914/17)

民族* ＼ 年度	1719 年		1914/17 年	
	人口(千人)	%	人口(千人)	%
ロシア人	11,127	70.7	76,672	44.6
ウクライナ人	2,026	12.9	31,023	18.1
白ロシア人	383	2.4	6,768	4.0
ポーランド人	—	—	11,208	6.5
リトアニア人	—	—	1,786	1
ラトヴィア人	162	1.0	1,635	1
モルダヴィア人(ベッサラビア)	—	—	1,216	0.7
ユダヤ人	—	—	7,253	4.2
ドイツ人	31	0.2	2,448	1.4
タジク人	—	—	488	0.3
オセット人	—	—	237	0.1
アルメニア人	—	—	1,989	1.2
ギリシヤ人	—	—	261	0.2
グルジア人	—	—	1,748	1.0
カバルディア人	—	—	103	0.06
チェルケス人	—	—	59	0.03
チェチェン人	—	—	253	0.1
ダゲスタンの諸族	—	—	772	0.5
フィン人	164	1.0	2,697	1.6
ウドゥムルト人	48	0.3	535	0.3
エストニア人	309	1.9	1,154	0.6
モルドヴァ人(沿ヴォルガ)	107	0.7	1,188	0.7
タタール人	293	1.9	3,010	1.8
バシキール人	172	1.1	1,733	1.0
チュヴァシ人	218	1.4	1,124	0.6
アゼリー人	—	—	1,996	1.2
ノガイ人	114	0.7	57	0.05
トルクメン人	—	—	361	0.2
カザフ人	—	—	4,698	2.7
キルギス人	—	—	737	0.4
ウズベク人	—	—	1,964	1.2
ヤクート人	35	0.2	227	0.1
カルムィク人	200	1.3	169	0.1
ブリヤート人	48	0.3	279	0.2
その他	301	2.0	3,902	2.26

注＊）民族は言語に基づいて分類されている。
典拠）С. И. Брук, В. М. Кабузан, Этнический состав населения России (1709-1917 гг.). «Советская Этнография», 1980, No. 6 сс. 24-25.

図 1-1　帝政ロシア・ヨーロッパ部の地域区分

I～XIIまでの各地域とそれを構成する諸県：I．北方地域：アルハンゲリスク，ヴォログダ　II．沿湖地域：ノヴゴロド，サンクトペテルブルク，オロネツ，プスコフ　III．バルト地域：エストリャンド，リフリャンド，クールリャンド　IV．中央工業地域：モスクワ，ヴラジーミル，ニジェゴロド，ヤロスラヴリ，トヴェーリ，コストロマ　V．中央農業地域：リャザン，タムボフ，トゥーラ，カルーガ，オリョール，クルスク，ヴォロネシ，ペンザ　VI．ウラル地域：ペルミ，ヴィヤトカ，ウファ，オレンブルグ　VII．下流ヴォルガ地域：カザン，シムビルスク，サラトフ，サマラ，アストラハン　VIII．小ロシア地域：ポルタワ，チェルニゴフ，ハリコフ　IX．ノヴォロシア：エカチェリノスラフ，ヘルソン，タヴリーダ，ベッサラビア　X．南西地域：キエフ，ポドリスク，ヴォルイニ　XI．白ロシア：スモレンスク，ヴィテプスク，モギリョフ，ミンスク　XII．リトワ地域：ヴィルノ，コヴノ，グロノド

典拠）В. И. Чернявский, П. П. Семенов-Тян-Шанский и его труды по географии. М., 1955, сс. 170-71.

表 1-2-a　帝国各地域の民族構成

(%)

地域＼民族	ロシア人	チュルク=タタール系	ポーランド人	フィン系	ユダヤ人	リトアニア人	ドイツ人	グルジア人	カフカース山民	アルメニア人	モンゴル系	他
ヨーロッパ・ロシア	80.0	4.9	1.2	3.6	4.0	3.0	1.4	—	—	0.1	0.2	1.6[1)]
ポーランド	6.7	0.1	71.8	0.1	13.5	3.3	4.3	—	—	—	—	0.2
フィンランド	0.2	—	—	86.7	—	—	13.0	—	—	—	—	0.1
カフカース	34.2	20.2	0.3	0.1	0.4	0.1	0.6	14.5	11.7	12.0	0.2	5.9[2)]
シベリア・極東	81.0	8.3	0.5	1.1	0.5	0.2	0.1	0.0	0.0	0.0	6.2	2.1[3)]
中央アジア	8.9	85.5	0.1	0.2	0.1	0.0	0.1	—	0.1	0.1	0.2	4.8[4)]
帝　国　全　体	65.5	10.6	6.2	4.5	3.9	2.4	1.6	1.1	0.9	0.9	0.4	2.0[5)]

注）1)このうち1.2%がモルダヴィア人とルーマニア人，2)うち1.8%がオセット人，1.1%がクルド人，1.1%がギリシヤ人，1.0%がタート人，3)うち1.2%がトゥングース系，4)うち4.5%がタジク人，5)うち0.9%がモルダヴィア人とルーマニア人。

典拠）«Статистический ежегодник России. 1912 г.» Спб., 1913, сс. 64-65.

しかし、重要なことは、これらの諸民族が広大な帝国領域に均質に分布しているのではない、ということである。当時の帝政ロシアの都市人口が一三・九％であることからわかるように、帝国住民の大部分は、農業・畜産、遊牧、さらに狩猟、漁労、採集などを生業として、それぞれの地域の自然と気候に深く結びつき、一定の自らの領域を中心に居住圏をつくっていた。都市の人口構成も、広大な帝国全体に共通するのではなく、地域の支配のあり方と社会経済構造に強く規定されていた。社会全体が都市化し、そこで、多民族の混住により多様な民族問題が生じるという状況は、一部ですでにみられたとはいえ、帝政ロシアでは、基本的にそれぞれの地域、すなわち、一定の領域に結びついた民族問題が大きな比重を占めることになった。ここでは、領域を越えた民族の文化的自治はユダヤ人など一部の民族には緊要で有効であったが、文化的自治は領域自治のもとに補完的に包摂される状況が存在していた。

　帝国の地域ごとにその人口構成をみていくと、帝国を構成するそれぞれの地域の特性が浮かび上がってくる。表1-2-aから、帝国においては、ロシア人は、ウクライナ人、白ロシア人も含めると、帝国人口の三分の二をなすが、ヨーロッパ・ロシア部で人口の八〇％、西シベリアで八八・七％、東シベリアで五三・九％と過半を越す。だが、中央アジアでは八・九％、「ヴィスラ地方」と呼ばれたポーランドでは六・七％、フィンランドではわずかに〇・二％である。(5)

ロシア人が八割をなすヨーロッパ・ロシア部でさえ、ここをバルト地方、西部辺境地域、ノヴォロシア、北カフカース、ヴォルガ中流・ウラルの東部辺境地域と個別にみていくと、人口構成の異質性が歴然としてくる。

表1-2-bは、ヨーロッパ・ロシアの各地域の民族構成を示している。まず、ロシア中央部をなす中央工業、中央農業の両地方、そして、その北方の沿湖地方は、圧倒的にロシア人の世界であることがわかる。中央工業地方のトヴェーリ県でロシア人の比率が九二・九％と低いのは、北方のフィン系と接し一部取り込んでいるためで、ニジェゴロド県の九三・二％、ペンザ県の八三・一％という比率は、ヴォルガ中流域に広がるフィン系、チュルク系の人々との接合、一部取り込みのためである。さらに、北に広がる沿湖地方では、ノヴゴロド、プスコフの両県でロシア人の比率が高く、サンクトペテルブルクとオロネツの両県でロシア人の比率が低いのはフィン系の世界と接続していることによる。サンクトペテルブルク県では、帝都の存在とその国際性がロシア人の比率の低下をもたらしている。これが帝国のロシア中央部 центр をなし、このメトロポーリの北と中央に帝国の両首都、サンクトペテルブルクとモスクワが位置している。

この中央部の北東にヴォログダ、アルハンゲリスク県が続き、ここはウラルの北方ペルミ、ヴィヤトカ県のロシア人の多い地方につながっている。北西のバルト海に面する地域は、ロシア人は人口比でわずか五％台であり、フィン系のエストニア人、ラトヴィア人、リトアニア人が多数を占めている。バルト地方で支配的地位を占めているドイツ人は、人口比でもロシア人を上回っている。中央部ロシアの東に広がるウラル地方では、ペルミ、ヴィヤトカ県でロシア人の入植が北から進み、ウファ、オレンブルグ県でヴォルガ中流域のフィン系とチュルク系の人々の世界につながっている。ヴォルガ中下流域はロシア人とともに、チュルク、フィン系の人々が多くを

表 1-2-b　ヨーロッパ・ロシア各地域の人口――民族構成　(%)

民族 ／ 49県1軍州	ロシア人	チュルク=タタール系	ポーランド人	フィン系	ユダヤ人	リトアニア人	ドイツ人	グルジア人	カフカース山民	アルメニア人	モンゴル系	他
Ⅰ　北方地方												
アルハンゲリスク県	85.2	—	0.1	13.2	0.1	—	0.2	—	—	—	—	1.2
ヴォログダ県	91.4	—	—	8.6	—	—	—	—	—	—	—	—
Ⅱ　沿湖地方												
ノヴゴロド県	97.0	—	0.2	1.7	0.3	0.5	0.3	—	—	—	—	—
サンクトペテルブルク県	82.5	0.3	2.1	9.9	0.8	0.8	3.4	—	—	—	—	0.2
オロネツ県	78.4	—	0.1	21.4	0.1	—	—	—	—	—	—	—
プスコフ県	94.9	—	0.4	2.6	0.7	1.0	0.3	—	—	—	—	0.1
Ⅲ　バルト地方												
エストリャンド県	5.1	—	0.3	88.8	0.3	0.1	5.4	—	—	—	—	—
リフリャンド県	5.4	—	1.2	39.9	1.8	43.9	7.7	—	—	—	—	0.1
クールリャンド県	5.7	0.1	2.9	0.1	5.6	77.8	7.6	—	—	—	—	0.2
Ⅳ　中央工業地方												
モスクワ県	97.9	0.2	0.5	0.0	0.2	0.1	0.8	—	—	0.1	—	0.2
ウラジーミル県	99.8	—	0.1	—	0.1	—	—	—	—	—	—	—
ニジェゴロド県	93.2	2.6	0.1	3.8	0.2	—	0.1	—	—	—	—	—
ヤロスラヴリ県	99.6	—	0.1	—	0.2	—	0.1	—	—	—	—	—
トヴェーリ県	92.9	—	0.1	6.8	0.1	—	0.1	—	—	—	—	—
コストロマ県	99.6	0.1	0.1	0.1	0.1	—	—	—	—	—	—	—
Ⅴ　中央農業地方												
リャザン県	99.5	0.3	0.1	—	0.1	—	—	—	—	—	—	—
タムボフ県	95.9	0.6	0.1	3.3	0.1	—	—	—	—	—	—	—
トゥーラ県	99.6	—	0.1	—	0.2	—	0.1	—	—	—	—	—
カルーガ県	99.6	—	0.2	—	0.1	—	0.1	—	—	—	—	—
オリョール県	99.4	—	0.2	—	0.3	—	0.1	—	—	—	—	—
クルスク県	99.7	—	0.1	—	0.2	—	—	—	—	—	—	—
ヴォロネシ県	99.6	—	0.1	—	0.1	—	0.1	—	—	—	—	0.1
ペンザ県	83.1	4.0	0.1	12.8	—	—	—	—	—	—	—	—
Ⅵ　ウラル地方												
ペルミ県	90.4	5.3	0.1	4.1	0.1	—	—	—	—	—	—	—
ヴィヤトカ県	77.5	4.9	—	17.6	—	—	—	—	—	—	—	—
ウファ県	38.2	55.1	—	6.4	—	0.2	0.1	—	—	—	—	—
オレンブルグ県	73.2	23.7	0.1	2.4	0.1	—	0.3	—	—	—	0.1	0.1
Ⅶ　下流ヴォルガ地方												
カザン県	38.4	54.3	0.1	7.1	0.1	—	0.0	—	—	—	—	—
シムビルスク県	68.2	19.3	—	12.5	—	—	—	—	—	—	—	—
サラトフ県	83.1	4.6	0.1	5.2	0.1	—	6.9	—	—	—	—	—

表 1-2-b　続き　(%)

民族 49県1軍州	ロシア人	チュルク=タタール系	ポーランド人	フィン系	ユダヤ人	リトアニア人	ドイツ人	グルジア人	カフカース山民	アルメニア人	モンゴル系	他
サマラ県	68.9	13.9	0.1	8.8	0.1	—	8.2	—	—	—	—	—
アストラハン県	54.2	30.5	0.1	0.2	0.2	—	0.5	—	—	0.4	13.8	0.1
Ⅷ　小ロシア地方												
ポルタワ県	95.7	—	0.1	—	4.0	—	0.2	—	—	—	—	—
チェルニゴフ県	94.6	—	0.1	—	5.0	—	0.2	—	—	—	—	0.1
ハリコフ県	98.7	0.1	0.2	—	0.5	—	0.4	—	—	—	—	0.1
Ⅸ　ノヴォロシア												
エカチェリノスラフ県	86.8	1.1	0.6	—	4.7	—	3.9	—	—	—	—	2.9
ヘルソン県	75.4	0.1	1.1	—	11.8	—	4.6	—	—	0.1	—	6.9[1]
タヴリーダ県	70.9	13.8	0.7	0.2	3.8	—	5.4	—	—	0.6	—	4.6
ベッサラビア県	27.8	2.9	0.6	—	11.8	—	3.1	—	—	0.1	—	53.7[2]
Ⅹ　南西地方												
キエフ県	85.3	0.1	1.9	—	12.2	—	0.4	—	—	—	—	0.1
ポドリスク県	84.3	0.1	2.3	0.0	12.3	0.0	0.1	—	—	—	—	0.9
ヴォルィニ県	73.7	0.2	6.2	—	13.2	—	5.7	—	—	—	—	1.0
Ⅺ　白ロシア												
スモレンスク県	98.4	—	0.5	—	0.7	0.2	0.1	—	—	—	—	0.1
ヴィテプスク県	66.3	—	3.4	0.1	11.7	17.9	0.5	—	—	—	—	0.1
モギリョフ県	86.1	—	1.0	—	12.1	0.6	0.1	—	—	—	—	0.1
ミンスク県	86.4	0.2	3.0	—	16.0	0.1	0.2	—	—	—	—	0.1
Ⅻ　リトワ地方												
ヴィルノ県	61.2	—	8.2	—	12.8	17.6	0.2	—	—	—	—	—
コヴノ県	7.3	0.1	9.0	0.0	13.8	68.3	1.4	—	—	—	—	0.1
グロドノ県	71.2	0.3	10.1	0.1	17.4	0.2	0.6	—	—	—	—	0.1
ドン軍州	95.2	0.1	0.1	0.0	0.6	—	1.4	—	—	1.1	1.3	0.2
ヨーロッパ・ロシア全体	80.0	4.9	1.2	3.6	4.0	3.0	1.4	—	—	0.1	0.2	1.6[3]

注）1)　このうち5.4%がモルダヴィア人とルーマニア人
2)　このうち47.6%がモルダヴィア人とルーマニア人，5.3%がブルガリア人
3)　このうち1.2%がモルダヴィア人とルーマニア人

典拠）«Статистический ежегодник России 1912 г.» Спб., 1913, сс. 63-64. 地理学者セミョーノフの地域区分に従って，ヨーロッパ・ロシアの49県と1軍州を組み直した。
В. И. Чернявский. П. П. Сеиенов-Тян-Шанский и его труды по географии. М., 1955, сс. 171-72.

占めている。カザン県では、ロシア人よりも、チュルク系の人々が多数を占めているのである。ウラル地方とヴォルガ中下流域は、ヨーロッパ・ロシア部の東部辺境地域をなす。

この中央部の南にはウクライナが広がっている。ウクライナは、小ロシア、南西地方、ノヴォロシアの三つの地域にさらに区分され、それぞれ併合の時期、歴史を異にしている。南西地方は、ポーランド人とユダヤ人の重い存在が地域の特徴をなしている。白ロシアとリトワ地方はスモレンスク県を除いて、ユダヤ人の比率が一〇％台であり、この地域の都市人口のなかではユダヤ人の比率はさらに高い。リトワと白ロシアはヨーロッパ・ロシアの西部辺境地域をなしている。中央部ロシアの南東に位置するドン軍州は、特別の行政区分で、ロシア人が九五・二％と圧倒的であるが、コサック軍という特殊な軍身分からなる地域社会であり、帝国アジア部のコサック軍地域に連なり共通する地域である。

このように、ヨーロッパ部が中央部と様々な辺境地域から構成されており、その外周に、さらにフィンランド、ポーランド、カフカース、中央アジア、シベリアと極東地域が配置されていた。その外には、ヒヴァ、ブハラの両保護国、さらには国境を越えて帝国の勢力圏が存在していたのである。

帝国を文化の面からみると、ここにもいくつかの鋭い断裂線が走っていることに気づかされる。信仰においては、表1-3-aから正教徒は旧儀派を含め全体として帝国人口の六九・九〇％をなし、過半を上回っているが、これに、カトリック八・九一％、プロテスタント四・八五％、キリスト教諸宗派が続いていた。これらのキリスト教諸宗派に対して、ユダヤ教は四・〇五％、イスラム教は一〇・八三％、さらに仏教や、シャーマニズムを信仰する諸民族が続いた(6)。確かに帝国の中央部、つまり、中央工業、中央農業、沿湖地方では、人口の九割以上の圧倒的部分が正教徒である。しかし、この中央部でも、帝都を擁するサンクトペテルブルク県ではプロテスタントとカトリックが一五％を占め、中央農業地方の南東ペンザ県では四％弱のイスラム教徒が存在し、東方に連なっている。西部では、バルト地方が圧倒的にプロテスタント信者が多く、クールリャンド県では、さらに正教

表 1-3-a　帝国各地域の信仰構成　(%)

地域＼宗教	正教徒	イスラム教徒	カトリック	プロテスタント	ユダヤ教徒	他のキリスト教徒	他の非キリスト教徒
ヨーロッパ・ロシア	83.58	3.82	4.65	3.30	4.07	0.24	0.34 1)
ポーランド	7.16	0.05	74.32	4.46	14.01	0.00	0.00
フィンランド	1.90	−	−	98.00	−	0.10	−
カフカース	50.94	34.53	0.47	0.61	0.63	12.49	0.32
シベリア・極東	89.97	2.20	0.60	0.28	0.60	0.01	6.34 2)
中央アジア	9.18	90.29	0.17	0.12	0.16	0.03	0.02
帝　国　全　体	69.90	10.83	8.91	4.85	4.05	0.96	0.50 3)

注）1)うち 0.18%は仏教ラマ信徒，2)うち 4.3%が仏教ラマ信徒，3)うち 0.3%が仏教ラマ信徒。

典拠）«Статистический ежегодник России. 1912 г.» Спб., 1913, сс. 70-71.

徒をカトリック信者が上回っている。ウクライナの南西地方、白ロシアでも、カトリックはかなりの影響力をもち、リトワ地方では、正教を圧倒する勢いを示している。西方では、これらのカトリック、プロテスタントとともに、人口の一〜二割をユダヤ教徒が占めている。東部辺境のヴォルガ中流・ウラル地域からアジア部のステップ、トルケスタンにかけては、イスラムが大きな勢力を持している。さらに、仏教徒、シャーマニズムを奉じる諸民族が分布しているのである。帝国では、その西方でも東方でも様々な宗派や信仰に対抗しつつ、正教の宣教と改宗を進めるといった文化をめぐる闘いが繰り広げられていた。

さらに、文化を文字とそれによる知識情報の伝達と整理の体系としてとらえると、識字率も、帝国への統合の重要な指標となる。帝国全体で識字率は二一・一%であるが、西のヴィスラ地方(ポーランド)の三〇・五%から、ヨーロッパ・ロシアで二二・九%、東のカフカース地方とシベリアでは、それぞれ一二・四%、一二・三%へと低下し、中央アジアではさらに五・三%となる。(7) この識字率の西から東への逓減、そしてそこにみられる格差のなかに、ヨーロッパ文明とイスラムをはじめとするアジアの諸文明、文化が交錯し漸移する様相が窺えるが、この識字率には、文化の内実(質)と志向(方位)が伏在している。とりわけ、イスラム文化圏は、ヴォルガ中流域のタタール人を除いて識字率の低さとともに、非ロシア系諸言語による識字を主としており、支配的なロシア文化との断絶・対照をなしていた。

表 1-3-b　ヨーロッパ・ロシア各地域の人口――信仰構成　(%)

信仰 / 49県1軍州	正教徒*	イスラム教徒	カトリック	プロテスタント	ユダヤ教徒	他のキリスト教徒	他の非キリスト教徒
I　北方地方							
アルハンゲリスク県	99.13	0.01	0.18	0.60	0.08	0.00	−
ヴォログダ県	99.89	0.01	0.05	0.02	0.03	0.00	−
II　沿湖地方							
ノヴゴロド県	98.35	0.03	0.33	0.94	0.35	0.00	−
サンクトペテルブルク県	83.05	0.29	3.02	12.59	1.01	0.04	0.00
オロネツ県	99.09	0.02	0.11	0.67	0.11	0.00	−
プスコフ県	96.70	0.02	0.49	2.23	0.58	0.00	−
III　バルト地方							
エストリャンド県	9.23	0.02	0.49	89.85	0.33	0.03	0.05
リフリャンド県	15.58	0.04	2.27	79.87	2.24	0.00	0.00
クールリャンド県	5.02	0.09	11.14	76.37	7.33	0.00	0.05
IV　中央工業地方							
モスクワ県	97.79	0.23	0.61	0.94	0.36	0.07	0.00
ウラジーミル県	99.73	0.03	0.10	0.05	0.09	0.00	0.00
ニジェゴロド県	97.12	2.62	0.08	0.06	0.12	0.00	0.00
ヤロスラヴリ県	99.55	0.03	0.15	0.12	0.15	0.00	0.00
トヴェーリ県	99.64	0.02	0.10	0.16	0.08	0.00	0.00
コストロマ県	99.79	0.05	0.06	0.04	0.06	0.00	0.00
V　中央農業地方							
リャザン県	99.49	0.27	0.09	0.06	0.09	0.00	0.00
タムボフ県	99.21	0.58	0.07	0.05	0.08	0.01	0.00
トゥーラ県	99.67	0.01	0.07	0.06	0.19	0.00	0.00
カルーガ県	99.59	0.02	0.19	0.07	0.13	0.00	0.00
オリョール県	99.39	0.02	0.19	0.08	0.31	0.01	0.00
クルスク県	99.63	0.02	0.13	0.05	0.17	0.00	0.00
ヴォロネシ県	99.69	0.01	0.09	0.09	0.11	0.01	−
ペンザ県	95.84	3.98	0.08	0.06	0.04	0.00	0.00
VI　ウラル地方							
ペルミ県	94.16	4.96	0.08	0.04	0.07	0.00	0.69
ヴィヤトカ県	95.31	4.27	0.02	0.01	0.03	0.00	0.36
ウファ県	45.19	50.03	0.06	0.22	0.03	0.01	4.46
オレンブルグ県	76.64	22.66	0.24	0.33	0.13	0.00	0.00
VII　下流ヴォルガ地方							
カザン県	70.43	28.75	0.09	0.06	0.11	0.00	0.56
シムビルスク県	91.08	8.63	0.06	0.13	0.04	0.00	0.06
サラトフ県	88.85	3.92	1.43	5.63	0.13	0.01	0.03
サマラ県	81.03	10.37	2.08	6.24	0.09	0.00	0.19
アストラハン県	54.34	30.60	0.15	0.48	0.31	0.42	13.70[1)]
VIII　小ロシア地方							
ポルタワ県	95.66	0.02	0.20	0.10	4.02	0.00	0.00
チェルニゴフ県	94.58	0.02	0.23	0.18	4.99	0.00	0.00
ハリコフ県	98.72	0.06	0.33	0.32	0.55	0.00	0.00

表 1-3-b　続き　(%)

信仰 / 49県1軍州	正教徒*	イスラム教徒	カトリック	プロテスタント	ユダヤ教徒	他のキリスト教徒	他の非キリスト教徒
IX　ノヴォロシア							
エカチェリノスラフ県	90.73	0.09	1.37	3.02	4.77	0.02	0.00
ヘルソン県	81.49	0.09	3.50	2.50	12.32	0.10	0.00
タヴリーダ県	74.68	13.14	2.00	4.81	4.57	0.80	0.00
ベッサラビア県	84.36	0.03	0.95	2.88	11.65	0.13	0.00
X　南西地方							
キエフ県	84.38	0.09	3.07	0.43	12.03	0.00	0.00
ポドリスク県	78.79	0.23	8.70	0.13	12.15	0.00	0.00
ヴォルィニ県	70.78	0.16	9.93	5.80	13.31	0.01	0.01
XI　白ロシア							
スモレンスク県	98.46	0.02	0.57	0.26	0.69	0.00	0.00
ヴィテプスク県	61.01	0.04	23.99	3.15	11.80	0.00	0.00
モギリョフ県	84.53	0.10	3.04	0.40	11.92	0.01	0.01
ミンスク県	73.54	0.21	10.22	0.26	15.77	0.00	0.00
XII　リトワ地方							
ヴィルノ県	27.71	0.28	58.81	0.29	12.90	0.01	0.00
コヴノ県	5.06	0.11	76.62	4.47	13.71	0.03	0.00
グロドノ県	57.53	0.37	23.99	0.79	17.28	0.04	0.00
ドン軍州	95.44	0.12	0.38	1.14	0.60	1.06	1.26
ヨーロッパ・ロシア全体	83.58	3.82	4.65	3.30	4.07	0.24	0.34 2)

注）1）うち13.65%は仏教ラマ信徒。
2）うち0.18%は仏教ラマ信徒。
＊正教徒の欄には，単一派 единоверцы と旧儀派 старообрядцы が含まれている。
典拠）«Статистический ежегодник России 1912 г.» Спб., 1913, сс. 69-70.

例えば、カザン県では、一八九七年の帝国国勢調査で、県住民全体の識字率は一七・九%である。都市と郡部、男性と女性、そして世代間で格差と偏差があるが、民族ごとの識字率の格差も注目される。ロシア人は男女の識字率が三六・〇二%、一三・〇九%であるが、タタール人は二一・六七%、一七・七三%で、女性の場合は、ロシア人より識字率が高い。他の民族では、男女の識字率はそれぞれ、チュヴァシは一三・二二%、一・〇五%、チェレミスは一八・三四%、二・一九%、モルドヴァは一五・三九%、一・五〇%、ヴォチャーキは一二・四三%、一・一七%である。タタール人の識字は、基本的に統計表での「他の言語」、つまりロシア語でなくアラビア文字によるものであり、チュヴァシ、チェレミス、ヴォチャーキ、モルドヴァは、ロシア語（キリール文字）による識字である。(8) ここで

表 1-4-a　帝国各地域の身分構成

(‰)

地域＼身分	貴族・官吏	僧侶	名誉市民・商人	町民	農民	コサック	異族人	他
ヨーロッパ・ロシア	15	5	6	106	841	16	5	6
ポーランド	19	1	1	235	730	1	—	13
カフカース	24	6	4	81	748	104	15	18
シベリア・極東	8	3	3	56	709	45	146	30
中央アジア	4	—	1	20	50	33	889	3
帝　国　全　体	15	5	5	107	771	23	66	8

典拠）«Статистический ежегодник России 1912 г.» Спб., 1913, сс. 76-77.

は、ロシア人とタタール人の文化の拮抗と、他の諸民族の一段低い識字とロシア化の方位が読み取れる。識字はどの言語をどのような文字によって修得するかという教育の問題でもあり、帝国への統合にとって識字が内包する文化の質と方位はきわめて重要であった。

帝国の社会的統合を身分秩序からみてみると、この「身分」もまた民族と地域の多様性を免れていない。帝国全体の身分構成は、表1-4-aからわかるように、千分率で示せば、貴族(官吏)が帝国人口の一五、僧侶が五、名誉市民と商人が五ときわめて薄い層をなしている。これに対し、町人は一〇七、農民は七七一と帝国人口の基本的部分をなしている。これらの諸身分に続いて、コサックは二三、異族人は六六、その他は八となっている。帝国の支配と統治の要をなす官僚と軍人の担い手である貴族身分は、キリスト教文化圏の諸地域で高く、アジア部では極端に低くなっている。表1-4-bからわかるように、サンクトペテルブルクとモスクワという帝国の両首都を擁する県では、貴族・官吏の比率は際立って高い。中央部の工業地方と農業地方では、その千分率は一〇前後で、その北に広がる沿湖地方、北方地方もほぼ同じ水準である。バルト地方の三県は、一五とこの比率は高いが、これはドイツ系貴族の多いことに規定されている。さらに、小ロシア、南西地方、白ロシア、リトワ地方は、中央部ロシアより、この比率が際立って高い。これは、これらの地域の貴族をそのまま帝国の貴族身分へ編入したためである。帝国のバルト、西部、ウクライナ地方に対して、ウラル地方は三〜八、下流ヴォルガ地方は四〜七と、中央部よ

表 1-4-b　ヨーロッパ・ロシア各地域の人口――身分構成　(‰)

身分 ／ 49県1軍州	貴族・官吏	僧侶	名誉市民・商人	町民	農民	コサック	異族人	他
I　北方地方								
アルハンゲリスク県	13	12	5	56	890	–	17	7
ヴォログダ県	6	10	3	25	953	–	–	3
II　沿湖地方								
ノヴゴロド県	11	9	5	49	916	–	–	10
サンクトペテルブルク県	72	6	22	164	684	1	–	51
オロネツ県	14	11	4	40	918	–	–	13
プスコフ県	9	6	5	62	914	–	–	4
III　バルト地方								
エストリャンド県	14	2	4	77	891	–	–	12
リフリャンド県	15	2	8	119	845	–	–	11
クールリャンド県	16	1	4	155	815	–	–	9
IV　中央工業地方								
モスクワ県	32	11	21	139	779	1	–	17
ウラジーミル県	7	10	8	69	903	–	–	3
ニジェゴロド県	8	9	6	45	930	–	–	2
ヤロスラヴリ県	11	14	10	82	881	–	–	2
トヴェーリ県	7	10	5	48	928	–	–	2
コストロマ県	8	11	7	56	915	–	–	3
V　中央農業地方								
リャザン県	10	9	5	43	932	–	–	1
タムボフ県	6	7	5	43	937	–	–	2
トゥーラ県	10	8	8	72	897	–	–	5
カルーガ県	10	8	6	68	903	–	–	5
オリョール県	9	7	8	71	903	–	–	2
クルスク県	10	6	6	42	935	–	–	1
ヴォロネシ県	6	6	4	30	952	–	–	2
ペンザ県	7	7	3	41	940	–	–	2
VI　ウラル地方								
ペルミ県	6	4	3	33	952	–	1	1
ヴィヤトカ県	3	5	2	17	972	–	–	1
ウファ県	7	2	2	40	947	–	–	2
オレンブルグ県	8	4	4	109	642	228	3	2
VII　下流ヴォルガ地方								
カザン県	7	5	3	41	942	–	–	2
シムビルスク県	6	6	3	42	942	–	–	1
サラトフ県	6	4	5	87	891	4	–	3
サマラ県	4	4	3	57	927	–	3	2
アストラハン県	6	3	6	90	480	18	393	4
VIII　小ロシア地方								
ポルタワ県	13	6	7	87	885	–	–	–
チェルニゴフ県	12	5	7	115	859	–	–	2
ハリコフ県	13	4	7	63	908	1	–	4

表1-4-b　続き

(‰)

身分 / 49県1軍州	貴族・官吏	僧侶	名誉市民・商人	町民	農民	コサック	異族人	他
IX　ノヴォロシア								
エカチェリノスラフ県	9	3	7	99	873	1	−	8
ヘルソン県	19	3	8	274	675	1	−	20
タヴリーダ県	16	3	9	168	776	1	−	27
ベッサラビア県	11	6	11	230	721	1	−	20
X　南西地方								
キエフ県	20	5	7	189	778	−	−	1
ポドリスク県	13	5	4	164	808	1	−	5
ヴォルィニ県	16	5	3	214	749	1	−	12
XI　白ロシア								
スモレンスク県	17	8	6	57	910	−	−	2
ヴィテプスク県	22	3	5	186	782	−	−	2
モギリョフ県	16	4	4	173	801	−	−	2
ミンスク県	36	3	4	236	718	−	−	3
XII　リトワ地方								
ヴィルノ県	49	1	3	192	752	−	−	3
コヴノ県	68	1	2	211	711	1	−	6
グロドノ県	16	2	3	250	725	−	−	4
ドン軍州	12	3	4	95	477	400	2	7
ヨーロッパ・ロシア全体	15	5	6	106	841	16	5	6

典拠）«Статистический ежегодник России 1912 г.» Спб., 1913, сс. 75-76.

り一段と低い水準にある。これは、シベリア・極東と中央アジアの低い率に連なっている。

アジア系の諸民族は、基本的には国有地「農民」か「異族人 инородец」の身分へ編成されている。シベリアから中央アジアにかけて「異族人」は、住民の二割から九割をなすのである。「異族人」とは、帝国の身分秩序のなかにあって、いわば除外規定にあたる人々である。帝国の身分法は、その総則において、帝国に居住する住民を「本源的住民 природные」と「異族人」、「外国人」の三つのカテゴリーにまず分類している。そして、この「本源的住民」は、さらに四つの基本的な身分、つまり、貴族、僧侶、都市住民、農村住民に分けられる。ニコライ一世編纂の帝国法大全の第九巻(身分法)は、このように分類し、その第五部を「異族人」にあて、一〇九七条から一三六七条までの全二七一条にわたって規定している。この「異族人」には、シベリアの諸民族、アルハンゲリスク県メゼーニ地方のサモエード、カフカースの遊牧民、アストラハン県からカフカースにかけてのカルムィク、そしてユダヤ人の五つのグループが編入された。[9]

異族人の規定は、本来は生活様式の特殊性から非定住民に適用された。これはもっぱら、北方のシベリアの狩猟・漁労・採集を生業とする人々、山地やステップの遊牧民を対象とし、帝国の彼らに対する文明史的役割を意識した保護の規定である。納税と兵役における様々な保護と免役、さらに生業の場とする領域の保全が述べられていた。しかし、この規定にみられる帝国の文明史的役割は、異族人のなかにユダヤ人を含めていたことに注目しなければならない。ユダヤ人の信仰、彼らの経済・文化活動への規制は、帝国の体現するキリスト教文明への脅威をユダヤ人にみて、帝国の身分秩序の外におく装置といえよう。ロシアが中央アジアを征服し併合することによって、この地域のムスリムにも定住、遊牧を問わず異族人の規定が適用されるようになった。身分法のうえでは、「異族人」は、帝国に包摂される「化外の民」である。

この「異族人」という身分法上の規定は、その枠を越えて、帝国のロシア的ならざる人々、つまり非ロシア系住民に対して汎用されることになる。身分上は国有地の「農民」に編成されたタタール人をはじめとするヴォルガ流域の諸族も、この「異族人」と呼ばれるのである。ここでは、文化的に異質な人々への総称として用いられているが、そこには、異質で排除されるべきもの、同質化＝同化を求められるべきものとしての意識が潜んでいるのである。

帝国のアジア部における貴族身分の薄さと人口比率の低さを補うのは、直接に軍事を担うコサック身分であった。[10]ドン地方から北カフカースを抜け、ウラルの南から一方でセミレーチエへ、他方で東に向かってシベリア南部を通って沿海州まで細い帯状に一一のコサック軍団が扶植され、国境守備と辺境統治の支柱となっていた。[11]彼らは、ヨーロッパ部ではオレンブルグ県とドン軍州において、カフカースにおいてはクバン州とテーレク州、シベリア・極東においてはアムール、ザバイカル、沿海の各州、中央アジアではアクモリンスク、セミパラチンスク、セミレーチエ、ウラリスクの各州において人口構成で大きな位置を占めている。

(1) «Статистический ежегодник России. 1912 г.», Спб., 1913, с. 26.
(2) С. И. Брук, В. М. Кабузан, Этнический состав населения России (1719–1917 гг.). «Советская этнография», 1980, No. 6, сс. 22, 24–25.
(3) В. И. Козлов, Национальности СССР. Этнографический обзор. М., 1982, сс. 35, 37–38.
(4) «Статистический ежегодник России. 1912 г.», сс. 65–67.
(5) Там же, с. 66.
(6) Там же, сс. 71–74.
(7) Там же, с. 84.
(8) Первая всеобщая перепись населения Российской империи 1897 г. XIV Казанская губерния. 1904, Спб., сс. ix–xi.
(9) Свод законов российской империи. Законы о состояниях. издание 1842 года, сс. 1, 209–45.
(10) «Статистический ежегодник России. 1912 г.», сс. 75–78.
(11) А. Суров, Казаки. Энциклопедический словарь. Т. XIII^{A}, Спб., 1891, сс. 882–93.

II　帝政ロシアの国制

帝政ロシアは近代の数世紀を経るなかで、多様な地域と民族、その文化を包摂統合する一大帝国となっていた。このような多様な民族と彼らの宗教、そして文化を擁する諸地域を一つの帝国へと統合していく体制は、最終的には、軍事力を担保として成立していたのはもちろんであるが、正教とロシア語という文化装置も統合に向けて機能していた。帝国は、具体的には「身分」という社会的編成と、それぞれの「地域」(辺境)の中央への行政官僚的統括により維持されていたのであるが、同時に、正教とロシア語という装置を通じて、いわば「同化」と「異化」の巧妙な体系が、帝国において機能していた。

この「地域」の中央への行政的統括に関しては、一九一七年までに帝国全体で七八の県 губерния と一八の州 область が設置されていた。ヨーロッパ・ロシアには、ポーランド王国とカフカースを除いて、五〇の県と一つの州（ドン軍州）が配置されていた。州は県に相当する行政単位であるが、国境に接する地域やコサック軍の配置された地域におかれた。したがって、州は帝国のアジア部を中心に配置され、通常は総督府によって統括されていた。この県・州という基本行政単位のうえに、特別な法令に基づいて、総督府 генерал-губернаторство が七つ（モスクワ、ワルシャワ、キエフ、トルケスタン、ステップ、イルクーツク、アムール）、市総督 градначальство が八つ設置され、それぞれの地方と重要な都市を統括していた。さらに、この県・州の基本的行政単位を、行政分野ごとに統括した地域編成がなされていた。一〇の司法管区、一二の軍管区、一三の教育管区、交通、逓信、鉱山、徴税などの分野でも、それぞれ広域的な区分がなされていた。

中央官庁である宗務院の統括下にあった正教会は、基本的な行政単位に一致して主教管区 епархия を設けていたが、西部辺境、あるいはアジア部では、いくつかの県・州から主教管区は形成されていた。(1)

帝国は、多様な地域と民族の統合、すなわち、包摂し支配するために、何よりも分裂を恐れていた。大蔵大臣を務め、閣僚会議を主宰していたＨ・Ａ・ブンゲは、有名な遺言「彼岸からの覚書 загробные заметки」のなかで分裂を回避するために「異族人と辺境地域」の利益を考慮し、言語や宗教に関する要望に応えることを求めていた。そして、同時に、彼は民族地域にロシア文化を伝える必要性を述べ、ロシアの文明史的役割を指摘していたのである。(2)一九〇六年発布の帝国憲法は、その第一条で「ロシア国家は単一にして不可分である」と述べ、帝国刑法典もその第一〇〇、一二九、一三〇の各条で、現存のこの「単一不可分」の国家体制と統治形態の改変・倒壊、分離を目指す行為に、厳罰を課していた。(3)

この帝国への統合において、貴族身分は重要な要をなしていた。非ロシア系諸民族の支配層には帝国の貴族身分に列せられることによって、「単一不可分」の帝国へ統合され、同化への道が開かれていた。一八九七年の国勢調査では、世襲貴族の五三%のみがロシア語を母語と答えていた。帝国の貴族身分には、ポーランドのシュリャフタ、バルト地方のバロン、ウクライナ・コサックのスタルシナー、グルジアのクニャジ、イスラム圏のハン、ベクなどの旧来の支配層が編入されたのである。(4)しかし、この帝国貴族の薄い層とさらにそのインターナショナルな性格は、統合における要の脆弱性を暗示するものであった。他方、貴族身分に対して、圧倒的多数の民衆は様々な担税身分へ編成され、信仰、徴税、軍役、教育などの分野で、「同化」と「異化」の様々な局面をなめることになる。

さて、帝国への包摂と統合において、ロシア語も決して強力に機能していたわけではない。ピョートル大帝の文字改革で、新しい世俗的発展へ道を拓かれたとはいえ、エカチェリーナ二世まで、権力の中枢である宮廷や貴族社会では、ロシア語よりもフランス語、ドイツ語が優越していた。一九世紀に入り、ロシア語の文語としての地位が確立し、ロシア文学の黄金時代が訪れる。しかしながら、一九世紀以降のナショナリズムの高揚のなかで、ロシア語は帝国の国家語としての内実の確保に苦悩してきたのが実情である。帝国憲法第三条では、ロシア語は帝国の国家語として、陸海軍、全ての国家・社会機構で使用を義務づけられた。しかし、文化と高等教育の分野において、その地位は強固なものではなく、教育の分野でその修得と教授語としての地位の確立が求められていくことになる。

正教会は帝国の統合において特別な地位を占めた。皇帝の皇位継承者は正教徒でなければならず（帝国法大全第一巻第一三条）、その戴冠式は正教の儀礼にのっとって執り行うとしていた（同三五条）。しかし、正教は皇位を継承するロマノフ家の単に私的な宗教ではもちろんない。第四〇条では、正教は帝国の「首位を占め支配的な信仰」とされ、第四一条で皇帝は正教以外を信仰することはできないとされ、第四二条で皇帝は正教の「最高の擁護者にして保護者」であり、「正教と教会におけるあらゆる神聖なる儀礼の監視者」であるとしていた。このようにして、正教は皇位を継承するロマノフ家と結びつき、帝国において「首位を占め支配的な信仰」となったのである。そのうえで、第四四、四五条で、他の宗教・信仰が容認され、第四六条で、正教以外のこれらの宗派は、政府機関の監督下におかれるとしていた。これは、信仰の自由というよりは「信仰への寛容 веротерпимость」であり、その寛容の保持と範囲は、別に法規で定められていたのである。(5) 確かに、一九〇六年の帝国憲法の第二章「臣民の権利と義務」においては、その第三九条で「ロシアの臣民は信仰の自由を有する。この自由を享有する条件は法によって定められる」と述べていたが、この信仰の自由に関する法は、帝政崩壊の最後に至るまで、正教会側からの強い抵抗にあって、国会で採択されることはなかった。正教会はピョートル大帝による宗務院の設置以降とりわけ、国家の庇護・監督下で他宗教からの改宗を進め、特権的な国家宗教となっていたのである。さらに、憲法第四条は、「全ロシアの皇帝に至上の専制権力は帰す。その権力に単に畏怖のみならず、良心に従い服することを、神自ら命じたまう」と述べ、第五条は「国主、皇帝の御身は神聖にして侵すべからず」と規定していた。専制権力とそれを人格において体現するツァーリは正教会によって神聖不可侵とされていたのである。(6)

正教会はこのような特殊な地位のもとで、ツァーリを「擁護者にして保護者」として、辺境地域での伝道と改宗を進めていった。シベリアの諸民族に関しては、ピョートル一世以降の一八世紀全体を通じて、彼らの正教への改宗が強制されていた。例えば、一七一四年一二月六日付けでピョートル一世がシベリアの府主教フョードルに宛てた勅令では、マンシ、ハントゥイ、セリクープ、タタール、エヴェンキ、ヤクートの居住するところで、彼らの「偶像」と「不浄な礼拝場」を焼き払い、キリスト教へ改宗させることを求めている。改宗した者には、ツァーリから麻布などを賜物として与え、ヤサークの徴収で減免を与えよと指示していた。(7) 一八世紀の半ばには、ヴォルガ中流域の諸民族に対し、スヴィヤシュスクの新規改宗庁を拠点に強制的な改宗が行われた。(8) また、一九世紀の半ば以降は、シベリアのバイカル地方でブリヤート族の改宗が進められている。(9)

帝国への統合は、このように「身分」による社会的編成と正教とロシア語という文化装置によって果たされてきた。そして、この統合は、その頂点に立つツァーリへの「宣誓」を通じて、たえず確認されたのである。帝国法大全では、「皇帝とその法に基づく継承者への臣民の忠誠は……人民全ての宣誓による」とし(第三三条)、続く第三四条は「各人が自らの信仰と法に従って宣誓を行う」と規定していた。この第三四条の付則(二)は、農民を除くとし、農民への宣誓義務を除外していたが、基本的には、一二歳以上の帝国男子全てに宣誓が執り行われると述べていた。(10) したがって、ツァーリの皇位継承・代替わりの際の権力の空白、新しい皇帝へ宣誓が未だなされていない時間が、帝国にとって政変の可能性を秘めた危険な時期でもあった。一八世紀の「宮廷クーデター」から、ニコライ一世即位に際してのデカブリストの乱に至る政治史の背景が、ここにある。帝国への統合は、皇帝への「宣誓」に担保されていたのである。ここに、「解放」皇帝の登場に期待を寄せる民衆から革命家までを含む、ロシア思想におけるツァーリ信仰(幻想)を生む土壌もあるといえよう。

帝国への統合はまた、広大な帝国の諸地域間の独特な構造とバランスにも依拠していた。首都はピョートル大帝のとき以来、サンクトペテルブルクに移り、ここはヨーロッパ的な国際都市であったが、モスクワは歴代ツァーリの戴冠式の執り行われるロシア人貴族のもう一つの都であった。帝国はこの両首都を中心とするいわば楕円的な中央部ロシアと、その周縁に個々の地域が辺境として配置される重層的世界であった。帝国は「中枢」と「周縁」という地域構造を内在させ体系化した政治体であった。

帝国において、この中枢へ周縁辺境を統括するのが地方統治の機能であった。帝政ロシアの地方統治は、ピョートル大帝からエカチェリーナ二世の時代にかけて、その基本が整備されている。地方統治の単位となる行政領域は、啓蒙時代の当時の官房学によって人口＝頭割りとそれに規定された税収を基礎に区分された。この行政区分(県・郡、州・管区)のもとで、中央の内務省、あるいは軍から知事が直接派遣され統治にあたった。この行政区分は、地域の歴史的一体性、住民あるいはその地域の民族のまとまりを切断し、地域の歴史文化を無視し、民族の分割統治にも利する体制でもあった。

「大改革」期に導入された地方自治制度としてのゼムストヴォも、司法改革もこのような中枢―辺境構造のなかでは、ロシア中央部にまず実施され、辺境民族地域への適用と実施は困難をきたした。また、一九〇五年の革命を受けて開設された帝国議会への辺境民族地域からの代表枠もきわめて限られたものであったし、帝国の再編を目指すストルィピンのもとで、容易にその代表枠は削減・撤廃されうるものであった。辺境民族地域は、中央からの自立とともに強い帰属と統合の力が働く場でもあった。帝国の地方統治の要衝に、ロシアに併合された民族の出自でその地域の言語、文化・慣習を知る人物がしばしば任じられたが、彼らが帝国の「最も熱意ある擁護者」であることは周知のことであった[11]。また、第四国会に辺境地域から選出された一六四名の議員のうち、一五〇名が「単一不可分のロシア」の支持者であり、第四国会の右派の大きな部分をなしていた[12]。中枢—辺境という構造は、帝国への統合と離反が激しくせめぎあう場でもあった。

このような帝政ロシアの国家体制は、社会評論家や革命家がそれを「諸民族の牢獄」と把握したように、非ロシア系諸民族をたえず「ロシア化 обрусение」し、中央部ロシアへ統合し均質化していくことを目指す体制であった。エカチェリーナ二世は一七六四年に元老院検事総長に就いたA・A・ヴャーゼムスキーに与えた「訓令 наставление」で、小ロシア、リフリャンド、フィンランドに対して、これらの地域を「異国」とみなし対処するのは「誤りを越え全くの愚かさ」であるとし、これらの地方をスモレンスク地方と同じく「容易にロシア化すべき」であると訓示している[13]。帝政ロシアという広大な地域に一〇〇を越す民族がいて、その関係として自ずから民族問題が生まれるというものでは決してない。近代に向けて「全ロシアの皇帝は専制にして制限されることなき君主であり、その至上の権力に畏怖のみならず良心から従うことを神自らが命じたまう」という帝国の核心は、確かに一九〇五年革命を経て、そこから「制限されることなき」の文言が落ちたが(憲法第四条)、このリヴァイアサンの異名にも値する「怪物」国家の強制力のもとに、「同化」と「異化」の政策体系を通じて諸民族が編成されたところに、近代の民族問題が登場するのである。帝政ロシアでは、多様な民族からなる「住民」を諸身分に編成し、その外に「異族人」を配置しながら、納税や労役、兵役などの諸負担、あるいは教育を通じて、帝国「臣民」へと統合する体制が、民族問題を生み出す枠組みなのである。

帝国において、様々な辺境地域を統治する政策に全体として何らかの体系性や一貫性が存在したとは思われない。個々の辺境地域で、硬軟おりまぜ継起する統合政策がとられていったというのが実情であろう。

ロシア帝国は、中枢たるロシア中央部の周縁に諸々の辺域、ブハラとヒヴァの保護国、さらに国外に一定の勢力圏をも配し、多様な地域と社会を包摂・支配する歴史的な複合体であった。ヨーロッパとアジアにまたがるこの帝国の周縁たる辺境地域は、ロシア中央部の一般行政システムとは異なる統治が行われることにもなった。この多様な地域と住民は、帝国諸身分へ編成され、その枠外に「異族人」という帝国の文明化と、保護と隔離の恩恵に浴する特殊なカテゴリーを設けながら、正教を奉じる専制君主(ツァーリ)とその官僚と軍隊に包摂されて、「単一不可分な」帝国へと統合されてきた。帝国は決してロシア人という民族に排他的に帰されるものではなく、ロシアに住む諸社会集団、諸民族を統合したロシアの帝国であり、その意味でいわば「外に開かれた」普遍性を帯びていた。この「外に開かれた」普遍性は、何よりも帝国の支配を担う貴族身分(官僚・軍人)に体現されていた。同時に、この帝国の軍隊と官僚による実効的統治が及ぶのはせいぜいのところ県・州とその下の郡・管区、その行政市のレヴェルまでであり、その下には、マグマのように民衆の世界が存在していた。帝国は、その意味でこのマグマのうえに「粘土の足」でそびえる巨大な寄木細工でもあった。この帝国は、つまるところ、軍事力によって担保される体制であったが、西欧からの産業革命と市民革命という「二重革命」のインパクトを受け、それに促迫されつつ「改革」と「革命」のなかを揺れつつ、それぞれの辺境地域で帝国への統合に苦悩しつつ、二〇世紀を迎えるのである。

(1) В. А. Михайлов и др., Национальная политика России: история и современность. М., 1997, сс. 49-52. 二月革命の前夜には、七四の県と二〇の州と二つの管区 округ、そのうえに八つの総督府、九つの市総督が設置されていた。А. А. Сенцов,

Национально-государственное устройство России накануне Октября 1917 г. «Советское государство и право», 1990, No. 11, с. 120.

（2） В. А. Михайлов, и др., Национальная политика России, с. 164.

（3） Уголовное уложение. Спб., 1903, сс. 21, 29.

（4） В. А. Михайлов и др., Национальная политика России, с. 175. ロシアの研究者アニシモフは、ロシアの貴族はその三分の一がタタールのムルザから、五分の一がバルト地方のドイツ人からなっており、帝国の貴族身分に列せられるためには、母がロシア人であるという血の出自は問題ではなく、皇帝に「宣誓」を行い、正教を受け入れ、ロシア語を少しでも話せればそれにこしたことはなかったとする。ロシア帝国のエリートとしての貴族は、民族国家のではなく、多民族国家のそれであったと指摘している。Е. В. Анисимов, Исторические корни имперского мышления в России. (Slavic Reserch Center. Winter Simposium. January-Feburary 1997, p. 6)

（5） Свод законов Российской империи. издание 1842 года. Т. 1, Спб., сс. 5, 8, 10–11.

（6） Полное собрание законов Российской империи. Собрание третье. Т. XXVI, 1906, Спб., 1909. сс. 456–61.

（7） Полное собрание законов. Т. V, с. 133.

（8） И. М. Лотфуллин и Ф. Г. Ислаев, Джихад татарского народа. Героическая борьба татар-мусульман с православной инквизицией на примере истории новокрещенской конторы. Казань, 1998.

（9） 一七世紀に始まったシベリアでの改宗は、ブリヤートに関しては一九世紀の二〇年代まではさほど進展していなかった。強制的な改宗の推進と、二〇世紀における棄教については、次を参照。И. Шпицберг, Церковь и руссификация Брято-монгол при царизме. «Красный архив», 1932, Т. 5(53).

（10） Свод законов Российской империи. издание 1842 года. Т. 1, сс. 7-8.

（11） В. А. Михайлов и др., Национальная политика России, сс. 162–63. レーニンが後に、民族問題において、ロシア人以上にロシア的な非ロシア系の革命家たちを批判したことにも注目されたい。

（12） Там же, с. 178.

（13） Хрестоматия по истории СССР. Т. II (1682–1856), М., 1953, с. 251.

第二節　欧露辺境としてのヴォルガ中流・ウラル地域

ロシアは東方に比べれば現実に進歩的だ。ロシアによる支配は、そのあらゆる下劣、あらゆるスラヴ的卑猥にもかかわらず、黒海やカスピ海、中央アジアにとっては、バシキール人やタタール人にとっては、文明的なのであって、ロシアはその全性質から見て騎士的――なまけ者的なポーランドに比べれば、はるかに多く文明的な、ことに産業的要素を取り入れたのだ。ロシアの貴族（ボヤール）が、うえは皇帝やデミードフ公から下はただ素性が良いだけの最もけちな第一四級（の官吏）に至るまで、製造業をやり、小商いをやり、暴利を貪り、賄賂をもらい、ありとあらゆるキリスト教徒的な営業をやっているということ、すでにそれだけでも一つの長所なのだ。……ロシアがドイツ人やユダヤ人をロシア化することをどれだけ心得ているか、それについては、ドイツ系ロシア人二世の一人一人が生きた実例だ。ユダヤ人でさえ、そこではスラヴ人のような頬骨をもつようになるのだ。（一八五一年五月二三日付け、エンゲルスからマルクスへの手紙より）

正教会に、福音書をもって道を切り拓かせよ、その後を、科学の光が自ら続くであろう。信仰と科学のこの共同の行いによって、疑いもなく、東方の闇は晴らされるであろう。……最近、まさにカザンにおいて、すでに、諸君の同僚の一人がタタール人学校の運営を試みている。私は、正教の宗務官署を通じて、可能なかぎりその支援に努めてきた。諸君も、同じように、自らの金子の一部をそれに割かれた。学校は全くうまくいっており、その立派な将来を、あらゆることが予告している。ここにとどまることなく、時とともにそのような学校が多く開かれ、そして、東方の諸種族のなかで、啓蒙教化が強固な基礎のうえに打ち立てられることを期待しなければならない。（一八六六年九月四日、文部大臣Ｄ・Ａ・トルストイのカザンでの演説より）

I　ヴォルガ中流・ウラル地域のロシアへの併合

帝政ロシアは、すでにみたように中央部ロシア Центральная Россия と、その周縁に様々な経緯を経て中央部へ併合され支配に服してきた辺境民族地域 национальная окраина からなっていた。中央部ロシアは大ロシア人の揺籃の地であり、そこを中心にロシアの歴史が展開し、ここがいわば帝政ロシアの中枢 центр である。そして、この中央部の周縁に辺境民族地域が配置され、これらの地域は、大ロシア人の軍事・政治的支配に服し、農業と商工業という経済的次元でも、都市と農村という社会的関係においても、宗教・言語・教育・生活慣習という文化面においても、中央部ロシアとは異なる独特な地域社会を形成してきた。中枢と辺境の関係は、個々の辺境地域において、また、帝国のそれぞれの時期において異なるが、ロシアにおける帝国への統合と自立、文化的対抗、そして、民族の問題は、この辺境地域で鋭く問われることになる。

この辺境の一つとして、ヴォルガ中流・ウラル地域は位置づけられる。この地域の中心となるカザンは、一五五二年以来、ロシアの支配下に入った。また、ウラルの要衝となるウファは一五八六年に建設され、ステップ地域につながるオレンブルグ(現オルスク)の開基は、やや遅れて一七三五年である。一六世紀半ばから一八世紀にかけて、この地域は帝政ロシアのヨーロッパ部の東部辺境をなす独特の地域として編成され、いくつかの際立った特徴を帯びることになった。

まず、反乱の拠点地域としての性格がある。一六世紀の半ばにロシアの支配下に編入されて以来、この地域から異民族とコサックを中心とする反乱がたえず繰り返されてきた。一六世紀末の「動乱」の時代からステパン・ラージン、プガチョーフと続く反乱、それらに随伴する非ロシア系異民族の離反に、それは典型的に窺える。ついで、この地域は、ロシアのシベリア進出、ピョートル大帝のもとでの中央アジアへの進出と遠征の橋頭堡となった。[1] 二〇世紀の初めには、オレンブルグとタシケント間に鉄道が開通し、これはシベリア鉄道とならぶ植民地の支配と拓殖を目指す帝政ロシアの戦略路線であった。[2] 第三に、この地域はロシア農民の植民とウラルの鉱業開発が進められた地域としての特性をもっている。これらの特徴は、それぞれの時代に個々の歴史家によって注目されてきたものである。「植民」という概念は、帝政ロシアの歴史学のキー概念でもあったし、鉱山開発史は、帝政期以降の長い伝統のうえにソ連時代に労働者階級の形成と資本主義の発生の問題として研究されてきた。[3] 反乱の拠点地域としての性格も、ソ連では農民戦争論と諸民族の友好連帯の文脈のなかで研究が進められてきた。また、アジアへの進出の拠点地域としての把握は、エンゲルスのマルクスへ宛てた手紙にみられるように、タタール人やバシキール人に対する支配にアジアに対するロシアの文明史的使命をみる指摘に窺える。さらに、ソ連時代に主張された「自発的」統合論や「より小さな悪」論では、ロシアによる併合と文明の伝播、さらに社会主義建設の恩恵が強調されることになった。[4]

この地域は一六世紀半ばにイヴァン雷帝により征服されて以降、モスクワ国家の支配下に組み込まれ、原住民は〈異族人 инородец〉として編成され、ロシア人の植民を受け入れつつ複雑な民族構成をなし、社会経済的にも文化的にも独特の構造をもつ地域社会をつくりあげてきた。帝政ロシアの行政地域区分からすると、この地域は、ヴォルガ中流域のカザン、シムビルスク、ペンザ、サマラ、サラトフの諸県と、ウラル山脈にそうヴィヤトカ、ペルミ、ウファ、オレンブルグの諸県からなっている（図1-2参照）。ここでは、ヴォルガ中流域としてカザン、シムビルスク、サマラ、サラトフの四県と、ウラル地域のヴィヤトカ、ペルミ、ウファ、オレンブルグの四県、計八県を取り上げ分析の対象とする。この分類は、一八七七〜七八年に地理学者П・П・セミョーノフが試みたヨーロッパ・ロシアを一二の地域に分ける方法を踏襲するものである。分析の際の資料としては、一八九七年に実施された第一回帝国国勢調査の報告集成、[5] ロシア地理学協会によるセミョーノフ編の地理書、[6] さらに、ブロックハウス・エフロンの百科事典等にみられる上記諸県の記述と資料に依拠している。[7]

図1-2　帝政ロシアの東方辺境地域(ヴォルガ・ウラル地域，西シベリア，中央アジア)：19世紀末〜20世紀初め(典拠) Великий Октябрь. Атлас. М., 1987, сс. 166-67より作成。

(1)　ロシアと「東方」との関係は、一六世紀半ばのイヴァン雷帝によるカザン、アストラハン両汗国の征服、それに続くシベリアへの進出のなかで大きく転換し、ロシアに優勢に展開することになる。ピョートル大帝のもとで、この関係はさらに大きな進展をみせた。清とのネルチンスク、キャフタ両条約の締結、失敗に終わったとはいえ中央アジアへの遠征(一七一六年)、「ペルシャ遠征」(一七二二〜二三年)とカスピ海沿岸の確保を目指す行動、さらにヴィトゥス・ベーリングへの北太平洋探検の下命がある。また、ジュンガルの襲来を受けたカザフ人は、一七一六年にシベリアのトボリスクに、一七二六年に首都ペテルブルクに援助と保護を求めた。一七三一年には、アンナ女帝のもとで、小ジュズのハン、アブルハイルはロシアに臣従し、カザフスタンのロシアへの併合が進展しはじめた。この時期に、植民地を拡大する「海洋帝国」イギリスと陸づたいに拡張するロシア「帝国」の「グレート・ゲーム」が始まり、この国際政治での対抗は二〇世紀初頭まで続くことになる。また、アジアとヨーロッパの地理上の境界区分の問題がタチーシチェフらロシアの学者によって検討されるのもこの時代である。このロシアの対アジア関係の大きな展開のなかで、その拠点地域となるのが、ヴォルガ中流・ウラル地域である。

(2)　ウラルはロシア中央部とシベリアを結びつける鉄道の結節をなしたが、シベリア鉄道の開設(一八九一年)とともにシベリアからの安い農畜産物がウラルを越えてヨーロッパ・ロシアへ流入するのを防ぐためチェリャビンスクで鉄道運賃率が更新された。これは、シベリアの安い農畜産物を国外や中央アジアへ搬出させ、ロシア中央部の地主＝貴族を保護することを目的としていた。また、南ウラルから中央アジアに向かって南東へ延びるオレンブルグ＝タシケント鉄道(一九〇六年開通)は、トルケスタンの綿花をロシア中央部の綿工業地帯に、逆に製品と移民を中央アジアに送り出す幹線となった。ヴォルガ中流・ウラル地域は、ロシア中央部とシベリア、中央アジアといった帝国の三つの地域を結節する機能を果たした。

(3)　История Урала с древнейших времен до 1861 г. (От. ред., П. П. Преображенский), М, 1989, сс. 35-45.

(4)　エンゲルスのマルクスへ宛てた一八五一年五月二三日付けの書簡は、この節のエピグラフとして掲げたが(『マルクス・エンゲルス全集』第二七巻、大月書店、一九七一年、二二九頁)、ここにみられるこの併合＝進歩史観は、一九三〇年代に確立し、部分的な批判を受けつつも、ソ連体制の崩壊まで基本的に保持された。

(5)　Первая всеобщая перепись населения Российской империи 1897 г. 〔以下、ПВП と略記〕: X. Вятская губерния. 1904; XIV. Казанская губерния. 1904; XXXVI. Самарская губерния. 1904; XXXVIII. Саратовская губерния,1904; XXXI. Пермская губерния. 1904; XXXIX Симбирская губерния. 1904; XXVIII. Оренбургская губерния. 1904; XLV. Уфимская губерния, первая тетрадь [1901], тетрадь 2 (последная), 1904. 第一回の帝国国勢調査は、一八九七年一月二八日に全域で一斉に実施された。これは帝国で初めての全国規模での国勢調査であったが、最初にして最後となった。この調査の成果は、一八九九年から一九〇五年までに第一巻から八九巻まで、内務省中央統計委員会から刊行された。第五〇巻までが、ヨーロッパ・ロシアの五〇の

県・州（ドン軍）、五一〜六〇巻がポーランド諸県、六一〜七一巻がカフカース諸県、七二〜八〇巻がシベリアの諸県・州、八一〜八九巻がステップ、トルケスタン両総督府の諸州に該当している。

（6）Россия. Полное географическое описание нашего отечества. Т. V. Урал и Приуралье. Спб., 1914; Т. VI. Среднее и Нижнее Поволжье. Спб., 1901.

（7）А. Ф. Селиванов, "Вятская губерния". Энциклопедический словарь. издатели А. Ф. Брокгауз, И. А. Ефрон, Т. VII[А], Спб., 1892; его же, "Симбирская губерния" Т. XXXIX[А], Спб., 1900; Л. Вейнберг, "Казанская губерния" Т. XIII, Спб., 1892; его же, "Оренбургская губерния" Т. XXII. Спб., 1897; его же, "Пермская губерния". Т. XXIII, Спб, 1898; И. Красноперов, "Самарская губерния". Т. XXVII, Спб, 1900; С. Харизоменов, "Саратовская губерния". Т. XXVIII, Спб., 1900; А. Ф. С. "Уфимская губерния". Т. XXXV, Спб., 1902.

II　ヴォルガ中流・ウラル地域の社会経済的構造

この地域は一六世紀半ばに始まるモスクワ国家の支配とロシアからの入植を受けて、社会的再編が行われ、〈異族人〉は帝国の諸身分に編入され従属的地位へ配置されていった。彼らの生活空間は、地理的にも、経済・文化的にも、この辺境の地域社会の周縁と化していった。

まず、一八九七年の統計資料から、この地域における都市と農村の人口比率、身分構成、識字率を取り上げてみよう。都市人口に関しては、カザン県では県人口二一七万のうち八・五％で、オレンブルグ県（一六〇万）では九・五四％、ウファ県（二一九万）では四・八八％である。この地域ではサラトフ県の都市人口一二・八％を最高に、他の県は全て、ヴィャトカ県の最低の三％から一〇％未満である。身分別の住民構成に関しては、カザン県が農民九四・二％、町民四・一％で、オレンブルグ県では農民六四・二％、町民一〇・九四％、コサック二一・八四％、ウファ県では農民九四・七四％、町民三・九九％である。オレンブルグ県を除き他の七県全てで、農民身分が、サラトフ県の八九％からヴィヤトカ県の九七％までに位置している。識字率に関しては、カザン県で一七・九％、オレンブルグ県で二〇・四四％、ウファ県で二二・二八％であり、シムビルスク県の一五・六％からサラトフ県の二三・八％の間にある。[1]

これらの都市化や社会構成、文化を示す指数は、帝国のヨーロッパ部全体、さらに中央ロシア諸県とさして異なるものではなく、有意味な差異は見出せない。帝国ヨーロッパ部五〇県全体でみると、都市人口は一四・四％（一九〇八―一四年）、農民身分は人口の八四・一六％で、識字率は二二・九％である（一八九七年）。[2]しかし、これらの数値の形式的な外被を剝ぐと、この地域の特異な内実があらわになってくる。

まず、民族構成の多様性である。一八九七年の帝国国勢調査の結果からみると、[3]この地域の諸民族のモザイク的分布が歴然とする。カザン県はロシア人三八％に対して、タタールが三一％、チュヴァシが二三・一％を占め、オレンブルグ県では、ロシア人七〇・三七％に対し、バシキール一五・九％、タタール五・八一％である。ウファ県では、ロシア人三七・九七％に対し、バシキール四〇・九八％、タタール八・四一％、チェレミス三・六九％、モルドヴァ一・六九％、ヴォチャーキ一・〇二％となる。[4]ここでは、フィン・ウゴル系のチェレミス、モルドヴァ、ヴォチャーキ、チュルク＝タタール系のタタール、チュヴァシ、バシキールといった諸民族と、ロシア人をはじめとするスラヴ系、さらにポーランド、ドイツ、ユダヤ人といったヨーロッパ系の民族も入り組み、競合しているのである。カザン、ウファの両県では、帝国の支配民族たるロシア人が過半数に及ばない状況が現出していることにも、注目しなければならない。

中流ヴォルガのカザン、サマラ、サラトフ、シムビルスクの四県全体では、これら〈異族人〉は住民の三分の一強を占めるが、カザン県ではとくに、タタールが住民の三割、チュヴァシが二割をなし、これら〈異族人〉が県住民の五九％をなし、四一％をなすロシア人を圧倒していた。[5]ウラルの四県では全体としてロシア人が人口の七割強を占め、次いでバシキールがチェプチャーリ、メシチェリャーキといったチュルク系エスニック・グループを含め一五・四%をなし、タタール、ペルミャーキ、チェレミス、ヴォチャーキはそれぞれ数%であった。だが、ウファ県を取り出すと、バシキールは全住民の五五%で過半をなし、オレンブルグ県でも一六%と、この地域でロシア人と対抗する規模の人口を有していた[6]。

図1-3は、ヴォルガ・ウラル地域の民族分布を示したものである。ヴォルガ中流とその支流オカ川の東、カマ川の流域からウラルにかけて、この地域の諸民族が居住分布していることがわかる。それぞれの民族で居住の中心とその特徴がある。チュヴァシとマリは、カザン県を中心にヴォルガの南と北にそれぞれ集中した地域をもっている。チュヴァシはカザン、シムビルスク両県に六六万一八〇〇人が住み、うち五〇万二〇〇〇人がカザン県である。マリはヴィヤトカ県とカザン県にそれぞれ一四万四〇〇〇人と一二万二七〇〇人が居住している。ヴォチャーキとモルドヴァは、この地域の北方と南方で島嶼のように東西に分散し、いわば本島がない。ヴォチャーキはヴィヤトカ県を中心に、カザン、ウファ県に四〇万人が居住し、うち三七万七九〇〇人がヴィヤトカ県である。モルドヴァはシムビルスク県に一八万九〇〇〇人、ペンザ県に一八万七九〇〇人、サマラ県に二三万八六〇〇人である。バシキールはウラル山地に集住し、そこから分散している。ウラルの四県とサマラ県に一三一万一〇〇〇人が住み、そのうち八九万九〇〇〇人(六八%)は、ウファ県に住んでいる。タタールは、ヴォルガ中流とウラルの八県に広く分散し、一五二万人であるが、その約半分の六七万五四〇〇人はカザン県に住み、カザン県人口の三一%を占めている。カザン県の内部では、ヴォルガとカマの流域をロシア人が占め、タタールはその南北に分断されつつ居住し、西のカシモフから東のウラルまで広く分散している。さらにシベリア、中央アジアまで飛散し、タタールはいわば「ディアスポラの民」となっている。

ヴォルガ中流・ウラル地域の八県のなかで、カザン県とウファ県でこれらの非ロシア系諸民族が人口の六割以上を占めている。他の県では、ロシア人が多数を占めており、この二県がこの地域の民族問題の焦点ともなる。この地域では、諸民族の分布のモザイク的状況とともに、都市と河川にそってロシア人が入植し、地域の中枢神経系をなし、非ロシア系の諸民族が周縁化されていることが読み取れる。ついで、この地域の都市と農村の人口比率の内実を分析すると、この地域の特性がさらに浮かび上がってくる。

まず第一に、この地域に分厚く存在する「農民」身分のなかに、非ロシア系住民が「農民」身分に編成されているとすると、非ロシア系諸民族は旧国有地農民として含まれている。ここには、ロシアの地主制は存在しない。この地域の都市は基本的にロシア人が居住し、彼らの支配の拠点であった。カザン市は、人口の七四％がロシア人で、タタール人は二一・九％にすぎない。だが、同市をとりまくカザン郡では、人口の五三・五％はタタール人で、ロシア人は四三・五％である。[7] 都市と郡部で民族構成の逆転が生まれているのである。ここでは、一般的な都市と農村の対立ではなく、その対立はロシア人の都市と非ロシア系の農村のそれであり、民族という要因と交錯して、その対立はより深刻で鮮明である。

都市は〈異族人〉への軍事的制圧の拠点としての要塞から基本的に発展したものであり、二〇世紀初めにおいても、そこには非ロシア系住民はわずかしか、あるいは全く存在していなかった。この状況は革命後の一九二〇年代に至っても全く変わっていなかった。一九二二年に実施された都市人口調査では、バシキール共和国の都市人口一八万八七七八人中、ロシア人が七八・六％、タタール人が一二・八％をなすのに対して、バシキール人はわずかに四・七％であった。タタール共和国では、都市人口二五万九四五七人中、ロシア人が七四・八％であるのに対し、タタール人は二二・一％である。チュヴァシ自治州では、都市人口二万四人中、ロシア人が八〇・一％をなすのにチュヴァシ人は一八・〇％であり、ヴォチャーキ自治州とマリ自治州では、都市人口の九割をロシア人が占めるのに対し、マリ（チェレミス）とウドゥムルト（ヴォチャーキ）の都市人口はこの統計調査には記載されていない。モルドヴァは、シムビルスク、サマラ、ペンザの諸県に分散しているが、これら諸県の都市人口でロシア人が九割強をなすのに、彼らは一％にも及ばず、都市住民としては社会的に無に等しい存在であった。[8] タタール人はロシア人についで、タタール共和国とバシキール共和国で都市人口の一～二割をなし、チュヴァシ人は彼らの自治州で、ロシア人についで都市人口の二割強を占めているが、この地域の都市人口の七〜九割がロシア人であり、都市は圧倒的にロシア的世界であった。他方、バシキール、マリ、ヴォチャーキ、モルドヴァの諸民族は、いわば都市環境から疎外された民族であった。

近代工業の担い手たる工場労働者も、この地域では圧倒的にロシア人からなっており、非ロシア系諸民族の占める比率は、都市人口のそれよりさらに低かった。ピョートル大帝のとき以来、官営マニファクチャーから発展をとげたウラルの鉱山・冶金・金属加工業においても、原住のバシキール、ヴォチャーキをはじめとする〈異族人〉は基幹部門の労働から排除され、補助的労働に使役されてきた。とりわけ、この地域でのサマラ＝ズラトウースト線（一八八八〜九二年）、カザン＝ズラトウースト線（一八九一年）の鉄道建設によって、森林業の発展が促された。バシキール、ウドゥムルト、マリ、チュヴァシの創成期労働者の大半が森林業で働くことになった。伐採、浮送、木炭焼成が基本的には彼らによって行われた。その他、金鉱山、建設作業、製靴・フェルトの手工業に従事した。カザン県とウファ県の「工場労働者」二一万五〇〇〇人のうち、これら非ロシア系の労働者はきわめてわずかで一五％に満たず、さらにその大部分は基幹部門ではなく、季節的で補助的な、そして劣悪な条件のもとでの就労であった。(9) その後、タタール＝チュルク系労働者は、化学（爆発物製造）、食糧、皮革、毛織物部門に、フィン系労働者は食品加工業に多く就労の機会を得るが、このような異族人労働者の周縁的配置は、ロシア革命から一九二〇年代にかけても、基本的には変わっていない。一九一八年八月末に行われた職業調査では、カザン県の工業労働者、二万二二二人中、ロシア人は七七・八％であるのに対して、チュルク＝タタール語を話す労働者は一一・〇％にすぎなかった。シムビルスク県、サマラ県では、タタール＝チュルク系労働者は工業労働者のなかで、それぞれ九・四％、八％である。(10) ヴォルガ・ウラル地域の〈異族人〉労働者は、その絶対数においても少なく、しかも、ロシアの労働運動の中心となる金属・機械部門や綿工業部門ではなく、非基幹的工業部門と補助的職種に多く就労していたのである。彼らは、都市や工場コロニーのロシア人労働運動から影響を受け、

図 1-3　ヴォルガ・ウラル地域の民族分布

典拠）В. П. Семенов-Тян-Шанский, под ред., Поволжье. Л., б./г.

それに合流しつつも、独自の積極的行動性を示すことはなかった。

これらの非ロシア系〈異族人〉の圧倒的多数は、都市から疎外され、郡部に居住し、農業・畜産・林業などの第一次産業を生業としていた。彼らはロシア人の絶えざる入植により、農耕に不適な砂地、粘土地へと追われ、また、森の奥深く、湖沼・河川にそって後退し、農耕を受容し定着していった。ロシアへの併合と支配のなかで、この地域の非ロシア系諸民族のモザイク的分布と生業の周縁性が生み出されたのである。ウラルの鉱山開発では、逃亡民や分離派の使役に始まり、ロシア人が鉱山業の担い手となり、バシキール人は鉱山業の発展から排除された。イジェフスクやヴォトキンスクの金属工業も、ウドゥムルトではなく外来の土地に緊縛されたロシア人農民の労働に頼って発展した。タタール人は、入植を続けるロシアの領主＝地主と彼らが連れてきた農民によって追いやられつつ、国有地農民に編成されたが、商人として、あるいは、イスラム聖職者としてシベリア、ステップ、中央アジアへと進出した。彼らは「タタール・ヘゲモニー」といわれる経済・文化的影響力をこれらの地域に及ぼすことになる。(11) チュヴァシは、その生業を農業とともに狩猟にも大きく依存し、マリとウドゥムルトは森と沼の民としても知られた。これは、彼らが、この地域の経済社会構造の機軸である地主制と鉱山業から疎外され、ロシアの支配的な世界の周縁に生業の場を見出し、そこに押しとどめられたことを意味している。帝制が崩壊するなかで、タタール人にはムスリム統合の足掛かりとなるが、他の非ロシア系の住民にとっては、この〈周縁性marginality〉は、郷・村という一次的コミュニティを越えた統合への社会的な力、つまり、自らの都市と交通通信体系を生み出すことに、困難をきたすことになる。

一九世紀後半には、ヴォルガ中流・ウラル地域への人口移動が急激に進行していた。各県の人口の増加を示すと次のようになる（表1-5）。

ヴォルガ中流・ウラル地域では、一八六〇年代の「大改革」以降、人口が全体として一・八二倍に増大しているが、とりわけ南ウラルのウファ、オレンブルグ両県とヴォルガ左岸のサマラ県での人口増大が著しい。これら

表 1-5　ヴォルガ中流・ウラル地域の人口

	1851 年	1858 年	1897 年
ヴィヤトカ県	1,818,752	2,123,904(117)	3,082,788(170)
ペルミ県	1,741,746	2,046,572(118)	3,003,208(172)
ウファ県	956,447	1,124,755(118)	2,196,301(230)
オレンブルグ県	689,261	835,303(121)	1,609,388(233)
ウラル地方小計	5,206,206	6,130,534(118)	9,891,685(190)
カザン県	1,347,350	1,543,340(115)	2,191,050(163)
シムビルスク県	1,024,290	1,140,970(111)	1,549,460(151)
サラトフ県	1,444,500	1,636,140(113)	2,419,850(168)
サマラ県	1,320,100	1,530,040(116)	2,763,480(209)
ヴォルガ中流域小計	5,136,240	5,850,490(114)	8,923,850(174)
総　計	10,342,446	11,981,024(116)	18,815,535(182)

典拠）Россия. Т. V. Урал и Приуралье. Спб, 1914, с. 158; Т. VI. Среднее и Нижнее Поволжжье. Спб., 1901, сс. 141-42. ウファ県は1865年にオレンブルグ県から分離して設置された。したがって，1851，58年の数値は，後のウファ県の領域から計算したものである。(　)内の数値は，1851年の人口を100とした比較数値である。なお，原表にみられる計算まちがい，誤植は訂正した。

の地方では、自然増をはるかに上回る社会増、つまり、移住による人口の増大が急速に進行したのである。そして、この増大は、もちろん、この地域の都市人口の増大としても現象したが、農民の移住と入植、農業開発が南ウラル、ヴォルガを越えた左岸と下流域で急速に進行したのである。

この入植＝土地問題が最も先鋭に現れたのが、南ウラルのバシキール人の土地においてであった。文豪トルストイは、民話「人にはどれほどの土地がいるか」(一八八六年)のなかで狭い土地から逃れようとする農民パホームの話を伝えている。ここでパホームが悪魔にそそのかされ安く購入できる広大なバシキール人の土地に魅せられ、悲劇の死をとげる状況が生き生きと教訓をこめて提示されている。

この地方でオレンブルグ総督を務めたのが、Н・クルィジャノフスキーであった。彼の総督在任期(一八六五〜八一年)は、バシキール人からの土地略奪の時代として「伝説」化されている。彼のもとで、サマラ＝オレンブルグ鉄道が開通し、ウファとオレンブルグに国立銀行の支店が開設され、南ウラルの開発と植民が急速に進んだ。彼のイニシアチヴのもとで、大量の土地略奪を可能とする法令が、一八六九年、一八七一年と採択された。カマ川流域では船材用に森林伐採が進められ、バシキール人の土地が大量に「売却」され「購入」された。結局、総督の乱脈行政に対し、元老院の査察がウファ、オレンブルグ県で行われ、彼は一八八一年に解任され、オレンブルグ総督府も廃止された。(12)

一九世紀のこのスキャンダラスな六〇～七〇年代に、オレンブルグとウファ県だけで、二〇〇万デシャチーナを超す土地がバシキール人のもとから奪われた。政府は、一八七五年と一八八二年の法令でバシキール人の土地の売却を規制せざるをえなかった。しかし、クルィジャノフスキーの解任後も土地略奪は続き、それへのバシキール人の抵抗も頻発するようになった。(13)ウファ県の貴族団長А・И・クーグシェフは一八八三年二月二二日付けで内相トルストイへ宛てた内密の覚書で、地主と官吏に属する土地がバシキール人によって占拠される多くの事例を挙げ、その原因として「購入」の形をとってバシキール人の多くの土地が取り上げられたことを指摘している。彼は、約百万デシャチーナの土地が問題となっているとし、そこに不正を感じつつも、次のように遵法精神を披瀝している。

「ほぼ一〇年前に、五〇万デシャチーナ以上のバシキール人の土地が私人によって購入された。この後に、ほとんど同じ量の土地が、バシキール人のもとから切り取られ予備地とされた。そこから、政府によって特恵的な条件で官吏に売却された。これらの土地がロシア人の手に渡った状況に対し、個人的にどのような見解をもとうとも、この移行が法的手続きを経て、また、とりわけ区画地の官吏への売却が引き続き皇帝の裁可を経たからには、あらゆる手段をもって新しい所有者の合法的な権利を擁護することが、地方当局の直接の責務であることは、疑いない。(14)」

レーニンは『ロシアにおける資本主義の発展』(一八九九年)のなかで、農民解放後、ステップ地方がロシア中央部の植民地となり、穀物の粗放的生産が発展したことを述べ、「自由な土地が豊富にあるということが、ここに巨大な移民の流れを引き寄せ、彼らは急速に播種地を拡大した」と指摘した。ここに付した脚注では、辺境への移民の流れを示した文献が挙げられ、ウファ県に関して、彼は次のように確認している。

「〈植民者〉が、いかに森林を船材として切り払い、〈野蛮な〉バシキール人を〈掃き清めた〉野を〈小麦の工場〉に変えたかを、生き生きと叙述したものである。これは、アフリカのどこかでドイツ人があげた成果とも比せるような植民政策の一端である。[15]」

レーニンは、改革後のロシアで、ウラルのウファ、オレンブルグ、ヴォルガ下流域のサマラ、アストラハンの諸県、さらにウクライナ南部への移民の流れと急激な人口増大を指摘し、そこにロシアにおける資本主義の発展を確認したのである。文豪トルストイが民話のなかでとらえた教訓を、レーニンは辺境での資本主義の発展にみたといえよう。

一六世紀の五〇年代以降、この地方のロシア人による植民は、一八世紀半ばにはヴォルガ中流域ではほぼ完了し、一九世紀の半ばからは、ウラル南部のバシキール人の居住する地域、ヴォルガ下流域への植民が急速に進んだのである。タタール人もチュヴァシ人も生業は農業を主としていたが、農業適地からロシア人入植者によって追われ、その農業は粘土地や砂地で、ロシア農民より零細な規模で、低い農業技術をもって営まれていた。[16]モルドヴァはロシア人の入植過程でまとまった原住地域を失い、ロシア人村落に個別分散し、農業に就いた。彼らは、革命後のソヴェト政権によって、ユダヤ人とともに「非領域」民族に数えられるほどに分散していたのである。[17]チェレミスとヴォチャーキは、都市やロシア人の農村から遠く離れた奥深い自然のなかに後退し、農業に適応しつつも、森と湖沼の民として、狩猟、採集、林業、養蜂業に大きく依存していた。[18]バシキール人は、ロシア人入植農民による土地蚕食により、彼らの生業である遊牧を圧迫されつつ、一部は農業へ適応・定着したが、全体として山地と森へ後退した。[19]

このようにして、この地域へのロシア人の入植と農業の発展は、この地域の〈異族人〉を、ロシア人領主（＝地主）と農民が主導する農業生産の周囲に、より零細な農耕民として、あるいは非農業的第一次産業に従事する民として、周縁的かつ従属的に配置した。ここでの主要な問題は、中央部ロシアにおけるような地主＝農民問題ではなく、〈異族人〉を周縁的に配置する植民地的な農業構造であった。

（1）Первая всеобщая перепись населения Российской империи 1897 г.〔以下、ПВП と略記〕XIV Казанская губерния, с. iv; ПВП. XXVIII. Оренбургская губерния, с. viii; ПВП. XLV. Уфимская губерния, с. iv; ПВП. X. Вятская губерния, с. iv; ПВП. XXI. Пермская губерния, с. iv; ПВП. XXXVI. Самарская губерния, с. iii; ПВП. XXXVIII. Саратовская губерния, с. iv; ПВП. XXXIX. Симбирская губерния, с. iii.

（2）Россия 1913 года. Статистико-документальный справочник. Спб., 1995. сс. 23, 216, 327.

（3）一八九七年の帝国国勢調査で「民族 народность」の指標とされたのは、母語であった。これは、被験者への質問から直接、その人の民族帰属を判定するという一八七二年のペテルブルク国際会議の要請から逸脱するものであった。この母語による民族規定は、言語における同化が進行している状況では、主要な大きな民族の人口を膨張させることになった。また、言語学や民族学が未発達な状況下では、その指標とされる独立した言語が「方言 наречие」と分類され、民族の指標として認知されないことも生じていた。一八九七年の国勢調査では、一四六の自立的な民族が確認・記載されたが、三〇年後の一九二六年にソ連で行われた人口調査では、この間に同化が一層進展したにもかかわらず一九〇を超す「民族集団 этнические единицы」と一八〇の「民族 народность」、一四九の言語が記録された。В. И. Козлов, Национальности СССР. Энциклопедический обзор. М., 1982, сс. 34–36; Всесоюзная перепись населения 17 декабря 1926 года. Краткие сводки. вып. IV. народности и родный язык населения СССР. М., 1928, сс. iii–iv, xv–xvii.

（4）ПВП. XIV. Казанская губерния. с. v; ПВП. XLV. Уфимская губерния. тетрадь 2, с. vii; ПВП. XXVIII. Оренбургская губерния. сс. x–xi.

（5）П. П. Семенов, под общей ред., Россия. Полное географическое описание нашего отечества. Т. VI, Спб., 1901, с. 154.

（6）П. П. Семенов-Тянь-Шанский, под общей ред., Россия. Полное географическое описание нашего отечества. Т. V, Спб., 1914, сс. 168–69.

（7）ПВП. XIV. Казанская губерния. с. vi.

（8）Труды ЦСУ. Т. XX. Часть IV. «Итоги Всесоюзной городской переписи 1923 г.», М., 1927, сс. 28–39.

（9）Р. М. Раимов, Революция 1905–1907 гг. в Среднем Поволжье и Приуралье. «Революция 1905–1907 гг. в национальных районах России», М., 1955, сс. 721–24.

（10）　統計では、動力機械を備え一六人以上の労働者を擁する企業と、動力機械がなくとも三〇人以上の労働者を擁している企業の労働者を工業労働者として集計している。Труды ЦСУ. Т. XXVI. Вып. 2. «Профессиональная перепись», М., 1926, сс. 90-97.

（11）　S. A. Zenkovsky, A Century of Tatar Revival. *The American Slavonic and East European Review*, 1953, Vol. XII, pp. 304-307, 311-12.

（12）　«Башкортостан». Краткая энциклопедия. Уфа, 1996, с. 350.

（13）　Крестьянское движение в России в 1881-1889 гг. сборник документов. М., 1960, с. 733, прим. 16. バシキール人は、一八八二年にウファ県のベレベイ郡を中心に、私有区画地に進入し、林を伐採し、干し草を持ち去り、畑から住み着いた農民や働き手を追い払った。南ウラルのバシキール人の土地に略奪的に形成された私的所有を脅かす状況が生まれていたのである。Там же, с. 251.

（14）　Там же, прим. 100, с. 749.

（15）　В. И. Ленин, ПСС, 5-ое изд Т. 3, М., 1971, с. 253. レーニンがここで参照しているのは、植民に関する先駆的で批判的なレーミゾフの研究である。Н. В. Ремизов, Очерки из жизни дикой Башкирии. Переселенческая эпогея. М., 1889. レーミゾフは、ロシアの東方支配を考える際に興味深い人である。彼の略歴については、次を参照。С. М. Васильев, А. М. Усманов, Н. В. Ремезов（краткие библиографические свдения）в кн. Из истории феодализма и капитализма в Башкирии. уфа, 1971, сс. 233-34.

（16）　Т. Давлетшин, Советский Татарстан. теория и практика Ленинской национальной политики. 1974, London, сс. 147-49; С. Роднов, Заметки из жизни чуваши. «Жизнь национальностей»,［以下«ЖН»と略記］No. 37/38, 1919 г.; Хуракштан, Чувашская автономная область. «ЖН», No. 1, 1923 г.

（17）　Пять лет власти советов. 1917-1922. М., 1922, с. 229.

（18）　Среди вотяки. «ЖН», No. 26, 1919 г.; Акпай Пайоблот, Марийская автономная область. «ЖН», Кн. 1, 1923, сс. 53-55.

（19）　Ш. Манатов, Башкирская автономная республика. «ЖН», Кн. 1, 1923, сс. 40-41.

III　文化における統合と対抗

この地域の〈異族人〉は帝国の諸身分へ編入されるとともに、様々な社会的ルートを通じてロシア化 русификация にさらされることになった。この地域では、一六世紀の半ばの征服と支配以降、数次にわたってキリスト教への強制的な改宗が行われてきた。チュヴァシとモルドヴァはキリスト教を受容し、ヴォチャーキとチェレミスはシャーマニズムを保持しつつ、自らの異教の神々をキリスト教の聖者に置き換えることで「改宗」への道を歩んだ。だが、この「改宗」は、その他律的で強圧的性格の故に、基底にかつての神々への信仰を秘め、いわゆる「二重信仰 двоеверие」と呼ばれる状況を生み出した。この「二重性」のもとでは、〈異族人〉民衆の様々な行動を通じて、旧い信仰が解放のイデオロギーとして意識の古層から復興し表出することにもなる。タタール人とバシキール人は正教の布教と攻勢に対して、一部は改宗し洗礼を受けるが、基本的にはイスラムを保持した。エカチェリーナ二世の宗教寛容令以降は、かつてこの地域の支配民族であったタタール人は回教寺院に付設する教育施設メクテーベ、高等教育施設であるメドレセを中心にイスラム文化を復興再生させ、カザンを拠点に帝政ロシアの各地にタタール人のネットワークを築いていく。彼らは、やがてこの地域を拠点に、帝政ロシアのムスリム諸民族に対して「タタール・ヘゲモニー」と呼ばれる宗教・文化的な統合力を及ぼし、それは帝国への統合に対する危惧を生み出すことにもなる。

この「タタール・ヘゲモニー」が、帝国の統合へ危機をもたらすものとして現れたのは、クリミア戦争とその敗北を受けた「大改革」の時期であった。帝政ロシアへ統合するために、この地域では植民やウラルの鉱山開発をはじめとする社会経済政策とともに、正教への改宗がその強弱のリズムを伴いながら積極的に展開されてきた。改宗への反発は、バシキール人の度重なる反乱の一因ともなっていたが、一九世紀に入るとすでに二〇年代、四〇年代に「棄教 отпадение」、すなわち、改宗者の正教からイスラムへの復帰という現象として表出した。この棄教にみられる帝国への宗教・文化的統合の危機は、五〇年代から七〇年代にかけて、さらに一層、深刻となった。これは、ロシアがトルコと、そしてそれを支援する英仏とクリミア戦争を戦い、その敗北を受けて「大改革」に乗り出し、再びトルコとの戦争に至る時代であった。そしてまた、帝政ロシアにとって、一九世紀の五〇〜七〇年代は、帝国の諸地域の再編・統合を目指す改革の時代でもあった。

クリミア戦争のなかで、ツァーリ政府が全てのイスラム教徒を強制的に正教に改宗させる準備をしているとの噂が広がり、ヴォルガ流域からウラル地域の人々に動揺が生じた。この動揺は、この地域のムスリムのオスマン帝国への移住の動き、ロシア人郷村からのタタール人の分離、納税や諸賦課の拒否などとなって現れたが、一八六〇年代半ばには、洗礼を受けたタタール人、すなわち受洗タタール крещеные татары の棄教が大きな規模に達したのである。この棄教の動きは、一八六五年末に現れ、翌年初めにはかつてない大きな規模に達した。カザン郡では、六つの受洗タタール人の教区のうち、正教にとどまったのはわずか一つのみであった。ライシェフ、ママドゥイシュ郡も棄教の強いうねりに捉えられた。一八六六年にカザン主教管区では、公的文書はその数を九〇〇〇人としていたが、実際はこれよりはるかに多かった。というのは、この数には公的に表明していない棄教者の数が含まれていないからである(1)。この棄教がタタール人だけでなく、チュヴァシ、チェレミス、ヴォチャーキにも広がったことに、カザン県の知事も副知事も、内相への報告のなかで、イスラムの側からの働きかけをみて危惧せざるをえなかった(2)。その後も、七〇年代初めにタタール人学校への政府のロシア化政策に対し、ムラーを中心とする抵抗がみられ、露土戦争（一八七八〜七九年）のなかでは、タタール人ムスリムによる一連の騒擾が起きた(3)。

このような帝国への統合の揺れと危機のなかで、ニコライ・イリミンスキーによって新たな帝国への統合方式が提起される。かつて強制的に改宗させられた人々が大量に正教を棄て、イスラムへの復帰を表明するという状況のなかで、イリミンスキーは異族人の母語、それも口語に基づくキリール文字を用いた文語を形成することで、正教に基づく教育の体系を考案・主張し、この危機に対抗するのである。棄教の波がこの地方を襲った一八六六年の一〇月四日に、カザンで聖グーリィ団が結成され、彼の宗教教育体系が産声をあげることになる。このイリミンスキー・システムは、中央政界の内相、文相、宗務院の支援を受けつつ進められ、六〇年代半ばにこの地域に成立する。その後、帝政ロシアの東方支配における一つの支配的な方式として、この地域を越えシベリア、中央アジアなど各地にも影響を及ぼしていく。

イリミンスキーの体系は、宗教と教育の分野を通じての帝国への統合の体系であった。この地域の宗教文化における複雑な構成と対抗、さらにそこにおいて帝国への統合が追求されるなかで、一八六二年、棄教タタール人社会からバガウッディーン・ヴァイスィがカザンに「祈りの家」を開いた。彼は、イスラムをこの地域のブルガール時代まで遡り、そこに正統性を見出し、イスラムの改革を求め運動を始めた。これは、タタール人のムス

図 1-4　ニコライ・イリミンスキー（1822-1891）

ペンザ市の長司祭の家族に生まれる。1842 年に，カザン神学大学を卒業。1846 年宗務院によってカザン神学大学の助教授に任命される。1851 年 9 月から 2 年半にわたり，中東のカイロ，ダマスクス，さらにコンスタンチノープルを訪れ，イスラム研究と資料収集に従事した。「大改革」期のヴォルガ中流域をとらえたタタール人正教徒の大量棄教とイスラムへの回帰の動きのなかで，異族人に対する母語と正教に基づく教育システムを唱える。1863 年にカザン中央受洗タタール学校，1872 年にカザン異族人師範学校を設立し，異族人学校のための教科書を作成し，いわゆるイリミンスキー・システムを確立した。

典拠）Наиболее важные статистические сведения об инородцах восточной России и западной Сибири, подверженных влиянию ислама. Казань, 1912, с. XXXIII.

リム社会を批判しつつ、ブルガール主義に基づく自らの信徒の新しい社会をつくりだすいわば革新運動であった。[4]さらにイスマイール・ガスプリンスキーは、イリミンスキー方式に刺激されながら音韻方式に基づき、一八八一年にイスラム改革を目指すジャディード運動を開始することになる。

イリミンスキーの体系は、一八八〇〜九〇年代にヴォルガ中流・ウラル地域において、この地域の帝国への統合を進める宗教・教育・文化の支配的な装置となる。そして、この装置は、シベリアからステップ地方、トルケスタンへと帝国の東方地域にも移入が試みられていく。しかし、二〇世紀初めに帝国が揺らぎはじめると、この装置も揺らぎ、それへの批判も顕在化する。[5]

さて、一九世紀後半からこのように宗教・文化的対抗がこの地方で顕在化することになったが、この対抗を生む状況をいくつかの数値で分析、補足しておこう。この地域の住民を宗派別構成からみると、一八九七年の国勢調査によるとカザン県では、正教徒六八・九％、イスラム教徒二九・一％、旧儀派一・一％、異教徒〇・六％となり、オレンブルグ県では、正教徒七三・八％に対して、イスラム教徒二二・八％、旧儀派三・一％である。ウファ県では、正教徒四三・七九％、イスラム教徒四九・八％、旧儀派一・五％、異教徒四・四％である。[6]まず、宗派別と民族別の住民構成に一致がみられないことに、注目しなければならない。カザン県では、ロシア人は三八％であるが、正教徒は六八・九％を占め、この人口の三割に達する差は、非ロシア系諸民族に対する正教への改宗の促迫の結果を示している。この地域には、キリスト教とイスラム教という二大文明圏の基本的対抗のなかに、さらに様々な異教の民と正教からの分離派が分厚く存続していることも注目される。

信仰における多様性は、そこにおける改宗や棄教という現象を含み、この地域の著しい特性をなしている。一八九七年の調査によると、カザン県ではチュヴァシの九八・七％、チェレミスの九七・二％、モルドヴァの九九・六％から、ヴォチャーキの七六・五％まで、キリスト教への改宗が進行していた。[7]このキリスト教への改宗は、ウファ県では異なる様相を呈している。ここではモルドヴァ人の正教徒は三・五八％にすぎず、九六・四二％はイスラム教に改宗していた。また、タタール人は、七八・五八％がイスラム教徒で、二一・四二％が正教徒であった。タタール人の改宗者のこの比率はきわめて高いが、その正教徒としての実質は疑わしい。それは、改宗したタタール人で、再び正教を棄てた人々も含まれているからである。[8] シムビルスク県では、イスラム教徒一四万四四四〇人、正教徒一四〇万七三一七人に対して、彼ら改宗タタール人の数は、四〇三一人と少ない。[9] ウファ県では、チェレミスは、その九四・〇九％が「他の宗派」に属し、正教徒は五・五五％、イスラム教徒は〇・三六％である。ヴォチャーキも、その八八・九八％が「他の宗派」に属し、正教徒は九・二二％、イスラム教徒は一・八％である。[10] オレンブルグ県では、正教徒七三％に対してタタール、バシキール、メシチェリャーキ、チェプチャーリ、キルギス(現カザフ)人がイスラムを信奉し、県人口の二二・八％をなし対抗している。[11] クリャシェン кряшен と呼ばれる改宗タタール人とともに、この地域には正教への改宗者であるナガイバキ нагайбаки が居住しており、彼らは一九二六年の調査で一万二千を数えている。[12]

この地域では、正教とイスラムの基本的な対抗のなかで、異族人の信仰がおかれた状況について、いくつかの特徴を確認できる。まず、改宗タタール人のなかに実質的にはかなりの数の棄教者を含んでいることである。ついで、チュヴァシは表面上は正教への改宗が進んでいるが、モルドヴァ、チェレミス、ヴォチャーキなどの小民族は彼らをとりまく民族へ同化される傾向があり、地域によって異教にとどまり「偶像崇拝者」としてかなりの自立性をもっていることがある。そして何より正教の側にも、旧儀派の異端を含め改宗した異族人にみられる「二重信仰」が存在し、正教はこの異族人の異教の息吹＝響きに警戒の念を忘れなかった。ヴォルガ中流・ウラル地域は、宗教文化的対抗の点で、帝国においても流動的でダイナミックな地域であった。

正教の宣教に携わった学者H・ニコーリスキーは、ヴォルガ流域の異族人の信仰状態を示す次の表を作成している(表1-6)。

この表にはタタール人やバシキール人といったイスラム教徒は示されずに、正教に改宗した異族人のみが取り

表 1-6　ヴォルガ流域の異族人の信仰(20 世紀初め)

	正教徒	イスラムへの改宗者	偶像崇拝者	キリスト教諸宗派	旧儀派	総　数	分布県
ヴォチャーキ	372,845 (94.1)	3,493 (0.9)	16,089 (4.1)	−	3,708 (0.9)	396,135 (100)	8
モルドヴァ	約 100 万 (66.7)	480 (0.0)	− −	− −	約 50 万 (33.3)	約 150 万 (100)	10
ベセルミャーネ	20,000 (100)	− −	− −	− −	− −	20,000 (100)	2
受洗タタール	122,301 (74.0)	43,073 (26.0)	− −	− −	− −	165,374 (100)	12
チェレミス	約 30 万 (76.7)	433 (0.1)	90,561 (23.2)	40 (0.0)	− −	391,034 (100)	8
チュヴァシ	981,338 (98.3)	2,334 (0.2)	14,734 (1.5)	183 (0.0)	100 (0.0)	998,689 (100)	15

典拠）Н. Никольский, Религиозно-нравственное состояние инородцев Поволжья. «Инородческое обозрение», Кн.1, Декабрь 1912, Казань, с. 3. ベセルミャーネはウドゥムルトに属する民族集団で，1926 年には 10 万人以上が記録されたが，その後の統計では計上されていない。彼らの言葉には，チュルク系の特徴がいくつかみられ，ブルガール時代にムスリム化されたフィン・ウゴル系の人々を祖先としていると考えられる。

上げられているのだが、その改宗比率はベセルミャーネの一〇〇％からモルドヴァの三分の二までと高い。チェレミス、そしてヴォチャーキにも、「偶像崇拝者」の比率が相対的に高く、モルドヴァはその三分の一が正教異端の旧儀派である。全体として、異族人の正教への高い改宗率が確認できる。しかし、この高い改宗率は、一つは正教聖職者が自らの宣教実績を過大視したことに、もう一つは異族人が強制的な改宗や抑圧を恐れて正教徒として申告したことに支えられていた(13)。

正教学者ニコーリスキーもまた、この改宗を示す数字の裏にいくつかの問題点を読み取っている。彼はこの表を提示しつつ、「正教異族人」の半数以上が「二重信仰者」であると指摘するのを忘れない。つまり、彼らは、「半ば異教の、または、半ばイスラム教徒の世界観をもったキリスト教徒」であると確認する。さらに、彼は、イスラムに引きつけられるのは少数であるが、受洗タタールとタタール・ムスリムに囲まれた地域のチュヴァシとチェレミスにはそれがみられると、危惧している。また、イスラムに「堕ちた」人々の狂信さにも、彼は注目している。彼らとキリスト教について話すのも困難で、危険でさえあるというのである。ニコーリスキーは、ウファ県のベレベイ、ビルスク郡の異族人、つまりバシキール人、ペルミ県のチェレミスの一部がタタール化していることを挙げ、キリスト教化とタタール化が拮抗していると、次のように主張する。「全ての列挙した異族人のグループは、全体として、現在、キリスト教とイスラムの交差する影響のもとで生活している。どちらの宗派も、自らの側により多くの支持者を引きつけようと努めている。そのうえ、影響を与える手段は様々である(14)」。

信仰についで、この地域の言語をめぐる状況も、単に多様な民族の多様な言語の併存というにとどまらない様相を呈していた。都市とロシア人村落で話され、国家の行政・司法の言語として使用されるロシア語は、印刷と教育を通じて都市を中心に普及した。このロシア語の支配的性格に対し、〈異族人〉の言語は、公的世界から排除され、わずかにイリミンスキー・システムを通じて、母語によるキリスト教図書の印刷と異族人教育における補助的機能に長く限定された。彼らの言語は、もっぱら彼らの農村集落で口語(母語)として流通しており、それは自らの民族世界に跼蹐《きょくせき》する従属的な性格を付与されていた。したがって、〈異族人〉にとって、文字をもち印刷される支配的なロシア語(文語)に対して、母語で口語による文化、つまり、口承文化の彼らの生活に占める位置は大きく、彼らの生活・社会意識の豊かな培養源となっていた。支配的な文語に対する口語のこの関係は、ロシア農民にも、また、この地域でロシア人に対抗するタタール人の言語がバシキール人、カザフ人の口語に対してもつ関係にも現れている。

このような言語状況のなかで、イリミンスキーの教育システムは、タタール・ヘゲモニーへの対抗を意味していた。これは、タタール人以外の非ロシア系異族人の口語をもとにキリール文字の表記による文語をつくりだし、正教教育とやがては母語からロシア語教育へ移行することで、帝国への統合を果たそうとするものであった。この異族人教育のシステムから、やがて教師と正教聖職者を中心とする民族インテリが形成される。全体として、帝国への統合の枠内で〈異族人〉にとって、イリミンスキー・システムは自らの口承文化の発見とともに、彼らの民族意識の覚醒と文化の復興へ向けての重要なモメントをなすことになる。

識字率は文化の内実と方向を示すベクトルでもある。カザン県全体で、それは一七・九％であるが、そこには深い断裂が走っている。ロシア人の識字率は、もちろんロシア語によるものであり、チュヴァシ、チェレミスもロシア語によるが、タタール人は、「他の言語」、すなわちタタール語による識字であった[15]。ここには、異族人チュヴァシとチェレミスのロシア文化への方位性が示され――識字率の低さのゆえに、この方位性は確たるものではないのだが――、それへの対抗がタタール人の識字には示されている。オレンブルグ県では、ロシア人の識字率は二〇・六一％で、タタール人は二二・六八％である。バシキール人は一八・一％で、これはタタール語によるものである。帝国の支配民族たるロシア人よりも、タタール人の識字率が高いという逆転が生じ、さらに、バシキール人は識字でタタール語に依存し、タタール人が彼らに優越的な影響を及ぼしているのである。同じ身分のなかをも言語における断裂は走っている。オレンブルグ県のコサック身分では、バシキール人はタタール語を、モルドヴァはロシア語を、それぞれ母語としているのである[16]。

この地域の異族人の言語における分岐も著しい。モルドヴァはロシア人のなかに分散して居住し、彼らはエルヂャ Эрзя とモクシャ Мокша の二つに、チェレミス（マリ）は山地、草地、東部の三つに、ヴォチャーキ（ウドゥムルト）は北部、南部、ベセルミャーネ、北部の四つの言語集団に分岐している。バシキール人は南と東、北西語グループに分かれ、部族への強い結集のもとで、それぞれ、郷と部落 аймак に分かれ住んでいる[17]。このように、いわば民俗的な口語に分岐しており、文語による統一的な言語形成がなされていないということが、彼らが文語をもち統一的教義をもつ宗教を奉じる強力な集団、つまり、ロシア人とタタール人への同化にさらされ、その対抗のなかに翻弄されるという状況を生んでいた。

このような言語と信仰をめぐる分岐と対抗のなかで、ある民族集団は消滅し、独自の民族集団が生まれることにもなった。クリャシェンはタタール人の正教への改宗者であるが、革命後の一九二六年の統計では、ヴォルガ・ウラル地域で五つの言語グループに分かれ、一一万二六〇〇人を数えていた。彼らは、改宗と棄教のなかを揺れ、やがて、ソヴェト政権の反宗教政策のもとでは独自の存在性を失っていった。チェプチャーリ тептяри はカザン・タタールの出であるが、彼らはバシキール地方ではバシキール化(言語)が著しい。一九二六年に、二万七四〇〇人を数えたメシチェリャーキ мещеряки も、サラトフ県では、一九世紀の六〇年代の約三千人が、一八九七年の調査ではわずか七人となっていた。ここでは著しいロシア化を蒙っていた。[18]

文化、とりわけ衣・食・住の物質文化の次元においては、ロシア化あるいは、タタール化、さらには周囲をとりまく民族への同化といった文化変容が比較的容易に進んだ。しかし、家族と共同体における様々な観念や労働慣習に根ざす価値体系は各民族に強く保持された。ここには、文化変容における物質と精神のレヴェルでの不均等性が窺われる。ヴォチャーキの集落は大家族からなり、彼らの間では私有観念は希薄で、労働は協同性を帯びていた[19]し、チェレミスの集落では村を離れて外部で働く慣習がなく、彼らに賃仕事は無縁であった。[20]バシキール人はイスラムを受容しつつ共同体的＝部族的な土地領有のもとで農耕を取り入れつつも、遊牧文化を保持し[21]、チュヴァシ農民は共同体的土地所有のもとにあったが、ロシア農民のそれとは異なっていたのである。チュヴァシ、そしてヴォチャーキ、チェレミスのもとでも農村共同体の多くが〈複合共同体〉であった。つまり、多くが、ときとして数十に及ぶ村落が一つの共同体を形成し、広域にわたって共同で土地を管理していた。また南東のバシキール人のもとでは、部族的な共同体の土地所有が支配していた。ここは、土地の個別・私有からは遠いところにあるが、同時に内部での土地をめぐる争いを醸成していた。[22]

このようにして、この地域の帝国への文化的統合は、信仰、言語、衣食住、家族と共同体の生活・労働慣習において、この地域の〈異族人〉に複雑で多面的な文化変容を迫りつつ進行した。この統合は、タタール・ヘゲモニーを警戒し、それに対抗しつつ、信仰(正教)と言語(ロシア語)を通じて果たすことが目指された。このロシア化政策は、つまるところ、異族人にとっては、同化と、それを受容できない者を排除し抑圧する異化の複雑な文化構造でもあった。

このような状況にあって、この地域の人々の社会意識とアイデンティティは分岐するとともに、そこには、反発と蔑視の感覚が潜んでいた。ロシア人は、非ロシア系住民を異族人、つまり、〈イノローデッツ инородец＝血の異なる人〉と総称したが、そこには生理的な〈異物〉感とともに排他的な蔑みの感情が漂っていた。また、タタール人には、〈クニャズィ князь〉と軽蔑のニュアンスをこめて呼んでいた。タタール人の側でも、古代国家ブルガールへのアイデンティティを保持する人々もおり、彼らの自意識も一元的ではなかった[23]。さらに、タタール人はヴォチャーキを蔑称の〈アリ ари〉で呼び、彼らの住むところはアリの地 земля Арская と、その中心都市はアルスクと呼ばれた[24]。このような呼称にまといつく排他と侮蔑の意識は、革命とアイデンティティの覚醒のなかで問い質され、チェレミスはマリに、ヴォチャーキはウドゥムルトに、他称から自称に民族名を改めることになる。タタール人においても、ブルガールの復興を求めるヴァイーソフ運動が展開するのである。

ヴォルガ中流・ウラル地域は、イヴァン雷帝による征服以来、ロシア人の入植と農業開発、ウラルの工業発展のなかで、〈異族人〉を地域社会の周縁に追いやり固定化してきた。〈異族人〉は、この抑圧的な地域構造に抗して、動乱時代、ステパン・ラージンの乱、プガチョーフの乱をはじめ、幾度とこの地域をとらえた反乱に加わり、一九〇五年の革命のなかでも、彼らの文化の復興と解放を求めて動きはじめることになる。

辺境におけるロシア人と異族人の併存と対抗の複雑な状況が、彼らの〈周縁性〉と絡み合いながら、このヴォルガ中流・ウラル地域の特性をなしている。この〈並存性 juxtaposition〉は、しかしながらステップ、トルケスタン地方におけるそれとは異なる。つまり、圧倒的なムスリム「異族人」とロシア人を中心とするヨーロッパ系の人々がつくる二元対抗的なそれではない。また、この地域は、その西に続く中央農業地帯とも異なっている。もっぱらロシア人の貴族と農民からなり、小さな田舎都市を包み込むように農村社会と地主制の世界が広がる世界からも明瞭に区別されるのである。さらに、ウラルを越えて東に広がるシベリアとも異なる地域社会であった。シベリアは、北方の少数民族と南ステップの遊牧民を周縁に含みながらも、圧倒的にロシア農民とコサック軍団の世界であった。

このように、他の辺境地域とは区別されながら、ヴォルガ中流・ウラル地域は、県・郡レヴェルの官僚制と身分編成の外被のもとで、近代への駆動に伴う社会変動のなかで複数の異質な要素が相互に反発と融合、統合と分離の交渉を繰り広げる、いわば、動的な〈並存〉——統合と対抗の地域であった。この〈周縁性〉と〈並存性〉に規定されたヴォルガ中流・ウラル地域は、帝政の危機と崩壊、さらに革命と内戦のなかで地域の多様な統合のあり方を模索することになる。

（1）П. О. Афанасьев, Н. И. Ильминский и его система школьного просвещения инородцев Казанского края. «Журнал министерства народного просвещения», 1914, сентябрь, с. 56.

（2）Его же, Н. И. Ильминский и его система..., 1914 декабрь, с. 125.

（3）И. Л. Морозов, "Экономика татарской пореформенной деревни и массовое движение татарского крестьянства в Татарии 50-70-х гг. XIX в.". в кн. Аграрный вопрос и крестьянское движение 50-70-х годов XIX в. (М.-Л., 1936), с. xix.

（4）М. Глухов, Ваисовщина. Tatarica. Энциклопедия. Казань, 1997, с. 219.

（5）西山克典「洗礼タタール、「棄教」タタール、そして正教会——一九世紀中葉ヴォルガ中流域における宗教・文化的対抗について」スラブ研究センター研究報告シリーズ No. 74（二〇〇〇年三月）、二八〜五三頁、参照。

（6）Первая всеобщая перепись населения Российской империи 1897 г.〔以下、ПВП と略記〕XIV. Казанская губерния. с. vii; ПВП. XLV. Уфимская губерния. тетрадь 2, с. viii-ix; ПВП. XXVIII. Оренбургская губерния. с. xi.

（7）ПВП. XIV. Казанская губерния. с. vii.

（8）ПВП. XLV. Уфимская губерния. тетрадь 2, сс. viii-ix; "Кряшены" Народы России. Энциклопедия. М., 1994, сс. 210-11.

（9）А. Ф. Селиванов, "Симбирская губерния" Энциклопедический словарь. сс. 901-902.

（10）ПВП. XLV. Уфимская губерния. тетрадь 2, сс. viii-ix.

(11) ПВП. XXVIII. Оренбургская губерния. с. xi.

(12) Всесоюзная перепись населения 17 декабря 1926 года. Краткие сводки. вып. IV. сс. 13, 34. 最新の研究は、ナガイバキをウラル地方のノガイ・タタールの系譜をひく改宗タタール人とする立場をとっている。Татары Среднего Поволжья и Приуралья. М., 1967, сс. 52–53; Народы России. Энциклопедия. М., 1994, с. 238.

(13) 統計において、実施する側と調査される側に支配と被支配の断裂があり、文化的差異があるとき、統計の数値は歪む。その「歪み」自体が社会の構造を解く鍵にもなる。ヴォルガ中流・ウラル地域では、統計は異族人、とりわけムスリムにとっては強制的改宗のために行われるという噂と結びつき、ツァーリの官吏、何よりも聖職者はできるだけ「異族人」の数を小さくしようとした。この統計の「歪み」を、スルタン＝ガリエフは後にタタール・バシキール共和国の主張に際して、指摘していた。Мирсаид Султан-Галиев, Избранные труды. Казань, 1998, с. 244.

(14) Н. Никольский, Религиозно-нравственное состояние инородцев Поволжья. «Инородческое обозрение», Кн. 1, декабрь 1912 г., сс. 3–4.

(15) ПВП. XIV. Казанская губерния. с. xi.

(16) ПВП. XXVIII. Оренбургская губерния. сс. xiii, xviii.

(17) "Мордва", "Марийцы", "Башкиры". Народы России. Энциклопедия. М., 1994, сс. 106, 229, 232.

(18) ПВП. XXXVIII. Саратовская губерния. Спб., 1904, с. vi. 一九九四年に出された百科事典『ロシアの諸民族 Народы России』には、すでにこの民族集団の記載はない。

(19) Среди вотяки. «Жизнь национальностей», Но. 26, 1919 г.

(20) Акпай Пайоблот, Марийская автономная область, сс. 53–55.

(21) Р. Раймов, К истонии образования Башкирской автономной социалистической республики. «Вопросы истории», 1948, No. 4, сс. 23–24.

(22) П. П. Семенов, под общей ред., Россия. Т. VI, Спб., 1901, с. 171.

(23) А. Х. Халиков, Кто мы—булгары или татары? Казань, 1992, сс. 19–23.

(24) Л. Вейнберг, "Казанская губерния". Энциклопедический словарь. Т. XIII^{А}, с. 898.

第三節　中央アジアの植民地――セミレーチエ

ロシアの歴史は植民されるくにの歴史である。その植民される地域は、ロシアの国家領域とともに拡大した。この長い年月にわたる動きは、ときに衰退し、ときに高揚しつつ、我々の時代まで続いている。それは農奴制の廃止とともに強まり、中央の黒土諸県から――そこに住民は長い間不自然に押し込められ、力づくで引き止められていたのだが――、住民の流出が始まった。住民は、そこからノヴォロシア、カフカースへ、ヴォルガ、さらにカスピ海を越えて、とくにウラルを越えシベリアと太平洋の岸までも、様々な方面へ流れていった。一九世紀後半にはトルケスタンへのロシアの植民が始まったばかりであるが、すでに二〇万を越すロシア人がそこに居をかまえており、そのうち、ほぼ一〇万人が一五〇に及ぶ農村集落を形成していた。これは、農民の移住者からなる集落で、ところどころで、ほとんど全く農業に従事する住民からなる夥しい数の島嶼の観を呈していた。（B・O・クリュチェフスキー『ロシア史講話』一九〇四年）

I　農奴解放後の移民

ツァーリ政府は「大改革」期の農奴解放後も、地主経営における農業労働力の不足とその高騰を恐れて、農民の移住 переселение には抑圧的な対応を示した。そもそも、一八六一年二月一九日の農奴解放令の「一般規定」は、個々の農民経営の村団からの除籍と他への入籍手続きのみを述べ、移住には全く言及していなかった。(1) また、一八六六年には、国有地農民の移住に与えられていたそれまでの保護と援助が廃止されている。このような移民に対する消極的対応は、「大改革」期の政府におけるマンチェスター学派的な自由主義と地主＝貴族の労働力確保志向との政治的妥協の産物でもあった。(2)

政府のこのような消極的対応は、八〇年代から九〇年代半ばにかけて、移民の廃止へと昂進する。この時期は農奴解放をはじめとする「大改革」に対する政治的揺れ戻しが現れ、一般的には「貴族反動」の時代とされているが、その政策的一環として、一八八九年七月一三日の移民法も出された。この移民法は、農民の移住に細かな行政手続きを定め、内務、国有財産両省の事前許可を義務づけ、不法な移民に対しては本籍地へ護送囚人として強制送還すると規定していた。(3) 一八九三年には、共同体村落からの農民の離脱に対し、さらに厳しい措置がとられた。共同体からの除籍には村集会（スホード）の三分の二の同意を要し、分与地の抵当と売却は同じ村団の農民に対してのみ許されるとしたのである。これは、農奴解放令の「一般規定」が認めていた、分与地を買い取った農民が自分の土地を売却・抵当・贈与と自由に処分できる権利を著しく制限し、(4) 共同体からの農民の離脱と移住に法的な枷をはめるものであった。このような移民抑止の体制にあっては、移住に先立って派遣された農民の先発人（ホドーク ходок）も、移民を組織する者も政治的煽動家と同等視され、関係する地方自治体（ゼムストヴォ）出版物へも移民推進を教唆するとして弾圧が及ぶ状況が生まれていた。このような状況では、正規の法的手続きを経ない不法移民は捕らえられ、本籍地へ強制的に送還されたのである。[5]
だが、帝国の個々の辺境地域へロシアの勢力を扶植し、軍事戦略上、それらの地域を確保することへの配慮から、中央政府も特定地域への移住と入植を容認せざるをえなかった。「大改革」期以降、ヨーロッパ・ロシアの南部、南東部辺境、さらにカフカース、シベリア、中央アジアへと移民の波が押し寄せることになるのである。
表1-7は、大改革期から一九一六年という帝政が崩壊する前夜までの「東部」への移民の流れを示している。

表 1-7　1860 年代から 1916 年までの東部への農民の移住

年	移住者数	そのうち帰郷者	帰郷者の比率(%)
1861－84	300,000	不	明
85－95	161,671	不	明
96	178,400	22,906	12.8
97	68,896	21,555	31.3
98	148,317	18,317	12.3
99	170,136	21,311	12.5
1900	166,248	42,582	25.6
01	88,964	33,255	37.4
02	81,921	25,716	31.4
03	94,289	21,027	22.3
04	40,001	9,901	24.8
05	38,760	8,066	20.8
1896－1905	1,075,932	224,636	20.9
06	139,064	13,659	9.8
07	427,339	27,195	6.4
08	664,777	45,102	6.8
09	619,320	82,287	13.3
1906－09	1,850,500	168,243	9.1
10	316,163	114,893	36.3
11	189,791	116,308	61.3
12	201,027	57,319	28.5
13	240,978	45,478	18.9
14	241,874	27,594	11.4
15	27,651	10,089	36.5
16	10,898	6,683	61.3
1910－16	1,228,382	378,364	30.8
1906－16	3,078,882	546,607	17.8

典拠）ドゥブロフスキー著，有馬達郎・荒田洋ほか訳『革命前ロシアの農業問題』東京大学出版会，1971 年，366-69 頁。

帝政ロシアにおいては、一八六一年の農奴解放以降、最初の数十年間は、いくらかとも正確な移民統計は全く存在しなかった。一八八五年からヴォルガ右岸の交通の要衝スィズラニとウラルの東麓チェリャビンスクの移民管理地点で移民の記載が行われるようになった。これらの地点を通るのが「東部」へ向かう移民の基本的な流れであった。したがって、西シベリアのチュメニや他の鉄道駅などを通過する移民は充分に数えられていない。この二つの地点、つまり、スィズラニとチェリャビンスクでの資料が帝政ロシアの移民統計の基礎となっている(6)。

したがって、表1-7には、ヴォルガ中流からウラルを通過して、シベリアや中央アジアに向かった移民が捕捉されている。表にみられる「東部」への移民とは、このことを意味しており、したがって、ノヴォロシアやカフカース、南ウラルのバシキール地方への移民の流れはこの表には充分な反映をみていない。

さて、表1-7から一八九〇年代半ば以降、移民が増大していくことが読み取れるが、セミレーチエ地方への植民は、このような全般的状況のなかで、中央政府の移民への消極的対応から抑止への昂進をぬって、独自の展開を示してゆく。ここでは、すでに一八四七年から二〇年間に及ぶコサックの軍事的入植が行われ、一八六七年に、一四のコサック兵村とその分村に一五〇〇〇人の軍籍を擁するセミレーチエ・コサック軍団が形成された。だが、シベリア・コサックの「劣悪分子」を強制的に移住させて進められたこの軍事的入植は、多くの問題を生み出していた。原住民に畜群通路を確保せず、彼らから灌漑された優良地などを没収して入植が行われたために、彼らへの抑圧と入植者コサックに対する彼らの敵意を生むことになった。コサックは広大な土地を得て、自ら営農に励むよりは、原住民に土地を貸し出し、彼らを搾取し寄生する辺境の特殊な軍事身分となり、その耕地は間もなく荒廃減少し、その森林も濫伐・枯渇をきたしたのである(7)。

一八六七年にセミレーチエ州がトルケスタン地方の一州として設置されると、このようなコサックの軍事的入植にかわって、農民入植の方針がとられることになる。一八六七年一月にトルケスタン総督、К・П・カウフマンの指示を受けて、セミレーチエ州軍知事Г・А・コルパコフスキーの作成した同州の植民計画は、一八一五家族の農民を八〇地点に入植させるというものであった。シベリア総督の説くトルケスタンへ一五〇〇家族のコサックを入植させるという従来の植民方針に対し、この農民入植の方針は、コサックの軍事入植が、国家へは重い負担を課し、広大な土地を要するにもかかわらず、辺境の地域開発にとって経済的には不効率であるという見解に基づいていた。[8] コルパコフスキーは、同州における農民集落設置に関する臨時規則を作成し、この規則は一八六九年には総督によって承認され、同州の農民入植に関する行政指導書となった。この臨時規則で注目すべきことは、第一に、入植男子農民に対し一人当たり三〇デシャチーナの分与地、一五年間の税と兵役を含む労役義務の全免、一〇〇ルーブリまでの営農資金貸与など、入植を積極的に推進するために手厚い特恵措置がとられたことである。第二に、農民の入植村落 посёлок にはロシア内地と同じく、村長(スタ―ロスタ)、村集会(スホード)、村裁判(スード)をもつ村団制度が導入されるが、その土地は私有地への買い戻しを許されない共同体の用益にあるとされ、強い共同体規制も扶植・保持されることになったのである。[9]

このようにして、セミレーチエ州への移住は、「大改革」期の中央政府の消極的対応をぬって、共同体秩序を強く保持しつつ農民の入植を積極的に推進するものとして始まった。だが、これは、それまでの辺境への軍事的入植や国有地農民の移住、逃亡農民の定着などとは異なる辺境への植民であった。同州へは、一八六八年に最初の移民がコルパコフスキーの郷里であるヴォロネシ県から到来したが、この二四二家族は入植地がみつからず、まずヴェルヌイ(現アルマトゥイ)市の町人身分に編籍された。そして、彼らは近隣のコサック兵村から借地し、農業に従事しはじめたのである。続いて各地から移民が到来したが、ヴォロネシ県と西シベリアの出身者が多数を占めた。一八八二年までには、二九の開拓村に一万五〇〇〇人が入植していたが、この他に、約七千人の移民が入植を待ちつつ、都市に町民として編籍されていた。したがって、一八六八年から八二年までに、同州に二万数千人を下らない移民が押し寄せたことになる。[10] 総督のカウフマンは、自らの報告書のなかで、セミレーチエ州は今や「ロシア人のもの」となり、「結局、現在、ここで前面に現れてくるのは、半ばタタール人のちっぽけな町でも、シベリアの半ば浮浪的な住民を擁するまばらなコサック兵村でもなく、恵み豊かなステップのはてしない草原で富裕に成長する農民の村落と共同体である」と述べ[11]、コサックの軍事入植から農民入植への転換の成果を誇りつつ、帝国統治の支柱として彼ら入植農民へ期待を寄せたのである。

一八八三年からセミレーチエ州は、新設のステップ総督府へ移管され、新たに作成された「定住者土地制度規則」が、同州の植民地行政に関する指導文書となった。この新規則は、移民男子一人当たりの土地分与基準を一〇デシャチーナに引き下げ、税と労役義務の全免は三年で、続く三年は半免とし、同州移民への特恵措置を著しく削減することになった。これは、植民のための未占拠地の確保が同州では困難になったことによるが、一八九一年に内務省はついに、特別の行政命令のあるまで、同州への移民を禁止するとした[12]。この中央アジアの辺境にも、一八八九年の移民法に体現される、農民の移住に抑止的な移民史の新時代が到来したのである。一八八六年の「トルケスタン統治規定」も、九一年の「ステップ統治規定」も、ロシアからウラルを越えて大規模な移住と植民が行われるのは望ましくないと考えられた、この新時代の法的産物でもあった。「ステップ統治規定」は、その第一二六条で、移住者による原住民からの土地取得に厳しい制限を課していたが、それは、ステップ地方へ押し寄せた「不法移民」が原住民から土地を借り、居すわり入植するのを阻止するためであった[13]。このような状況のもとでは、土地貸借契約はきわめて困難かつ不安定となった。移民は多くの場合、行政・司法の側からその効力を保障されない私文書に基づく不法な借地を選んだ。行政当局が彼らと原住民の土地貸借を無効とする場合も頻発し、押し寄せた「不法移民」の土地への合法的定着＝入植は著しく困難となったのである。結局、一八八三年から九三年までの一〇年間にセミレーチエ州に新しい入植村落は一つも形成されなかったのである[14]。

だが、一八八九年移民法に規定される手続きを経ず離村し移住する「不法移民 самовольцы」も後を絶たなかった。彼らに対しては入植・営農への援助も特恵的措置もとられなかったが、さりとて、移民法によって強制送還されることもなかった。自らの地位の合法化に困難をきたしたとはいえ、彼らは不法に土地を占拠し経営を

表 1-8　セミレーチエ州への農民入植(1884－1895年)

郡名 ＼ 年次 / 村落・人口	1884年		1895年			コサック軍身分(1896年1月1日)	対コサックの移民人口比(1895年)(%)
	村落数	人口	村落数	人口	対1884年人口比(%)		
ヴェルヌイ	6	3,092	6	5,042	163.1	12,302	41.0
コパル	2	1,277	2	3,128	244.9	6,473	48.3
セルギオポーリ(レプシンスク)	9	6,494	8*	10,084	155.3	5,938	169.8**
ヂャルケント						1,481	
カザフ人居住地小計	17	10,863	16	18,254	168.0	26,194	69.7
トクマク(ピシュペク)	8	4,176	10	9,397	225.0		
イシ・クル(プルジェヴァリスク)	6	4,118	6	7,918	192.3		
キルギス人居住地小計	14	8,294	16	17,315	208.8**		
総計	31	19,157	32	35,569	185.7	26,194	135.8

注) ＊) 1884年の9カ村のうち，レプシンスコエ村が郡市レプシンスクへ昇格し，そのため村落数が減少した。
＊＊) 原表では68.1，208.7となっているが，明らかな誤植なので訂正した。
典拠) П. Г. Галузо. Аграрные отношения на юге Казахстана в 1867-1914 гг. Алма-Ата, 1965. c. 206.

かまえたのである。[15] この「不法移民」の流入を阻止するのは困難であり、彼らはたえず押し寄せてきた。とくに、一八九一〜九二年にロシアの中央黒土地帯からウクライナ、ヴォルガ中流域を襲った飢饉では、大量の難民が生まれた。当局の禁止措置をおかして、一七九二家族が九二年にトルケスタン地方へ移住したが、その過半がセミレーチエ州のピシュペク郡に赴き、二つの不法入植村を形成したのである。[16]

表1-8は、一八八四年から九五年までのセミレーチエ州各郡への農民入植を示したものである。この時期に、入植村落の数はわずかにピシュペク郡での二つの増加にとどまるが、入植農民の数は著しく増大し、一村当たりの人口は六一八人から一一一二人へと、村の人口規模は一・八倍となっている。これは、移民入植への抑止的体系のもとで、入植村がその数は制限されつつも、「不法移民」を吸収し、肥大化したことを示している。コサック軍身分は、一八九六年に二万六一九四人であるから、この時期にセミレーチエの農民入植は、コサックの軍事入植を凌駕し、それにとってかわる地位を占めるに至った。とりわけ、キルギス人

表 1-9　中央アジア諸州の人口構成（1897 年）

州名＼住民構成	全人口(A)	ロシア[1]人数(B)	B/A%	ロシア人都市人口(C)	C/B%	ロシア人郡部人口(D)	D/B%
ウラリクス	645,121	163,910	25.4	45,946	28.0	117,964	72.0
トゥルガイ	453,416	35,028	7.7	14,885	42.5	20,143	57.5
アクモリンスク	682,608	225,641	33.1	54,133	24.0	171,508	76.0
セミパラチンスク	684,590	68,433	10.0	29,384	42.9	39,049	57.1
ステップ地方計	2,465,735	493,012	20.0	144,348	29.3	348,664	70.7
ザガスピ	382,487	33,273	8.7	21,724	65.3	11,549	34.7
スィルダリア	1,478,398	44,834	3.0	25,789	57.5	19,045	42.5
サマルカンド	860,021	14,006	1.6	10,530	75.2	3,476	24.8
フェルガナ	1,572,214	9,842	0.6	9,168	93.2	674	6.8
セミレーチエ	987,863	95,465	9.7	28,730	30.1	66,735	69.9
トルケスタン地方計	5,280,983	197,420	3.7	95,941	48.6	101,479	51.4
中央アジア総計[2]	7,746,718	690,432	8.9	240,289	34.8	450,143	65.2

注）1）1897 年の人口調査では，ロシア語を母語とする人をロシア人として算出したが，ここには小ロシア人も白ロシア人も含まれている。
　　2）当時トルケスタン総督の「緊密な監督のもとに」あったブハラとヒヴァの両国は，合わせて，約 300 万の人口であった。Кн. В. М., Туркестан. Энциклопедический словаръ. Т. XXXIV, издатель: Ф. А. Брокгауз, И. А. Ефрон, Спб., 1902, с. 175. したがって，両国を含めた中央アジア全体の人口は約 1100 万弱となる。
典拠）Азиатская Россия. Т. 1, Спб., 1914, с. 87. (republished 1974. Cambridge.)

の居住する南部のトクマク（ピシュペク）、イシ・クルの二郡は、コサック兵村を欠き、この時期にたえず流入する「不法移民」を吸収し、農民の入植村落が卓越する典型的な植民地としての相貌を鮮明にしたのである。一八九六年にセミレーチエ州は再び、移民に全く扉を閉ざすことになるが[17]、すでに、同州のタシケント＝ヴェルヌイ街道沿いの山裾 предгорье とイシ・クル湖周縁に、連鎖をなす帯状の入植農民の社会が形成されていたのである。

こうして、セミレーチエ州は一八六〇年代の末から一九世紀末までの三〇年間に、中央アジアの典型的な農業植民地として形成された。表1-9からは、中央アジア全体のなかで植民地セミレーチエの性格と位置が確認できる。

帝政ロシアの支配下にある中央アジアでロシア人の比率は全体でわずか八・九％であるが、その比率は各州ごとに大きな差異がある。フェルガナ州で、それは最低の〇・六％であるが、セミレーチエ州はトルケスタン地方で最高の九・七％を示し、ステップ諸州でのロシア人の高い比率に連なっている。これは同州が、中央アジアのステップ地方から続く農業入植地をなしていたことによる。ロシア人の都市と郡部の人口比率を示す欄からは、セミレーチエ州がトルケスタン地方で、ロシア人の郡部人口がその都市人口を圧倒する唯一の地域で、しかも、トルケスタンにおけるロシア人の郡部人口一〇万余の実に三分の二が、ここに集中していることがわかる。トルケスタン地方で、ロシア人は、軍人や官僚、商人と町人、鉄道労働者、知識人など植民地経営を担い、それに結びつく社会層をなし、主に都市に居住したが、セミレーチエ州のように移民の農業入植に特化した地域も生まれていたのである。

中央アジアでは、このようなロシア人の農業植民地の形成とは対照的に、フェルガナ州をはじめとするトルケスタン本土は別の植民地化の道をたどったことも、ここで注記しておかねばならない。このムスリムの集中するオアシス農業地帯では、ロシア人の農業入植をほとんど受け入れず、ロシア人はもっぱら都市に集中し、植民地支配の軍事官僚機構と都市の交通・通信・商業の分野に進出した。表1-9からも、ロシア人の高い都市集中が読み取れる。ここでは、原住のムスリム農民は棉作零細農民へと転化し、ロシア中央部の綿工業への原料供給地として植民地経済が形成された[18]。

中央アジアは、一九世紀末には、ステップ地方からトルケスタン地方へ至るロシア農民の農業植民地としてのセミレーチエ型と、トルケスタン内地諸州を中心とする棉作モノカルチャー植民地、すなわちフェルガナ型へと分化・編成されつつ、スィルダリア地方でこの二つのタイプの植民地が交錯していた[19]。

植民地セミレーチエは、しかしながら、「異族人」が州人口の八七%をなす圧倒的なムスリム社会に打ち込まれた支配の楔でもあり、ロシア中央部とは異なる独特の辺境植民社会を形成していた。ここでは、貴族は主に都市に住む植民地官僚・軍人の中核をなしつつ、農村には全く経済的基盤をもたない、それ自体としては微弱な社会層であった。郡部のロシア人は、コサックの身分的、特権的な兵村と、地主＝貴族の土地所有とその支配を欠く入植農民の共同体からなっていた。都市では、分厚い町人層とともに、都市人口の一六・五%を農民がなしていた。彼らはヨーロッパ・ロシアの都市における出稼ぎ農民とは異なり、町民層とともに、入植営農への強い志向をもちつつ都市に滞留した移民であった(20)。

植民地セミレーチエでは、帝国の支配民族であるロシア人と原住ムスリム社会の間に深い文化的、かつ社会的な断裂線が走っていた。この植民地を貫く断裂線は、時として敵対的な性格をあらわにしつつ、社会運動の「並存性」を生む基線をなしていた。この基線から辺境のカザフ、キルギスの遊牧民社会にも、ロシア人社会の諸階層にも、さらに亀裂と対立の支線が及んでいた。

（1）Крестьянская реформа в России 1861 года. Сборник законодательных актов. М., 1954, сс. 66–70.

（2）А. А. Кауфман, Переселение и колонизация. Спб., 1905, сс. 17–19.

（3）Полное собрание законов Российской империи.〔以下ПСЗ．と略記〕собрание третье. Т. IX, 1889,（Спб., 1891), сс. 535–38.

（4）Крестьянское движение в России в 1890–1900 гг. сб. документов, М., 1959, сс. 12–13

（5）П. Хворостанский, Киргизский вопрос в связи с колонизацией степи. «Вопросы колонизации», No. 1, 1907, сс. 61–62. 農奴解放後も農民の移住への禁圧は法的に撤回されていなかった。帝国刑法典の第九四七条は、「単身での、家族あるいは村ごとの移住を教唆したもの」に対し、情状に応じて、一年四カ月未満の禁固、シベリア流刑、あるいは三年未満の矯正留置所への送致を規定していた。Крестьянское движение в России в 1890–1990 гг., с. 549.

（6）С. М. Дубровский, Столыпинская земельная реформа. М., 1963, сс. 388–89.

（7）Россия. Полное географическое описание нашего отчества. Т. XIX, Туркестанский край. Спб., 1913, с. 321.

（8）П. Г. Галузо, Аграрные отношения на юге Казахстана в 1867–1914 гг. Алма-Ата, 1965, сс. 203–204; А. П. Фомченко, Русские поселения в Туркестанском крае в конце XIX–начале XX в., Ташкент, 1983, с. 35.

（9）Россия. Т. XIX, с. 322; Б. С. Сулейменов и В. Я. Басин, Восстание в Казахстане. Алма-Ата, 1977, с. 32; А. П. Фомченко, Указ. соч., сс. 35-36.

（10）Россия. Т. XIX, с. 322. ガルーゾは、植民計画作成時の一八六八年から八二年一月一日までに、一七一八家族、一万三六一七人が入植し、これに、退役および予備役で入植した下士官、一五三家族を加えると、この数は、八二年現在のセミレーチエのコサック人口、二万四一一人の七割をなすと指摘し、農民入植の大きな成果を確認している。П. Г. Галузо, Указ. соч., сс. 205–206.

(11) Проект всеподданнейшего отчета ген.-адъютанта К. П. фон-Кауфман I. Спб., 1885, с. 186. このような農民入植論の背後には、コサックの軍事入植への批判とともに、「文明」の伝播に寄せる植民地統治者の使命感も潜んでいた。すなわち、ロシア人の入植により、この地方を「ロシア化 обрусение」し、ロシア本土との紐帯を強め、原住民に「文明生活」の範を示し、牧民の定着農耕化を促し、さらには、ここを橋頭堡にトルケスタン内地へと植民を進めようとするものであった。А. П. Фомченко, Указ. соч., с. 36.

(12) Б. С. Сулейменов и В. Я. Басин, Восстание в Казахстане, с. 32.

(13) 同一二六条は、原住民から三〇年未満の借地を移住者に認めていたが、それには郷大会の取り決め(プリガヴォール)と州当局による認証を義務づけていた。ПСЗ. собрание третье. Т. XI, 1891, (Спб., 1894), с. 144; П. Г. Галузо, Указ. соч., сс. 80–82.

(14) Там же, сс. 83, 207.

(15) Там же, с. 207; П. Хворостанский, Киргизский вопрос..., сс. 62, 92; Россия. Т. XVIII, Киргизский край, Спб., 1903, с. 158.

(16) この「不法移民」から、一八九三年にゲオルギエフスコエ、イヴァノフスコエの二村がピシュペク郡に形成された。П. Г. Галузо, Указ. соч., с. 207. このときに「不法移民」が住み着いたペトロフスコエとニコラエフスコエの集落は、ようやく一九〇二年に土地整理が行われ、村として公認されることになる。А. П. Фомченко, Указ. соч., с. 37.

(17) 一八九六年六月一六日の法でセミレーチエ州への移民は禁止となる。П. Шарова, Переселенческая политика царизма в Средней Азии в 1906–1916 годах. «Исторические записки», 1940 книга 6(82), с. 90. 翌九七年一月の内相通達により、トルケスタン内地諸州もセミレーチエと同じく移民の受け入れが禁止された。А. П. Фомченко, Указ. соч., с. 37. ここに、セミレーチエを含むトルケスタン全体に、たえず流入する「不法移民」に悩まされたとはいえ、移民の入植を堅く閉ざす体制が生まれたのである。

(18) 木村英亮「モノカルチャ植民地の社会主義的改造――ソ連中央アジアの棉花栽培と農業変革」『土地制度史学』三四号、一九六七年、二二～二四頁。

(19) 帝政ロシアのアジア部における植民地分業体制は、一八八〇年代以降の原棉輸入関税の引き上げによりトルケスタンでの棉作が促進されたこと、一八九七年にチェリャビンスクでの鉄道運賃率の更新が設定され、シベリア産穀物のヨーロッパ部への搬出が抑止されることを通じて形成された。この植民地間の分業体制のもとで、フェルガナを中心とするトルケスタン地方はムスリム零細農民の棉作に特化し、セミレーチエをはじめステップ地方とシベリアから、ロシアからの入植農民の生産した穀物がトルケスタンへ搬入されることになったのである。П. Г. Галузо, Туркестан-колония. М., 1929, сс. 25-26; его же, Аграрные отношения..., сс. 215-16, прим. 43; его же, Переселенческая политика царского правительства в Средней Азии. «Коммунистическая мысль», 1927, кн. 3, Ташкент, сс. 75-77.

（20）　セミレーチエ州の住民構成に関しては、一八九七年の第一回帝国国勢調査の報告書を参照した。Первая всеобщая перепись населения Российской империи 1897 г. LXXXV. Семиреченская область. Спб., 1905, сс. vi-viii.

II　移民政策の転換と一九〇五年革命

帝政ロシアの移民政策は、シベリア鉄道建設に伴う沿線への入植を促進するため、すでに一八九〇年代半ばから移民の抑止という側面を緩和していた。さらに、世紀末から二〇世紀初頭にかけて顕著となったロシア中央部農村の「窮乏化 оскудение」と、一九〇二年のポルタワ、ハリコフ両県をはじめ一連の地域での農民騒擾の突発にみられる地主=農民関係の悪化は、体制側に移民政策の転換を含む農業問題の再検討を迫ることになった。極東視察を終えた大蔵大臣のセルゲイ・ヴィッテは、一九〇二年秋に、ヨーロッパ・ロシアの過剰人口をシベリアへ移住させ、その開発を促進することを国家的事業として上奏した[1]。また、内務大臣で憲兵部長官を兼務するВ・プレーヴェも、一九〇三年の「移民問題覚書」のなかで、国有地であるステップ遊牧地へ農民を移住させることで地主=農民関係の先鋭化を解消するよう具申していた[2]。このような体制側の共通認識を背景に、一九〇四年六月六日に「農村住民および農業に従事する町人の自由な移住に関する法」が出された[3]。

この新しい移民法では、移住希望者が郡役所に願い出て、政府援助付きの認可証を受け取ると、先発の代理人

（ホドーク）を派遣することを唯一の条件として、帝政ロシア・アジア部の国有地へ自由に移住することが認められた。さらに、この法では、鉄道割引運賃の設定、全ての税および労役義務の五年間全免と続く五年間の半免、一八歳に達した男子の三年間の徴兵免除（トルケスタンでは一五歳以上の男子の六年間の兵役猶予）、移動と営農に要する資金の貸付、建材の無償供与など、移民への特恵措置が規定されていた。[4] 抑止から促進へと、ロシアの移民史における画期的な転換を示すものであった。

　移民政策のこの転換に伴い、政府は入植地域の「余剰地」を見直し、それをつくりだすこと、すなわち、「入植ファンド」の形成、さらに植民計画の策定に取りかかった。トルケスタン問題の権威と目され、農務局次長であったB・И・マサーリスキー公爵が、一九〇四年にトルケスタン開発計画を策定し、その実現のために、農業国有財産省は原住民からの土地収用計画を作成したのである。[5]

　だが、極東で勃発した日露戦争と国内での革命運動の展開によって、移民政策は直ちに実施される状況ではなかった。政府は、日露開戦のさなかに中国が日本を支持してトルケスタンで新たな戦線が形成され、現地住民の騒擾が引き起こされるのを警戒し、セミレーチエ、スィルダリアのトルケスタン地方で、住民からの土地収用と移民への分与を自制したのである。[6] トルケスタン地方は、一九〇五年に、一九〇四年移民法の施行対象地域から除外され、再び移民に対し門戸を閉ざすことになった。[7]

　一月九日の首都での血の日曜日事件は、翌日にはタシケントへ電信で伝わり、二月には中央アジアでも鉄道員の罷業が闘われ、革命の波及と展開をみることになった。[8] ここでは、革命運動は、中央アジア鉄道、オレンブルグ＝タシケント鉄道といった開拓鉄道の労働者、トルケスタン軍管区の兵士、そして土地を求め押し寄せた移民によって、基本的に担われることになった。彼らは植民地支配の要衝である都市、鉄道、要塞と兵営、入植開拓村に住むロシア人であり、現地のムスリム社会との有機的紐帯を欠き、それと並存していた。革命は、植民地社会のこれらロシア人の諸階層に最も強い反響をみたのである。[9] これに対し、ムスリム社会では、イスラムの復権と土地確保を求める請願書の作成もみられたとはいえ、民衆は革命から疎外されていた。彼らは日露戦争での敗北にツァーリズムの威信の低下を感じつつも、革命を「百姓（ムジーク）」族の「白いツァーリ」との戦い、あるいは、ロシア人のなかでの「諍い」の類と受けとめていた。革命は彼らの伝統的な「部族的、種族的な風習と考え方」に合わせて、ムスリム社会に伝播し解釈されたのである。(10)中央アジアにおける革命は、植民地の社会的文化的断裂にそって併行し、時として反発しあう諸運動として展開したのであり、現地ムスリム民衆の革命からの疎外性という研究上の一大論点も、この革命の構造に関わっているのである。(11)

原住ムスリムが革命に受動的対応を示し、その「疎外性」が問題とされるのに対し、植民地の移民、とりわけ「不法移民」は、革命のなかで土地を求め荒々しく登場し介入してくる。

一九世紀末にセミレーチエ州では、移民の受け入れが禁止され、移民入植への抑止的体系がすでに成立していたが、「不法移民」はたえず流入し続けていた。一九〇二年には、当局の確認するだけで、前年のロシア南部からヴォルガ中流域、ウラルを襲った飢饉を受けて、二七八七家族が同州に押し寄せた。これは、一八九一～九二年の飢饉の際の一七六九家族をはるかに超える恐るべき規模であった。彼らは地方当局の許可も得ず、肥沃な土地と水を求め、主にピシュペクを中心とする同州南部へ流れ、不法な定着と営農を目指した。ピシュペク郡では、一九〇四年に一二〇五家族の不法移民が確認されたが、そのうち二〇四家族はチュー川右岸のキルギス人から収用したコサック用地に住みつき、三三〇家族はキルギス人から借地し、そこに住みつき、二つの不法入植村をつくった。残り六七一家族はピシュペク市の町人身分に転籍したり、ロシア人村落に受け入れられたが、全て自分の土地をもてず、一五～二〇ヴェルスターも離れた遠くにキルギス人から毎年借地し、小麦を播いたのである。(12)

一八九一～九二年の飢餓移民が、自らの地位の合法化を得るのに十年来、地方当局と闘わねばならなかったとすると、この新来の「不法移民」はもっと厳しい状況に直面していた。地方当局は、彼らを護送囚人として故郷に強制送還すると脅し、彼らの植えた樹木をキルギス人巡査に抜き取らせ、彼らに土地を貸し出すキルギス人を処罰したのである。セミレーチエ州の移民は、地方当局のこのような入植阻止に向けての抑圧のもとで、出口のない困難な状況におかれていたのである。[13] セミレーチエ州への「不法移民」は、一九〇二年の一万六千から、一九〇五年の二万三千、さらに翌年には三万九七五一人へと増大した。彼らはたえず押し寄せていたのである。[14] 彼らと、この移民の不法入植を阻止しようとする地方当局との厳しい対立のなかで、一九〇五年の革命を迎えることになる。

一九〇五年八月六日に、ピシュペク市で、多くの移民が参加する集会が開かれた。ここでは移民への土地割当が要求され、ツァーリに宛て「住民に必要な国家業務の整序に関する」請願書が作成され、これに二六二人の署名が添えられた。この請願書は、入植地の富裕な農民への不満や地方の移民担当官吏への憎悪に満ちていたが、「父なるツァーリ」へ向けて移民の窮乏と彼らへの抑圧について訴えつつ、土地割当をはじめとする諸措置が実現されるようにツァーリへ期待を寄せていた。[15] この年の秋から冬にかけて、移民の動きは激化した。一〇月には、ピシュペクの市と郡部の住民が、トルケスタン総督の来訪を激しい怒りでもって迎え、総督は移民の恐るべき勢いに、退去せざるをえなかった。[16] 一一月から一二月にかけて、移住してきたものの土地を得られない農民の激しい行動が続いた。セミレーチエ州巡察を終えた総督は、一二月二四日に陸軍大臣へ宛て、「ヴェルヌイ、ヂャルケント、ピシュペク郡住民のなかで数カ月前から始まった反政府煽動は、さらに一層、恐るべき規模となっている」と報告し、これら三郡への保安強化令の布告を要請せざるをえなかった。[17]

続く一九〇六年と七年にも、移民の激しい行動はやまなかった。セミレーチエ地区移民局長のC・ヴェレツキーは、一九〇六年六月二一日付けで中央移民局長のΓ・B・グリンカへ次のように書き送っている。

「……ヴェルヌイ市には、多くの未登録移民が住んでいる。彼らには、たえずきわめて高い感情の昂りがあり、そのため「農民一揆」に類する強烈な行動が起こりうる。大部分が飢えて不安に満ち、仕事も寄辺もない人々の群は、……力づくでキルギス人から土地を奪うために、ある者はライフル銃、他の者は斧で武装して、不法勝手にキルギス人を襲った。……〔ヴェルヌイ〕市へ戻ると、二百人を越すこの人々の群は一丸となって移民局の私のもとへ現れ、激しく荒れ狂い、直ちに要求をかなえるように求めた。[18]」

セミレーチエ州の土地を得られないこれらの移民は、一九〇七年春の光明週にも大挙して移民局へ押し寄せ強訴している。四月二六日に三百人の移民が「荒れ狂う群衆」となって、ヴェルヌイ市の移民局へ押し寄せ、ヴェレツキーに「土地」と「金」を強請した。続く三〇日にも、彼らは五、六百人を集めて、移民局へ押し寄せたのである。[19]

革命期を通じてこのような激しい移民の行動は、トルケスタン総督とセミレーチエ州の軍知事をはじめとする地方行政当局と植民行政を担当する移民局に、たえず政治的揺さぶりと圧力をかけ、両者の植民事業への対応の相違、さらには対立を顕在化させることになる。また、彼らの行動はカザフ人やキルギス人の土地の占拠を内包するものであり、原住牧民の土地を守る対抗行動を誘引せざるをえなかった。[20]

さらに、植民地トルケスタンの革命家のなかには、植民行政への移民の批判と激しい行動に、政治的に便乗する傾向が生まれてきた。中央アジアにおける革命運動は、流刑政治犯を中心にロシア人社会のなかで細々と続いていたが、一九〇五年の革命が展開するなかで、辺境植民地の統治に対する不満を吸収し代弁する政治勢力として登場してきた。社会民主主義者の組織が、原住民を無視しつつ、農村活動よりも全体としてトルケスタンの都市社会に、その活動基盤を求めたのに対し、[21]社会革命派(エス・エル)は、植民地の移民入植担当官吏を中心に、移民への土地割当・入植を求めて積極的に動き出した。

すでに一九〇五年一月一二日の聖タチヤーナの日に、タシケントで開かれた集会でオレスト・シュカプスキーは農民入植に対するトルケスタン総督の「行政的専横」を指弾した。彼は、セミレーチエ州軍知事イオーノフが原住民からの土地収用に微温的で、コサックの利益を配慮し、ロシア農民の入植を妨げていると論難したのである。彼は個人的にはエス・エル党員ではなかったが、彼の主管する移民事業団 Переселенческая партия は、一九〇五年からセミレーチエで活動を始め、Л・Н・ルマ、И・Я・ヤークシェフらトルケスタンの指導的エス・エルを擁し、彼自身、エス・エルのサークルにも出入りしていた。彼は、さきのピシュペク集会の二日後の八月八日に、総督に宛て、土地収用に敵対する原住キルギス人のなかで移民事業団の活動を遂行するため、ベルダン銃五〇挺、実包一五〇〇発の提供を要請している。翌九日には、再び、総督へ報告書を作成し、ピシュペク郡で移民への土地割当が行われず、入植が進まず、土地問題が鋭化していると説明し、次のように協力を訴えて、報告書を結んだ。

「以上、報告し、ピシュペク郡に居住する農民大衆の安寧のため、農民が借り受けた土地に一時的な営農を行えるように私が断固たる諸措置をとったことに対し、閣下自らが阻止策を講ぜず、移民事業団の活動を促進するために事業団の拡充を強く求められるであろうと、私は堅く確信しております。」

エス・エル系の活動家は、移民事業団のなかにあって、ロシア中央部の地主に対する農民の闘争を、トルケスタンという辺境植民地において入植農民の土地獲得の闘いに翻案したのである。[22]

だが、移民の受け入れ入植を強く抑止してきた総督とセミレーチエ州軍知事は、シュカプスキーへ武器の供与を拒み、移民事業に係わる彼らの主導性を強調し、移民事業団全員の「政治的な穏健性」に疑いの目を向けた。トルケスタン当局は、ロシアの繊維産業のための棉花栽培の発展を優先的に配慮し、そのため、「不法な」移民の流入と入植により植民地トルケスタンの安寧と秩序が脅かされるのを危惧したのである。総督とシュカプスキーの関係は、移民の激しい行動のなかで、不信と対立を強め、移民事業団ではエス・エルのルマら八人が逮捕されるに至った。[23]だが、シュカプスキーの補佐C・ヴェレツキーが移民事業団を引き継ぎ、移民事業団と地方当局との対立は続いた。

この対立に、エス・エルはもはや、政治的な影を落とすことはなかったが、ヴェレツキーは、中央のストルィピン農政にみられる移民の積極的な推進政策を背景に、地方行政当局に揺さぶりをかけ、頻繁な彼らの更迭を引き起こした。セミレーチエを震源とするこの行政的「軋轢」は結局、一地方の移民局長で六等文官のヴェレツキーが、総督、軍知事ら四人の将官と二人の五等文官を解職に追いやり、移民の入植に積極的に応える総督にA・B・サムソーノフを、セミレーチエ州軍知事にM・A・フォリバウムを就けて、ようやく一九〇九年に解消された。(24) サムソーノフ、フォリバウム、ヴェレツキーのこの三頭体制は、セミレーチエにおける一九〇五年革命の政治的終焉であるとともに、ストルィピン体制のもとでの植民地統治の本格的幕開けを告げるものであった。

（1）А. А. Кауфман, Переселение и колонизация. Спб., 1905, сс. 128-30.

（2）О. А. Ваганов, Земельная политика царского правительства в Казахстане (1907-1914 гг.). «Исторические записки», Т. 31, 1950, с. 62.

（3）Полное собрание законов Российской империи.〔以下 ПСЗ と略記〕Т. XXXIV, 1904. отделение I и дополнение. (Спб., 1907), сс. 603-607.

（4）Там же.

（5）П. Н. Шарова, Переселенческая политика царизма в Средней Азии. «Исторические записки», Т. 8, 1940, сс. 4-5. マサーリスキーのトルケスタン開発計画は、帝政ロシアの基本方針を示している。彼の植民地開発に関する考えについては、次も参照されたい。Россия. Т. XIX, Спб., 1913, сс. vi-viii.

（6）П. Г. Галузо, Аграрные отношения на юге Казахстана в 1867-1914 гг. Алма-Ата, 1965, сс. 87-88.

（7）П. Н. Шарова, Указ. статья, с. 5; А. В. Пясковский, Революция 1905-1907 гг. в Туркестане. «Революция 1905-1907 в национальных районах России», М., 1955, с. 579, прим. 1.

（8）Революция 1905-1907 гг. в Средней Азии и Казахстане. Ташкент, 1985, сс. 75-80.

（9）ダンコースは、中央アジアにおけるロシア人社会と原住ムスリムとの「架橋のない」「並存 juxtaposition」を確認し、革命がムスリムの民族意識覚醒への触媒となった点を評価しつつも、この地域の革命が純粋にロシア人の「小革命 une petite révolution」であったと指摘する。H. C. D'Encause, "1905 en Asie centrale", in F.-X. Coquin et C. Gervais-Francell, eds. *1905 La première révolution russe*. Paris, 1986, pp. 304, 307-309.

（10）Е. Федоров, 1905 год и коренное население Туркестана. «Новый восток», 1925, No. 11-12, сс. 35-38.

(11)　革命の「外来性」と原住ムスリムの「疎外性」という認識は、ロシア革命後の中央アジアの研究者に共有されていた。しかし、一九二〇年代末から三〇年代初めに、この考えは厳しい批判を受け、放棄されていった。原住ムスリムの革命からの影響と覚醒、彼らの革命への参加、「長兄」としてのロシア人労働者の教導的役割とムスリム勤労者との共同闘争などが強調され、植民地民衆の「スチヒーヤ性」に対しては、党の「指導」が対置され絶対視されるに至った。史学史上のこの転機となったのは、マルクス主義歴史家協会中央アジア支部が一九三一年にタシケントで展開した、トルケスタンにおける一九〇五年革命に関する論争であった。Революция 1905–1907 гг. в Средней Азии и Казахстане. с. 9. ダンコースが、注(9)で紹介したように、この問題を「植民地革命une révolution coloniale」と性格づけ、とらえ直そうとしていることに注目したい。

(12)　О. Шкапский, Переселенцы и аграрный вопрос в Семиреченской области. «Вопросы колонизации», No. 1, 1907, с. 21. ピシュペク郡の不法移民八八一家族について、シュカプスキーはさらに詳しく紹介している。すなわち、この不法移民の四分の一にあたる二二五戸が宅地菜園地(ウサーディバ)をもたない小屋住み農で、四割弱の三二九戸はキルギス人から借地し、そこに宅地菜園地をかまえ、二つの不法入植村をつくった。一九二戸はキルギス人やピシュペクの町人から借地し、戸別経営(フートル)を行っていた。残り一三五戸は、ピシュペク市に家屋を得て町人に転籍されるか、農民のままとどまったが、全てキルギス人から借地せざるをえず、借地料は一デシャチーナ二ルーブリで、灌漑地にはさらに一・五ルーブリの追加払いが求められた。Там же, сс. 24–25.

(13)　Там же, сс. 32.　一九〇二年の飢餓移民のつくった二つの不法入植村ポクローフカ(Покровка 聖庇護)村とスヴィニャーチャ(Свиняча 下司豚)村は、「気の滅入るような」状態にあった。行政側は、キルギス人から借地した土地に彼らが宅地菜園地をかまえるのをたえず阻止しようとし、ベロヴォートスコエ(Беловодское 白水)村の富裕な農民は、豚の放し飼い場を彼らに占拠されたため、彼らを下司豚と呼び圧迫した。スヴィニャーチャ村の名はここに由来する。Там же, сс. 24–25. この三つの村の名称に、辺境植民地におけるロシア移民の社会意識の核心を窺うことができる。「聖庇護」という命名にはキリスト教信仰に浸潤する農民の意識が反映され、彼らが辺境に自由の楽園「白水境(ベロヴォージエ)」の夢を求めつつも、「下司豚」と蔑視される現実、そのおりなす精神世界が読みとれる。彼らのおかれた困難な様態は、一九〇二年一二月のセミレーチエ州農民窮乏委員会の席でも指摘され、とどめようもなく移民が殺到する状況のもとで、キルギス人からの移民の借地権の拡大強化を求める声となって現れたのである。Труды местных комитетов о нуждах сельскохозяйственной промышленности. LVIII. Трукестанский край. Спб., 1903, сс. 99, 102, 104–105, 112–13.

(14)　П. Шарова, Переселенческая политика царизма в Средней Азии в 1906–1916 годах. «Историк-марксист», 1940, кн. 6(82), с. 91; Б. С. Сулейменов и В. Я. Басин, Восстание в Казахстане. Алма-Ата, 1977, сс. 46–47; А. П. Фомченко, Русские поселения в Туркестанском крае в конце XIX–начале XX в., Ташкент, 1983, с. 51.

(15) Революция 1905–1907 гг. в Средней Азии и Казахстане, с. 148.

(16) Там же; А. В. Пясковский, Указ. статья, с. 597.

(17) Революция 1905–1907 гг. в России. документы и материалы. Высший подъем революции 1905–1907 гг. Ч. III, Кн. 2, М., 1956, док. No. 622, сс. 960–61. ステップとトルケスタンの両地方では、一九〇五年の秋から冬に移民が激しい動きをみせている。Революция 1905–1907 гг. в Средней Азии и Казахстане, сс. 145, 151. 両地方の交錯するセミレーチエ州でも、中央アジアにおける入植地のロシア農民の動きに連動していたのである。

(18) П. Н. Шарова, Указ. статья, «Исторические записки», Т. 18, 1940, с. 13.

(19) Там же, сс. 13–14. ヴェルヌイ市の住民二万九千人中、町人と農民が一万八三〇〇人を占め、その大部分はロシアとウクライナからの「不法移民」であった。彼らは、土地を得ることができずに市に住みつき窮乏したが、革命のなかで土地分与を求め激しく動いたのである。А. В. Пясковский, Указ. статья, с. 575. セミレーチエ州移民のこのような激しい行動については、一九〇六年三月の『ロシア・トルケスタン』紙が次のように伝えている。「セミレーチエ州の農民のなかで騒擾が続いている。……レプシンスクでは農民と町民が郡長フョードロフの住居を打ち壊そうと準備し、家に放火するために可燃物をその周りにすでにおいていた。しかし、当地の軍の小隊が介入し、打ち壊しは阻止された。コパル郡のガヴリロフカ村では、五〇〇人の農民が地区警察署長のグーセフを取り囲みつるし上げた。彼はうまく逃げおおせたが、巡査らは被害を蒙り、重症を負った者もいる。ピシュペク郡では、大勢の移民のなかに深い動揺がみられ、それは全く予期せぬことになりかねない。」Там же, с. 652.

(20) Революция 1905–1907 гг. в Средней Азии и Казахстане, сс. 149, 151, 194–96.

(21) Там же, сс. 149–50; Е. Федоров, Указ. статья, с. 39.

(22) Там же, сс. 40–43. エス・エルも社会民主主義者も、ヴェルヌイでは同一の革命グループにあったとはいえ、ルマらを社会民主主義者とする見解は誤っている。А. П. Фомченко, Указ. соч., сс. 109–110. セミレーチエ州の移民事業団は、一九〇五年二月一四日の法によって設置された。ПСЗ, Т. XXV, собрание третье, 1905. отделение I(Спб., 1908), с. 125. これはやがて当州の移民入植事業の中心となるが、それを主管したのがシュカプスキーで、一九〇六年から一四年まで彼を継いだのがヴェレツキーであった。А. П. Фомченко, Указ. соч., с. 56.

(23) Е. Федоров, Указ. статья, сс. 40–42, 43–44; Рабочее и аграрное движение в Казахстане в 1907–1914 годах. сборник документов и материалов. Алма-Ата, 1957, док. No. 69, сс. 115–16. シュカプスキーは、私的土地所有を否定し、「国家、よ

り正しくは全人民」の所有とし、土地用益の上限を「勤労基準」におき、土地の集中と搾取を排そうと考えていた。O. Шкапский, Переселенцы и аграрный вопрос в Семиреченской области, сс. 49–50. ここには、エス・エルから受けた深い思想的影響を読み取れる。

(24) П. Г. Галузо, Аграрные отношения на юге Казахстана..., сс. 222–25. ステップ地方のトゥルガイ州でも、原住民の反抗を危惧し、カザフ人からの土地収用と移民入植に難色を示した州知事らの解任が引き起こされている。O. A. Ваганов, Указ. статья, с. 73.

III　オレスト・シュカプスキー

シュカプスキーは、二〇世紀初頭の植民地トルケスタンに現れ、辺境の一九〇五年革命のなかで社会活動家として鮮やかに登場してきた。彼の姿は、まず、当時、帝政ロシアにおける移民・植民問題の権威と目されたA・カウフマンの活動を通じて浮かび上がってくる。

アレクサンドル・カウフマン(一八六四―一九一九)は、自由主義者で後にカデット党の組織・指導に係わる人物であり、経済・統計学者としても知られている。彼の著作『トルケスタン地方へのロシアの植民の問題によせて』(サンクトペテルブルク、一九〇三年)のなかで、シュカプスキーへの言及がある。カウフマンは、一九〇三年の夏にトルケスタンに赴くが、それは、農業国有財産省から「遊牧異族人の法にかなった利益を完全に遵守し、移民地区を形成する」作業方法の諮問を受けての調査であった。彼は、八月一一日にトルケスタン総督府のあるタシケントに到着し、ここで一〇日間、各種の審議会を開き、情報を収集している。カウフマンは、この著作の導入部で調査にあたって便宜をはかってくれた当地の名士たちに謝辞を述べている。その謝辞には、スィルダリア州の軍知事Н・И・コロリコーフをはじめ様々な人物が挙げられているが、そこに「現在、スィルダリア州庁の農業部官吏の職にあり、当地の農業事情に素晴らしく通暁しているO・A・シュカプスキー」も登場するのである。ちなみに、カウフマンは、ゴロードナヤ・ステーピィの視察に赴き、二二日にはタシケントに戻り、その当日に、シュカプスキーを伴いスィルダリア州の「小視察」に発っている。チムケント、アウリエ・アタ地方を視察し、九月七日にタシケントに戻り、翌日には、首都のサンクトペテルブルクに向けトルケスタンを後にしている。[1] 一九〇三年のこの一カ月弱のカウフマンのトルケスタン視察のなかに、シュカプスキーは「当地の農業事情に素晴らしく通暁している」人物として、彼の「小視察」にも同行しているのである。

シュカプスキーはトルケスタン、とりわけセミレーチエの歴史にとって重要な人物であるが、彼の概要が明らかにされるのは、ソ連体制の崩壊に前後してであった。一九九三年に出版された『ロシアの政治活動家 一九一七年』(人名事典)のなかに載録され、彼は初めて詳しく紹介された。それによると、彼は一八六五年にタシケントに生まれている。家系は、ウファ県メンゼリンスク郡の貴族である。モスクワのペテロ農業アカデミー、別の資料では、モスクワ大学の物理数学部に学び、一八八七年に人民の意志党の活動に連座して逮捕され、一八九五年まで拘留と流刑の身となった。[2]

彼の出生の年である一八六五年は、ロシアがタシケントを占領した年であるから、彼の父アヴェニール・シュカプスキーは軍人・軍属であろう。[3] 彼はいわばロシアのトルケスタン支配の落とし子となる。一八八七年に逮捕された後、彼は一年半の拘禁を経て、トルケスタンへ流刑となった。彼への監察が解かれるのは、一八九一年一二月八日のことである。[4] 一八九五年まで流刑のなかにあったが、その後、帝政ロシアで多くの流刑者=知識人がたどった一つの道である辺境地域の研究・調査に、彼も携わることになる。一八九九年四月からは、ロシア地理学協会トルケスタン支部の正会員と認められ、一九〇一年には、民族誌と統計学での彼の業績に対して、東方学の泰斗B・B・バールトリドの好評も得て同協会から銀賞が授与されている。[5] 一九〇〇年に、すでに、彼は『ヒヴァ人の無灌漑地での畑作経営』という六〇頁余の小冊子をモスクワから上梓し、[6] ヒヴァ住民の天水畑耕作を研究・調査する農学者として登場し、一九〇三年夏には、中央の著名な農業経済学者カウフマンに随行しているのである。

一九〇四年には、シュカプスキーはセミレーチエ地方を訪れている。ここは、すでにトルケスタンにおけるロシア人入植の中心となっていたが、彼は、ピシュペク郡のキルギス人について、次のような観察を残している。「キルギス人の農民へ移ろうとする志向は、現在は、しかしながら、表に出されていない。キルギス人はマナープ側の復讐を恐れて、自らの志向を公然とは表明しないからである。彼らは私に、農民へ転籍しマナープから独立した自分の土地用益を得るのを希望するキルギス人全ての名簿を進んで提出すれば、この名簿がマナープに知れ、彼らは名簿にあるキルギス人を迫害しはじめるのではないかとさえ、話したのである。」(7)ここでは、遊牧から定着農耕に移ろうとするキルギス人とそれの阻止に動くマナープなど伝統的支配層の対立という図式が、牧民社会に対する彼の認識の基底にすえられている。この認識は、後に、一九〇八年にピシュペク郡に派遣され、キルギス人から出された農耕定着のための土地整理を求める大量の請願の調査にあたったB・ヴォロンコーフ（セミレーチエ移民区統計官）の認識に受け継がれている。(8)ここには、「文明」（農耕）と「未開」（遊牧）、さらに人民と支配者を対置しつつ、植民地社会の分析と改革を目指すナロードニキの志向が窺える。

かつて人民の意志党に連座しトルケスタンに流刑となったシュカプスキーは、植民地トルケスタンにおける農業・植民問題への鋭い認識をもって現れたのである。彼は、この地に波及してきた「革命」のなかで、大きく「政治」の場に登場することになる。シュカプスキーはエス・エル党員ではなかったが、しかし、「明白なナロードニキ」であった。彼が指導することになったセミレーチエ移民事業団は、一九〇五年二月一四日の法令に基づき設置され活動を始めていたが、(9)そこにはルマ、ヤークシェフというトルケスタンのエス・エルを擁しており、彼自身もエス・エルのサークルに出入りしていた。エス・エルは当時、民族自決権を掲げ、非ロシア系の諸民族の農村にも入っていた。他方、社会民主主義者は、弱体で、メンシェヴィキの影響下にあり、党活動においては、

「現地住民 туземцы」は全く視野の外におかれていた。一九〇六年一月に開かれたトルケスタンの第一回社会民主主義者の協議会では、「現地住民」のなかでの活動には言及されたが、実際には活動はなされなかった。トルケスタンの社会民主主義者の指導者ズラーボフは「農村にはもぐり込むな、そこはエス・エルの場だ」と公言してはばからなかったのである。(10)

シュカプスキーはエス・エルの活動とも連携し、「ナロードニキ」として現地トルケスタン当局の植民政策を批判しながら、ロシアでの地主に対する農民の土地闘争を植民地トルケスタンにあって、移民の入植を抑止しようとする地方当局への批判とキルギス人の土地への移民の進攻へと翻案したのである。シュカプスキーのこのような立場は、後にレーニンが一九〇七年に批判し、トルケスタンの革命論で名を馳せることになるゲオルギー・サファーロフも『東方の諸問題』でＩ・セヴャスチヤノフ批判として展開することになる。(11)

シュカプスキーの主管する移民事業団と地方当局の対立は、革命のなかで昂じていった。トルケスタン総督Ｈ・Ｈ・テヴャシェフとの対立は、一九〇五年の秋に向けて避けがたいものとなっていった。武器の譲与を求めた八月八日に続いて、翌九日に、シュカプスキーは総督に宛て「報告書 рапорт」を提出している。この「報告書」は、トルケスタン、とりわけセミレーチエ地方における移民＝入植の実体を知るうえで第一級の資料的価値をもつとともに、その後のシュカプスキーの思想を探るうえでも、きわめて興味深い。(12) 移民の流入に批判的な立場をとる総督は、革命運動の調査に乗り出し、一九〇五年末には、移民事業団のЛ・Ｈ・ルマら八人がついに逮捕された。(13)

シュカプスキーのその後の活動は、詳らかではない。しかし、彼はトルケスタンでのこの「革命」を経て、一九〇七年の首都に現れる。一九〇七年二月に、植民事業に係わる地方の活動家たちが、「世論の監視のもとに、現実が定める進路をたえず明らかにしながら、植民事業を行う必要があるとの意識」のもとでサンクトペテルブルクに集まり、植民問題を扱う「雑誌」を出すことで一致した。しかし、この雑誌は、その方向性も綱領も練り上げられず、予約購入で集められた資金も充分ではなかった。結局、「社会の共感」が得られれば、定期発行の「雑誌」へ移行することも視野に入れながら、「論集」として刊行することに決定した(14)。

この「論集」は『植民の諸問題』と題された。その表紙には、「編集O・A・シュカプスキー」と記され、発行はサンクトペテルブルクのA・B・ウスペンスキー出版となっている。この雑誌は、結局、一九一六年の第一九号まで出され――第二〇号は、一九一七年に一八五頁で出されたと書誌情報にはあるが、現物は確認できない――、帝政ロシアのアジア部の植民に関する基本的な雑誌となった。

「論集」として発刊したこの創刊号には、「編集部より」と題した二頁の短文が巻頭に掲げられている。ここから、同誌の意図するところ、その特徴も読み取れる。まず、第一に、帝国アジア部の広大な地域に分散し活動する移民入植に関係する人々にとって、「自らの導きの糸を見出す手助けとなるべき事実と理念」が求められているとし、次のように続ける。「一つの方向で全てのものが活動して、初めて、共通の目的に達することができる。全ての活動家にとって重要な要素は、活動自体が目的に合致しているという意識である。このことは、国家全体の活動が文化・経済的な進展と密接に係わる事業を行う人々にとっては、さらに一層、重要である(15)」。ここでは、移民入植事業を国家的事業と位置

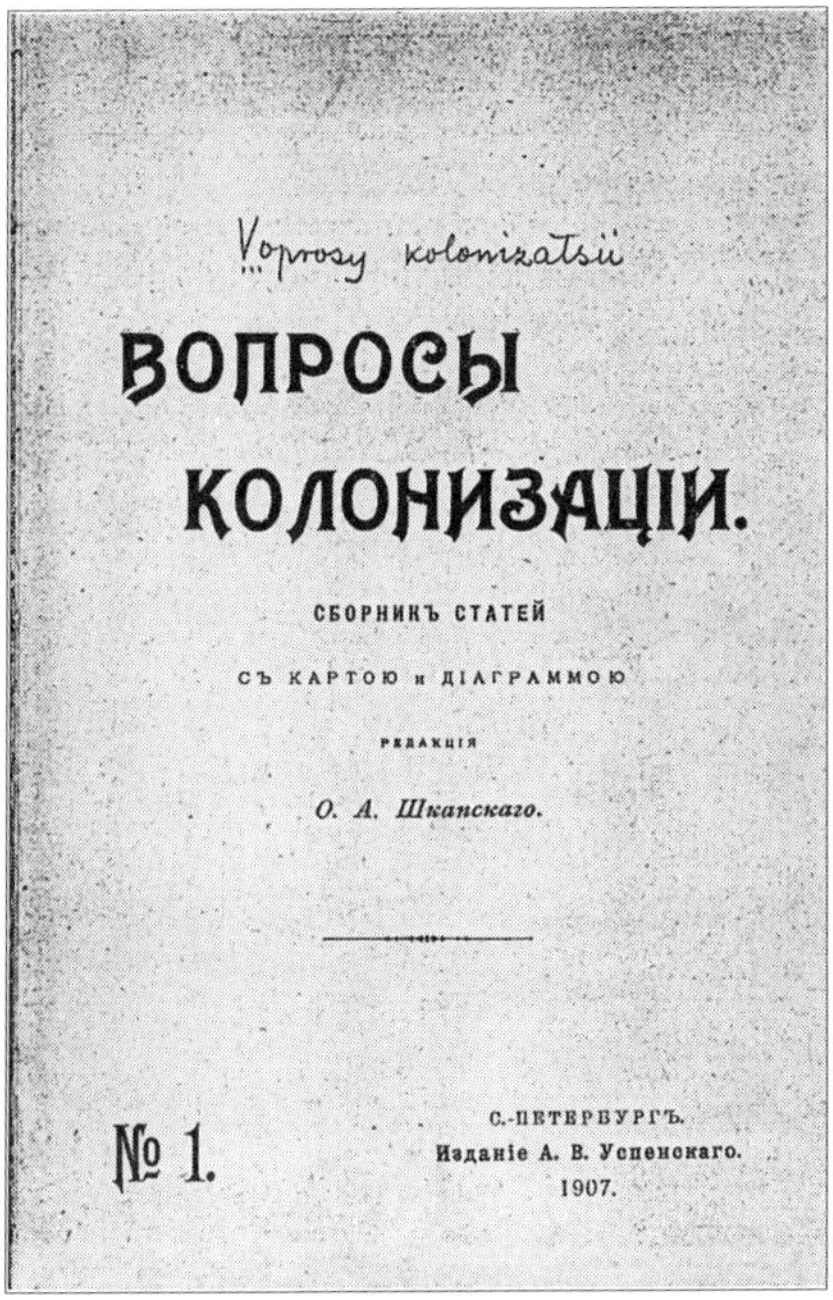

図1-5　『植民の諸問題』誌，創刊号(1907年)の表紙

表紙には，「論集　地図と図表付き」とあり，編集者として，シュカプスキー(O. A. Шкапский)の名が記されている。
典拠）カザン大学図書館蔵。

づけ、これに携わる人々に、統一的な目的意識を提供することが目指されている。

第二に、この移民入植活動が国家的事業として、国家との「密接な関係」にあると確認しながらも、この密接な関係は、政府への追従とその政策の無批判的な宣伝を意味するものではなかった。この短文は次のように述べている。

「植民活動には、それへの批判とそれをたえず理念的に解明するということが必要とされている。このことは、常に必要とされていたが、しかし、今は、社会を念頭におき理想の光に照らし活動することが、とりわけ必要とされている。ロシアは、新しい生活を、新しい体制を生み出すという大局にある。人民の生活の現れとしての植民は、人民のその生活の全般的な方向の外では進みえない。新しい体制では、植民に大きな意義が付与されているのである。国家＝人民的事業としての植民を可能な限り完全に解明することが、無条件に必要である」[16]。ここには、ロシアにとっての「新しい体制」を予期しながら、そこでの「国家＝人民的事業」としての植民の意義を明示しようとの強い意図が窺える。

第三に、この「論集」が入植民と「原住民」の現実の生活、彼らの土地整理に大きな関心を寄せていることに注目しなければならない。「編集部より」の小文は、ロシアの社会が、移民の問題、さらに、「移民と原住民の現実生活が提起する諸課題」についてあまりにも知らないことを指摘し、発刊の意義を主張している。そのうえで、「本集は、植民の主要な諸問題の一つ、つまり、移民と原住民の土地整理関係の検討にもっぱら捧げられており、この問題は一定の構想をもった視点から解明されているが、それへの批判を、したがって、後の検討ということを引き起こすのは当然である。そのために本誌の将来の紙面を委ねつつ、同時に、我々が指導的なものとして採用したイデオロギーから後退しないという権利を留保しながら、我々は、一連の号で可能な限り、完全なかたちで植民事業の他の諸問題の解明にも努める」と述べている[17]。

この「編集部より」と題した小文は、「一定の構想をもった視点」とか「我々が指導的なものとして採用したイデオロギー」をこのように提示し、「社会の共感」を得て、第二号を「定期刊行物」として発行するとの希望を伝えて、巻頭の辞を結んでいる。(18) この小文に編集者シュカプスキーの考えが反映されているのは当然であろうが、「諸問題」という誌名にも、問題を公然と論議することへの編集者の社会的姿勢が窺え、当時の雑誌としては新鮮な印象を与える。かつて、「移住」を不法行為視し、農民の動揺を恐れてその公表を回避してきた政府と、その時代とは異なる新しい時代の到来と「新しい体制」を予期しつつ、論議を尽くそうとしたのである。

シュカプスキーの編集で出されたこの創刊号には、彼自身が四つの文章を寄せ、彼の奮闘ぶりを示している。論考二本と、雑報欄と文献欄への小文である。論考の一つ「移民とセミレーチエにおける農業問題」は、セミレーチエの植民の実体を紹介して、現在でも一級の価値を失わない。第二の論考「移民事業の境目で」は、歴史家ミリュコーフの植民論を援用しながらロシアの移住＝入植で興味深い論点を展開している。この「論集」には、シュカプスキーの個人的論集の性格が強く出ているが、同時にミリュコーフ、カウフマンといったカデット系の論客の影響も浸透していることが窺える。

『人名事典』にシュカプスキーの項目を執筆したA・B・パンフィーロフによれば、シュカプスキーは、一九〇六年から人民社会主義（勤労）党のメンバーであったとされている。そして、一九〇五～七年の革命期に社会民主主義者とも協力し、その後、ヴェルヌイ、タシケント、そして、サンクトペテルブルクで、州庁と移民機関で勤務したと紹介されている。(19)

『植民の諸問題』誌は、カデットからエス・エル系も含む最初の反政府的論調から、政府移民局の啓蒙宣伝誌へと性格を変えていく。編集者も創刊号のシュカプスキーから変わり、第二号以降の紙面からは、もはや彼の名を見出すことはできない。同誌が移民と植民を扱う体制広報紙的な性格をとるに至ったことは、次の点からも推察できる。ロマノフ朝三百周年の記念事業の一環として、移民局が一九一四年に刊行した『アジア・ロシア』では「現代の移民の状況をロシア人社会に知らせることに、現在、多かれ少なかれ一連の専門的な定期刊行物が役立っている」とし、その筆頭に同誌が挙げられているのである[20]。

シュカプスキーは、その後プスコフ県の水利学術調査を指導し[21]、彼が再び注目されるのは、第一次大戦のさなかに、ロシアの中央アジア支配五〇周年に関する論文を発表してからである。一九一七年の革命と帝政の崩壊後に、彼は再びセミレーチエに戻ってくることになる。

（1）А. А. Кауфман, К вопросу о русской колонизации Туркестанского края. Спб., 1903, сс. 1, 3-4. この著作には「農業国有財産省学術委員会A・A・カウフマン委員による一九〇三年夏の出張報告」と副題が添えられている。

（2）А. В. Панфилов, Шкапский Орест Авенирович. «Политические деятели России. 1917». Биографический словарь. М., 1993, с. 360.

（3）ウファの国立文書館には、シュカプスキー一族の系譜簿冊 родословная книга とメンゼリンスク郡の貴族名簿が保存されている。これらの史料から、シュカプスキー一族がこの地方で一八世紀以降、歴代軍人として勤務した貴族の家系であることがわかる。一七五五年のバトゥイルシャの反乱に際し、ブルヂャン郷のバシキール人蜂起の鎮圧にシュカプスキー大尉が向かうが、彼の部隊は壊滅している。И. М. Лотфуллин, Ф. Г. Ислаев, Джихад татарского народа. Казань, 1998, с. 135. 一九世紀の中葉には、シュカプスキー家はこの地方の貧しい小貴族であったことがわかる。一八四九年一月のメンゼリンスク郡の貴族名簿では、オレストの父アヴェニール(当時一七歳)は、退役二等大尉カルスト(四〇歳)を父として、その家庭で育っている。カルストはフェドートヴァ村に五二デシャチーナの土地と七人の登録農奴を所有し、家族―妻(五〇歳)とアヴェニールをはじめ十代の五人の子供とともにオレンブルグに住み、子供の教育は家庭で行われていた。Центральный Государственный исторический Архив РБ, Л. 1382, ф. и-1, оп. 1; дело. 1863. オレストが植民問題に関心を深めていく背景に、ウラルにおけるシュカプスキー家のこのような歴史もその一因をなしているといえよう。

（4）А. В. Панфилов, Материалы следственной комиссии при Семиреченском военно-революционном комитете как источник по истории политических репрессий. «Известия Национальной Академии Наук Республики Казахстан», серия общественных наук 2, март-апрель 1995 г., прим. 11, с. 74.

（5）А. В. Панфилов, Шкапский Орест Авенирович, с. 360.

（6）О. А. Шкапский, Как хивинцы ведут полевое хозяйство на своих безводных землях. М., 1900.

（7） П. Галузо, Из истории аграрных отношений дореволюционного Семиречья. конец XIX-нпчало XX в., «Особенности аграрного строя России в период империализма», М., 1962, с. 218.
（8） Там же, с. 218. シュカプスキーは、カラ=キルギス（現キルギス）のロシアへの併合によって、彼らに「平和で進歩的な発展」の道が拓かれるはずであったが、「封建制」を思わせるマナープが民衆（ブカラ）を搾取し、マナープは土地の貸し出しにより「ブルジョワ化」したと認識している。О. А. Шкапский. Переселенцы и аграрный вопрос в Семиреченской области. «Вопросы колонизации», No. 1, 1907, сс. 43-44.
（9） Полное собрание законов Российской империи. Т. XXV, собрание третье, 1905. отделение 1, Спб., 1908, с. 125.
（10） Е. Федоров, 1905 год и коренное население Туркестана. «Новый восток», 1925, No. 11-12, с. 39.
（11） Там же, сс. 40-41; Г. Сафаров, Прблемы востока, Пг., 1922, сс. 178-79.
（12） Е. Федоров, 1905 год..., сс. 42-43.
（13） Там же, сс. 43-44.
（14） «Вопросы колонизации», 1907, No. 1, сс. 1-2.
（15） Там же, с. 1.
（16） Там же.
（17） Там же, с. 2.
（18） Там же.
（19） А. В. Панфилов, Шкапский Орест Авенирович, с. 360.
（20） Азиатская Россия, Том первый, Спб., 1914, с. 487.
（21） Мария Шкапская, Пути и поиски. М., 1968, с. 5.

帝政ロシアの植民地セミレーチエでは、「大改革」時代の中央政府の移民への消極的対応のなかで、従来のコサック入植にかえて農民入植が積極的に進められた。やがて移民抑止の体制へ移行するなかで、植民地セミレーチエが世紀末には成立する。これは、中央アジアのもう一つの植民地、ムスリム零細農民の棉作に特徴づけられるフェルガナ型と対照的かつ相補的な植民地であった。その社会的矛盾は、一九〇五年革命のなかで、移民の激しい行動となって現れた。ナロードニキとしてここに追放されたオレスト・シュカプスキーもこの植民地社会の動揺のなかに現れてくる。移民の入植が再び大規模に進められるストルィピン農政のもとで、植民地セミレーチエの社会的矛盾は一層深化し、危機的とさえなる。

第四節　ストルィピン体制と帝国秩序の危機

異族人に対する禁圧と専横は、極みに達した。学校への監督権限は、たえざる厳しい弾圧の手段となった。教育の分野における政策は、政府の異族人に対する全般的な政策の一端にすぎない。文部省の政策が目指すところは、それぞれの民族にとって最も神聖なもの、人々の物質的な、民族の生存にとり保障とみなされるもの全てを根絶することである。「目的は手段を正当化する」との格言に従い、文部省はロシア化政策を進めている。異族人に対して、分離主義という案山子で脅しながら、異族人を排斥しようとしている。これに賭けることは、彼らにはきわめて利がある、というのは、分離主義といったこの神話によって多くの人が飯を食い、巧みに昇進をとげているからである。（一九一三年六月一日、第四国会でのウファ県選出議員エニケーエフの演説より）

ヴォルガ地域と西シベリアから北のタタール人ムスリムによって、汎イスラム主義の煽動が、この点では平穏なサルト人、キルギス人のムスリム社会にもちこまれている。これらのタタール知識人は、文学と政治では、今では、イスラムの先進的な分子であり、その最も精力的で影響力のある信奉者となっている。……最近一〇年間に、ロシアのムスリム住民は文化において大きく発展した。カザンのタタール人のもとでは、今では一五〇人当たりメテェーチが一つ、ムラーが一人いる。同じ地域のロシア人と異族人のもとでは、ようやく一五〇〇人に一人の司祭である。前者では、男女一〇〇人に対し学校は一つであるが、正教徒のもとでは、一五〇〇から三〇〇〇人に一つである。書籍と新聞の普及は、比較すれば、タタール人ムスリムのもとでは、さらに一層、進んでいる。（レーニン『帝国主義論ノート』一九一五―一六年）

I　ストルィピン体制と「東方」辺境

帝国秩序はすでに、一九世紀に、デカブリストの乱とニコライ一世の治世以降、クリミア戦争と「大改革」期を経て動揺をきたしていたが、二〇世紀初頭には、日露戦争と革命運動の展開によって、その危機は体制を蝕み揺るがすものとなった。この揺らいだ帝国「秩序」の再編が首相ストルィピンのもとで試みられた。一九〇六年七月八日の就任から一九一一年九月五日の非業の死までの五年有余が、彼の帝国首相としての直接の在任期間であったが、彼のもとで農業移民政策を担い、彼の死後も内閣にとどまり、自由主義派とも交渉をもち閣内で隠然たる勢力をふるったクリヴォシェインを含め、この時期に帝国の最後の再編が試みられた。A・B・クリヴォシェインは、一八九六年に移民局が初めて内務省に設置されるとその次長を振り出しに、移民＝入植の分野で勤め、一九〇八年五月二日から一九一五年一〇月二六日までは中央政府の土地整理農業総局の長官として、帝国ロシアの「植民相」とも呼ばれた人物である。

ストルィピン体制、いわゆる「六月三日体制」と呼ばれるこの体制は、一九〇七年六月三日の新しい選挙法の施行によってもたらされた。この選挙法は、「国会は精神からしてもロシア的でなければならない」として、帝国の辺境地域からの代表枠を著しく削減、あるいは廃止するものであった。同時に、一連の辺境地域にロシア人の民族クーリアが特設され、彼らの国会への代表枠が確保された。したがって、革命に揺れた第一、第二国会と異なり、この選挙法で選出された第三、第四国会では、議員の民族構成は著しく「ロシア的」となった(1)。

表1-10から、帝国人口では四四・三％のロシア人が、第一、第二国会ではそれぞれ議員の五八・三％、六三・四％を占めたが、第三、第四国会では七七・四％、八三・四％と比率を一挙に高めていることがわかる。その分、非ロシア系の代表は半分から五分の一へと減退しているのである。さらに、辺境地域から選出されたロシ

表 1-10　帝国議会議員の民族構成

議会と員数 / 民族	第 1 国会		第 2 国会		第 3 国会		第 4 国会		帝国人口における%
	員数	%	員数	%	員数	%	員数	%	
ロシア人	289	58.3	328	63.4	377	77.4	366	83.4	44.3
ウクライナ人	62	12.5	47	9.1	28	5.8	9	2.1	17.8
ポーランド人	51	10.3	46	8.9	22	4.6	17	3.9	6.3
白ロシア人	12	2.4	8	1.5	12	2.5	5	1.1	4.7
ユダヤ人	13	2.7	6	1.2	4	0.8	3	0.7	4.0
カザフ，キルギス人	5	1.0	7	1.3	—	—	—	—	3.4
タタール人	7	1.4	13	2.5	4	0.8	5	1.1	1.7
ドイツ人	4	0.8	4	0.8	13	2.7	9	2.1	1.4
ウズベク(サルト)人	—	—	3	0.6	—	—	—	—	1.3
リトアニア人	10	2.0	8	1.5	5	1.0	5	1.1	1.1
アゼルバイジャン人	6	1.2	5	1.0	1	0.2	1	0.2	1.1
グルジア人	7	1.4	7	1.3	2	0.4	3	0.7	1.1
バシキール人	5	1.0	4	0.8	4	0.8	—	—	1.1
ラトビア人	6	1.2	6	1.2	2	0.4	2	0.5	1.1
アルメニア人	5	1.0	7	1.3	4	0.8	4	0.9	0.9
モルダヴィア人	1	0.2	1	0.2	2	0.4	3	0.7	0.9
モルドヴァ人	2	0.4	1	0.2	—	—	—	—	0.8
エストニア人	4	0.8	5	1.0	2	0.4	2	0.5	0.7
チュヴァシ人	1	0.2	1	0.2	—	—	—	—	0.6
レズギン人	—	—	2	0.4	1	0.2	1	0.2	0.4
ウドゥムルト人	1	0.2	—	—	—	—	—	—	0.3
ブリヤート人	—	—	1	0.2	—	—	—	—	0.2
トルクメン人	—	—	1	0.2	—	—	—	—	0.2
チェチェン人	1	0.2	1	0.2	—	—	—	—	0.2
カルムイク人	1	0.2	1	0.2	—	—	—	—	0.1
ギリシヤ人	—	—	2	0.4	2	0.4	1	0.2	0.1
フィン人	—	—	1	0.2	—	—	—	—	0.1
アブハジア人	1	0.2	—	—	1	0.2	—	—	0.1
ズィリャン人	—	—	—	—	1	0.2	—	—	0.12
ブルガリア人	1	0.2	—	—	—	—	—	—	0.14
チェコ人	—	—	1	0.2	—	—	—	—	0.04
カライム人	1	0.2	—	—	—	—	1	0.2	0.01
イジョーラ人	—	—	—	—	—	—	1	0.2	0.01
スウェーデン人	—	—	—	—	—	—	1	0.2	0.01
総　　計	496		517		487		439		

典拠）Р. А. Циунчук, Имперское и национальное в думской модели российского парламентализма. в кн. Казань, Москва, Петербург: Российская империя взггядом из разных углов. М., 1997, с. 87.

ア系議員は、これらの国会で強力な右派を形成したのである。

ストルィピンは「民族」という要因を帝国秩序の新たな再編に積極的に採り入れつつ——これは彼の政治生命の危機を招くことにもなるが——、国会では憲法を「異国の華」とし、「ロシアの歴史的な権力」への信奉を、つまり専制の護持を表明しつつ、[2] 帝国秩序の再建に乗り出したのである。帝国の個々の辺境地域で、つまり、フィンランド、ポーランドからバルト地方、白ロシア、ウクライナに至る西部辺域、さらにクリミア、カフカース、中央アジアからヴォルガ中流・ウラル、シベリアといった東部辺域において、その再編の様態と内容は異なるが、帝国への統合の危機が生じていた。イリミンスキーの学徒Ｍ・Ａ・ミロピエフは、一九〇八年二月の『文部省雑誌』で、現在、「ロシアの中心部」は吸引力を失い、強力な「辺境の異族人」が遠心力を示しはじめたと警告を発していた。彼によると、「我々の衰弱した中心部、我々ロシアの中心部」の高揚が必要であり、その高揚によって、何らの強制なしに「辺境」は自ずから「中心部」に従うであろう。彼は「辺境」の「中心部」への統合に期待を寄せつつ、「国家的重要性とロシアの一体性」がこれを求めているとし、その統合のためにイリミンスキー・システムを擁護していた。[3]

一九〇五年の五月一〇日から六月三日にかけて、文部省の主宰で東方異族人の教育問題に関する特別審議会が開かれていた。文部省の審議官で三等文官のＡ・Ｃ・ブジローヴィチがその座長を務めている。この審議会では、イリミンスキーのシステムをその理念においても、実践の成果においても確認し、審議会の結論として、イリミンスキー方式を文部省、宗務院、宣教団などと協力して進展させることが確認された。審議会は母語による教育を高く評価し、強制的な「ロシア化」より有効であるとし、国家が異族人の地域に学校を建設するときは、この方式の学校を義務とすべきとさえ提言している。審議会では、イリミンスキーの死後、勢力を増した「実物教授法 натуральный метод」が、生徒の話す言語を「侮蔑」し、ロシア語の「調教」をもたらしたと厳しい評価を下した。同時に、ここでは、異族人の「タタール化」へも強い警戒が示された。ムスリムの宗教学校——メクテーベとメドレセー――に対して、最近「極端なタタール民族主義」が浸透しており、全てのムスリム民族の「タタール化」が目指されていると指摘された。審議会は、この「タタール化」がまだ完了しているわけではないことを確認し、ロシアの安寧のためにタタール化を防止すること、そのために諸民族が「自己を保持すること」が提起された。具体的には、タタール人の宗教学校への積極的な監督・指導が必要とし、異族人の師範学校、キリール文字による翻訳・出版活動の推進を求めたのである。

このようにして、審議会は、ロシア語による「実物教授法」を批判し、「タタール化」に警告を発しつつ、イリミンスキー方式の東方異民族のもとでの発展を求める答申を行った。そこには、東方の諸民族に関し知識が普及することにより、「民族主義の学校」というこの方式に寄生した「毒草」も土壌を失うであろうとの期待があった。そのうえで、次のように同化による帝国の統合が構想されたのである。

「そして、種族の同化の過程は――もし、これが国家の、あるいは文化の観点からして望ましいと認められるとすれば――、相互の研究、相互の尊敬と好意という光に照らされて、兄弟憎悪の闇におけるより比べものにならない程、容易かつ成功裡に達成されるであろう。」

ここで、審議会は、従来の「ロシア化」にみられた傾向を「兄弟憎悪の闇」と批判し、イリミンスキー方式を賞賛したのである。

さらに、この特別審議会は、帝国東部の正教異族人だけでなく、非スラヴ人、ムスリム、ラマ教徒、そしてキリスト教、イスラム教、仏教を奉じない異教の民 язычники、つまり東方の全ての異族人に対してのみならず、帝国西部の諸民族、つまり、ポーランド、フィンランド、沿バルト地方の人々、そしてユダヤ人に対してもイリミンスキーの教育体系が適用できるし、するのが望ましいと提言した。イリミンスキー方式が、帝国における初等学校の一般的なタイプとなることを展望し、答申したのである。[4]

しかし、それから五年を経ずして、ヴォルガ中流・ウラル地域においても、深刻な統治の危機が生まれていた。

一九一〇年の一月には首都サンクトペテルブルクでヴォルガ地方特別審議会が開かれる。ここでは、この地域はもはや一地方の統治の問題ではなく、帝国全体にとって重要であるとの深刻な危機認識が示されるのである。(5)

この帝国への統合の危機は、タタール人の文化的ヘゲモニーと関連して、信仰と教育の分野で確実に進行していた。信仰の分野では、正教からの大量棄教の波に再びとらえられた。一九〇五年から九年にかけ、帝国全体で三〇万一四五〇人が正教を棄てたが、警察に登録されていない棄教者を含めると、この数はさらに大きい。この地域に限っていえば、カザン、シムビルスク、ペンザ、ウファの四県で、「正教の懐」を離れ、イスラムを受け入れたのは、タタール人改宗者に非タタール系の人々を含め四万九〇〇〇に達した。(6) カザンの主教アンドレイは、この地域で異族人への宣教活動を指導していたが、一九〇八年に、首相ストルィピンに次のように伝えていた。

「タタール人イスラム教徒によるカザンおよびカマ流域地方全ての征服が、我々の面前で、静かに……不断に進行している。……もし、異族人のタタール化が続けば、もし、キルギス、バシキール、ノガイ、ヴォチャーキ、そしてチュヴァシの一部とチェレミスが、タタール的な民族性を強め、彼らと一体となれば、ロシアの中央に、ロシアにとって恐るべき敵がつくりだされ、それは、反旗を翻すカフカースとともに、ロシア民族の危機に際し、多くの甚大な災禍をもたらしかねない。」

主教アンドレイは、偉大な師イリミンスキーの言葉を想起する必要があると訴え、タタール人が「ロシアにとって恐るべき」勢力となりつつあると危惧を伝えたのである。(7)

ストルィピンは、翌年の九月九日に宗務院長ルキヤーノフに宛て次のように書いた。

「キリスト教徒の国民にとりムスリム世界との衝突は、宗教上の闘いではなく、国家と文化の闘いを意味している。このことで、最近、汎イスラム宣伝が得た成功は説明される。その成功は、我がロシアではとりわけ重大な意味をもっている。……考慮せねばならないのは、ロシアの何百万ものムスリムのほとんど全てが、わずかを例外として、方言は異なるが同じ言語を話し、多くの民族が同じチュルク系種族に属するということである。さらに看過できないのは、我が一五〇〇万のムスリム住民が、広大なところに一塊となって住み、忘れ去られることの決してない自らの歴史と文化を保持していることである。……このような状況にあっては、明らかに、ロシアにおけるムスリム問題は恐るべき脅威とみなさざるをえない。……我が国家は、常に教会と緊密に統一して行動してきたが、この際も、教会から離れることはできないし、すべきではない。このゆえに、私の確信するところ、沿ヴォルガ地域、特にカザン地方での政府の行動は、何よりも正教会と手を携えて遂行されねばならない。そうする場合にのみ、この問題での一層の成果が期待できる。(8)」

首相ストルィピンは、帝国のムスリム住民に対し「国家と文化の闘い」を読み取り、ヴォルガ流域、特にカザン地方に大きな関心を向け、正教会と密に提携して「ムスリム問題」に対処しようとしたのである。

一九一〇年の六月一三日から二六日まで、カザンの大主教ニカノールの主宰のもとで正教伝道大会がカザンで開かれている。ニカノールが大会劈頭の挨拶のなかで、「我々の時代の教会をめぐる疑いもなく緊迫した状況が本大会を開かせることになった」と述べたように、正教会をとりまく状況は複雑で困難なものであった。この大会を事実上取り仕切ったのは、ニカノールでも、名誉議長に選ばれたモスクワ府主教ヴラジーミルでもなく、主教アンドレイであった。大会では、ヴォルガ中流域からウラル、ステップ地方にかけてチュヴァシ、チェレミス、キルギスに対する「タタール化」に強い危惧と懸念が伝えられた。オレンブルグ主教管区では「イスラムへ堕教」する者が多数に及んでいると伝えられ、大会では「背教 вероотступничество」を警戒し、その防止に大きな関心が払われていた。大会は、全体としてイリミンスキーの宗教教育体系を称揚し、ムスリムの学校や出版物への監視規制を強めることを確認した。(9)

大会ではイリミンスキー方式が全体として確認されたのであるが、個別の論点では鋭い対立もみられた。イリミンスキー方式の学校での母語の強化、同族教師の育成をさらに進める方向と、ロシア語の強化と「ロシア化」の目標の確認を求める方向の対立である。受洗タタール人のＰ・Π・ダウレイが前者の立場を示したのに対し、カザン神学大学の教授A・B・スミルノーフは、後者の立場から鋭く反論した。彼は、異族人の言葉は目的ではなく、単に「教育啓蒙の手段」であり「一時的な手段」であり、「教育啓蒙の最終にして最高の目的」は全ての異族人が「生まれながらのロシアの住民」に融合することであると主張した。彼は「キリスト教信仰、言葉、慣習、そして全体として精神文化の全ての統一 единство によって結びつけられた単一にして不可分の国民 народ」を求めたのである。さらに、彼は「ロシア化」を恐れるなと次のように訴えた。

「多くの者が異族人のロシア化に関する問題を提起するのを恐れており、「ロシア化」という言葉自体、使うことさえ避けている。しかし、現実の生活そのものが、このロシア化へ導いているのである。文化的な発展の道に入るためには、異族人にはロシア民族との融合は避けがたい。[10]」

カザンの伝道大会では、イリミンスキー方式の学校での教育の方向をめぐって鋭い対立を示しながら、「タタール化」の脅威に対し、正教の東方異民族への布教活動が確認された。そのうえで、その体制の整備が目指されたのであるが、その体制は実際のところ全く不充分であった。カザン正教管区では、洗礼を受けた非ロシア系住民の数は七五万二千人弱で、管区正教徒総数一六七万四千人の実に四五％に達していたが、異族人出身の聖職者の比率はきわめて低かった。一九〇四年一月一日現在で、主教管区の七四三人の正教司祭のうち、非ロシア系の出身者は六八人で、九％にすぎなかった。したがって異族人の教区でもロシア人僧侶によって勤行が執り行われていたし、この六八人の異族人司祭のうち、都市に勤務する二人（カザンとママドゥイシュ市）を除く六六人が、自らの教区で異族人の言葉で神への勤めを果たしていたわけではない。教区での勤行の実体は、教区の聖職者（プリチュト причт）の構成にかかっていた。読唱僧 псаломщик がロシア人であれば、その教区において「朗唱 чтение」も「讃歌 пение」も異族人の言葉で行われる可能性はない。この六六人の司祭のうち、二三人のみが異族人に合わせた勤行を行える読唱僧を有していた。こうして、七五万人の異族人正教信徒に対して、二三の教会、つまり六六人のうち三分の一のみが、異族人の言葉で神への勤めが果たせたのである。補祭 дьякон も重要であった。異族人司祭のもとに配属された二二人の補祭のうち、一九人がロシア人で、異族人はわずかに三人であった。このようなプリチュトの構成のもとで、異族人司祭とロシア人読唱僧の衝突がたえなかった。この読唱僧のほとんどが、中等神学校を追い出され修了しておらず、彼らは自尊心を傷つけられ、異族人教区の読唱僧という地位にも満足していなかった。このロシア人読唱僧と異族人司祭との間の衝突はたえず、「密告」と「讒言」で教区の活動が麻痺することもあった[11]。

さらに、カザンの正教アカデミーへの非ロシア系学生の受け入れに対しても、現存の非ロシア系司祭の活動に対しても、正教会は決して積極的とはいえなかった[12]。この地域で異族人の教育と改宗を目指し導入されたイリミンスキー方式は、帝国の中央政界の注目を集め、その支援も得てきたが、ストルィピン時代には、現実には、カザン県のゼムストヴォや貴族団からの反発にあっていた[13]。この異族人を帝国へと統合する方式は、その発祥の地にして本拠地において、もはやこの地域の異族人を母語と宗教教育を通じて正教へ包摂し、さらに帝国へと統合することへの無力をさらしたのである。

教育の分野においても、帝国への統合は隘路に陥っていた。すでに、前世紀の六〇～七〇年代に文相トルストイのもとで帝国辺域での初等教育体制の成立が目指され、ヴォルガ中流・ウラル地域では、イリミンスキーの母語重視の宗教教育の体系が成立していた。それは、一八七〇年三月二六日の文部省規定をもって新たなロシア化の方式として成立していた[14]。この方式は、帝国への統合が宗教と教育において、異族人の母語とそのキリール文字表記を通じての統合へ転換をみせ、教育と教授言語の問題が国家統合の要因として重大化したという点で注目に値する。この方式は、東方の辺境諸地域で活動する聖職者や教育者のなかに信奉者を見出し、宗教教育の方法として伝播したのであるが、ヴォルガ中流・ウラルを管掌するカザン学区以外では、大きな普及をみなかった。帝国の他の学区では、ロシア語での教授方式が優勢であった[15]。また、イリミンスキー方式に触発され、ムスリムのなかで展開したジャディードの新式学校もカザンを中心に急速に拡大していたのである[16]。

首相ストルィピンは、このような状況のなかで、一九〇九年一月に文相A・H・シュヴァルツへ「辺境地域において、そして、一般的には、異族人住民のなかで学校教育を正しく組織するという問題は、個々の信仰の問題でも、バルトやヴォルガ地域の諸県だけに係わる地方的なものでもない、そのゆえに、異族人住民を有する全ての地方に関連した包括的な論議に供するべきである」と指示している。これを受け、文相のもとで「異族人、非スラヴ人、および非正教徒住民に対する教育の組織問題に関する省庁間会議」が、一九一〇年一一月から翌年の一二月までに三〇回以上の会議をもっている。(17)

しかし、イリミンスキー方式への批判は強く、一九一一年の異族人学校問題審議会では、初等教育で許される母語の数はそれが「民族意識を人為的に覚醒する」として削減された。(18)結局、一九一三年七月一四日の新規則では、教育における母語の重要性には言及されず、その文言は省略されるに至った。(19)イリミンスキー方式は、カザンを中心とするムスリムのジャディード運動に対抗しながら、母語教育によって「分離主義」が助長されるとの批判にあい、異族人教育の教授語にロシア語を求める動きのなかで隘路に陥ったのである。

このような「教育」をめぐる問題状況のなかで、一九一〇年のヴォルガ地方特別審議会は大きな意味をもっている。この特別審議会は内務省宗務局の主宰により、一月一〇日から一八日まで首都のサンクトペテルブルクで開かれている。内務省宗務局は、正教会、文部省とともに辺域異民族の信仰と統治もその管掌としていた。この審議会では、洗礼を受けた異族人に母語による説教の意義を確認し、正教の伝道活動への支援を認めたが、そのことを、政治的な任務、つまり、「異族人を脱民族化し彼らをロシア化すること」と混同してはならないと指摘している。「異族人のロシア化は、彼らをロシア文化へ融合することをもって有終の美とせねばならない。それは、最終の、したがって遠い国家目標であるが、伝道者の手に委ねられる方法ではない」とし、正教とその伝道活動にかわって、国家とその管轄する学校教育が異族人を「ロシアの国民性」へ文化的に統合する強力な手段であると主唱したのである。(20)

この特別審議会の資料は、中央の歴史史料誌『クラースヌィ・アルヒーヴ』に一九二九年にすでに公表されていたが、長い間、引用されることがなかった。それは、ストルィピンの政策とソ連におけるタタール人とイスラム世界に対する姿勢が基本的に同一であり、一九一〇年のこの会議史料を批判的にソヴェト体制のなかで扱うことに「危険」があったからにほかならない。

さて、この審議会では、ヴォルガ地域のタタール人が帝国の統合に与える脅威が検討され、その対策が「I 宗教―啓蒙施策」「II 文化―啓蒙施策」「III 行政措置」の三つに分類され、最後に三四項目にわたる審議会の決定がまとめられている。

まず、審議会では、帝国のムスリム異族人に対するタタール人の文化的影響力が確認される。ムラーの地位をタタール人が占有し、それをタタール化しつつ、バシキール、ヴォチャーキ、チェレミス、チュヴァシのなかで、彼らの活動は成功を収めているとされる。また、タタール人のもとでの学校施設とそこでのタタール語による普通教育が発展し、日露戦争以降、四万九千人に及ぶタタール人洗礼者の棄教が生じたことも指摘された。審議会では、これが「単に地方的現象ではなく」「第一級の国家的意義」をもち、ロシア国家にとって「恐るべき脅威」をなし、東と南からロシアの一八〇〇万のムスリムを統合する「由々しき文化闘争」にさらされているとの認識であった。審議会は、沿ヴォルガ地域に、意識的な汎チュルク、汎イスラムの「拠点」があるとの認識のもとで、対策を論議したのである。このような認識のもとで、審議会は、正教会の伝道・啓蒙活動を評価し、それへの支援を述べながら、基本的には、教育が帝国への統合の要になるとの立場を示した。そのうえで、ムスリムの学校への規制・監督の強化、ウファのムフティ(ムスリム宗務庁)への警戒とその分断化を目指したのである。審議会は「融合 слияние」は遠い将来ではないにしても、問題とはせず、国家の手にある学校が異族人を「ロシアの国民」に文化的に統一する強力な手段であると確認するのである。

このヴォルガ地方特別審議会の方針は、すぐにムスリム学校への取り締まりの強化となって現れ、一九一一年に、ジャディードの学校として名高いボビ・メドレセ（ヴィャトカ県サラープル郡）が閉鎖され、その教師が逮捕される事件が起きている。[21] ストルィピンは、帝国秩序の揺れに対し、宗教と教育において政策の再編をはかり、前者を支援しつつも後者に帝国統合という国家的課題をみて、教育に軸足を移したといえよう。

さらに、ストルィピンは地域と身分という帝国秩序の根幹にもふれる領域で再編に乗り出した。彼は、カフカース総督ヴォロンツォフの宥和懐柔的な地方統治を批判し、フィンランドの「自治」の撤回にも動き、帝国統合における強権派とのイメージが強い。しかし、同時に、一九〇七年から翌八年にかけて、内務次官C・E・クルィジャノフスキーに二つの地域再編案を作成させている。帝国統治の地方分権化案と、ホルム地方をポーランドの行政から分離する案である。後者は実現されたが、前者はニコライ二世に拒否され葬られている。

この帝国の地方分権化案は、帝国を一一の地方に分け、各地方に議会と行政府をおき、行政の長には民政官をあてるとしている。全国的な立法は国家評議会を改編し、ここに集中し、地方的立法は地方議会に任せ、辺境地域の帝国への統合を進めようとするものであった。この一一の地方からは、帝国のアジア部のトルケスタン、東シベリア、クリミア、カフカース、コサック軍団と異族人の居住する諸地方は排除され、全国の代表制機関への参加も、クリミアとカフカースを除き奪われていた。この案は、彼の腹心クリヴォシェインには知らされていたが、閣議に出され審議されることはなく、直接、ニコライ二世に上奏された。しかし、ニコライは帝国の「統一」を損ねるのを危惧し、この案を放置した。[22] この分権化案においては、帝国の西部辺域とは異なり、東部辺域に対しては基本的には分権化も、ましてや「自治」も限られたものであり、一部の地域は国会への代表さえ奪われていた。これらの地域は、第三、第四国会への代表権を実際に奪われることで、この案は一部実現されたといえるが、具体的な詰めはクリヴォシェインに委ねられた。

アジア部に対する統治は、帝国の「植民相」たるクリヴォシェインの一九一〇～一二年のシベリア、ヴォルガ地域、トルケスタンへの相つぐ巡察と、その報告書のなかで検討されている。[23]

ストルィピンは、同時に、ヴォルガ・ウラル地域から東と南に広がる帝国辺域の分断と、そして外からの影響の遮断に乗り出した。一九一〇年初めのヴォルガ地方特別審議会はその意味でも重要である。ここでは「ロシアのムスリム諸民族の人為的につくりだされた……宗教・民族的団結」に対抗して、正教会の伝道活動を強化し、ムスリム学校に対しては、厳格な宗教学校の枠内にとどめ、世俗教育を行うものは国民学校の体制下で監督を強化することを確認している。それらとならんで、オレンブルグ・ムスリム宗務庁に強い警戒の念を示した。ウファにあるこの宗務庁は、カフカースとクリミアを除く全ヨーロッパとトルケスタンを除くアジア部といった帝国の広大な地域にわたってムスリムの宗務活動を統括していた。だが、その公的な地位を利用して、反国家的な動きも助長していると、審議会は指摘した。そのうえで、ムラーの称号修得試験がタタール語で行われ、タタール人ムラーの他の異族人への影響を強めることになっていることに対し、このムラー候補試験をタタール語ではなく受験者の母語で、ウファでなくムスリム住民の多い諸県の委員部で行うことが提言されていた。さらに、ムスリム宗務庁の管轄地域の分割と縮小化をも述べていた。ムスリム宗務庁の権限が一つに集中し、それもタタール民族に集中することに対し、「分権化」の名のもとに分断に乗り出したのである。[24] また、内務省は、外国、特にトルコとエジプトで教育を受けた人物が、帝国内でムラーの職務を果たすことを警戒し、「宗教・種族的な煽動に関与していない」との当局の証明なくしてはロシアの新方式メドレセに受け入れないとの特別回状を出している。[25] 外交においては、外国からの影響が帝国の辺境＝国境地域の統治を揺るがしかねないのを恐れ、政府は東アナトリアから北満州に及ぶ帝国のアジア部周縁に勢力圏を配置し、列強の影響を排除しようとしていた。[26]

だが、帝国の東方に広がるアジア部辺域を内から分断し外から遮断しようとする志向も、ムスリム諸民族の民族意識の覚醒を警戒しつつ、中途半端なものとなった。一九一四年春に開かれた定例のムスリム問題審議会でも、「汎タタール主義」、つまり、ヴォルガ・タタール人の文化的な統合力、新方式の学校の運営、イスラムの宗教的影響力、これらにみられる帝国統合へのタタール人の脅威に対して、結局、タタール、バシキール、キルギス人にそれぞれ個別のムスリム宗務庁を設置することが提言された。だが、多数は、このことでムスリム宗務庁が異族人の民衆により接近し、個々の民族の「自立」が喚起されるのを恐れ、この提言に反対し、ムラーの保守性に期待を寄せるほかなかったのである。(27)

ストルィピンの帝国の地方統治を再編しようとの試みは、帝国の脊柱をなす国家評議会の守旧派貴族と官僚の抵抗にあい進展をみなかった。帝国秩序の再編を目指し、宗教と教育の分野で再検討がなされ、帝国の諸地域の再編では、彼の構想は、とりわけ国会への代表選挙枠の制限では、一部実現された。しかし、地方統治の分野では帝国の「身分」秩序に固執する貴族の強い抵抗にあう。ストルィピン体制は、一九一一年に、西部ゼムストヴォ問題で致命的な権力危機を招いた。彼の死後も、国家評議会は東部辺域のシベリアへのゼムストヴォ導入に抵抗し(28)、ストルィピンの地方改革はロシア系貴族の社会層が薄弱な辺境において隘路に陥り方向性を失ってしまう。

イリミンスキーは、一八九一年に死に臨んで、彼の方式が認知を得ながらも、それがサボタージュされ、蚕蝕されることへの不安にとらえられていた。(29)ストルィピン体制のもとで実際に起きたのは、このことであった。レーニンもまた、革命後の彼の「最後の闘争」において、「悪名高い〈自治化〉の問題」に精力的に介入しなかったことで「ロシアの労働者に対し罪を負っている」と口述せざるをえなかった。「帝国」秩序が、両者を呪縛していたといえよう。ストルィピンによる「帝国」秩序の再編を目指す政策も、彼の死後、隘路に陥ってしまう。ヴォルガ中流・ウラル地域のムスリムは、ロマノフ朝三〇〇年の祝祭を迎えるなかで、ロシアの帝国支配を受容しながらも、教育と言語、営業における不安を募らせながら、第一次大戦、そして革命を迎えることになる。

（1）Р. А. Циунчук, Имперское и национальное в думской модели Российского парламентаризма. В кн. "Казань, Москва, Петербург: Российская империя взглядом из разных углов". М., 1997, сс. 86–91.

（2）Е. Д. Черменский, История СССР. период импелиализма. М., 1965, с. 329.

（3）М. Миропиев, Русско-инородческие школы системы Н. И. Ильменского. «Журнал Министерства народного просвещения», 1908, Но. 2 (февраль), с. 185.

（4）А. С. Будилович, под ред., Труды особого совещания по вопросам образования восточных инородцев. Спб., 1905, сс. XXXI-XXXIII, LII-LIII. 審議会は、西部辺境のウクライナ人と白ロシア人にはイリミンスキーの方式は適用できないと答申していた。彼らは「異族人」ではないとの理由である。したがって、彼らには母語による初等教育は考えられないのである。См., там же, с. LIII.

（5）«Особое совещание» по Приволжскому краю. «Татарстан», 1992, Но. 9-10, сс. 32-33.

（6）Там же, с. 34.

（7）Там же, с. 28.

（8）Церковь и руссификация бурят-монгол при царизме. «Красный архив», 1932, Т. 4(53), с. 102.

（9）Миссионерский съезд в городе Казани. 13-26 июня 1910 года. «Православный собеседник», 1910, ноябрь, Казань. сс. III, 7-8, 41, 64.

（10）См., Инородческие школы по системе Н. И. Ильминского (доклады на Казанском миссионерском съезде.) «Православный собеседник», 1911, апрель, сс. 555-62.

（11）Н. Бобровников, Инородческое духовенство и богослужение на инородческих языках в Казанской епархии. «Православный собеседник», 1905, май, сс. 177-80.

（12）F. T. Macarthy, The Missionary Congress. CMRS, Vol. XIV, 1973, pp. 331-32.

（13）W. Dowler, The Politics of Language in Non-Russian Elementary Schools in the Eastern Empire. 1865-1914. *The Russian Review*, Vol. 54, No. 4 (Oct. 1995), p. 536.

（14）*Ibid*., p. 518.

（15）*Ibid*., pp. 524-25.

（16）F. T. Macarthy, The Missionary Congress. pp. 323-24. カザンの伝道大会で、ダウレイは報告のなかで「トルケスタンからヴォルガ流域の文化の中心、カザンに話を移そう。我々の街のザブラーチュエ地区に目をやれば、ここでもメクテーベとメドレセは一〇を数え、その内部の世界には、我が政府の官吏は近づけないのである。ところで、カザンの外に、カザン、ウファ、オレンブルグ諸県でどれだけのムスリムの学校があるであろうか」と提起し、ムスリムの学校の「この力」に対抗することを訴えている。«Православный собеседник», 1911, апрель, с. 555.

(17) J. W. Slocum, Who, and When, Where the Inorodesty? *The Russian Review*, Vol. 57 (Apr. 1998), p. 188, note 76.

(18) В. С. Дякин, Национальный вопрос во внутренней политике царизма (начало XX в.). «Вопросы истории», 1996, Но. 11/12, с. 49.

(19) W. Dowler, *op. cit.*, p. 538.

(20) «Особое совещание» по Приволжскому краю, сс. 35, 37.

(21) Azade-Ayse Rorlich, *The Volga Tatars*. Hoover Institution, 1986, pp. 97-99, 231. イジュ＝ボビ村（ヴィヤトカ県）でブービ兄弟の運営する新方式のメドレセに対して、一九一一年一月三〇日に一四人のムラーと教師が逮捕され、学校は閉鎖された。一六カ月後に、サラープルで開かれた裁判では、被告たちは、汎チュルク・汎イスラム思想の宣伝、反政府の言動、ツァーリの肖像への不敬という三つの罪状で有罪とされた。«Особое совещание» по Приволжскому краю, с. 29.

(22) С. Е. Крыжановский, Воспоминания. [Берлин, 1922], сс. 130-32.

(23) ストリーピン、クリヴォッシエン共著、川俣浩太郎・石田朗訳『シベリア移民論』（国土計画第一二輯）昭和一六年、一四四、一四七、一五八―五九、一九四、一九七―九九頁；Записки председателя министров и главноуправляющего землеустройством и земледелием о поездке в Сибирь и Поволжье в 1910 году. Спб., 1912, сс. 80-81; Записки председателя министров и главноуправляющего землеустройством и земледелием о поездке в Туркестанский край в 1912 году. Спб., 1912, сс. 11-12, 55, 62, 64-65, 78-79.

(24) «Особое совещание» по Приволжскому краю, сс. 32, 37-39, 41-43.

(25) В. С. Дякин, Национальный вопрос во внутренней политике царизма, с. 49.

(26) D. W. Spring, Russian Imperrialism in Asia in 1914. CMRS, Vol. XX, nos. 3-4 (Jun. -Dec. 1979), pp. 319-20.

(27) В. С. Дякин, Национальный вопрос во внутренней политике царизма, сс. 49-50.

(28) Обзор деятельности Государственной Думы третьего созыва. 1907-1912 гг. Часть вторая. Спб., 1912, сс. 88-105.

(29) イリミンスキーの学徒であるチェーリナ女史は、一八九一年にイリミンスキーが死を前にして、次のような「痛ましい言葉」を述べたと紹介している。「異族人の教育に対して、以前から、そして時が進めば進むほど、大きな敵意と罵詈が、様々なところから異なる内容でなげかけられている。……私が唯一人で異族人を擁護し支えていると考え、私の死をほとんどまたんばかりの人々がいる」。そして、この危惧は「予言的」であったと、彼女は指摘している。С. В. Чичерина, О приволжских инородцах и современном значении системы Н. И. Ильминского. Спб., 1906, с. 18.

II　ストルィピン農政における移民と入植

ストルィピン体制は、一九〇五年の革命に対する「帝国」秩序の新たな再編の試みであった。ツァーリ専制は、「基本法」たる憲法を欽定し、国家評議会を上院へ改編し、諸身分・階層と諸地域から選出された代表から国会を開設し下院とした。この国制における「疑似」立憲制が安定をみるのは、一九〇七年六月三日の選挙法を緊急勅命として発効させることによってである。

首相ストルィピンは、さらに体制を揺るがす農民問題に積極的に対応していくことになる。いわゆるストルィピン農政と呼ばれる政策体系である。これは、彼がサラトフ県知事として激しい農民騒擾の鎮圧に辣腕をふるいつつ、騒擾を生み出す農村社会への深い認識を示していたことと無関係ではない。体制の再編を目指す彼にとって、この政策体系は基本的には、三つの要素からなっていた。まず第一に、農民の共同体を解体し、私的土地所有に基づく農地個人主義を育成することであり、第二に、農民土地銀行の設立により、農民の土地買い取りを促進させることであった。このような措置により、農民に土地私有の観念=所有権を植えつけ、地主(貴族)の土地所有を擁護し、銀行からの融資を通じて土地の売買を促し、土地不足に悩む農民の騒擾化を防ごうとした。これらの施策とともに、第三に、土地不足の背景としての農村の過剰人口を、移民として放出することが目指された。移民政策は、帝国秩序の再編を目指すストルィピン農政のもとで、確固とした位置を占めることになった。

ストルィピン農政の要の一つをなす移民政策は、一九〇六年三月一〇日に、政府が、一九〇四年移民法の「施行規定」を採択することをもって始まった(1)。一九〇七年には、内務省に、内務次官事務取り扱いの三等文官C・ルイコーシンを長とする審議会が設置され、この審議会は原住民に残されるべき土地「規準」を定め、それ以上、あるいは以外の土地を「余剰地」として収用し、そこへ農民の入植を進める方針を出した。この土地「規準」は、冬営地などわずかの限定された用地を原住民に残し、他のほとんど全ての土地に対し強制収用の道を開くものであった。[2] 中央のこのような方針に、移民を受け入れる地方当局は難色を示した。一九〇七年一二月二日付けで、セミレーチエ州軍知事ポコチロはトルケスタン総督に宛て、移民事業団の活動を否定的に評価しつつ、次のように報告していた。

「一九〇七年八月にセミレーチエ州の統治を引き継ぎ、私は、そこで最も困難なのは土地問題であると気づいた。二万を越す不法移民はもっぱら浮浪者であり、彼らは一九〇八年の春までに土地を割り当てられるのを待っている。移民事業団は、すでに、当州で二年間活動し、多大な資金を費やしたが、今に至るもまだ法に適ったものになっていない。……その作業全てが「目見当」でなされている。セミレーチエ州には未占有地は多い、入植地は少ない、移民を入植営農させねばならない、ところで、キルギス人にはまだ多くの土地が残っている、という訳である。これが、当州の移民入植地の割当に際して依る軽薄な論拠である。入植地には、キルギス人の宅地や耕地のある最良の灌漑地が当てられている。……これら全ての不法で軽はずみな企ての結果は、全体として次のようになるであろう。一、キルギス人は、生まれ住み慣れた住処から追いたてられるのを眼の当たりにし、今は恐慌に陥っているが、反抗しはじめるであろう。二、何万もの新しい移民は、このような拙速な方法では、もう入植営農に成功せず、飢え虐げられた人々の恐るべき群となって当州に現れるであろう。三、コサックは彼らの兵村に割り当てられるべき土地が移民に渡ると、ひどく侮辱されたと感ずるであろう。結果は破滅的であろう。[3]」

移民入植へのこのような危惧と消極性は、すでに述べたように、結局打ち破られ、サムソーノフ、フォリバウム、ヴェレツキーの三頭体制がセミレーチエ州に成立したのである。新しいトルケスタン総督サムソーノフのもとで、ヴェレツキーを先頭とする現地の移民局は、原住民の土地収用とロシア農民の入植を積極的に進めていく。サムソーノフは、原住民の反抗を警戒し、中央の農業土地整理総局長Ａ・Ｂ・クリヴォシェインに、ドンとクバンのコサック軍を移し、反乱に備え軍事力を増強することさえ打診していた。[4]

移民入植事業も拡大整備された。一九〇五年二月一四日の法によって設置されたセミレーチエの移民事業団には、主任と一一五名の吏員が配置されたが、これは当州の行政吏員の全定数を凌駕する規模であった。翌年には、移民局が内務省から農業土地整理総局の管轄へ移され、セミレーチエ移民管区 переселенческий район が設置された。そして、セミレーチエ州の移民入植事業の主任ヴェレツキーのもとに、今まで、植民事業に携わった経験もない測量技師、農業技師、統計家などが、首都の移民局から派遣されてきたのである。[5] 移民事業団の活動ぶりは、ポコチロの先の報告からも窺えるが、事業の積極的推進のためには、原住民の冬営地、菜園・耕地、樹木などの収用と強制移転という不法行為も辞さなかったのである。[6] 移民局吏員をこの「膨大な不法行為へ導く唯一の刺激は、褒賞や勲章、官位への打算」であった。[7] 上役への追従にふける移民局全体の雰囲気のなかにあって、劣悪な「凡吏」に、[8] 牧民の抵抗をおして「非常に不都合な諸条件のなかで」入植地区の測量や土地割当に必要な業績をあげさせるためには、「勤務規律」だけでは不充分であった。「出来高払い奨励制」が彼らの作業に導入され、一九一〇年の移民局予算に三万ルーブリが追加計上された。これは、測量技師一人当たり四〇〇ルーブリに達する額であった。[9] 移民局は、このような特異な体制のもとで、不法行為も辞さず、「質より量」を追い求め、植民作業を強力に推進したのである。

帝政ロシアのアジア部への移民は、一九世紀の九〇年代後半から増大しはじめ、一九〇五年革命を経てストルィピン時代には、年平均三〇万人の規模に達する。一九〇七年から九年には、その規模はピークに達し、毎年四〇～六〇万人がヴォルガ川を渡りウラル山脈を越えた。この移民の多くはシベリアへ向かったが、その四割は中央アジアへ押し寄せたのである。[10] このために、何よりも原住のカザフ、キルギスの牧民からの大規模な土地収用が行われた。表1-11にみられるように、一九〇六年から一四年までに同州での土地収用は、二七〇万デシャチーナの規模に達した。[11] これに、国有林野区への収用地一二七万六千デシャチーナ、[12] コサック軍団の一九一五年

表 1-11　セミレーチエ州における移民局の土地収用(1906-1914 年 1 月 1 日)

区画用途 ＼ 区画数・面積・集落数	区画数	集落数	面　積	全収用地に占める％
1．共同体的用益の入植地区画	331	148	866,698	32.06
2．個人的用益の入植地区画	92	90	6,811	0.25
3．予備の入植地区画	35	−	137,918	5.10
4．直接入植には不適で土地改良を要する区画	28	12	258,295	9.56
5．畜産経営のための区画	109	−	442,817	16.38
6．売却および貸し出しのための区画	43	−	33,835	1.25
7．定住へ移るキルギス人へ分与する区画	153	30	523,896	19.38
8．国有林野区	85	−	258,375	9.56
9．国有賃貸地区	59	−	33,519	1.24
10．特別使途の区画	170	−	141,062	5.22
計	1,105	280	2,703,226	100.00

典拠）この表は，1914 年 10 月 28 日付のセミレーチエ移民管区・測量主任コールサクの報告からとった。面積の単位はデシャチーナである。
Рабочее и крестъянское движение в Казахстане в 1907-1914 годах. сб. док. и мат., Алма-Ата, 1957, док. No. 368, сс. 519-25; Б. С. Сулейменов и В. Я. Басин, Восстание 1916 года в Казахстане. Алма-Ата, 1977, с. 131.

現在の所有地、六八万一千デシャチーナを加えると、[13] 約四六五万七千デシャチーナとなり、これは同州総面積の一三・三％となる。一九〇二年一二月の州農業窮乏委員会では、農業適地は同州の一五・八％、五万六千平方ヴェルスター——これは換算すると六三七万五六〇〇デシャチーナに相当する——と報告されていたから、[14] その大部分が収用されたと思われる。さらに、この収用地は原住民の生業にとっても重要な土地であったことを考慮すると、移民局によるこの大規模な土地収用の重大性が察知される。

植民事業の進展とともに、移民の新しい開拓村も大量に出現した。この新開村 новосельский посёлок は、一九〇六年以前に開基した三六の旧開村 старожительский посёлок 七万五二八〇人、三四のコサック兵村五万四三四〇人に対し、[15] 一九一四年には一五五カ村九万四〇四二人を擁し、植民地セミレーチエの主要なロシア人集落に成長したのである（表 1-12 参照）。[16]

すでに一九世紀末に、中央アジアにおけるロシア植民地の一つの典型をなしたセミレーチエ地方は、この時期にさらに一層多くの移民を受け入れ、植民地としてその性格を鮮明にした。一九一一年にトルケスタン五州の総人口六四九万二六

表1-12　セミレーチエ州各郡の農民入植(1901-1914年)

年次 / 村落・人口数 / 郡名	1901年		1906年		1914年1月1日現在						
					旧開村		新開村		計		1906年と対比した人口数%
	村数	人口	村数	人口	村数	人口	村数	人口	村数	人口	
ヴェルヌイ	6	6,057	6	7,074	6	9,326	16	11,097	22	20,423	288.7
コパル	2	4,259	2	4,481	2	4,775	32	10,838	34	15,613	348.4
レプシンクス	8	12,542	8	14,881	8	20,420	33	28,674	41	49,094	329.9
ヂャルケント	—	—	—	—	—	—	15	3,409	15	3,409	—
カザフ人居住郡小計	16	22,858	16	26,436	16	34,521	96	54,018	112	88,539	334.9
プルジェヴァリスク	6	9,410	6	10,746	6	13,957	31	16,836	37	30,793	286.6
ピシュペク	12	11,027	12	15,257	14	26,802	28	23,188	42	49,990	327.7
キルギス人居住郡小計	18	20,437	18	26,003	20	40,759	59	40,024	79	80,783	310.7
総計	34	43,295	34	52,439	36	75,280	155	94,042	191	169,322	322.9

典拠) П. Г. Галузо, Аграрные отношения на юге Казахстана в 1867-1914гг. Алма-Ата, 1965, с. 227.

九二人のうち、ロシア人は六・三%の四〇万六六〇七人であるのに対し、セミレーチエ州では、州人口一二〇万一五四〇人の一七%、二〇万四三〇七人を占めている。当州のこの二〇万余のロシア人は、帝国のトルケスタン統治の中心都市、タシケントのあるスィルダリア州と比較しても、その規模の大きさに驚かされる。つまり、スィルダリア州のロシア人一〇万人の優に二倍であり、トルケスタン全体のロシア人四〇万の過半をなすのである。(17) セミレーチエ州のロシア人は、一八九七年から一九一一年までに、九万五千から二〇万へと二倍に増大し、人口比率は九・七%から一七%へ上昇し、入植者の村落も一八九六年の三二村から一九一四年の一九一村へと急増したのである。

だが、この植民地社会の肥大は、その矛盾の激成でもあった。ストルィピン政府の移民入植にかける政策課題は、第一に、ヨーロッパ・ロシアの農民を移民として辺境植民地へ放出し、ロシアの農業問題を解決する一助とすること、第二に、革命のなかで政治性を増した、異民族の居住する辺境地域へ、専制の支柱として期待される〈ロシア的要素〉を扶植し、帝国の辺境支配を再構築することであった。この二つの課題は、ともにすぐれて、反革命を移民政策に凝集させたものであった(18)。だが、この政策課題の実現は、大きな抵抗と困難にあい、植民地社会の矛盾を深化させ、不穏な状況が生まれることになる。

何より原住のカザフ人、キルギス人の土地収用と強制移住への抵抗が強まった。移転先が彼らの生業に不適な地であり、移転の補償もほとんどなされることなく、土地収用と強制移住に伴う彼らの文化への破滅的影響は著しいものであった。彼らの抵抗は、現地での測量区画作業への非協力、さらに妨害から、国会議員や総督への請願書の送付まで多様な形態をとり、土地収用と文化の破滅を批判する民族運動も成長した[19]。だが、この大規模な土地収用に直面して、原住民社会の内部にも、遊牧と部族的土地用益を保持しようとする伝統的な支配層と、農耕定着へ移行し、そのことで土地収奪から最後の土地を確保しようとする貧窮した牧民の間に対立が醸成された。このような対立は、特に一九一〇年にピシュペク郡を中心に先鋭化して現れている[20]。また、レプシンスク郡とコパル郡では、一九一〇〜一一年に、土地収用のため原住民の間で緊迫した雰囲気が生み出されていた[21]。先の表1-12からも、これらの諸郡はこの時期に新開村の急速に増大した地域であることがわかる。

移民の間でも、植民地社会の矛盾は醸成されこそすれ、解消には向かわなかった。土地の割当と入植作業は精力的に行われたにもかかわらず、セミレーチエ州への移民の平均一割以上が、土地を得ず、たえず帰還せざるをえなかった。この帰還率は一九一一年に実に、三一・八%に達する[22]。この高い帰還率は、一九一一年のヴォルガ中流域からウラル、南部のドン、アストラハン地方を襲った飢饉と、そこからの飢餓流民を反映しているのであるが、帝国全体での「東部」への移民の帰還率は、前後の年を通じて高い水準にあった。一九一〇年に三六・三%、一九一一年には六一・三%に跳ね上がり、一九一二年には二八・五%、一九一三年に一八・九%である[23]。また、当州に滞留する膨大な「不法移民」に土地を割り当て、彼らを社会的に解消することもできなかった。彼ら「不法移民」は、一九〇五年の二万三千から、一九一〇年の六万五千へと増大するのである[24]。さらに、この期に土地を得て入植した新移民 новоселы も、決して安定した経営を維持できなかった。入植地の充分な調査もなく、入植営農に就いた彼らは、ボガラーと呼ばれる天水を頼りとする畠を襲う旱魃や蝗害に苦しみ貧窮零落した。

彼らは、富裕な旧移民 старожилы やコサックのもとで作男として働くか、耕地の粗放的拡大に向かい、土地の追加分与を請願し、あるいは原住民からの借地に赴かざるをえなかった。[25] これらの零落した新移民、さらに都市に町民や農民として滞留する「不法移民」[26]は、辺境のコサックの特権的な土地用益に不満をもち、旧移民の富裕な経営を羨望しつつ、原住民の土地への占拠志向を募らせていった。[27] 彼らは、植民地セミレーチエで、もはや〈ロシア的要素〉の強力な扶植と統治に寄与するというよりは、むしろ、その矛盾と弱さを体現することになった。

このような状況のなかで、植民政策の一定の修正と転換が余儀なくされた。一九一二年に農業国有財産相A・B・クリヴォシェインのタシケント到来を機に、移民問題が当地で審議された。ここで、セミレーチエでの土地収用活動を知らされ、彼は報告覚書のなかで、カザフ人からのこれ以上の土地収用は危険であると警告せざるをえなかった。ペテルブルクに帰着すると、彼は中央移民局のΓ・B・グリンカをセミレーチエに派遣し、土地収用と移民入植の継続に固執する当地の移民局長ヴェレツキーは召還された。そして、当地の移民局の活動は、入植農民の創出した緊迫した「雰囲気」の解消へ向けられることになった。[28]

一九一二年のこの事件は、セミレーチエ州における植民事業の危機を示すとともに、ストルィピンの移民政策の「新方針」への転換の一局面でもあった。この転換は、従来の貧しい農民の「放出 выселение」から富裕な農民の「扶植 заселение」へ重点を移し、入植地にもフートル、オートルプの私的土地所有の導入を促進することを目指していた。[29] だが、入植地セミレーチエの共同体とその土地用益形態は、ヨーロッパ・ロシアと異なる生命力と機能を有し、強固であった。ここでは共同体は、西シベリアと同じく、外来者の入籍に厳しく閉鎖的ではあったが、移民を吸収しつつ、土地の配分・用益、開墾での協同、役畜・農具の相互利用などで、行政当局の援助を越えて有効に機能していた。水が乏しく、畠(ボガラー)が多いセミレーチエ地方では、時とともに昂進する土地不足と取水難に対処して、共同体は土地の不足・不均等を調整する有効な農民機関でもあったのである。[30] さらに、この入植地の共同体は、施肥をはじめとする農業技術が不充分であったこと、降水量の乏しい自然のもとで天水に頼る畠が耕作されたことなどのため、休耕農法による広大な土地をたえず必要とした[31]。共同体は自らの土地を分配・用益しつつ、遊休地を使い果たすと、外に、原住民の「新しい生気ある」土地の借地＝占拠に向かったのである[32]。かくして、移民政策の「新方針」への転換は、入植地の共同体の内なる強靭性と、外に向かっての進攻性に阻まれ成果をあげられなかった。一九一四年末までに、セミレーチエ州の移民の土地の九九・八％が共同体的用益のもとにあり、〇・二％のみがフートルであった[33]。これは、ロシア中央部で二～三割の農家が共同体を離脱し、農地の私有化に向かったことと比較すると、歴然とする。また、共同体の外に向けての進攻性は、植民地の緊迫した「雰囲気」の解消ではなく、その先鋭化を促すものであった。

入植地の開拓村落は、出身地の多様な移民からなり、旧移民と新移民の経営格差にみられるようにその階層分化も著しいものがあった。さらに原住民の家族や作男をも内部に抱え込む複合的な社会であった[34]。この辺境にあって、ストルィピンの共同体の解体と農地個人主義は進捗をみず、共同体には多様な人々が包摂されていた。移民は辺境の共同体にあって、行政当局への不満を募らせていたが、旧移民への羨望やコサックへの反感とともに、何よりも原住ムスリムへの蔑視と敵意に満たされていた[35]。政府は、植民地セミレーチエのこのような社会的「雰囲気」のなかで、移民の不満をロシア正教会の「人心の闡明 прояснение умов」により緩和し[36]、彼らへの武器譲渡さえ許可した[37]。彼らを帝国の辺境統治の支柱に取り込もうと努めたのである。植民地セミレーチエの社会的矛盾の醸成に、このように対処しつつ、第一次大戦により移民の流入が停止したにもかかわらず、将来の植民のために土地収用は継続されたのである[38]。

（1）С. М. Дубровский, Столыпинская земельная реформа. М., 1963, с. 386.（邦訳、ドゥブロフスキー著、有馬達郎・荒田洋ほか訳『革命前ロシアの農業問題――ストルィピン土地改革の研究』東京大学出版会、一九七一年、三六二頁）
（2）П. Н. Шарова, Переселенческая политика царизма в Средней Азии. «Исторические записки», Т. 8, 1940, с. 9.

（3）　Там же, с. 11.
（4）　Там же, с. 24; П. Г. Галузо, Аграрные отношения на юге Казахстана в 1867–1914 гг. Алма-Ата, 1965, с. 224.
（5）　П. Н. Шарова, Указ. статья. «Исторические записки», Т. 8, 1940, сс. 5, 10.
（6）　Там же, с. 11.
（7）　Орас. Переселенческая муть. «Современник», 1912, кн. 2, с. 286.
（8）　Восстание 1916 года в Средней Азии и Казахстане. сб. документов, М., 1960. док. No. 249, с. 363.
（9）　А. Л. Трегубов, Переселенческое дело в Семипалатинской и Семиреченской областях. «Вопросы колонизации», No. 6, 1910, с. 143.
（10）　С. М. Дубровский, Столыпинская земельная реформа, с. 398.（前掲邦訳、三七五頁）
（11）　一九一三年に移民局が自ら作成した表では、原住民の定住用区画地を含め、二五一万三千デシャチーナが収用されたとしている。Атлас Азиатской России. Спб., 1914, Карта No. 35.　革命後の一九二五年のジェトゥイス（旧セミレーチエ）県共産党委員会では、五五万デシャチーナの耕地（灌漑地と畠（ボガラー））、七万デシャチーナの草刈場、主に冬営地近くの二百万デシャチーナの牧地、計二六二万デシャチーナが原住民から収用されたと報告している。Социалистическое стороительство в Казахстане в восстановительный период (1921–1925 гг.). сб. док. и мат., Алма-Ата, 1962, док. No. 238, с. 334.
（12）　Атлас Азиатской России. Карта No. 35.
（13）　П. Г. Галузо, Аграрные отношения..., с. 172.
（14）　Труды местных комитетов о нуждах сельскохозяйственной промышленности. LVIII. Туркестанский край. Спб., 1903, с. 98.
（15）　セミレーチエ州のコサック入植は、一九〇一年の二九兵村三万五五八二人から、一九一四年の三四兵村五万四三四〇人へと増大しているが、農民入植、とりわけ新開村の爆発的成長には比ぶべくもない。См., П. Г. Галузо, Аграрные отношения..., с. 169.
（16）　別の典拠では、一九一三年までに、三四のコサック兵村および分村、三四の旧開村、一五四の新開村、計二二二のロシア人集落が形成されたとし、ガルーゾの表と若干、異なっている。Советское строительство в аулах и селах Семиречья. 1921–1925 гг. Сб. док. и мат. Часть 1, Алма-Ата, 1957, прим. 1.
（17）　Атлас Азиатской России. Карта No. 35.
（18）　О. А. Ваганов, Земельная политика царского правительства в Казахстане (1907–1914 гг.). «ИЗ», Т. 31, 1950, с. 63.　軍知事フォリバウムは、一九一一年一〇月三一日付けで、配下の郡長ら植民地の行政＝警察吏員へ宛て「決裁指令 резолюция」

を出している。これは、辺境植民地セミレーチエにおけるロシアの統治の実体を、つまり統合に向けての同化の志向をあからさまに示したものとして、興味深い。この指令は、トルケスタン総督の九月二一日付け「通達 циркулярное письмо」に応えて出されている。総督の「通達」は、七月二日に起きた事件を伝え、植民地統治への指示を与えるものであった。つまり、将校に対して原住民が道を譲らず、将校が発砲し原住民が逃亡した事例を通知し、これは、ロシア人に対してのみならず、国家「勤務」にある人物に対し「全く許されない行為」であると指摘した。総督は、郡長、地区警察署長、郷司に「この常軌を逸した現象」に注意を払い、原住民に彼らの義務として「ロシアの公民に対し敬意ある態度」を示すことを求め、これに違反する者は処罰し「みせしめ」とするように指示したのである。この総督の「通達」を受け、州軍知事のフォリバウムは、原住民に常に「とりわけ厳格に」対処し、「あらゆる点においてロシアの名とロシアの利害が常に首位を占めるべき」ことを想起せしめよと指示している。そのうえで、我々が「アジア」ではなく「ロシアの地方」に住んでおり、原住民は近い将来に「ロシアの農民」になる「素材」としてのみ関心を払われるべきであると指示する。したがって、彼ら原住民に対し「ロシアのあらゆるもの」への「峻厳な尊崇の念」を育てさせよと指令していた。この総督の「通達」とそれに応えた州軍知事の「決裁指令」には、帝政ロシアのトルケスタン支配への眼差し、すなわち、威圧とロシアへの尊崇の育成、原住民を「ロシアの農民」と化す、つまり、ロシア化の方向が提示されている。Рабочее и аграрное движение в Казахстане в 1907–1914 годах. Сб. док. и мат., Алма-Ата, 1957, док. No. 244, сс. 353–54; док. No. 253, с. 361.

(19) M. B. Olcott, *The Kazakh*, Hoover Institution Press, 1987, pp. 114-18.

(20) Рабочее и аграрное движение в Казахстане в 1907–1914 годах, док. Nos. 106, 109, 118, 160, 190, 191, 195, 196, 201, 237, 248, 296.

(21) Там же, док. Nos. 159, 163, 173, 222, 231, 359.

(22) П. Г. Галузо, Аграрные отношения..., с. 211.

(23) С. М. Дубровский, Указ. соч., с. 390.

(24) А. П. Фомченко, Русские поселения в Туркестанском крае в конце XIX–начале XX в., Ташкент, 1983, с. 57.

(25) П. Н. Шарова, Указ. статья, «Исторические записки», Т. 8, 1940, с. 19; Рабочее и аграрное движение в Казахстане, док. Nos. 46, 58; Социалистическое переустройство сельского хозяйства в Узбекстане（1917–1926 гг.）. Документы и материалы. Ташкент, 1962, док. No. 54, сс. 109–10.

(26) 中央アジアのロシア人入植地の都市には「町人」層が部厚く存在していた。彼らはステップの肥沃さに引かれて来た農民で、土地を得られず、都市で「町人」に転籍しつつ、農業に従事し、たえず入植村を形成しようとした。Первая всеобщая

перепись Российской империи 1897 г. Т. LXXXVII, Тургайская область. Спб., 1904, с. viii-ix. セミレーチエの都市でも、住民の著しい部分がこの「町人」や農民であった。Г. Трофимов, Из прошлого Компартии Джетысу. «Коммунистическая мысль», кн. 3, Ташкент, 1927, с. 273. прим. 3. ヴェルヌイ市では、彼ら「町人」は「お上」と「警察」に敵対し、「土地と自由」を渇望する不穏な社会層として、植民地当局の警戒するところであった。Рабочее и аграрное движение в Казавстане, док. Nos. 263-64.

(27) Там же, док. 207, сс. 301, 303-304.

(28) Социалистическое стороительство в Казахстане в восстановительный период (1921-1925 гг.), док. No. 238, сс. 334-35.

(29) О. А. Ваганов, Земельная политика царского правительства в Казахстане (1907-1914 гг.), сс. 63-65; А. П. Фомченко, Указ. соч., сс. 66-67.

(30) Там же, сс. 62, 69, 79-80, 83, 88.

(31) Там же, сс. 82-83. 中央アジアの入植地では畜糞は施肥に向けられず、乾燥燃料 кизяк として費消された。そのため畠は疲弊し、収穫率は年とともに低下した。Там же, с. 83.

(32) А. А. Кауфман, Переселение и колонизация. Спб., 1905, сс. 331-38; А. П. Фомченко, Указ. соч., сс. 82-83.

(33) Там же, с. 79.

(34) Там же, сс. 74, 94-100. 一九一三年一月一日現在で、セミレーチエ州のロシア農民の入植村落で、住民の一七%が原住のカザフ、キルギス人であった。П. Г. Галузо, Из истории аграрных отношений дореволюционного Семиречья (конец XIX-начало XX в.). В кн.: Особенности аграрного строя России в период империализма. М., с. 199.

(35) 植民地セミレーチエでは、原住民は官吏と商人の召使い、農民のもとでは作男として広く使用されていた。ある入植村の農民は「ここはロシアじゃない。役立たずのどん百姓も皆、ここじゃキルギスの作男を使っている」と豪語するのである。Восстание 1916 года в Средней Азии и Казахстане. Сб. док., М., 1960, No. 249, с. 360. ここでは、植民地社会の底辺におかれた原住民への侮蔑の雰囲気が強く漂っていた。セミレーチエ視察を終えたある高官は、一九一二年に次のように述べている。「ロシアの農民は、文化程度でキルギス人をはるかに越えており、しばしば、彼らを軽蔑している。……これが原因で非人道的で無意味な、残忍な事件が起こる。農民はキルギス人を情け容赦なく殺し、良心の呵責を覚えないのである。」П. Н. Шарова, Указ. статья, «Исторические записки», Т. 8, 1940, с. 18.

(36) Там же, сс. 23, 28.

(37) 一八九八年のアンヂジャン蜂起の衝撃を受けて、軍・警察の強化とともに、ロシア人移民の武装化が着手され、政府は、猛禽、猛獣類の捕獲という名目で、移民の「信頼できる分子」にライフル銃の売却を許可し、移民の武装化に道を開いていた。Там же, с. 30; Андижанское восстание 1898 г., «Красный архив», 3(88), 1938, сс. 135, 143–44. 一九一〇年にレプシンスク郡で、土地収用をめぐり原住民の間で緊迫した雰囲気が生まれたときも、州軍知事が住民に武器の引き渡しを許可し、原住民の不満と敵意に対抗措置をとっている。Рабочее и аграрное движение..., док. No. 159, с. 241.

(38)　П. Н. Шарова, Указ. статья, «Исторические записки», Т. 8, 1940, сс. 30–31.

日露戦争と第一次ロシア革命を経るなかで、帝国の東方辺境地域の支配と統合は危機をさらけ出した。ストルィピンの体制は、いわばこの揺らいだ帝国を再編し、辺境地域を帝国へ統合することを目指すものであった。ヴォルガ中流・ウラル地域のタタール人に対し、そのヘゲモニーに脅威を覚えつつ、彼は、宗教・教育の分野での対抗措置に乗り出した。他方、帝政ロシアのもう一つの東方辺境植民地であるセミレーチエでは、ストルィピン体制のもとで、移民の入植が再び大規模に進められ、植民地の社会的矛盾は一層深化し、危機的とさえなる。このような帝国の辺境地域で蓄積された矛盾は、第一次大戦中の一九一六年に、ムスリム成年男子へ徴用令が出されるや、爆発する。これは、中央アジア、そして、帝国の東方辺境地域における革命の始まりでもあった。

ヴォルガ中流・ウラル地域、とりわけバシキール地方、そして中央アジアの植民地セミレーチエにとって移民=入植は、中央部ロシアの農業問題の一従属変数ではなく、辺境地域の近代と革命を規定する主要問題であった。また、ヴォルガ中流からウラル、中央アジアと広がる「異族人」をいかに帝国へ統合するかという問題も、きわめて深刻な問題として浮上してきた。したがって、「移民=入植」と「帝国」への統合、さらにロシア化という視点から、東方辺境の植民地の史的律動の基本的特性も把握される。それなくして、近現代史、さらにロシア革命における「地域」の自立(律)性の把握も覚束ないといえよう。

第二章　革命：抵抗と解放

第一節　革命における中央と辺境

民族といったものを代表しその連邦という原則を熱烈に擁護している人物と話を交わし、次のような考えを耳にせざるをえなかった。「進展する状況のなかで、ロシアの大部分の住民にとって、本質的には、祖国 отечество という観念は存在しない、しかし、郷土 родина という観念は――ある民族の住むロシアのある部分という意味で――存在するということが明らかとなった」。そして、私の話し相手の確信するところでは、崩壊が進むなかでは、まさにこの観念に拠りどころを求めねばならない。この観念のうえに実際に何かが打ち立てられたとき、そのときには、祖国は自ずと創り出されるであろう。それは、同盟 союз として、個々の「郷土」から形成されるであろう。これらの判断が、きわめて重苦しく不安にさせる印象を与えたことを、私は隠そうとは思わない。というのは、そもそも、これは一体、何を意味するのであろうか。この意味での「郷土」を祖国に代えて置くということ、これは、いかに問題が形式のうえでのことであろうと、ロシアを直ちに破片へと砕き、そして、実際は、後からこれらの破片を連邦 федерация へと貼り合わせることを意味している。（Ф・Ф・ココーシキン『自治と連邦』ペトログラード、一九一七年）

中央と辺境という帝国の歴史的構造は、ストルィピン時代にその再編が目指されるが、この構造に規定されて、辺境地域では革命は独特の進展をとげる。この第一節「革命における中央と辺境」では、東方辺境地域での革命を、植民地革命、農民革命、解放主体としての「党」の形成という視点から概観し、第二節以下においてセミレーチエを中心とするトルケスタンとヴォルガ中流・ウラル地域に焦点をあて、具体的に叙述分析するためのプロローグとしたい。

I　植民地革命のはじまり

二〇世紀初頭の国際関係の緊迫と日露戦争、さらに革命の勃発と展開という状況のなかで、広大なロシア帝国において植民地革命へ向けての胎動が始まった。一九〇六年二月二六日にオレンブルグの市会ホールで、キルギス問題協議会が開かれていた。ここで、オレンブルグ県選出の第一国会議員T・И・セヂェーリニコフとヴォロスタンスキーの間で、植民政策をめぐって激しい論争が行われ、これはステップのカザフ原住民代表に大きな影響を与えるものであった(1)。この年の六月には、アクモリンスク州のペテロパヴロフスク郡でカザフ牧民と農民の衝突が起こり、五人の負傷者を出す惨事が起きている(2)。

革命のなかで召集された第一、第二国会では、辺境植民地から選出された議員から土地の略奪を非難し、その返還を求める声があげられた。ウファ県選出のスウィルトラーノフは、一九〇六年の六月二日に第一国会の第二〇会議で抗議の声をあげている。第二国会では、タヴリーダ県のクリミヤ・タタールの代表メヂィエフが一九〇七年四月九日の第二四会議で、テーレク州選出のエリダルハーノフは五月三日の第三二会議で、ウラリスク州選出のカラターエフは五月一六日の第三九会議で、それぞれ土地略奪を非難し、農業問題の解決まで土地収用を停止し、土地を返還することを求めたのである(3)。

図 2-1　チモフェイ・イヴァノーヴィチ・セヂェーリニコフ(1870－1930)

オレンブルグ県ヴェルフネウラリスク郡の普通の貧しいコサックの家族に生まれる。ウファの土地測量学校を卒業して，土地測量技師として働く。キルギス(現カザフ)のステップの調査・統計作業に従事する。1902年末に，シチェルビーナ教授が土地収用のために算定したキルギス人の経営規準を批判する報告を行った。1905年の革命のなかで，オレンブルグでの集会や会議に参加し，講演「キルギス・ステップにおける土地闘争と政府の植民政策」を行った。これは，内相ドゥルノヴォの怒りを買い，彼は行政職から解任された。

革命後は，1918年12月に共産党に入党し，バシキーリアにも赴き活動している。キルギス臨時革命委員会のメンバーであり，キルギス共和国の人民委員会議議長を務める。ここで，現地の活動家「帝国主義者」と闘い，彼らからは「キルギス人民族主義者の公的指導者」と目され，「共産主義者に対し，公然たるショービニストの闘争」を行っていると非難された。1920年5月20日に，彼は離党を表明する。その後は，共産党にとどまりながら，中央の行政機関で働き，最後は，新生ソ連の発明考案事業の整備にとりかかるなかで，心筋梗塞で死去した。

典拠) Первая российская государственная дума. литературно-художественное издание. Спб., 1906, с. 78.

国会議員のこれらの発言のなかで、K・ハサーノフの演説を紹介しておこう。彼は、ウファ県選出の二七歳のムスリム教師で、トゥルダヴィキ会派に属し、ムスリム議員の組織化にあたっていたが、一九〇七年五月一六日の第二国会第三九会議の場で、バシキール人からの土地略奪を厳しく批判した。彼は、一八六五年のクルィジャノフスキーの総督就任以来、一〇年間に二百万デシャチーナの土地が略奪されたと指摘しつつ、次のように訴え、結んでいる。

「我々バシキールを代表して、私は、クルィジャノフスキーの時期に没収された土地の強制的な返還を目指していると表明する。……もし、政府によって奪われた土地が我々に返却されないのであれば、この土地を奪還するために、我々はあらゆる手段をとる。(右翼から「その通り、ブラボー」)いずれにせよ、土地問題はともかく解決されねばならない、政府がここに提出しているあらゆる障害にもかかわらず、それは解決されるであろう。（左翼からの拍手）」[4]

革命が敗退し、ストルィピン体制下で移民＝入植政策が積極的に進められるなかで、辺境の原住異民族には、植民主義への反感が鬱積されていくことになる。この鬱積した反感は、一九一六年の「異族人」反乱となって帝政ロシアの辺境地域で噴出し、これが植民地革命の本格的な幕開けを告げることになった。一九〇六年に産声をあげた植民地革命は、その一〇年後に現実のものとなって展開しはじめることになったのである。

この反乱の直接の契機は、ニコライ二世の一九一六年六月二五日付け勅令であった。この勅令は、兵役を免除されていた「異族人」に対し、その一九歳から四三歳の男子に戦時の後方徴用を課すものであった。この徴用令は、シベリア諸州からステップ地方、トルケスタン地方、アストラハン県、スターヴロポリ県、テーレク州、クバン州、さらにザカフカース地方と帝国の東方辺境地域の「異族人」に適用され、各地で様々なかたちで抵抗が繰り広げられることになる。トルケスタンでは、ロシア支配の拠点たる「新市」に対し、原住ムスリムの居住する「旧市」で暴動が起き、郡部では植民地行政の末端を担う下級土民行政機関の郷司らへのムスリム民衆の攻撃が行われた。ザカスピ州では、トルクメン人イオムド族が八月に反乱を起こし、ペルシャへ越境移牧しつつ抵抗した。[5] 北カフカースのテーレク州では、アクサイ村（ハサブ＝ユルト管区）、テレクリ＝メクテブ（カラノガイ区）に山民が結集し抵抗するが、軍隊によって鎮圧されている。[6] カルムィクのステップでは、牧民が集結し、声明を提出し「消極的抗議」を示した。シベリア南部のトムスク県ビイスク郡のカザフ人は、蓄群の大移動を行い、ゴルノ・アルタイ地方を通りモンゴルへと越境した。[7] アルタイ地方でもブルハニズムに鼓吹されて、伝説上の解放者オイラート・ハンの到来を待望しつつ反乱が展開した。[8] トヴァ（ウリャンハイ）地方では――ここは、辛亥革命後、ロシアの保護下におかれ、シベリアからのロシア人移民の入植が急速に進められていた――ロシア人入植者に対する暴動が起こり、親ロシア的立場のアグダンが七月末に殺害されるという政変が起きている。[9]

帝国の辺境地域をとらえた一九一六年蜂起のなかで、モンゴル、中国の新疆省、ペルシャへの移牧も辞さず執拗に抵抗したのは、「異族人」牧民であった。大ステップの中央に位置するセミレーチエ州とトゥルガイ州では、牧民の激しい反乱が展開した。セミレーチエ州南部は、キルギス人とロシア入植民の間での凄まじい民族的殺戮の場となった。(10)トゥルガイ州では、カザフ人が一一月五〜六日に州都トゥルガイを包囲する勢いをみせたが敗退し、翌年の二月革命を迎えることになる。(11)この「異族人」の抵抗と反乱は、戦時下で彼らへの抑圧と支配が強化され、徴用令に至ったことが直接の引き金となっていたが、その背景には、植民政策への強い反感が潜んでいたのである。反乱の鎮圧と事後の統治方針の策定にあたった新任のトルケスタン総督アレクセイ・クロパトキンは、彼の『日誌』のなかで次のように指摘したのである。

「……キルギス〔現在のカザフ人、キルギス人を含めた総称―引用者〕人は、最近の三〇年、とりわけここ一二年間、あらゆる方面で抑圧されてきた。我々のところでは、死活に関わるほど不可欠な土地かどうかの検討もしばしばなされずに、一九〇四年からだけでもセミレーチエ州で数百万デシャチーナの土地が収用された。一連のロシア人の村落が生まれた。これは利点である。しかし、ロシア人とロシアの権力に対するキルギス人の敵意も生まれた。これは欠点である。特に私に説明しがたいのは、一九一三、一四、一五年とセミレーチエ州の一八〇万デシャチーナの土地が様々な人士に畜産用に譲渡されたことである。……これが名だたる「バシキールの土地」より悪くならないかと危惧している。……」(12)

総督クロパトキンの言葉にもあるように、名だたる「バシキールの土地」と、それを連想させるセミレーチエでの土地収奪は「ロシア人とロシアの権力に対する敵意」を醸成していたのである。辺境植民地でこのように始まった革命は、翌年のロシアの二月革命、さらに十月革命の展開と「並行」しつつ展開していくことになる。

ここでは、土地をめぐる問題が革命の基本的イッシューをなした。辺境植民地でも、ロシア人をはじめとする入植民は、ロシア中央部での農民革命に呼応し、民族の差異なく、勤労・均等原理に基づいて土地用益を行うことを求めて動き出した。だが、非ロシア系の原住民は、土地の私有を否定し勤労・均等に基づく土地再分配を求める入植民に対して、独自の土地要求を明確にし、彼らの運動と袂を分かって並行していくことになる。一九一七年初夏に開かれたトルケスタン地方の第一回農民大会では、ウズベク農民が「神聖な我がシャリアートは力による収用を断固として禁じている」と表明し、入植者に「他人の所有権を侵す」動きをみて大会参加を拒んだのである。(13)

ムスリム農民のこのような動きとともに、大ステップの非ロシア系牧民は、さらに、強く土地の奪還を求めて各地で運動を展開してゆく。バシキール人を代表して、ムッラ・マンスル・ハーリコフは、ウファ県の第一回農民大会（一七年六月、於ウファ）で次のように表明した。「我々バシキール人は、大会が決定した土地社会化にも、国有化にも同意しない。我々の土地は我々のもとにとどめおかれねばならないというだけではなく、我々から騙し力づくで奪われた全ての土地、林野、水域が返却されねばならない」。(14)トゥルガイ州の第一回カザフ人大会（一七年四月、於オレンブルグ）では、「以前の所有者に収用されたもとの土地……を返却し、入植のなされていない土地への移民の登録を直ちに停止すること」が求められた。(15)また、カフカースでは、ダゲスタンの第一回山民大会（一七年五月、於ヴラジカフカース）で、「農業問題は勤労者の利益を擁護するシャリアートの諸規定に従って解決される」ことに期待しつつ、山民は、彼らの「所有する」全ての土地と林野を自らの「不可分の所有」とみなし、「収用された土地、林野、水域は直ちに返却されること」を求めたのである。(16)イルクーツク県のブリヤート人大会（一七年四月、於イルクーツク）では、彼らのもとでは「土地整理は単なる略奪、破廉恥で明らさまな暴圧に転化し、ブリヤート人が最も大切とする利益が蹂躙された。ブリヤート人のもとでは大量の土地と冠水する肥沃な草地が取り上げられた」と確認され、ブリヤート人に「事実上の用益にある全ての土地の返還」が必要であると主張したのである。(17)

このような「並存性」は、一九一七年の秋以降、とりわけ中央ロシアでの十月革命の衝撃を受けて、政治のレヴェルでも明確に表現されることになる。オレンブルグでは、一一月にバシキール政府とキルギス（現カザフ）政府の自治宣言がなされた。中央アジアでは、コーカンド市にムスリム代表が結集し、トルケスタン自治政府（いわゆる「コーカンド自治」）の樹立を宣言した。カルムィクのステップでも、北カフカースでも、非ロシア系の諸民族が彼らの政府を樹立した。辺境地域でのこのような自立化、「自治」の宣言と、さらには「民族政府」の樹立に対抗して、植民地の入植農民、都市のロシア人をはじめとする役人・雑業層、外来の労働者や都市に駐屯する守備隊兵士を中心にソヴェト権力の樹立が目指されていく。辺境植民地における社会運動の「並存性」は、政治的対立となって現れたのである。

ソヴェト史学においては、一九一七年の十月革命から翌年三月のブレスト講和までの一時期はソヴェト権力の「凱旋的勝利期」と呼ばれ、辺境においては、この「並存性」は雑多な移民＝入植者を社会的基盤とするソヴェトが統合一元化して、ソヴェト権力を樹立していく過程と理解されてきた。しかし、移民＝入植者のこの動きこそが脅威となって、辺境の特権的な軍事身分であるコサックと帝国の被支配諸民族との軍事的「同盟」が各地で生まれたことにも注目しなければならない。一〇月末には、ヴラジカフカースで「コサック軍、カフカース山民、ステップの自由な諸民族の南東同盟」が形成される。セミレーチエにおいても、コサック軍はカザフ民族主義者らの協力を得て軍事独裁を樹立している。だが、バシキールとカザフの自治政府はコサック軍ドゥートフとともにオレンブルグを撤退し(18)、コーカンド自治政府も派遣された赤衛隊により壊滅させられた(19)。カザン市で、タタール人居住区に形成された「ザブラーチュエ共和国」も一八年三月末に崩壊した(20)。辺境植民地において、革命における「並存性」を実力をもって一元的にソヴェト権力へと統合する過程で、一九一八年の夏ではなく、この時期にすでに内戦が緒につくのである。従来のソヴェト史学では、内戦はチェコスロバキア軍団の反乱をもって始まり、そこでは、国外の帝国主義者と国内反革命勢力の関与がとりわけ強調されてきた。しかし、内戦も帝国の中枢—辺境構造に規定された革命の展開過程から説明されるべきであろう。

さて、辺境植民地に成立したソヴェト権力は、社会的には移民＝入植者に依拠し、民族ニヒリズムの傾向を示した。これは、共産党の中央でブハーリンやピャタコフといった論客が示した理論的傾向、つまり、インターナショナリズムと「階級」の強調とは異なり、地域の社会関係、とりわけ、ロシア人をはじめとする移民社会に根をもち、地域の革命を強くとらえたエートスであった。民族人民委員スターリンが、一九一八年の四月に、辺境地域のソヴェトに向けて民族自治を「ソヴェト形態」で、つまり、階級的な代表制として認めることを求めた[21]とき、ここに民族ニヒリズムが浸透する経路も用意されていたといえよう。一九一八年五月にモスクワで開かれたタタール・バシキール共和国創立準備会議では、中央ムスリム委員部のムッラヌル・ヴァヒートフが、「民族 нация の概念はすでに自らの時代を終えた」と語る「共産主義者と称する」人々は、「何よりも諸民族間の展望を失った」と述べ、「民族と民族的諸要求は作り話ではなく、反対に社会主義者が考慮せざるをえない現実である」と厳しい批判を放たざるをえなかった[22]。彼のこの言葉は、直接には、ウラル・ヴォルガ地域の「共産主義者と称する」活動家に向けられた強い警告であったが、民族ニヒリズムはブリヤート地方から中央アジア、カフカースまで及ぶ辺境地域のソヴェト活動家をとらえた強い傾向であった。

（1）　J. Castagné, Le Bolshevisme et l'Islam. *Revue du Monde Musulman.* octobre 1922, Vol. LI, p. 170. 二月二六日の日曜の夕方には、市会のホールでステップの植民についてフヴォロスタンスキーの報告と、それに基づく討論会が開かれている。会場には、キルギス人の代表や当地の知識人が押し寄せ、入り切らないほどであり、深夜の一時頃に集会はようやく終わっている。ここで、フヴォロスタンスキーは、キルギス人の土地から直ちに移民入植区をつくり、積極的に植民を進めることを訴えた。彼は、植民により「キルギス人の原始的生活を向上させ、遊牧より農業と「定住」畜産の方が優れていることを例示しつつ、彼らをより早く定住と農業へ移行させる」ことを主張し、移住によって「貧しく土地のないキルギス人が富者による抑圧的な影響から脱することを助けるであろう」と指摘した。この報告に、セヂェーリニコフは最初に立って反論し、移民入植を直ちに停止し、キルギス人が自ら土地整理を行い、その後で余剰地に入植を行うことを主張したのである。“Оренбургская газета” 28-го февраля, 1906 г. с. 3. フヴォロスタンスキーは、その後もカザフ人知識人やエス・エル、社会民主主義者を批判しつつ、植民を擁護した。彼は、農業がステップを「民主化し」、富者の数は減らしたが、それにかわって多数の者の福利を向上させ、キルギス人が「窮乏化と死滅」を運命づけられているというのは根拠がないとして、ロシアの農民による植民を歓迎したのである。См. П. Хворостанский, Киргизский вопрос в связи с колонизацией степи. «ВК» 1907, No. 1, с. 53, 80, 86.

（2） Т. Рыскулов, Из истории революционной борьбы в Казахстане. «Революция и национальности», 1935, No. 11, с. 37.

（3） Стенографический отчет Гос. Думы. Сессия первая. Т. II. Заседания 19-38 (с 1 июня по 4 июля). Спб., 1906, с. 923; Думы. Сессия вторая. Т. I. Заседания 1-30 (с 20 февраля по 30 апреля). Спб., 1907, сс. 1789-94; Сессия вторая. Т. II. Заседания 31-53 (с 1 мая по 4 июня). Спб., 1907, сс. 78, 673-75.

（4） Стенографический отчет Гос. Думы. Сессия вторая. Т. II. Заседания 31-53 (с 1 мая по 4 июня). Спб., 1907, с. 641.

（5） А. В. Шестаков, 20-летие восстания в Средней Азии (1916-1936 гг.). «Революция и национальности», 1936, No. 9, сс. 42-43.

（6） А. Л. Нарочницкий, от. ред., История народов Северного Кавказа (конец XVIII в.-1917 г.). М., 1988, с. 560.

（7） А. В. Шестаков, 20-летие восстания в Средней Азии (1916-1936 гг.). с. 43.

（8） А. Данилин, Из истории национально-освободительного движения на Алтае в 1916 году. «Борьба классов», 1936, No. 9, с. 37.

（9） Л. П. Потапов, от. ред., История Тувы. Т. I. М., 1964, с. 312.

（10） 西山克典「中央アジアに於けるムスリム蜂起と革命――セミレーチエ地方を中心に（一九一六―一九一七年）」『北海道大学文学部紀要』三八ノ三、一九九〇年三月、七〇～七七頁。

（11） 木村英亮「一九一六年中央アジア蜂起」中村平治編『アジア政治の展開と国際関係』東京外国語大学アジア・アフリカ言語文化研究所、一九八六年、四八～四九頁。

（12） П. Г. Галузо, Восстание 1916 г. «Красный Архив», Т. 34, 1929, с. 65.

（13） Е. Зелькина, Очерки по аграрному вопросу в Средней Азии. М., 1930, с. 84; В. Нодель, Земельно-водные реформы на Советском Востоке. «Революция и национальности», 1930, No. 1, с. 50.

（14） С. Атнагулов, Башкирия. М., 1925, с. 55-56.

（15） С. М. Диманштейн, под ред., Революция и национальный вопрос. документы и материалы. Т. III. 1917 февраль-октябрь. М., 1930, с. 361.

（16） А. Тахо-Годи. Революция и контрреволюция в Дагестане. Махач-Кала, 1927, с. 158.

（17）С. М. Диманштейн, под ред., Революция и национальный вопрос. сс. 436-37.
（18）Гражданская война в Оренбуржье（1917-1919 гг.）. документы и материалы. Оренбург, 1957, с. xiii.
（19）Победа Октябрьской революции в Узбекстане. сб. документов. Т. II. Ташкент, 1972, Nos. 201-2, сс. 149-50.
（20）Первый год пролетарской диктатуры в Татарии. Казань, 1933, сс. 47-49
（21）И. В. Сталин, Одна из очередных задач. «Правда», No. 67, 9 апреля 1918 г.
（22）«Правда», No. 101, 24 мая 1918 г.

II　農民革命の展開

一九一六年にはじまる植民地革命のなかで、入植農民を主体とする土地の占拠と再分配、すなわち、農民革命が展開していくことになる。すでに異族人反乱が鎮圧されるなかで、牧民叛徒の畜群を略奪し、彼らの土地を占拠する行為を通じて、入植民の土地への渇望は満たされはじめていた。さらに翌年の二月革命以降、彼らは、辺境植民地にあって、原住民や富裕な旧移民、コサックらの土地全てを勤労・均等原理に基づき再分配することを要求しつつ、実力による土地占拠、森林盗伐も辞さなかった。辺境の植民地でも、中央部ロシアと同じく農民の抑えがたい本源的な力としての「スチヒーヤ」は発現しはじめたのである。

南ウラルのバシキーリヤでは、土地の少ない非バシキール系の移民は、小ロシア人、チュヴァシ人、タタール人を含めて、バシキール人から借りた土地の占拠に向かった。さらにウラルの労働者による土地占拠も生じていた。彼らは、内地ロシアから家族連れで移住し、鉱山、工場で働くと同時に、農業にも従事していた。工場の多くが稼働を停止すると、彼ら労働者もまた、農業に向かい、バシキール人から借りた土地、近在の国有地の占拠に乗り出したのである。(1) ブリヤート地方では、ザバイカル州の第一回農民・コサック・異族人代表大会で、左派エス・エルの指導者M・A・スピリドーノヴァは、入植農民の昂る土地占拠の志向を辛うじて押さえることができたが、夏には、農民は力づくで、ブリヤート人の土地を占拠した。彼らは、二〇～三〇デシャチーナの牧地をもつ異族人ブリヤートを「地主 помещик」とみなし、この行為に出たのである。(2) カルムイクのステップでも入植農民による土地占拠が問題化しており、(3) トルケスタンのセミレーチエ地方でも入植農民の原住民への暴圧は続いていた。(4)

二月革命以降、入植農民の土地占拠をはじめとする行動は加速され、十月革命と地方ソヴェト権力の樹立のなかでも止められずに、むしろソヴェト権力の土地政策のなかで認証されていく。一九一八年春から夏に、カザフスタンでは地方ソヴェトの土地部のもとで、勤労・均等用益の実現が目指されていく。(5) ブリヤート地方でも、大村や部落では地方ソヴェトの土地部を中心に、土地の没収と入植民への分与が行われていった。この没収される土地に「異族人の未占有地」もラマ教礼拝堂の所有地も含まれ、とりわけ後者のラマ教礼拝堂の土地に対しては、占拠が大規模に行われていくことになる。(6) これらの辺境植民地で生じた入植農民主体の土地占拠と再配分は、一九一六年から内戦の終わる二〇年まで継続する。この過程は、それぞれの辺境地域で、その発端、経過、規模において異なり、個別的に進行した。トルケスタンのセミレーチエ地方では、これが農民革命としてまさに満開花するのである。

ここは帝政ロシアのトルケスタン支配と植民において一つの拠点となっていたが、一九一六年の一月から二〇年の八月までに、州の人口は一三六万二千から九五万八千へと大幅に減少している。だが、この人口変動の内訳をみると、ロシア人とウクライナ人は一九一六年に州人口の八・九%、一三万三千人であったが、二〇年には二八・七%、二七万四千人に比率を高め、実数においても倍増しているのである。入植農民の経営数は、一九一七年から二〇年までに、州全体で約一五%、個々の郡、例えばヴェルヌイ(現アルマトゥイ)郡で四八%、ピシュペク(現ビシケク)郡で一一%と増加している。他方、牧民は人口、経営数ともに、二二%の減少をみた。また、入植村落は、一九一四年にコサックの兵村三四のほかに、一九一一を数えていたが、これが一九二〇年には三〇六にまで増大している。人口、経営、村落の数において、移民＝入植者が増大したのは、まず第一に、内戦期にもシベリアからの移民がたえず流入し、植民地の都市に滞留する移民＝「町民 мещанин」は土地占拠に向かったことによる。さらには、土地獲得の好機が到来したなかで、彼らは大経営の国有化を恐れ、それを回避しようとして、農戸分割が広く行われたことによるものであった。一九一六年の原住牧民の蜂起とその鎮圧、革命と内戦を経て、セミレーチエ州の移民＝入植者の社会は著しく肥大したのである(7)。

植民地のこのような農民革命の展開のなかで、原住の「異族人」であるカザフ、キルギスの牧民は、この革命から疎外され、むしろ抑圧された。個々の場合に、勤労・均等原理に基づいて土地が彼らにも分与されたが、それは劣悪な土地であった。一九二一年一〇月に、ヴェルヌイ郡第一アクサイ地区の原住民作男(バトラーク)組合が作成した訴状は、一六年から一八年まで彼らが「クラーク」によって略奪、虐待されたことを述べつつ、「一九一九年に、我々に……土地が分与された。しかし、多くの貧しい人々に与えられたのは、石がちや痩せた土地であった。我々は現在に至るまで、権利において平等であるとは未だ思えない。今日まで、多くの貧しい人々は土地をもっていないのである」と訴えていたのである(8)。

さらに、原住民の基本的な生業である牧畜の生命線をなす遊牧路も、入植民によって様々なかたちで狭窄、あるいは閉塞されるに至っている。ヴェルヌイ郡東タルガル郷の七つの遊牧路の状況は、この点で、革命と内戦のなかで牧民へなされた経済的圧迫と抑圧をよく示すものである。当郷の七つの遊牧路のうち、草と水が確保され、畜群が通行可能な状態にあるのは、第六路の一つのみであった。他の畜群通路は、「臨時土地用益者」、あるいは「一時的に住んでいる農家」の占拠と耕作、養蜂経営などにより、狭窄・寸断され、あるいは全く閉塞されていた。したがって、彼らの遊牧の日程も数日に制限・縮小されていた。このような牧民の経営への圧迫は、農民革命の進展のなかで、一九一八年から二〇年の間にも著しく進行したのである(9)。

辺境の植民地で、このように原住民を疎外、抑圧し進展した農民革命のなかで、彼らの畜産物と労働力の徴用も続けられている。この徴用は、第一次大戦中から様々なかたちで強いられていたが、ソヴェト権力のもとでも彼らに課され、セミレーチエ州では、一九一九年と翌二〇年の夏に、原住民の人馬の徴用、入植民経営の農作業への狩り出しが行われている。(10) 一九二〇年五月一〇日に労働国防会議は、シベリア、トルケスタン、その他の辺境地域の非ロシア系諸民族の「市民」にも、平等の兵役義務を課すと決定したが、同時に、地方の条件に応じて、この義務を国家への「勤労義務」に代替できると留保していた。(11) これは辺境植民地のソヴェト権力が原住民へ課す徴用を容認するものであったし、赤軍兵士として徴用された原住民からも多くの脱走者が生まれたのである。(12) 原住民にとって、これは一九一六年六月二五日の「異族人」徴用令を想い起こさせるものであった。

セミレーチエ州の農民革命の姿は、特殊な異例ではなく、辺境植民地の入植者＝移民による土地占拠と分配、原住民への暴圧として、革命から内戦のなかに通底する現象の陽画でもあった。一九二〇年一〇月一四日に、共産党中央委員会政治局は、バクーの東方諸民族大会に出席した代表を加えて、セミレーチエ州以外でも、次のように確認せざるをえなかった。

「二、農業問題に関しては、大ロシア人によって北カフカースの山民から奪われた土地は、コサックの富裕な住民を犠牲にして、彼らに返却することが不可欠と認める。

三、まだ自治機関を有していない東方の諸民族、まずカルムィクとブリヤート・モンゴルのために、具体的条件に合致した形態で自治を導入することが必要と考える。

四、地方のロシア人住民による東方諸民族、特に、カルムィクとブリヤート・モンゴルなどに対しなされた悪業と暴圧を厳しく追求し、罪を犯した者は処罰する。(13)」

（1）　С. Атнагулов, Башкирия. М., 1925, с. 54-55.

（2）С. М. Диманштейн, под ред., Революция и национальный вопрос. документы и материалы. Т. III. 1917 февраль-октябрь. М., 1930, с. 439.
（3）Д. А. Чугаев, от. ред., Очерки истории Калмыцкой АССР. эпоха социализма. М., 1970, сс. 23-25.
（4）西山克典「中央アジアに於けるムスリム蜂起と革命――セミレーチエ地方を中心に（一九一六―一九一七年）」『北海道大学文学部紀要』三八ノ三、一九九〇年三月、九五～九九頁。
（5）Т. Елеулов, Установление и упрочение Советской власти в Казахстане (март 1917- июнь 1918 года). Алма-Ата, 1961, сс. 456-59.
（6）П. Т. Хаптаев, глав. ред., История Бурятской АССР. Т. II. Улан-Удэ, 1959, сс. 59-61.
（7）西山克典「ロシア革命と辺境植民地――中央アジア・セミレーチエ地方を中心に（一九一八―一九二二年）」『北海道大学文学部紀要』三九ノ三、一九九一年三月、三九～四一頁。
（8）Советское строительство в аулах и селах Семиречья. 1921-1925 гг. сб. документов и мателиалов. Часть 1. Алма-Ата, 1957, с. 184.
（9）Там же, с. 144.
（10）西山、前掲「ロシア革命と辺境植民地」三八～三九頁。
（11）Декреты Советской власти. Т. VIII. М., 1976, с. 176.
（12）С. Мураевский (В. Лопухов), Очерки по истории революционного движения в Средней Азии. Ташкент, 1926, с. 35.
（13）Ленинский сборник. XXXVI. М., 1959 [Kraus Reprinted LTD. 1966], с. 133; Деятельность ЦК партии в документах. «Известия ЦК КПСС» 1991, No. 5, сс. 149, 151

III　「党」形成の試み

移民＝入植者を社会的基盤とする地方ソヴェト権力と、そのもとで進展する農民革命のなかで、辺境植民地の革命を担う独自の党の形成が模索されていた。これは、一九一八年夏から一九二〇年に内戦が終了するまでの様々な局面のなかで、タタール人のムスリム共産主義者、バシキール人の活動家、あるいは、トルケスタンのカザフ人活動家らによって問題とされた。この問題は、ソヴェト史学のもとでは、一党制システムの形成と共産党の指導を当然の公理とみなす状況のなかで、民族主義の「偏向」として否定的に扱われてきた問題であった。しかし、ソ連のペレストロイカとその崩壊を受けて、植民地における独自の「党」の形成に関する史料、回想録などが公刊され、この問題をめぐる新しい状況が生まれている。

ムスリム共産主義者は、すでに一九一八年六月一八〜二二日に、カザンで自らの審議会を開いている。ここで、彼らはロシア共産党(ボ)の綱領案を採択したが、組織問題では、全ロシア・ムスリム共産党の創設という方針を打ち出し、その中央委員会を選出した。そして、一一月の四日から一二日にかけてモスクワで第一回ムスリム共産主義者大会を開いたのである。これには、カザン県をはじめヴォルガ流域の諸県、北方、クリミアからも代表が出席し、組織問題で激しい論議が交わされた。ロシア共産党から自立した自らの中央委員会を設置するかどうかが問題であった(1)。

ロシア共産党中央委員会との合同には、イズマイル・フィルヂェーフスとスルタン=ガリエフが明確な反対論を展開した。フィルヂェーフスは別個の中央委員会が必要であるとし、「ウクライナの例にならって中央委員会をつくり、全体の中央委員会に代表を送るべき」と主張した。「そのときには、東方において革命を達成するという課題は、我々に委ねられるであろう。私の考えでは、中央委員会は別個に独立していなければならない。しかし、それは全体の中央委員会と連絡をとるための措置をとるべきである」。スルタン=ガリエフは、イギリスの労働者が本国の資金を受けて、東方のムスリム労働者を抑圧することもありうるのであり、それを防ぐことが必要であると訴えた。さらに、個別の独立した中央委員会がつくられないならば、ロシアの共産党員をムスリムのなかで活動させるか、ムスリム労働者・農民をヴァリードフのいる白軍の側に追いやることになると、強く迫った(2)。

この大会では、バクーの共産主義者たちがフィルヂェーフスとスルタン＝ガリエフに強く反対し、彼らに対して、「白い手のインテリ」であり、民族主義者が今や自らの政党がないために共産党の装いをもって現れていると厳しい非難もなされた。これに、彼らが抗議する場面もあった。大会は、結局、個別の独立した中央委員会の形成は見送ったが、特殊な条件を考慮してロシア共産党中央委員会のもとにムスリム・ビュローを選出し、ロシア共産党(ボ)の規約を受け入れることを確認したのである。(3) バクー派とカザン・タタール派の対立は、バクー・コミューンの敗退でロシア共産党の組織と力に依存しなければならないムスリム共産主義者と、カザンを白軍から解放し、東方への革命を志向し勢いにのるタタール人共産主義者の違いかもしれない。ともあれ、ロシア共産党から自立した解放主体＝党の結成は見送られたのである。

バシキール人のなかでも、独自の解放主体＝党の形成が目指されていた。一九一九年六月に、バシキール革命委員会議長のハリス・ユマグーロフは、共産党中央委員会へ新党「トゥルクィン(波)」の結成を打診していた。同年一一月にウラルのステルリタマークで開かれたバシキール地方の第一回共産党協議会では、バシキール人は自らの党の組織原則を次のように提示した。「党活動の全般的指導とイニシアチヴは原住民プロレタリアートに属し、抑圧民族の代表者はいかなる党機関においても、三分の一以上を占めてはならない。……抑圧民族のコミュニストは現地共和国の一般的党機関に全面的に服しながら、植民者のなかでの活動にのみ制限される」(4)。これは、抑圧民族、つまり、ロシア人コミュニストに対して、自らの党組織の優位を確保しようとしたものである。

トルケスタンでは、トゥラル・ルィスクーロフらのムスリム共産主義者が、タシケントで一九一九年一二月から翌年六月まで、独自の党の形成を求めて動いた。すなわち、彼らの活動する共産党ムスリム・ビュローを通じて、「チュルク諸族共産党」を結成し、トルケスタン共和国を「チュルク諸族共和国」へ改編し、自立化しようとする動きであった。(5)

ロシア共産党から自立して、新しい党の結成を目指すこれらの動きの背景に、植民地において脱植民化の土地改革を求める動きがあったことに注目しなければならない。ウラル地方では、バシキール革命委員会が、新たな移住の禁圧と入植者の追放、バシキーリヤ外に居住するバシキール人の招来を掲げつつ、帝政ロシア時代からの植民地的土地関係の一掃を目指していた。[6] 中央アジアでは、ルィスクーロフらムスリム共産主義者の活動のもとで、トルケスタンでの反植民主義の土地改革の基本的方向が提示されていた。

独自の党の形成を目指すこれらの動きは、同時に、辺境植民地の非ロシア系諸民族の連帯、さらには共通の党を創出しようとする志向も内包していた。バシキール革命委員会は一九一九年一二月一三日付けで、全露ソヴェト中央執行委員会に対して、バシキールとキルギス(現カザフ)の共同政府をオレンブルグに樹立することを提案している。[7] ここには、一一月末から一二月初めにモスクワで開かれた全露東方諸民族共産主義組織代表大会で、スルタン＝ガリエフらのタタール人活動家がバシキール、キルギスに対してタタールへの「政治的同化」を強く求めたことへの反発があるが、辺境植民地のロシア人とコサックの権力に、さらにタタール人のヘゲモニーに対して、バシキール人活動家が同じ牧民であるキルギス人との連帯を求めたことを示している。さらに、バシキール革命委員会(政府)は、「少数民族の発展をあらゆるかたちで妨げる覇権主義的なロシアの諸傾向」、「ロシアのショービニズム」に抗議して、一九二〇年六月に総辞職するが、その際、バシキール地方を退去して、トルケスタンに「東方共産党」を創設することを構想していたのである。[8] ルィスクーロフらの「チュルク諸族共産党」結成の動きにも、植民地のチュルク系諸民族が共同して革命の担い手を形成しようとする志向が現れていた。

しかし、植民地におけるロシア共産党から自立した革命を担う党の形成への道は、内戦の終わる一九二〇年の夏には塞がれてしまう。一九一九年春のロシア共産党の第八回大会では、新しい党綱領を採択するとともに、組織問題に関する決議が採択されている。そこでは、新たに形成された各共和国の共産党組織をロシア共産党の地方組織とし、中央委員会に従属すると位置づけたのである。第一回ムスリム共産主義者大会でのスターリンの演説やそれに関連する論説が、後にスターリン著作集に収録されなかったことは、これと無関係ではない。ムスリム組織の党内における自立性の容認は、ソヴェト体制における「一枚岩」の共産党という組織原則に反するからである。

だが、この辺境地域まで及ぶ一党制政治システムの形成に対しては、最後の抵抗がなされる。バシキール革命委員会は、ウラルのロシア人を中心とする共産党組織との対立を強め、一九二〇年に一月事件、さらにモスクワに召還されたアフメド・ザキ・ヴァリードフと連絡を取りつつ、六月事件を起こし、バシキール政府は「抗議」のため総辞職した。[9] これは、一九二二年の一〇月末のソ連邦結成時にグルジア共産党中央委員会が抗議の総辞職をしたのに対比される、ソヴェト同盟への統合の孕む問題の深刻さを示す象徴的事件であった。

ルィスクーロフらのムスリム共産主義者に対しても、ロシア共産党の中央委員会は、一九二〇年六月二九日に、「トルケスタンにおけるロシア共産党（ボ）の基本的諸課題に関する」決定を行い、彼らに敗北を宣告した。さらに、党中央委員会は、この時期に、タタールのヘゲモニーはもちろんのこと、植民地諸民族の自立的な連携を警戒しつつ、個別に、タタール、バシキール、キルギス（現カザフ）の自治共和国を創設する方針をとった。トルケスタンをウズベク、キルギス、トルクメンの各民族地域に区分する方針も、この一九二〇年六月二九日の決定に至る過程で現れてきたことに注目する必要がある。[10] これは、やがて、一九二四年の中央アジアの民族境界区分に帰結する。

植民地の革命を担う独自の党の形成を阻む過程で、同時に、植民地における土地改革の必要性も確認されていく。[11] レーニンは、一九二〇年六月一三日に、党中央委員会へルィスクーロフの案をしりぞけることを指示していたが、二二日には、「一、ロシア人および外来者の土地所有を現地の人々と平等にすること、二、最も精力的に、ロシア人クラークを打ち砕き、追放し、自らに従わせること」等々の点で決定を訂正することを求めていた。[12] 六月二九日付けの先の「トルケスタンにおけるロシア共産党（ボ）の基本的諸課題に関する」決定では、次のように土地改革の方針を示している。

「(一)、移民局により設計区画された、あるいは、移民に不法に没収されたキルギス人の土地は、勤労分与地の範囲内で移民に残し、他は全て没収する。没収された土地は、キルギス人集落、アルテリ、個々人への土地分与と、一九一六年の惨禍を蒙ったキルギス、ドゥンガン難民の設営のためのフォンドとされる。農耕を行う原住民経営へは、ロシア農民と平等の原則で土地が分与される。牧民経営には、遊牧路のみならず、定住農耕への移行を保証する畑地も確保されねばならない。この移行に際し、国家から資金、農業技術の援助などがなされねばならない。

(二)、土地なしのムスリム農民に土地を保障する。

(三)、全てのクラーク組織を粉砕し、彼らを武装解除し、彼らの指導力のみならず、地方権力の組織化と経済再建へ彼らが影響力を行使するいかなる可能性も奪い取るため、再移住を広範に実施し、断固たる措置をとる。[13]」

この土地改革では、ロシア人をはじめ外来移民の土地所有を原住民と平等に実施することを主眼としている。ここでは、反植民主義のトーンは低下し、移民には勤労分与地の範囲で土地を保障することが確認されている。これは、植民地における農民革命の追認でもあった。この決定では、批判を全てのクラーク組織に向けることで、階級方針を明示しながら、土地改革における反植民主義と民族主義はトーンを落としているのである。

ロシア中央部では、一九一八年春から夏にかけてのソヴェト権力の危機を経て、一九一九年春には一党制の政治システムが成立する。[14]辺境植民地では、中央部ロシアの政治過程とは異なる過程を経て一党制が成立する。ここでは、一九一七年に非ロシア系諸民族のなかに生まれた様々な政党や政治グループが、ソヴェト権力とその単独の担い手となったロシア共産党と、内戦のなかで協同、あるいは、合同するなかで、一党制政治システム形成の第一の局面がつくられた。内戦が終了に近づき、辺境での統治の問題が具体的にクローズアップされてくる次の局面で、独自の党の形成が模索された。だが、辺境植民地での一党制政治システムは、中央部ロシアからの促迫を受けつつ、この独自の「党」結成の道が閉ざされることで成立する。この局面で、辺境植民地における土地改革の課題も確認されるのであるが、自らの「党」への政治的結集を閉ざされた非ロシア系民衆は独自の動きを示す。彼らの反植民主義の動きは、宗教的な運動や匪賊活動などの形をとって、その政治性を発揮させるのである。ウラル山地では、バシキール人が一九二〇年の夏から冬にかけて匪賊活動を展開し、ブリヤート地方では、一九二〇年から二四年までラマ僧を中心とする宗教運動がみられ、トルケスタンではバスマチの運動が活性化するのである。

(1) Первый год пролетарской диктатуры в Татарии. Казань, 1933, с. 129, прим. 1.
(2) Там же, с. 130.
(3) Там же, с. 131.
(4) 西山克典「バシキール自治共和国の形成——一党制政治システムの形成と民族自治の問題によせて」『北海道大学文学部紀要』三五ノ一、一九八七年一月、一三〜一五頁。最近刊行された小百科事典『バシュコルトスタン』では、ユマグーロフはヴァリードフとともに「イレク Ирек(自由)」党を結成しようとしたと指摘されている。Башкортостан. Краткая Энциклопедия. Уфа, 1996, с. 657 ヴァリードフも回想録のなかで、「共産党に並行し、それと協同する民族社会主義の党」の結成を党中央に打診したと述べている。Заки Валиди Тоган, Воспоминания, М., 1997, с. 206.
(5) 木村英亮「ソヴェト中央アジアにおける社会主義と民族主義——トルケスタン委員会とルイスクロフ」『史潮』新五号、一九七九年、一五〜一六頁。Т. Р. Рыскулов, Собрание сочинений. Т. 1, Алматы, 1997, сс. 27-34.
(6) 西山、前掲「バシキール自治共和国の形成」八頁。
(7) Образование Башкирской АССР. сб. документов и материалов. Уфа, 1959, док. Nos. 263-64.
(8) М. Л. Мургазин, Башкирия и башкирские войска в гражданскую войну. Л., 1927, с. 187.
(9) 西山、前掲「バシキール自治共和国の形成」三五〜三六頁。
(10) В. И. Ленин, Замечания на проекте решения ЦК о задачах РКП(б) в Туркестане. ПСС. 5-ое изд. Т. 41. М., 1970, сс. 435-36.

(11) Там же, с. 435.

(12) Ленинский сборник. XXXVI. М., 1959 [Kraus Reprinted LTD. 1966], с. 106.

(13) Социалистическое строительство в Казахстане в восстановительный период (1921-1925 гг.). сб. документов и материалов. Алма-Ата, 1962, сс. 280-81. прим. 17.

(14) 西山克典「ロシア革命と地方ソヴェト権力——〝一党制〟政治システムの形成によせて」『スラヴ研究』三二号、一九八五年、参照。

第二節　一九一六年のムスリム蜂起

本報告に添えた現地の反乱時に殺害されたロシア人の名簿から、閣下はどのような状況でロシアの人々が守るすべを欠き非業の死をとげたか拝察されると思います。この地方で起きた民衆の行動の原因について、以下にその主要なものに言及しますが、先の蜂起は、次のようにみなされねばならないと考えます。……一九〇四年からキルギス人のもとからロシア人の村落と畜産用のために土地収用が強化されましたが、これは、多くの場合、住民の利害を守ることなく行われました。この点で、移民局の吏員がどれほど熱中したかは、次のことから明らかです。……全く説得力のある資料によれば、すでに今となれば、キルギス人の蜂起が全く土地に関係するものであったことが示されています。……住民の全体としての文化の低さ、さらに、彼らに国家に対する義務という意識が希薄なことが、起きた運動の全体像を補うものでありました。（一九一七年一月四日付けトルケスタン総督クロパトキンの陸軍大臣宛て報告より）

第一次大戦への突入によって、帝政ロシアの植民地、中央アジアの社会的矛盾は一層、深刻なものとなった。植民地における戦時体制は、人員と物資の中央と戦線への動員・収奪の体制として機能したのであり、原住ムスリムには戦争への協力を強い、ロシア人をはじめとする入植者には納税と兵役での減免の削減、あるいは、撤廃を伴う体制として、立ち現れたのである。植民地トルケスタンへの移民の流入は、戦争とともに減少し、やがて停止するが、原住民からの土地収用と植民ファンドの形成は継続していた(1)。中央アジアのムスリム棉作農民には原棉の固定価格が設定され(2)、セミレーチエ州のウィグル、ドゥンガンの農民には、戦時医薬品として不可欠な阿片の調達のため、けし栽培とその固定価格での国家への供出が義務づけられた(3)。このような耕作強制と低い固定価格での調達は住民に強い不満をもたらした。天幕、フェルト、馬衣などの物資の供出と戦争義捐金が強いられ、ロシア人入植村落の出征家族への援農義務さえ原住民に課された(4)。このような戦時体制のもとで、現住ムスリムの生活と経営は疲弊しはじめる(5)。他方、入植者住民のもとからも、一九一四年七月一八日の総動員をはじめ、たえず軍へ成人男子が召集され、入植村落での営農は老人、婦女子に任された。彼ら入植農民の生活と経営も、大きな苦境に立ち、出征兵士の妻、家族をまきこんだ暴動や(6)、入植村落での出征兵士の妻ら婦人の商品暴動が引き起こされることになる(7)。

このような戦時体制下の状況で、一九一六年六月二五日に「異族人」の後方徴用に関する勅令が出されることにより、植民地の矛盾は爆発する。帝政ロシアのアジア系異民族の多くは、中央アジアのムスリムを含め「異族人」として兵役を除外されていたが、彼らに戦時徴用が命じられたのである。

この勅令は次のように述べている。

「帝国の異族人男子を、軍が作戦展開する地域での防衛、および軍事施設の建設作業、同様に、国家の防衛に不可欠な他のあらゆる作業に徴用することに関して

皇帝陛下は、一九一六年六月二五日、畏れ多くも命じ給う、

(一)　帝国の異族人男子を、軍が作戦展開する地域での防衛、および軍事施設の建設作業、同様に、国家の防衛に不可欠な他のあらゆる作業に徴用す。現下の戦争において、一九歳から四三歳までの、四三歳を含め、以下の帝国異族人男子を徴用の対象とす。

(イ)　アストラハン県とシベリアの全ての県および州の異族人。ただし、移動する異族人、および以下の諸州に生活する全ての異族人は、一般に除外する。沿海州、アムール州、カムチャッカ州、サハリン州、ヤクーツク州のコルィマ中流、ヴェルホヤンスク、ヴィリュイスクの各管区、エニセイ県のトゥルハンスク、ボグチャヌイの各部、およびエニセイ郡、同じくトボリスク県のベリョーゾフカ、スルグートの各郡。

(ロ)　スィルダリア、フェルガナ、サマルカンド、アクモリンスク、セミパラチンスク、セミレーチエ、ウラリスク、トゥルガイ、ザカスピの各州の異族人。

(ハ)　テーレクとクバンの各州、およびザカフカースのムスリム住民(ただし、兵役を物納で果たすムスリム・オセット人、この義務を負わないトルコ人、クルド人を除く)、ザカフカースに居住するエズィードとインギロイ・キリスト教徒、およびスフミ管区のアブハジア人キリスト教徒、同様に、スターヴロポリ県のトゥルフメン、ノガイ、カルムィク、および、これに類する他の異族人。

(二)　徴用される異族人の年齢は、先の第一項で定められている。同じく、これらの作業へ徴用するにあたっての細則は、一九一四年八月三日に皇帝の裁可を得た軍事評議会規定の手続きに従い、内相と陸相の協定に委ねる。(8)」

この徴用令自体は、第一項で目的と対象を、第二項で手続き細則を示した簡明な二項からなるものである。だが、目的には、後方の建設作業とともに「国家の防衛に不可欠な他のあらゆる作業」と、拡大解釈の余地が広く、対象も一九～四三歳の異族人男子と広範な住民に及ぶものであった。また、第一項の(イ)、(ロ)、(ハ)の三項目からは、帝国ロシアの東方辺境の複雑な民族構成が窺える。（イ）では、アストラハンから南ウラル、そしてシベリアに続く地域が対象であるが、ここでは「移動する異族人 бродящие инородцы」が適用除外となっている。彼らは狩猟・漁労・採集を生業とするシベリアの北方少数民族である。彼らの徴用は、事実上、不可能であったろう。したがって、シベリアでは南部のステップに生活する遊牧民が徴用の対象となっている。（ロ）の中央アジアの各州では、全てのムスリム住民が異族人として徴用の対象となっている。（ハ）のカフカース地方でも、基本的にはムスリム住民が徴用の対象となっている。しかし、ここではカフカースの複雑な言語と宗教の交錯を考慮して、三つの点で除外と補足がなされている。第一に、一部のムスリムが除外されている。オセット人は基本的に正教徒であるが、そのなかで、兵役を物納で果たしているムスリムは除外されている。トルコ人、クルド人はこの義務も免除されている。利敵行為を警戒してのことであろう。第二に、非ムスリム系住民である。ムスリム・スンニー派のアブハジア人のなかのキリスト教徒、エズィードと呼ばれるクルド人、アゼリー人シーア派イスラムの影響を受けたインギロイと呼ばれるグルジア人、彼らは徴用の対象となっている。第三に、遊牧民である。スターヴロポリ地方のスンニー・ムスリムのトゥルフメン(トルクメンであるがノガイ、ロシア人の影響を受けた)、スンニー・ムスリムのノガイ、そしてラマ教徒のカルムィクなど、北カフカースの遊牧民も徴用の対象となっている。利敵行為の恐れのあるムスリムを除外しつつ、東方異族人のキリスト教徒と異教の遊牧民を徴用し、帝国への協力を求めたといえよう。ここには、帝国に編入されたシベリアと極東から、中央アジア、カフカース地方に及ぶ東方辺境地域の「異族人」の複雑なモザイク的構成が窺い知れる。

この徴用令は、シベリア南部から中央アジア、カルムィクのステップ、さらにカフカース地方にまで及ぶ、「異族人」の一大反乱を引き起こすことになった。この一九一六年の反乱は、その叛徒が二月革命まで抵抗を続け、やがて革命と内戦に合流していくステップ地方のトゥルガイ州を除いて、全体として、夏の七月から各地で展開し、初秋には、かつて中央アジア征服にロシアが要したのと同じ規模の軍隊を投入して(9)、ようやく鎮圧された。この反乱では、帝政ロシアの統治を通じて強制されたヨーロッパの支配に対する、イスラムや民族的伝統・慣習に基づく抵抗が様々な面でみられた。トルケスタン本土ではロシア支配の拠点たる〈新市〉に対峙する〈旧市〉で、あるいは下級土民行政機関に対して騒擾が起こり、ステップ地域では、都市や入植村落への牧民の襲撃、交通・通信手段の破壊となって現れた。セミレーチエ州は、この一九一六年のムスリム反乱が最も激烈に戦われた地域の一つであった。

（1）С. Брайнин, Ш. Шафиро, Восстание казахов Семиречья в 1916 году. Алма-Ата/М., 1936, с. 14; П. Н. Шарова, Переселенческая политика царизма в Средней Азии. «Исторические записки», Т. 8, 1940, сс. 30–31.

（2）П. Г. Галузо, Туркестан-колония. М., 1929, сс. 154–55.

（3）С. Брайнин, Ш. Шафиро, Указ. соч., с. 18.

（4）Г. И. Бройдо, Материалы к истории восстания киргиз в 1916 году. «Новый Восток», 1924, No. 6, сс. 424–25, 428–29.

（5）セミレーチエ州で帝政最後の軍知事事務取り扱いを務めることになったA・И・アレクセーエフは、ニコライ二世へ宛てた一九一七年三月四日付けの上奏報告で、「原住民全てが戦費のため進んで惜しげなく金品と家畜を寄付した」と述べつつも、一九一五年には「一定の〈後方の〉疲弊」が感じられたと確認せざるをえなかった。А. В. Пясковский, от. ред., Восстание 1916 года в Средней Азии и Казахстане. сборник документов. М., 1960, No. 268, с. 407.

（6）А. М. Анфимов. ред., Крестьянское движение в России в 1914–1917 гг., сборник документов. М.-Л., 1965, No. 58, сс. 127–28, 469, 473.

（7）Там же, No. 217, сс. 369–370, 500.

（8）А. В. Пясковский, от. ред., Восстание 1916 года..., No. 1, сс. 25–26. 木村英亮がこの勅令をすでに全文翻訳し、一九一六年蜂起の概況を紹介している。木村英亮「一九一六年中央アジア蜂起」中村平治編『アジア政治の展開と国際関係』東京外国語大学アジア・アフリカ言語文化研究所、一九八六年、所収。大崎平八郎編著『ロシア帝国主義研究』ミネルヴァ書房、一九八九年、二四三～二五〇頁。最新の研究として、次の論文がある。伊藤秀一「第一次世界大戦とアジア・アフリカ——ロシア帝国領中央アジアの事例」講座『世界史5　強者の論理』(歴史学研究会編、東京大学出版会、一九九五年)所収。

（9）Восстание 1916 г. в Средней Азии. «Красный архив», 1929, Т. 34, сс. 85–86; П. Н. Шарова, указ. статья, с. 36.

Ⅰ　セミレーチエにおけるムスリム蜂起

セミレーチエ州では、徴用令は七月一日に公布され、様々な噂や風聞が飛び交うなかで、徴用される者は後方ではなく前線に送られるという「誤った確信」となって、原住ムスリムの間に伝播していくことになる。(1)緊迫した雰囲気を醸成しながら、一九一六年の蜂起は始まり、展開していくのである。ギャルケント郡では、郡長事務取り扱いが徴用令を受電したのは七月二日であった。彼は、同日直ちに郡庁官吏、ギャルケント＝タランチ郷、ギャルケント＝ドゥンガン郷の役人、イスラム導師（ムラー）、名望家を郡庁へ集め、徴用令の説明を行った。そして、スホードと回教寺院で住民に説明し、徴用名簿を作成することが命じられた。四日、五日には、キルギス人の諸郷に対して同様の措置がとられている。ギャルケント＝タランチ郷では七月四日にスホードが開かれたが、住民は徴用名簿の作成に反対し、総代 выборные は村人全てを従え退去した。郡長は、郷司と書記の説明が不充分であったと判断し、同郷のゴロドスコエ Городское 村のスホードを、再び六日に郡庁で開くことを命じた。六日のスホードでは郡長の説明にもかかわらず、村人の一部は総代らとともに徴用名簿の作成に抗議し、示威的に退去した。総代らは役職を解かれ捕縛された。(2)徴用令の実施への抵抗が始まったのである。

徴用令実施への抵抗形態は多様であった。徴用令の説明される場での示威的な拒否行為、徴用名簿作成の実力阻止とその名簿の破棄、徴用令廃止の請願などは、広くみられた形態であった。さらに、畑ではキルギス人作男が農作業をなげ出し、(3)鉄道建設現場では原住民労務者が立ち去り、(4)駅逓からはキルギス人馭者が逃亡し、(5)徴用令を回避する彼らの逃避・匿伏が、生産と労働の場で引き起こされた。さらには、ステップから山地、バルハシ湖方面の砂地へと徴用を免れるための畜群を伴っての大規模な移牧も行われ、中国への越境さえ辞さなかったのである。(6)徴用令の布告と実施により、植民地セミレーチエは大きく揺さぶられ、引き裂かれはじめたのである。植民地の行政当局は、郷司、名望家、イスラム導師などを通じて人心の掌握と統治の再建、貫徹を目指すが、[7] ロシアの支配を末端で担う郷とアウルの下級土民行政機関は、民衆の抵抗にあって引き裂かれ、その機能は麻痺してしまう。また、統治のみならず、労働と生産の場から原住ムスリムが姿を消し去っていくことにより、植民地の社会生活も鋭く分裂していく。入植村落サムソノフカ Самсоновка では、キルギス人作男が徴用を免れて退去しはじめると、彼らの逃避に憤った出征兵士の妻らは、力づくでも彼らを働かせようとするのである。[8]

七月初めに始まったセミレーチエ州の徴用令実施への様々なかたちでの抵抗は、八月に入って、同州南部で激烈な反乱となって展開していく。八月の七日から八日にかけて、モクシュ・シャブダーノフが、サルィバギシュ族(ピシュペク郡トクマク地区)を率いて反乱の狼煙をあげた。これは、チュー川渓谷にそってピシュペク郡東部、さらにプルジェヴァリスク郡のイシ・クル湖盆地、ヂャルケント郡南部へと急速に波及していったのである。叛徒は入植村落を襲い、焼き払い、略奪しロシア人を殺害した。主要な交通路である、ピシュペク＝プルジェヴァリスク駅逓街道、ルイバチエ＝ナルィン駅逓街道は、彼らに制圧され、橋梁は焼き落とされた。電信線も破壊され、交通・通信網は遮断された。だが、この南セミレーチエの反乱は、八月後半に、増援された軍の懲罰隊によって敗退を強いられ、結局、九月後半から一一月初めまでに、叛徒は多大な犠牲を払って、プルジェヴァリスク、ピシュペク両郡から中国領へ逃避し、南セミレーチエの反乱は終わったのである。[9]

この反乱は、徴用令実施への散発的な抵抗ではもはやなく、武器を手にした襲撃、破壊行為であり、ロシアの支配に対する反乱であった。彼らは「バター батa」と呼ばれる誓約で結束を堅め、自らのハンを推戴して戦いを宣布したのである。この反乱の初発での、民衆の結集のあり方については、ピシュペク郡長が一一月二八日付けで、セミレーチエ州軍知事事務取り扱いのA・И・アレクセーエフに宛てた報告に詳しい。

この報告によると、八月初めにピシュペク郡のキルギス・アテキン族の郷で、「戦争へは行かない。ロシア人と戦って死んだ方がよい。全ての者が、必死で事にかかり、より多くのキルギス人をこの戦いへ加勢させよう」

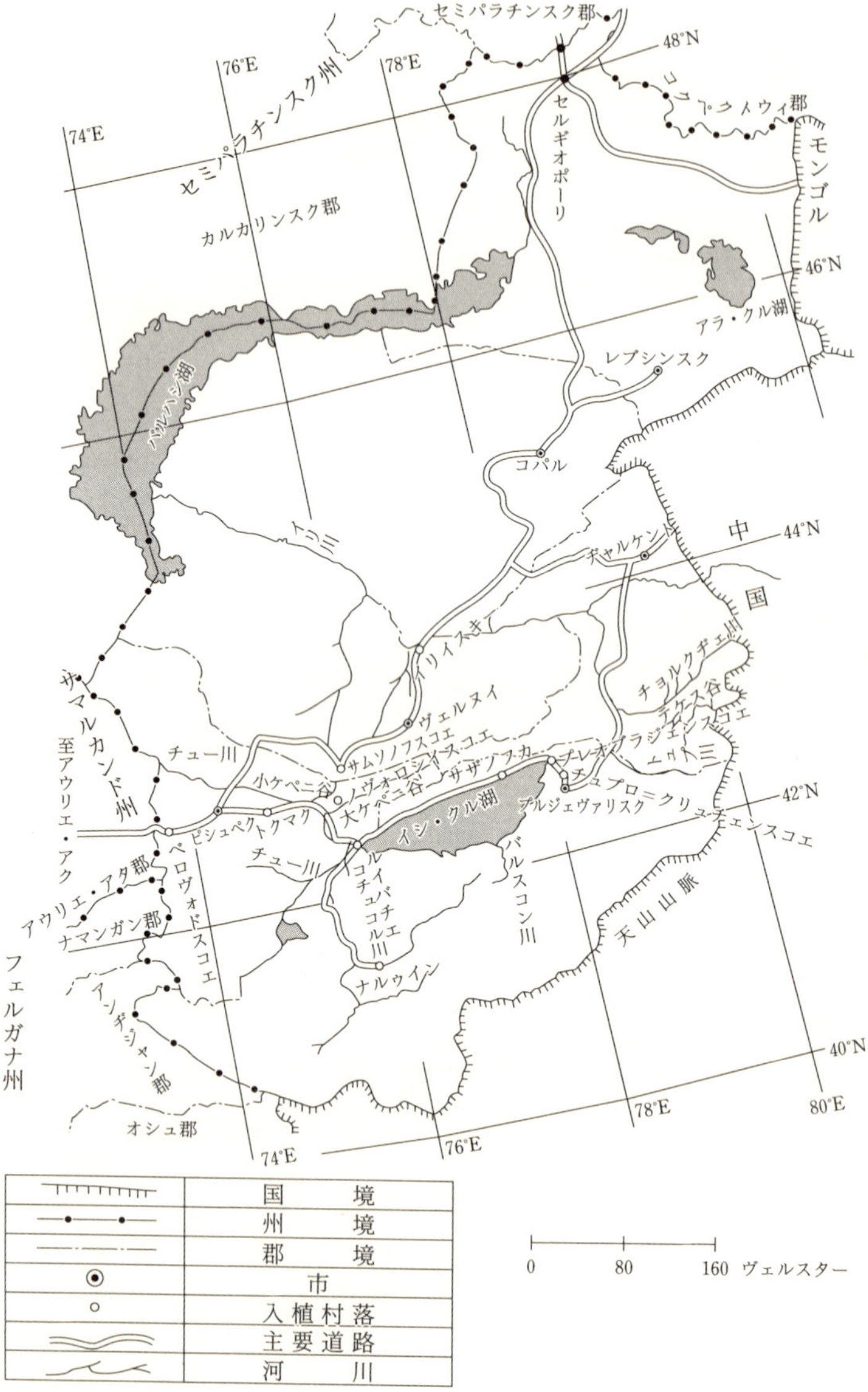

図 2-2　セミレーチエ州

典拠）Атлас Азиатской России. Спб., 1914, карта No. 35.

との「誓約」が行われた。その二〜三日後に、彼らは入植村落ノヴォ・ロシィスコエ Ново-Российское の畑で農民の家畜を略奪した。これに、サルィバギシュ族の若者も加わる勢いを示した。八月七〜八日にケベニ川をへだてて両族のキルギス人が結集し、その橋の上には、両郷の名望家、イスラム導師など全てが勢揃いした。アテキン族の郷司、ベレク・ソルタナエフは、「ロシア人の身ぐるみを剝ぎ、タシケントまで追い払わねばならない。戦闘で死んだ方がよい」と大声で叫んだ。彼に続いて、サルィバギシュ族の信望篤い導師のウマルは、「ここで死ぬのを恐れるな、これは神聖な死だ、そのような人々を天国はまっている」と反乱に向かう民衆を鼓舞した。サルィバギシュ族の郷司ケメリ・シャブダーノフをはじめ、名望家たちは、結集した民衆に、彼らの行為は無益であると訴え、彼らの制止にまわった。だが、民衆は「神聖な死をとろう」と叫び、郷司の兄弟であるモクシュ・シャブダーノフをハンに推戴した。その日のうちに、ノヴォ・ロシィスコエ村の襲撃、焼き打ちが始まったのである[10]。この八月八日に、サルィバギシュ族は「徴用者を出さない、ロシア人と戦って死んだ方がよい、キルギス人全てをこの戦いに加わるように説き伏せる」という「誓約」を行い、モクシュ・シャブダーノフを白いフェルトの上に戴きハンと宣言したのである[11]。

原住ムスリムは、彼らの伝統的な「バター」で結束を堅め、自らの政治秩序の復位を目指し、その部族的結合を反乱の組織的紐帯へと転用しつつ戦ったのである。このような「誓約」は、徴用令の実施に対する抵抗の始まった七月以降、原住民の間で何度も行われているが[12]、南セミレーチエの反乱では何人かのハンを生み出す契機とさえなった[13]。この反乱は、マナプと呼ばれる豪族や名望家、イスラム導師などに領導されたが、彼らが推戴したのは、モクシュにみられるように原住ムスリムの正統性の観念を体現する人物であった。モクシュは、セミレーチエのチュー川渓谷へのロシアの進出に抵抗したことで、この地に知られる豪族ジャンタイの孫にあたり[14]、原住民からの土地収用をはじめロシア支配の強圧を身をもって体験し[15]、メッカ巡礼から戻って来たばかりであった[16]。彼は、この反乱の象徴的存在であったといえよう。

南セミレーチエでのムスリム反乱によって、植民地社会は決定的に分裂し敵対することになった。ロシア人をはじめとする入植者の武装化が急遽進められ、原住ムスリムに対する虐殺事件が移民によって引き起こされる。州軍知事のM・A・フォリバウムは、八月二日に、郡長と地区警察署長に農民隊の組織を命じ[17]、州都ヴェルヌイの住民には銃を放出し、義勇隊を組織する措置をとった[18]。反乱の渦中におかれたピシュペク市では、八月一三日に民兵隊 *дружина* の結成が呼びかけられ、翌日、教会の鐘の音を合図に全ての民兵隊が結集した。一六日から一八日には、原住民約六〇〇名をかり出して、市にバリケードを築かせた[19]。同郡の開拓入植村の全てで、槍や銃で住民の武装が行われた[20]。正規軍である懲罰隊は、入植民社会からの志願者で補充・強化され、都市と入植村落は防備を施され、セミレーチエ州の入植民社会の全般的武装化がなされたのである[21]。このような緊迫した雰囲気のなかで、軍・警察、地方当局の制止をふり切って、あるいは黙認のもとに、原住民に対する一連の虐殺事件が起こるのである。ピシュペク郡の入植村ベロヴォートスコエ Беловодское では、八月一一日から一四日にかけ入植農民によって、七〇〇人に及ぶ原住キルギス人が殺され、プルジェヴァリスク市では、八月一一日から同月下旬までにドゥンガン人約七〇〇人が、市近郊のチェプロ・クリュチェンスコエ Тепло-Ключенское、プレオブラジェンスコエ Преображенское の入植村落では、何百人ものサルト商人が虐殺された[22]。

中央アジアの一九一六年のムスリム蜂起は、帝国の支配民族たるロシア人の社会にも支配される側のムスリム社会にも甚大な被害をもたらした。表2-1はトルケンスタン各州での反乱犠牲者(死者)の内訳を示したものである。まず、トルケスタン全体の犠牲者二三〇一人中、セミレーチエ州に二一一〇人が集中し、ここがトルケスタンで最大かつ激烈なムスリム蜂起の場となったことがわかる。さらにセミレーチエ州では原住民行政吏員の犠牲者はわずか二名であり、反乱の鉾先は直接、ロシア人からなるコサック、移民、町民など植民社会とロシア人行政吏員に向けられている。これは、フェルガナ、サマルカンド、スィルダリア州などのロシア人行政吏員より原住民行政吏員に多くの犠牲者を出した地域と異なる特徴を示している。犠牲者の内訳からみられる、いわば

表 2-1　トルケスタン地方のムスリム蜂起被害者(叛徒による殺害者数)

内訳 / 州名	原住民行政吏員	ロシア人行政吏員	ロシア人移民, コサック, 町人	計
セミレーチエ	2	14	2,094	2,110
スィルダリア	7	3	45	55
サマルカンド	12	3	83	98
フェルガナ	34	1	—	35
ザカスピ	—	3	資料なし	3
計	55	24	2,222	2,301

典拠) П. Г. Галузо, Туркестан-колония, М., 1929, с. 157.
ガルーゾは，地方当局がムスリム蜂起の規模を過少に評価しようとしたことを考慮して，表の作成にあたって最大数を採用した。それでも，別の史料は，セミレーチエ州での蜂起のロシア人死者は3,000人を越えると述べている。А. В. Пясковский, от. ред., Восстание 1916 года..., No. 265. с. 399.

フェルガナ型とセミレーチエ型のこの相違は、基本的には、中央アジアにおける植民地化の相異に規定されていた。[23] すなわち、フェルガナ型では、ムスリム零細農民による棉作モノカルチャー経済の形成による植民地化が進み、そこでの不満が統治の末端を担う土民行政機関の吏員に向けられた。これに対し、セミレーチエ型では、牧民の土地収用と農民の入植が推進されるなかで、原住民の不満はロシアの支配と入植社会そのものへ向けられたのである。このように考えると、一九一六年の蜂起を、全体として、反帝国主義の「進歩的な民族解放運動」ととらえながら、セミレーチエ南部のような移民に多大な犠牲をもたらした地域では、「封建的・イスラム教権的分子」によって「反動的な」「民族主義の運動」へ転化させられたとするソヴェト史学の従来の言説は再検討を要する。[24] フェルガナ、セミレーチエ両州にそれぞれ典型的な蜂起の社会的性格は、進歩的—反動的といった性急な両分的判定によってではなく、植民地化のコースの相異に規定されたものと考えるべきであろう。

セミレーチエ州での被害の実態を、もう少し具体的に検討してみよう。表2-2は、セミレーチエ州各郡のロシア人被害者(死者と行方不明者)を示したものであるが、同州南部、特にプルジェヴァリスク郡、ついでピシュペク郡で大きな被害が出ている。この犠牲者は圧倒的に入植農民であった。チュー川流域からプルジェヴァリスク郡にわたって、わずかの例外を除き、ほとんど全ての入植村落が襲われ破壊されたのである。[25]

表 2-2　セミレーチエ州各郡のムスリム蜂起被害者(1916 年 11 月 1 日現在)

郡名	死者				行方不明			
	軍人1)	行政吏員	各種官庁吏員2)	民間ロシア人	軍人	行政吏員	各種官庁吏員2)	民間ロシア人
ヴェルヌイ	—	0	3	18	—	0	0	0
ヂャルケント	—	0	1	31	—	0	0	20
ピシュペク	—	1	2	97	—	0	0	65
プルジェヴァリスク	—	1	6	1,884	—	0	0	1,003
セミレーチエ州計	55	2	12	2,030[3)]	75	0[3)]	0	1,088[3)]

典拠) А. В. Пясковский, от. ред., Восстание 1916 года..., No. 255, с. 376-77.

注) 1) 軍人はほかに負傷者 41 名を出している。Там же, с. 376.

2) 史料では чины развед. となっており，史料編者はこれを чины развед[ки] 偵察員と解釈している。しかし，これは明らかに чины раз[ных] вед[омств]各種官庁員と理解すべきである。この史料 255 番が添付された，セミレーチエ州軍知事事務取り扱いの報告書では，чины разных ведомств と明記されているからである。См., там же, No. 254, с. 374.

3) 原史料の誤った計算を訂正した。

セミレーチエ州の軍知事事務取り扱いアレクセーエフが一九一七年三月四日付けでツァーリへ宛てた上奏報告では、同州の九四の入植村落が襲われ、五三七三戸が焼き払われたと指摘している(26)。これは、一九一四年の同州の入植村落一九一(人口一六万九三二二人)の過半にも及ぼうとするものであり(27)、植民社会をまさに震撼させる規模であった。

ムスリム原住民の被害も、決してこれに劣ることはなかった。入植者による一連の原住民虐殺事件については、先に言及したが、反乱の敗退過程で軍・行政当局により、彼らの畜群が大量に差し押さえられた(28)。さらに、懲罰隊と移民による制裁・報復を逃れ、人員と畜群を失いながら中国へ越境した数は、三〇万人に及んだ(29)。州全体で原住ムスリムの人口は三割の減少となったが(30)、反乱の激しく展開した南セミレーチエのプルジェヴァリスク郡では、三万四五〇九の天幕経営кибиткаが、一九一七年一月には八八四七へ、ピシュペク郡では、二万七八三一から一万一五一八へ、それぞれ、七四・四%、五八・六%の減少をきたした。ムスリムの牧畜経営は壊滅に近い状態に陥ったのである(31)。

一九一六年のムスリム蜂起は、異族人の帝政ロシアの支配に対する単なる大規模な反乱に終わったのではなく、いくつかの点で、中央アジアにおける革命の始まりを告げるものであった。まず、この蜂起の基本的原因が、当地の行政官自らが認めざるをえなかったように、[32] 帝政ロシアの植民地政策にあり、その矛盾は戦時体制のもとで深まり、徴用令の実施によって爆発したのであった。その意味で、これは帝政ロシアの植民地政策そのものを否定する反乱であった。

第二に、この蜂起によって植民地セミレーチエにもたらされた経済的結果、さらに、その政治的雰囲気が、続く革命と内戦におけるこの地域の入植農民、原住ムスリムの動向を直接、大きく規定することになったことである。甚大な被害を蒙った入植農民は、武装し、自力で原住民の家畜・資産を略奪し、土地を占拠し、自らの損害の補償と営農の再建に向けて動き出すのである。他方、原住ムスリムは、反乱の鎮圧により大きな打撃を受け、飢餓と窮乏に打ちひしがれ、ロシア人の植民社会に受動的に対応せざるをえなかった。ここに、中央アジアの革命史研究の一つの基本的論点たる、革命からの原住ムスリムの「疎外」という問題の淵源がある。

第三に、この反乱のなかで、植民地セミレーチエの革命と内戦を闘う基本的な政治潮流が現れ、勢揃いしたことである。原住ムスリム社会のなかからは、モクシュ・シャブダーノフに代表される豪族(マナプ)や名望家、イスラムの聖職者に率いられる潮流が現れ、これは後に、ソヴェト権力に抵抗するキルギス人バスチマの系譜に連なっていく。[33] これに対抗して、セミレーチエでは、М・トゥイヌイシュパエフに代表されるカザフ人民族主義者のグループが、徴用令の実施に協力すべく積極的に登場してくる。[34] 彼らは、一九一七年にはアラシュ・オルダ党を結成する。そして最後に、最も微弱であるが、移民局の下級官吏・通辞を務めたトカシュ・ボキンに代表される、徴用令の実施に抵抗し、後の革命派ボリシェヴィキに加わっていくカザフ人革命家の潮流である。[35] 他方、ロシア人社会の内部では、ムスリム蜂起の視察後、トルケスタン統治を英仏型の植民地経営として再建しようとする、後の臨時政府首相А・Ф・ケレンスキーに代表される潮流と、[36] セミレーチエの植民政策に批判的に対応し、後に革命派ソヴェトの指導者となるГ・И・ブロイドに連なる動きである。[37]

反乱の基本的原因、その後の植民地民衆の動向への規定性、反乱のなかで現出した基本的政治潮流、これら全ての点において、一九一六年ムスリム蜂起は、セミレーチエにおける革命の始まりを告げるものであった。なるほど、後の革命派を形成するブロイドにとっても、ルィスクーロフにとっても、一九一六年の徴用令とそれに続く反乱は、彼らの準備のない予期せぬツァーリズムの「挑発」と意識されていた[38]。しかし、これは悲劇的な出発であったが、紛れもなく、入植者と原住ムスリムの互いに並存する革命過程のはじまりであった。だが、その本格的展開を分析するまえに、反乱後の植民地社会の再編成を目指した総督クロパトキンの統治体制を検討しておかなければならない。

（1）　А. В. Пясковский, от. ред., Восстание 1916 года в Средней Азии и Казахстане. сборник документов. М., 1960, No. 268, с. 408. この噂や風聞を分析すると、ムスリム民衆を反乱に駆り立てた不安、危惧、それらを含む彼らの心理が明らかとなる。彼らの間で伝播した噂の核心は、二つあった。一つは、後方の徴用労働ではなく、戦線に兵士として、あるいは塹壕掘り、鉄条網切断のために送られ、そこで殺されることへの不安である。もう一つは、徴用されて、彼らの土地はロシア人移民へ与えられることへの危惧・警戒である。この二つの核心は互いに共鳴し増幅しあいながら、一つの強い気象を醸し、噂となって伝播したのである。総督クロパトキンが、陸相Д・С・シュヴァーエフへ宛てた八月一八日付けの電文では、セミレーチエ南部の反乱の原因の一つとして、「徴用労務者を戦線に送り、皆殺しにするため、ロシア軍とドイツ軍の間におき、土地はロシアの移民に与えようとして、労務者が駆り集められているという噂」が急速に広まったと指摘している。Там же, No. 237, с. 345. 一九一七年二月に皇帝へ宛てた秘密報告でも、クロパトキンは「ありとあらゆる噂が民衆のなかに急速に広まり、彼らを深く興奮させた」と述べ、この二つの核心を有する「非常に有害な噂」の存在を確認している。Восстание 1916 г в Средней Азии. «Красный Архив», 1929, Т. 34, с. 75.

（2）　А. В. Пясковский, от. ред., Восстание 1916 года..., No. 208, с. 323; No. 215, сс. 327–28.

（3）　Там же, No. 210, с. 324; No. 251, с. 367.

（4）　Там же, No. 229, с. 340.

（5）　Там же, No. 251, с. 368.

(6) Там же, No. 268, с. 408.

(7) Там же, No. 217, с. 331.

(8) Г. И. Бройдо, Материалы к истории, восстания киргиз в 1916 году. «Новый Восток», 1924, No. 6, с. 425.

(9) А. В. Пясковский, от. ред., Восстание 1916 года., No. 268, сс. 409–13; No. 254, с. 375; No. 461, с. 667.

(10) Там же, No. 261, сс. 386–87.

(11) Там же, No. 268, с. 410. このハン即位儀礼は、突厥以来、中央アジアのチュルク系諸民族に踏襲されてきた政治的伝統である。小松久男「アンディジャン蜂起とイシャーン」『東洋史研究』四四巻四号、一九八六年、一七～一八頁、注(52)、二九頁。

(12) 〈バターбата〉は、本来は民族的な祝福の祈りの儀礼を意味している。Киргиз-Русский словарь, 1965. М., с. 116; B. N. Shnitnikov, Kazakh-English Dictionary, London/The Hague/Paris, 1966, p. 47. しかし、徴用令に抵抗するカザフ、キルギス人によって彼らの結束を固めるために広く行われた。この抵抗と反乱の〈誓約〉儀礼については、その具体的内容は詳らかでない。一連の史料から判明する限りでは、徴用令を否認する誓詞がまず述べられ、続いて、白い雌馬を屠り、あるいは何らかの生贄を捧げ、血の滴るナイフをかざして堅節を示す儀礼であったと思われる。А. В. Пясковский, от. ред., Восстание 1916 года..., No. 221, с. 334; No. 265, сс. 396–97; прим. 183, с. 730.

(13) モクシュのほかに、トュプ郷(プルジェヴァリスク郡)の「信望篤い人」であるバトゥイルハン・ノガエフは、ブグ Бугу族のハンと宣言され、コチュコル郷(ピシュペク郡)の六〇歳で「非常に信望が篤く影響力のある豪族マナプ」のカナアト・アブーキンは「コチュコルのハン」と宣布され、反乱を率いたのである。Там же, с. 16, No. 251, с. 369; No. 256, с. 378; прим. 231, с. 734.

(14) Там же, No. 269, с. 409. 総督クロパトキンは、ロシアのフェルガナ征服の際、ジャンタイ率いるキルギスの支援を得たのを想い起こし、その子孫が今やロシア支配への叛徒と化したことに痛恨の念を抱いている。Там же, No. 237, сс. 345–46. だが、マナプのジャンタイの行動は、彼らの歴史的な反ウズベクの自立的行動であり、クロパトキンのいうようなロシア支援と一義的に解釈すべきではなかろう。キルギスタン国立博物館の三階には、現在も彼の肖像画が掲げられている。この「シャブダン・ジャンタエフ(一八四〇～一九一二)」に付された短い解説には、「マナプでサルィバギシュ族の統率者。チュー渓谷でキルギス人のコーカンド汗国に対する戦いの先頭に立った」とある。

(15) モクシュの属するサルィバギシュ族が牧畜するピシュペク郡の郷では、移民局の土地収用に対して、すでに一九〇七年の六月に、強い不満が生じていた。«Революционное движение в Казахстане в 1905–1907 годах». сборник документов и материа-

лов. Алма-Ата, 1955, No. 251, с. 320; No. 257, сс. 324–25. 翌一九〇八年には、彼の父シャブダンの集落で、大規模な土地収用が行われている。モクシュ自身は、一九一一年に殺人罪に問われ、無罪となるが、シャブダンの息子たちは、郷の役職から追われ排除された。そして、この時期に移民の入植村ノヴォ・ロシィスコエとサムソノフスコエがつくられたのである。一九一六年蜂起に先立つ三年前に、シャブダンの息子たちは郷の役職に復帰し、蜂起のときには、モクシュの兄弟で郷司のケメリとアマンは叛徒を制止しようとし、反乱のなかで消息を断っている。А. В. Пясковский, от. ред., Восстание 1916 года..., No. 253, сс. 370–71. 一九二〇年代の半ばにモクシュ、ケメリらの兄弟へ迫害が及んだとき、ブロイドとフルンゼが彼らに救援の手をさしのべている。モクシュの子、アイジマンとアジカブルは、ブロイドが学長を務めていたクートゥヴ(東方勤労者共産主義大学)で学ぶことができ、アイジマンは最初のキルギス語教科書の著者の一人となっている。В. А. Германов, Григорий Иссакаевич Бройдо (1885–1956). в кн. Революцией призванные. вып. 2. Ташкент. 1991, с. 64.

(16) Там же, No. 268, с. 410. メッカ巡礼が、ムスリム社会で獲得する権威と影響力は絶大であった。一八九八年のアンヂジャン蜂起の指導者、モガメット・アリが、メッカ巡礼とその後の社会事業を通じて、大きな信望と影響力を得たことを想起されたい。Е. Штейнберг, Андижанское восстание 1898 г., «Красный архив», 3(88), сс. 145–46, 172–73.

(17) Б. С. Сулейменов, ред., Восстание 1916 года в Казахстане. документы и материалы. Алма-Ата, 1947, с. 171.

(18) А. В. Пясковский, от. ред., Восстание 1916 года..., No. 219, с. 333.

(19) Г. И. Бройдо, Материалы к истории..., сс. 430–32.

(20) А. В. Пясковский, от. ред., Восстание 1916 года..., No. 261, с. 385; No. 238, сс. 367–68.

(21) Там же, No. 254, с. 375.

(22) ベロヴォートスコエ村の虐殺事件については、次を参照されたい。А. В. Пясковский, от. ред., Восстание 1916 года..., No. 234, с. 344; No. 250, сс. 365–66; No. 261, с. 386; прим. 200, с. 731; Г. И. Бройдо, Материалы к истории..., с. 431. プルジェヴァリスク市の虐殺事件については、次を参照。А. В. Пясковский, от. ред., Восстание 1916 года..., No. 265, сс. 399–400; No. 259, сс. 282–83; прим. 237, с. 734. チェプロ・クリュチェンスコエ、プレオブラジェンスコエ両村での虐殺については、次を参照。Там же, No. 265, сс. 401–402; No. 248, с. 358. 原住民虐殺の数は、史料・文献によってまちまちである。ゾーリンは、イシ・クル湖岸地方で一〇〇〇人、トクマク近郊で四〇〇人、ベロヴォートスコエ郷で六〇〇人、ザゴルヌイ地区で八〇〇人、クラスノレチェンスコエ村近郊で二〇〇人、計三〇〇〇人のキルギス人が殺されたとしている。А. Н. Зорин, Революционное движение Киргизии (северная часть). Фрунзе, 1931, с. 20.

(23) 木村英亮「モノカルチャー植民地の社会主義的改造——ソ連中央アジアの棉花栽培と農業変革」『土地制度史学』三四号、

一九六七年、二二～二四頁。西山克典「帝政ロシア・セミレーチエ地方に於ける植民の展開――一八六七―一九一四年」『北大史学』二九号、一九八九年八月、三七～三八頁。

(24) А. В. Пясковский, от. ред., Восстание 1916 года..., сс. 6-8, прим. 230, с. 734; Б. С. Сулейманов и В. Я. Басин, Восстание 1916 года в Казахстане. Алма-Ата, 1977, с. 13. ソヴェト史学のこのような両分的評価の枠組みは、反乱の鎮圧・対処にあたった帝政ロシアの行政官のなかに、すでに胚胎していた。例えば、軍検事長補佐B・E・イグナトーヴィチが、一九一六年一二月三一日付けで総督クロパトキンへ宛てた報告覚書を参照せよ。А. В. Пясковский, от. ред., Восстание 1916 года..., No. 47, сс. 69-70.

(25) Там же, No. 254, с. 374.

(26) Там же, No. 268, с. 415. プルジェヴァリスク郡では、全ての入植村落のうち都市に近い三つの村が襲撃から無事に残ったにすぎない。А. Миклашевский, Социальное движение 1916 г. в Туркестане. «Былое», No. 27-28, 1925, с. 264. トロフィーモフは、セミレーチエ州で三五に至る入植村が壊滅したとしている。Г. Трофимов, Из прошлого компартии в Джетысу. «Коммунистическая мысль», 1927, кн. 3, Ташкент, с. 273. 被害者となったロシア人家族とその損害の額は文献・史料により多少異なっている。См., А. В. Пясковский, от. ред., Восстание 1916 года..., No. 265, с. 399; прим. 242, с. 735.

(27) П. Г. Галузо, Аграрные отношения на юге Казахстана в 1867-1914 гг., Алма-Ата, 1965, с. 227.

(28) А. Н. Зорин, Революционное движение..., с. 20.

(29) Советское строительство в аулах и селах Семиречья. 1921-1925 гг. сборник документов и материалов, часть 1. Алма-Ата, 1957, док. No. 119, с. 180.

(30) Т. Рыскулов, Из истории борьбы за освобождение Востока (Восстание киргиз Туркестана против царизма в 1916 г.). «Новый Восток», 1924, No. 6, с. 267.

(31) А. Н. Зорин, Революционное движение..., с. 19.

(32) А. В. Пясковский, от. ред., Восстание 1916 года..., No. 237, сс. 345-46; No. 254, с. 374; No. 268, сс. 405-407.

(33) Дервиш, Басмачество и ферганская проблема. «Жизнь национальностей», 16 сентября 1921 г., сс. 2-3. 一九一六年の反乱では、テヂェン地方の蜂起を指導したアジスハン=チャプィコフは、後にソヴェト政権のもとでバスマチの組織者の一人となっている。А. В. Пясковский, от. ред., Восстание 1916 года..., с. 15.

(34) M・トゥイヌィシュパエフは、セミレーチエ州から第二国会へ選出され、カデットと協力して活動を続けた。一九一六年の蜂起のなかでは、新任のクロパトキン総督のセミレーチエ巡撫に随行し、原住ムスリムの慰撫に努めるのである。Б. С.

Сулейменов, ред., Восстание 1916 года..., No. 20, сс. 22, 190; С. Н. Покровский, Победа советской власти в Семиречье. Алма-Ата, 1961, с. 44.

（35）トカシュ・ボキンの一九一六年蜂起における活動については、次の史料を参照されたい。Б. С. Сулейменов, ред., Восстание 1916 года..., No. 13, с. 14; No. 14, сс. 15–16; No. 122, с. 126; No. 135, с. 131; А. В. Пясковский, от. ред., Восстание 1916 года..., No. 230, сс. 340–41; No. 231, сс. 341–42; No. 241, сс. 348–49; No. 457, с. 664; прим. 195, с. 731, прим. 211, с. 733. トカシュ・ボキンとともに、一九一六年蜂起に関わり、後に革命派となる人物にトゥラル・ルィスクーロフがいる。ルィスクーロフは、セミレーチエ州の生まれで、ピシュペクの農業学校で学び、一九一六年蜂起のときは、隣のアウリエ・アタ郡で逮捕されている。Т. Р. Рыскулов, Избранные труды. Алма-Ата, 1984, сс. 6, 8, 254.

（36）П. Г. Галузо, ред., Восстание 1916 года в Средней Азии. сборник документов, Ташкент, 1932, сс. 4, 10–11, 108. ケレンスキーは、一九一六年八月に、国会議員でムスリム会派代表のテーフケレフ Тевкелев, К. とともに、トルケスタンでの蜂起の現地調査に赴いている。調査から戻り、九月一〇日に国会議員の私的会合で報告し、一二月一三、一五の両日に国会で政府を厳しく批判した。А. В. Пясковский, от. ред., Восстание 1916 года..., с. 170, прим. 42. ケレンスキーは、この演説で「トルケスタン全体とステップのキルギス人の諸州は、これは、トゥーラ県でもタムボフ県でもない。イギリス人あるいはフランス人が自らの植民地をみているように、見る必要がある。ここは、独自の生活慣習、経済および政治の内実をもった巨大な世界である」と述べ、ムスリムの反乱とセミレーチエの事態を「我々、ロシアの国家性、ロシアの文化を代表する者にとって」、「ロシア文化への恥辱」であると主張した。彼は権力の側に全ての責任があると告発し、クロパトキン体制を批判しつつ、「最短の期間で、そこにヨーロッパの国家性を扶植すること」、「我々の辺境」に「新しい統治形態」を導入することを訴えて、演説を終えた。ここには、翌年の夏に臨時政府の首相となるケレンスキーの文明論が窺える。彼はペテルブルク帝大に入るまでの十代をこの中央アジアで権威主義的な視学官の父のもとで暮らし、演説でも中央アジア通をにおわせていた。彼はロシアの辺境植民地を英仏のそれとして構想し、ヨーロッパ文明の立場から「アジアのサトラプの統治」から「光と進歩へ向けて」支配を再編しようと訴えたのである。А. Ф. Керенский, Такое управление государством—недопустимо. «Исторический архив», 1997, No. 2, сс. 8, 14, 19, 20–21.

（37）J. Castagné, “Le Bolchevisme et l'Islam”. *Revue du Monde Muslman*, T. 51, 1922, p. 46, note (1); Г. И. Бройдо, Материалы к истории..., сс. 407, 413. グリゴーリィ・ブロイドは、一九一六年八月にヴェルヌイからピシュペクへ、そしてタシケントへ赴くが、彼が九月三日付けでタシケント裁判所の検事に提出した「供述」は、セミレーチエ州の反乱の状況を生々しく伝えている。Г. И. Бройдо, Показание, данное 3 сентября 1916 г. т. Г. И. Бройдо прокурору Ташкентской Судебной

Палаты по делу о киргизском восстании 1916 г., М., 1925.

(38) Т. Рыскулов, Из истории борьбы..., сс. 267, 269-70; Г. И. Бройдо, Материалы к истории..., сс. 407, 413, 420, 434. カザフ民族主義者のトゥイヌィシュパエフも、この点では同じような考えをもっていた。彼は、騒乱は植民地当局が充分な説明を怠ったこと、ロシア人社会がキルギス人を使嗾《しそう》して徴用へ労務者を出させないようにしたことに原因があると、クロパトキンに訴えている。Восстание 1916 г. в Средней Азии. «Красный Архив», 1929, Т. 34, с. 56. 「挑発」説は、ツァーリズムの政策への告発の鋭さと、知識人革命家たちの準備不足への免罪符として、革命後の一九二〇年代に広く唱えられた。一九〇五年の革命の幕開けとなった血の日曜日事件をはじめ、この時代の民衆の暴動の説明として、「挑発」説は多く援用されたのである。

II　クロパトキン体制

ムスリム蜂起が始まり展開するなかで、アレクセイ・ニコラエヴィチ・クロパトキンが、トルケスタン総督兼同軍管区司令官として赴任することになる。彼は、ヨーロッパの戦場で北部戦線総司令官として指揮をとっていたが、一九一六年七月三日に皇帝からの至急便を受け取り、ようやく八月八日に総督府のあるタシケントに着任した。(1) 彼にとって、これは、生涯で三度目の中央アジア・ムスリム地域への関与となった。まず、軍人として、この地方で人生の二十代から五十代まで勤務し、ロシアの中央アジア征服に参加し、ザカスピ州の軍知事まで務めあげている。ついで、帝国の中央アジア支配を震撼させた一八九八年のアンヂジャン蜂起に際して、中央政府の陸相として対処した。(2) そして、今また、第一次大戦のさなかに徴用令の実施をめぐり引き起こされたムスリム蜂起の展開するなかで、帝政ロシアのトルケスタン総督――そして最後の総督として赴任したのである。

中央アジアの植民地で、軍人としての経歴を積み自己を形成したクロパトキンは、一九一六年のムスリム蜂起を鎮圧しつつ、新総督としてセミレーチエ州を中心とする新たな植民地経営論を構想することになる。

激烈な反乱の場となったセミレーチエ地方では、クロパトキン総督のもとで厳しい軍事統治の体制が導入された。七月一七日にはセミレーチエ州を含めトルケスタン全域に戒厳令が布告され、全ての事件が軍事法廷で、戦時法に基づいて裁かれることになる。(3) 続いて二一日には、「原住民の群集」を禁止し、(4)「ロシアの権力への恭順の証として、将校および全ての官吏に対し常に起立し威儀を正して迎えること」を原住民に求めるようにとの指示が、(5) セミレーチエ州軍知事になされている。さらに、八月以降の南セミレーチエでの反乱の展開のなかで、農

図 2-3　アレクセイ・ニコラエヴィチ・クロパトキン (1848－1925)

プスコフ県ホルム郡の退役将校の家庭に生まれる。1866 年にパヴロフ陸軍学校を卒業し，トルケスタン軍管区に勤務する。1873-83 年，トルケスタン狙撃旅団司令官として，トルクメニスタン征服に従軍する。ザカスピ州軍知事(1890-98 年)を経て，1898-1904 年に陸軍大臣を務める。日露戦争では極東軍の指揮をとり，戦後は国家評議会議員となる。第一次大戦では北部戦線の総司令官となり，やがてトルケスタン総督に任命され，帝政ロシア最後の総督となる。革命後は，プスコフ県の郷里に戻り，学校・教育事業に尽くした。

典拠）Отечественная история. Энциклопедия. Т. 3, М. 2000, с. 230.

民部隊の編成と守備隊の強化とともに、大量の軍隊が反乱鎮圧のために投入された[6]。八月二一日付け電文で、総督クロパトキンは、セミレーチエ州の軍知事フォリバウムの麾下にある軍隊を列挙し、この軍がその規模においてかつてロシアがスィルダリア、サマルカンド、フェルガナ地方の征服に要した軍より大きいと指摘し、軍知事を鼓舞しているのである[7]。このような軍事力を背景にして、ムスリム叛徒への峻厳な鎮圧の体制が築かれたのである。州軍知事は、ピシュペク市地区懲罰隊長に宛て、騒擾の兆しがあれば「二流の首謀者であれ、捕らえ、軍事裁判に付し、直ちに吊るせ」、「疑わしいものは誰であれ捕らえ吊るせ」と指示しているのである[8]。徴用令の実施に抵抗したトカシュ・ボキンには、「彼をつかまえるか、殺すよう密かに軍隊に伝えよ」との命令が、州軍知事からピシュペク郡長に発せられていた[9]。

剝き出しの直接の軍事力による叛徒の制圧と原住ムスリムへの威圧とともに、叛徒の分断、懐柔、そして体制への統合を目指す措置がとられた。叛徒の分断と勢力の孤立化のために、原住カザフ、キルギス人の部族的結合も利用された。セミレーチエ州の軍知事は郡長へ、「精力的に〔部族間の〕党派の分裂を利用せよ、我々の側に一方を引き寄せ、反乱に反対する者へは厚い温情を示せ、……敵意をまき、我々の支持者を助けよ」と指示していた[10]。さらに総督クロパトキンは、八月一七日、二〇日とたて続けに、セミレーチエ州の徴用者を六万から四万七千人へと減らし、反乱の鎮圧まで徴用を実施しないことを約し、反乱の波及を防止する措置をとった[11]。八月二三日には、郷とアウル集落の原住民の役人、警察吏員、イスラムの聖職者、貴族と名誉市民の称号をもつ名望家を徴用から免除するとの総督の指令が出された[12]。原住民の役人と名望家層を懐柔し、彼らを挺子に民衆の鎮静化をはかる措置がとられることになる。クロパトキンは、これらの名望家層と原住民行政機関から徴用事務を扱う地区委員会を設置した。ここには、ムスリム名望家のみならず、後のアラシュ・オルダ党を形成するカザフ人民族主義者やイスラム改革派ジャディードも参加し協力していく。セミレーチエ州では、この地区委員会の一つの議長はИ・ジャイナコフが務めている。クロパトキンは、ツァーリへの上奏報告で、「各郡で名望があり信頼できる原住民を、労務者の徴用事務に直接、参与させることは大きな効果を生んだ」と、その活動の成果を誇っていた。[13] さらに、セミレーチエ州では、九月一五日から徴用令の実施にふみきった他のトルケスタン諸州とは異なり、「平穏が訪れるまで」その実施は延期された。[14] 反乱を鎮圧してようやく一〇月末から一一月初めにかけて、徴用労務者の第一陣が、ここから送り出されることになったのである。[15]

軍事力で制圧し、原住民名望家層を懐柔し、彼らを挺子としてムスリム民衆を統合し、徴用者を送り出す体制が整えられたが、セミレーチエの植民地社会は二つの鋭く敵対する社会へ分裂した。反乱のなかで鎮圧され、窮乏をきたしたキルギス人の郷では、ロシア人の復讐を恐れ、要求される労務者、馬匹、天幕などを「不備なく」供出せざるをえず、「強い抑圧状態」に陥った。入植農民との間には、もはや、「相互の信頼」が回復される余地はなかった。フォリバウムの後を継いだ同州の軍知事事務取り扱いA・И・アレクセーエフは、クロパトキンへ宛てた報告覚書を、次のように結ばざるをえなかった。

「……相互の怨恨、猜疑、そして不信は、長きにわたって平和な善隣関係の確立にとって由々しき障害となりましょう。このことは、商業、経営、そしてひどい被害を蒙った地域の経済制度全般に重大な影響を与えていることは疑いありません」[16]。ロシア人の復讐を恐れるキルギス人の「打ちひしがれた」気分と、反乱を起こした彼らへのロシア人住民の「不満」や「敵意」が植民地社会に瀰漫《びまん》したのである。[17] 植民地セミレーチエのこのような鋭い社会的分裂と原住民への抑圧のなかで、[18] 総督クロパトキンは、トルケスタンの遊牧地域での反乱の基本的原因を原住民からの土地収用にあると考え、[19] 新しい植民プランを構想することになる。

九月一三日にクロパトキンは、タシケントで農務省の代表タチーシチェフの報告を聞き、それへの批判的コメントのかたちをとって、自らの植民論を展開することになる。タチーシチェフは、セミレーチエのコサック軍団に法定男子分与基準の三〇デシャチーナを確保するために、すでに定着営農しているキルギス人から七万デシャチーナの土地を収用することを提案した。これに対し、クロパトキンはロシア人の血の流された所でのみ土地を収用し、そこにコサック兵村を新設することを提案した。「我々自らが手に入れた水で自ら灌漑した土地にロシア人を扶植し、ロシア的要素を増大せねばならない。だが、ロシア人の入植のために原住民から土地を没収することは、彼らとロシア人の間に不和の種を播き、流血の制裁を準備することになる」と批評したのである。[20]農務省が従来通り、キルギス人の可耕地を収用し入植ファンドを確保しようとしたのに対し、蜂起の原因を原住民からの土地の収用にみていたクロパトキンは、ロシア人の血の流された地域でのみ、懲罰的措置として土地収用を行い、[21]そこに植民を進めることを考えたのである。

クロパトキンは一〇月一〇日に、反乱の鎮圧を直接指揮するため、M・トゥイヌィシュパエフを伴って、セミレーチエ州に入った。[22]ここで、当州での反乱鎮圧過程を直に見聞し、植民地セミレーチエの入植者と原住ムスリム社会への鋭い分裂に接して、彼の統治構想の特徴をなす、隔離入植論に思い至ることになる。[23]彼の『日誌』は、一〇月一二日のピシュペク滞在のくだりで、新しい植民のあり方に想いがめぐらされたことを示している。ここで、「セミレーチエにおける問題をいかに調整し、この豊かな地方で平和な生活をいかに再建し、ロシア人住民とキルギス人をいかに親和させるか」と、クロパトキンは問い、「可能なところでは長きにわたり、これらの民族を分離することである」との結論に至るのである。彼は、反乱の舞台となった地域からキルギス人を追放し、その土地を没収し、「ロシア人の郡」をつくり、ここには、いくつかのコサック兵村を移し、キルギス人はナルゥイン要塞地方に移し、「特別のキルギス人からなる山地郡」を設置するとした。そして、この二つの分離された郡には、鉄道が敷設され、外国資本さえ導入されて、数百万プードの穀物と肉類を冷凍車でヨーロッパ・ロシアへ送る一大農畜産基地として繁栄すると構想された。この構想のもとでは、隔離された原住キルギス人に与えられる課題は、もはや「定着農耕化 оседлость」を通じて「進歩」に浴することではなく、「生まれながらの畜産者であり牧民」であり、「生まれながらの騎兵」、「生まれながらの養馬者」として、ロシア陸軍へ騎兵を補充し、軍馬、畜産品を供出することであった。この新しい課題に応えるため、クロパトキンは「彼らを奮い立たせる」ことが必要と考え、そのために学校、とりわけ職業学校を開設し、ロシア語を履修させ、「ロシアの法と文化」に彼らが通じることを求めたのである。[24]

セミレーチエの植民に関するクロパトキンのこの構想は、一〇月一六日に州都ヴェルヌイで、彼を議長として開かれた会議で、正式に最終的な確定をみる。この会議で、クロパトキンは「ロシアの血が流された全ての土地をキルギス人から収用する」と主張し、ピシュペク郡のケベニ谷、チュー谷の一部、プルジェヴァリスク郡のイシ・クル湖岸、ヂャルケント郡のテケス谷、チョルクヂェ川地方から、原住民三万七五五五経営が追放され、二五一万三六一デシャチーナの土地が、彼らから没収されることが決定された。この地区は新しく、プルジェヴァリスク郡として編成され、五つのコサック兵村とロシア人移民の入植村落が扶植されることが確認された。他方、追放される原住民はナルィンを郡市とする特別の郡へ新たに編成されること、「特に罪の重い」サルィバギシュとアテキンの両族は、他の諸郷のアウル集落へ分散して移住させるか、バルハシ湖岸の荒地へ移すこと、ヂャルケント郡南部で反乱を起こしたアタバン族は、テケス谷とチョルクヂェ川地方から追放し、ここに中国に対して防備を固めるためコサック兵村を配置することが決定された。[25]ヴェルヌイ会議のこれらの確認事項を、農務省も基本的に了承し、[26]追放・隔離されるキルギス人からなる新設のナルィン郡に、とりあえず、郡長と同補佐一名を任命し、彼らの行政経費は、叛徒から没収した畜郡の売却でまかなうことになった。[27]

総督クロパトキンのセミレーチエ植民論は、こうして、九月一三日のタシケントでのタチーシチェフへの批判的評言に始まり、セミレーチエ巡撫のなかで現地の状況にふれ、明確な輪郭をとり、一〇月一六日のヴェルヌイ会議で確定した。これは、その規模において、三万七千余の原住民経営から二五〇万デシャチーナの土地を没収し、そこにコサック兵村とロシア人農民の入植を進めようとする遠大な計画であった。ストルィピン時代の積極的な移民政策のもとで、移民局が一九〇六～一四年に収用した土地が、同州で二七〇万デシャチーナであったことを考慮すると、この計画はそれに匹敵する一時代を画するものであった。

だが、この植民地構想は、帝政ロシアの移民＝入植政策の危機と行き詰まりを示すものでもあった。第一に、従来の牧民からの「余剰地」収用――入植地ファンドの形式ではもはやなく、まさに、反乱のなかでのムスリムの大量逃避、鎮圧による追放、逃亡叛徒への厳しい帰国条件のもとで[28]、「ロシア人の血の流された土地」への懲罰的な土地没収を基礎としていた。もはや、直接の武力を背景とした懲罰としてしか、入植地の確保ができない危機的状況を示しているのである。ここに、ブロイド、ルィスクーロフら反乱の渦中にあり、後にソヴェト政権の指導者となった革命家が、一九一六年の反乱を入植を推進させるための「挑発」とみる見解を生む背景がある。第二に、この植民論は、反乱鎮圧後の植民地社会の分裂状態を、クロパトキンのヴェルヌイ会議での言葉を藉りれば、「単に民族的境界においてではなく、地理的境界において[29]」実現しようとするものであった。この隔離論は、原住民を牧民＝畜産者として分離・特化し、帝国へ包摂しようとするものであり、従来の植民論にみられた牧民の定着と営農を促進しロシア化するという考えの破綻を示すものであった[30]。

このように、クロパトキンのセミレーチエ植民論は、その懲罰的性格と原住民と入植者の隔離を説く点で、従来の移民入植政策の破綻と新しい展開を示すものであった。同時に、それは、彼の新しいトルケスタン統治を目指す展望全体のなかでも、要の位置を占めるものであった。彼は、トルケスタン統治にあたって、総督として、従来からの懸案であった州・郡レヴェルの行政を強化し原住民の実効支配を果たすことを志向したが、さらに、軍人として、トルケスタンを中心に帝国の東方アジア戦略を構想していた。彼は、イギリスとの協調をはかりつつ、第一次大戦後のアジア、とりわけ、隣接するペルシャ、アフガニスタン、中国に対して、帝国の戦略的な安全保障を構想している。具体的には、ペルシャに対して、ピョートル大帝が獲得した地域を併合し、ペルシャ北部を保護領とする。アフガニスタンに対しては、領土の変更は求めないが、中央アジアへの水利権を確保し、その市場をロシアに開放させ、そこを経由してインドへの鉄道敷設をはかる。中国に対しては、天山山脈の高峰ハンテングリから直線でウラジオストークまでを国境とし、このことで国境は四〇〇〇ヴェルスター短縮され、ク

ジャ、北モンゴル、北満州がロシア帝国に併合される。(31)

この彼の東方アジア戦略論までを含めトルケスタン統治を内から支えるのは、ロシア的要素の扶植・増大と原住民のロシア化であった。セミレーチエは、対英協調をはかりつつ、アジア・ロシアの国境地帯を併合・拡大することで帝国の安全保障を強化しようとする彼にとって、外交の橋頭堡であり、また、ロシア的要素の最大の扶植地として、彼の統治の社会的基地でもあった。彼の統治におけるセミレーチエのロシア人入植者の重要性については、彼が、一九一七年の二月にツァーリへ宛てた報告で、「国家秩序保持」のため戒厳令に従ってとられた措置は、「現在よりもよりよく、トルケスタン地方、とりわけセミレーチエ州のロシア人村落の住民の安全と平穏な活動を保障するためである」と述べていることからも窺える。(32)

帝国の威光を自らに重ね合わせる軍人にして「パトリオット」であるクロパトキンが、セミレーチエを中心に構想した植民地論は、隔離入植論に基づいていた。この隔離入植論は、すでに欧米の支配する地域でヨーロッパからの植民者のなかでみられたものである。アメリカ合衆国の発展のなかでは、先住民に対して「保留地 Reservation」を設定し、彼らの生活をそこに隔離限定した。大英帝国は南アメリカのブーア戦争において、二〇世紀の悪名高き「アパルトヘイト Apartheid」に手をつけた。これは、他者に対する理解を越えた蔑視と敵意、つまり戦争状態のもとで導入されたということが重要である。クロパトキンの植民論は、これらの先例を思い起こさせるが、帝国ロシアの東方アジア支配の一つのあり方を示すものとして興味深い。

クロパトキンのこのセミレーチエ植民論を、帝政ロシアの政論家が説いてきた従来の三つの論点、すなわち、中央部ロシアの農業問題解決のための移民・入植、帝国辺境の異民族支配と国境防備の強化、「半ば野蛮な」アジア民衆のヨーロッパ文明への開化、すなわち、ロシア化、(33)といった論点との関係でとらえるならば、第一の論点はすでにその意義を失い、懲罰的な隔離入植を説く点で、従来の移民・入植の行き詰まり、その危機と破綻を示すものであった。同時に、第二、第三の論点を継承し、そこへ重点を移しつつ、新しいトルケスタン統治を模索するものであったといえよう。

一九一六年のムスリム蜂起のなかで、セミレーチエ州の移民＝入植を積極的に支え、推進してきた総督サムソーノフと州軍知事フォリバウムの体制は崩れ去り、新総督クロパトキンのもとで州軍知事事務取り扱いのアレクセーエフがセミレーチエ州を統治することになった(34)。クロパトキンは、そのセミレーチエ植民論を実現することで、新しいトルケスタン統治を展望するが、反乱のなかで鋭く断裂し傷ついた植民地社会の矛盾は解消されず、彼の新しい統治論はむしろ、植民地支配の危機とその矛盾の深刻さを示すものであった。反乱を誘発した労務者の徴用は、減員・緩和されたが、その達成にははるかに及ばなかった(35)。

徴用労務者自身は、厳しいロシアの労働・自然条件のなかで、ロシアへの反感と帰郷の念を強めていく。さらに、彼らのロシアでの苛酷な状況についての情報がトルケスタンにも伝わり、原住民に不安を与え、彼らの帰郷を求める動きさえ生じた(36)。他方、植民地セミレーチエの入植者のなかには、当局が反乱を予測できず、被害の保障と援助も充分なされないことへの不満が募った。トルケスタン地区保安部嘱託ユングメイステルの一二月三〇日付けの報告では、「現在、「お上」への大きな不満が生じており、将来、より面倒な激化事件を引き起こしかねない」と危惧されたのである(37)。入植者住民の植民地当局への不満は、一九一〇年の一二月にこの地方を襲った地震をきっかけに、住民の間にみなぎった緊迫した雰囲気を想い起こさせるが(38)、この不満のなかで入植農民は自立(律)的に動いていくことになる。だが、セミレーチエ州でもトルケスタン地方全体でも、行政当局はロシア人社会よりも、何よりも原住民の動向を警戒、危惧しつつ(39)、二月革命を迎えることになる。

帝都ペトログラードでの革命の知らせは、一九一七年の二月二八日にタシケントに届いたが、クロパトキンはこの報道を禁止し、中央の臨時政府の形成をまって、ようやく三月三日に公表されることになった(40)。中央の臨時政府は、トルケスタン統治を革命後の新しい状況に軟着陸させようと動き出した。三月六日に全般的な政治恩赦の政令が出されたが、これと関連して、トルケスタンでは一九一六年の蜂起に係る一切の裁判事件は「停止し、永久になかったものとする」と免訴の指示が出された[41]。これは反乱後の植民地社会の和解を目指すものであった。八日には、陸相A・グチコーフがクロパトキンの留任を打電し[42]、一一日には、国会議員И・С・ヴァシーリチコフを臨時政府コミッサールとして派遣し、クロパトキンとともにトルケスタンの統治にあたらせることを伝えてきた[43]。クロパトキンは、このように中央の臨時政府の支持を得て、革命後の「新しい体制」への政治的軟着陸の担い手となる。彼は「偉大な自由ロシア」、「聖なるロシア」を呼号し、戦争完遂のために「内なる動乱」の発生を警戒し、何より原住キルギス(現カザフ、キルギス)人の脅威を訴えた[44]。彼は原住キルギス人の動きを危惧し、タシケントの兵器庫から大量の銃と弾薬をロシア人住民に引き渡し[45]、セミレーチエ出身の兵士に休暇を与えたのである。一九一六年の蜂起で被害を受けた経営を復興するために休暇を与えられた兵士は、大挙して武器を携え帰郷し、原住民への暴圧を加速させることになる[46]。

だが、クロパトキン体制は、彼が警戒し対抗措置をとった原住ムスリムによってではなく、二月革命の政治的衝撃を受け、自立的に動きはじめた植民地のロシア人社会、その兵士と労働者によって打倒されることになる。政府コミッサールのヴァシーリチコフの到着をまたずに[47]、三月三〇日にタシケント労兵ソヴェトは、他の諸組織の代表を加えた合同会議で、クロパトキン以下の総督府高官の解任と自宅軟禁を決定し、翌日には、彼の解任がトルケスタン地方に通報された[48]。かくして、帝政ロシア最後のトルケスタン統治を担ったクロパトキン体制は崩れ去った。彼による新しい体制への軟着陸の試みを押し破って、ロシア人を中心とする植民地の民衆による第二の波が、いわば、一九一六年蜂起におけるムスリム民衆の第一の波に続いて、激しく押し寄せることになる。

（1） П. Г. Галузо, Восстание 1916 г. в Средней Азии. «КА», 1929, Т. 34, сс. 45, 48, 50; Б. С. Сулейменов, ред., Восстание 1916 года в Казахстане. документы и материалы. Алма-Ата, 1947, с. 167.

（2） Е. Штейнберг, Андижанское восстание 1916 г. «КА», 1938, Т. 3(88), прим. 1, с. 133.

（3）Б. С. Сулейменов, ред., Восстание 1916 года..., No. 62, c. 65.
（4）Там же, No. 65, c. 66.
（5）Там же, No. 63, c. 65.
（6）結局、セミレーチエの反乱鎮圧のために、三つの民兵隊 дружина（一隊は一連隊に相当する）、七個の予備狙撃兵連隊、五個のコサック騎兵中隊、一四門の砲、砲兵中隊と機関銃隊を配備する第七オレンブルグ・コサック連隊と第九シベリア・コサック連隊が、他州から投入された。Там же, No. 145, cc. 136-37.
（7）С. Брайнин, Ш. Шафиро, Восстание казахов Семиречья в 1916 году. Алма-Ата/Москва, 1936, c. 62.
（8）Б. С. Сулейменов, ред., Восстание 1916 года..., No. 133, c. 130.
（9）Там же, No. 125, c. 127.
（10）Там же, No. 69, c. 67. 原住のカザフ、キルギス人は、牧地の領有と管理を基本とする部族社会であった。彼らの間では部族間の抗争がみられたが、帝政ロシアの支配と原住民から選出された行政機関の設置によって、この部族闘争 родовая борьба は、郷とアウル集落の土民行政機関へも持ち込まれ、部族間の党派抗争 партийная борьба となって現象した。南セミレーチエで蜂起の狼煙をあげたアテキン族とサルィバギシュ族の間にも、この部族闘争が続いており、アテキン族がロシア支配への怨恨をサルィバギシュ族にはらそうとする契機も、反乱への駆動要因として働いていた。А. В. Пясковский, от. ред., Восстание 1916 года в Средней Азии и Казахстане. сборник документов. М., 1960, No. 253, cc. 370-71. セミレーチエの反乱では、したがって、それぞれの族 род を越えて「誓約 бата」を交わすことはなかった。А. Зорин, Из истории восстания киргизов и казахов в 1916 г. «Борьба классов», No. 7-8, 1932, c. 136. 原住ムスリムが革命から疎外されたという論点とともに、階級闘争ではなく、この部族闘争が革命・内戦期から一九二〇年代半ばまで基調をなしたという見解も、この地域の革命史研究の重要な論争点をなしている。А. Кучкин, Советизация казахского аула (1926-1929 гг.). «Вопросы истории», 1946, No. 10, cc. 11, 21-22; Письмо группы казахских историков, Письмо А. П. Кучкина в редакцию. «История СССР», 1962, No. 2, cc. 234-36.
（11）Б. С. Сулейменов, ред., Восстание 1916 года..., No. 129, cc. 128-29; А. В. Пясковский, от. ред., Восстание 1916 года..., No. 30, c. 50; No. 48, c. 77.
（12）Б. С. Сулейменов, ред., Восстание 1916 года..., No. 132, cc. 129-30.
（13）С. Брайнин, Ш. Шафиро, Восстание казахов Семиречья..., c. 71. 翻訳官ジャイナコフはトゥイヌィシュパエフとともに、クロパトキン総督のもとでセミレーチエのムスリム反乱の鎮圧と徴用令の実施に協力する人物である。Там же, c. 44. また、タシケント市で徴用事務地区委員会を指導したのはジャディードであった。П. А. Ковалев, Тыловые рабочие Туркестана в годы первой мировой войны（1916– май 1917 гг.）. Ташкент, 1957, с. 36.

（14）Б. С. Сулейменов, ред., Восстание 1916 года..., No. 136, с. 131.

（15）С. Брайнин, Ш. Шафиро, Восстание казахов Семиречья..., с. 71.

（16）А. Чулошников, К истории восстания киргиз в 1916 г. «КА», Т. 16, 1926, сс. 74–75; А. В. Пясковский, от. ред., Восстание 1916 года..., No. 254, с. 376.

（17）Там же, No. 261, с. 389.

（18）反乱鎮圧後のこのような状況を、「蜂起の前には、ほとんど全ての〔ロシア人〕農民のもとでキルギス人が働いていたが、しかし〔今は〕彼らはロシア人に近寄ろうとさえしない。というのは、ロシア人はその残虐さにおいて、少しもキルギス人に劣らないからである」と、トルケスタン地区保安部嘱託のユングメイテルは、一二月三〇日付けの報告で指摘している。Там же, No. 265, с. 398.

（19）П. Г. Галузо, Восстание 1916 г..., сс. 41, 65, 77–78.

（20）Там же, с. 55.

（21）クロパトキンは、アンヂジャン蜂起に陸相として対処した際に、原住民の叛徒から土地を没収し、そこへロシアの農民を入植させる方針を、懲罰的措置としてすでに採用していた。Е. Штейнберг, Андижанское восстание 1898 г. «КА», Т. 3(88), 1938, сс. 128, 143, 175, 178. 土地を取り上げられ追放された叛徒は、わずかの土地に「慈悲 Мархамат」村をつくり、かつての叛徒の村ミン・チュベ Мин-Тюбе は、ロシアの統治と威信を示すかのごとく、多くの灌漑地を支配する入植農民の「ロシア Русское」村へ変わった。В. В. Бартольд, История культурной жизни Туркестана. Л., 1927, с. 157. 一九一六年のムスリム蜂起で「ロシア人の血の流された」サマルカンド州ジザック郡でも、懲罰的措置として、土地没収と入植のプランが、クロパトキンによってたてられている。П. Г. Галузо, Восстание 1916 г..., «КА», 1929, Т. 34, сс. 87, 93.

（22）Б. С. Сулейменов, ред., Восстание 1916 года..., с. 184.

（23）原住民の追放と隔離は、軍事措置として反乱鎮圧過程ですでに採用されていた。九月二四日付けで、セミレーチエ州軍知事が懲罰隊長へ宛てた電文では、原住民が「永久に」追放され、今後「純粋にロシア人の地区」となる地域、キルギス人の立ち入りを禁止し「無条件の恭順」を示した者のみが徐々に移住を許可される地域と、それぞれ具体的に指示し、「最も罪の重い郷」であるサルィバギシュ、アテキンの両族は、「全く特別に別の郡」へ移住させると述べていた。Там же, No. 139, сс. 132–33. クロパトキンの隔離入植論は、セミレーチエの反乱鎮圧のこのような実体に依拠して考えられたのであろう。

(24) П. Г. Галузо, Восстание 1916 г..., сс. 60–61.
(25) А. В. Пясковский, от. ред., Восстание 1916 г..., No. 488, сс. 684–87.
(26) Там же, No. 262, сс. 390–91.
(27) П. Г. Галузо, Восстание 1916 г..., «КА», Т. 34, 1929, сс. 92–93.
(28) А. В. Пясковский, от. ред., Восстание 1916 г..., No. 487, с. 684.
(29) Там же, No. 488, с. 685.
(30) かつて州軍知事のフォリバウムは、原住民を定着農耕化させ、彼らを「普通のロシアの農民」をつくる「素材」としてのみ対処すると豪語していた。Рабочее и аграрное движение в Казахстане в 1907–1914 годах, сс. v–vi, No. 253, с. 361. クロパトキンは、反乱の原因に牧民からの土地収用をみて、移民入植政策を批判するなかで、原住民の農耕定着への強制ではなく、牧民への特化を説くに至るのである。彼はセミレーチエ巡察後も、彼の『日誌』のなかで、「牧民として養馬者として、彼らは劣った農民以上にロシアに有益であろう」と強調するのである。П. Г. Галузо, Восстание 1916 г..., сс. 65–66.
(31) Там же, сс. 82–83.
(32) Там же, сс. 85.
(33) 第三国会議員で、一九〇九年夏にセミレーチエを視察した右派オクチャブリストのА・Л・トレグーボフの植民論に、これらの論点が明瞭に窺える。А. Л. Трегубов, Переселенческое дело в Семипалатинской и Семиреченской областях. «Вопросы колонизации», No. 6, 1910, сс. 140, 169, 172. トレグーボフは、第四国会でも移民問題委員会に属し活躍している。一九一六年のムスリム蜂起を審議した同年一二月一五日の議場では、彼は「やめろ」の野次のなかで発言できなかった。П. Г. Галузо, ред., Восстание 1916 года в Средней Азии. сборник документов, Ташкент, 1936, с. 161. 彼の国会でのこの苦境に、彼に代表される帝政ロシアの植民論の危機も窺える。
(34) フォリバウムの州軍知事としての活動は、九月二四日まで確認できる。九月二六日にはアレクセーエフが州軍知事の事務取り扱いとして執務しているから、フォリバウムは九月二五日に辞任したと推定できる。См., А. В. Пясковский, от. ред., Восстание 1916 года..., No. 248, с. 355; No. 477, с. 676.
(35) トルケスタンでの徴用は、当初の二五万から二〇万へ、セミレーチエ州では六万から四万五千人へと減員されていた。Там же, No. 30, с. 50; No. 48, с. 77. だが、一九一七年二月一日までに、トルケスタンでの徴用者数は一二万人と計画を大幅に割っていたのである。П. Г. Галузо, Восстание 1916 г..., с. 80.
(36) Б. С. Сулейменов, ред., Восстание 1916 года..., No. 146, с. 137.

(37) А. В. Пясковский, от. ред., Восстание 1916 года..., No. 265, с. 400.
(38) Рабочее и аграрное движение в Казахстане в 1907–1914 годах, док. No. 264, с. 377.
(39) ヴェルヌイ市警察署長は、一九一七年一月一九日付けの報告で、原住民の不穏な働きを指摘し、前年八月の蜂起前夜に似ていると警告していた。Б. С. Сулейменов, ред., Восстание 1916 года..., сс. 193-94. クロパトキンも、セミレーチエ州では春の牧草が芽ばえると、原住民が軍事行動を起こすのではないかと危惧していた。П. Г. Галузо, Восстание 1916 г..., сс. 81-82.
(40) Д. И. Сойфер, Солдатские массы в борьбе за победу Великой Октябрьской соц. рев. в Туркестане (март-ноябрь 1917 г.). «Исторические Записки», Т. 64, 1959, с. 50.
(41) R. P. Browder and A. F. Kerensky ed., *The Russian Provisional Government 1917*. Documents. Stanford, 1961, p. 197.
(42) П. А. Ковалев, Тыловые рабочие Туркестана в годы первой мировой войны (1916–май 1917 гг.), Ташкент, 1957, с. 151.
(43) «Победа Октябрьской революции в Узбекистане», сборник документов, Т. 1, Ташкент, 1963, No. 11, с. 36. ヴァシーリチコフは第四国会議員で、国会の移民委員会のメンバーでもあった。Государственная дума. Обзор деятельности комиссий и отделов. Четвертый созыв. Сессия I, 1912-1913 г. Спб., 1913, с. 208.
(44) J. Castagné, "Le Turkestan depuis la révolution russe". *Revue de Monde Musulman*, No. L (June 1922), pp. 32-35; П. А. Алексеенков, Национальная политика Временного Правительства в Туркестане в 1917 г. «Пролетарская революция», 8(LXXIX), 1928, с. 106.
(45) «Революционное движение в России после свержения самодержавия». документы и материалы. М., 1957, док. No. 719, с. 742.
(46) П. А. Алексеенков, Национальная политика..., с. 117.
(47) Там же, с. 107.
(48) «Победа Октябрьской революции в Узбекистане», сб. документов, Т. 1, No. 23, с. 53.

一九一六年のムスリム異族人の蜂起は、帝国の東方辺境地域の支配を揺るがすものであった。この蜂起では、セミレーチエ州が最も激しい展開の場の一つとなり、これは、辺境における植民地革命の始まりを告げるものであった。この反乱を鎮圧する体制としてクロパトキンの体制が築かれた。この体制は、すでに、ブーア戦争でイギリスがとったアパルトヘイトを思わせるロシア人と原住民の分離植民地論を構想した。この植民地は、本国とは鉄道で結びつき農業と畜産で発展し、同時に第一次大戦後のアジアにおける帝国の拡張の橋頭堡たることが期待された。クロパトキン体制は、帝政ロシアの最後の東方辺境統治の一つの構想として光彩を放ち興味深い。だが、一九一七年の二月革命を受けて、臨時政府の最初の辺境統治へ軟着陸しようとしたが、この体制は、今度は植民地のロシア人社会の攻撃にあって、大きく揺らぎはじめた。

第三節　中央アジアにおける革命の展開

トルケスタンにおけるロシア人の革命が、直ちに宿命的な植民主義の偏向をきたすということは避けがたかった。トルケスタンのロシア人労働者階級は、少数であり、それ自体、生産において特権的地位を占め、指導者も、政治綱領も、党も、革命的伝統もなく、小ブルジョワの民族主義的で略奪的なスチヒーヤのこの猛攻に対峙することができなかった。それは、「自ら動員を解除する」旧軍の兵士やロシアの移民、そして小官吏と新市の俗物らの貪欲に抗して、自らの鉄のごとき革命の意思を対置することができなかった。その労働者階級自体が、より良き未来を真摯に求めつつも、諸事件の流れのなかを漂っていた。（ゲオルギー・サファーロフ『植民地革命（トルケスタンの経験）』一九二一年、モスクワ）（傍点は原文隔字体）

I　トルケスタン委員会の設置とセミレーチエ問題

クロパトキンの自宅軟禁と総督解任から一週間後の一九一七年四月七日に、臨時政府は、トルケスタン委員会を設置し、この委員会にトルケスタンの五州とヒヴァ、ブハラの二保護国において、臨時政府の名のもとに行動することを命じた。委員会の議長には、カデットのH・H・シチェープキンが就き、以下、国会のカデットとムスリム議員を中心に植民地の軍人・官僚の実務派を補って、九人で構成された。この九人のなかに、セミレーチエ州へコミッサールとして派遣されるシュカプスキーとトゥイヌィシュパエフも含まれていた。(1) シュカプスキーは、一九〇五年の革命のなかで活躍したのはすでにみたが、一九一五年には、ロシアの中央アジア支配五〇周年を祝い、クリヴォシェインの植民地統治を批判しながらも、ロシアのアジア支配に対する「文明史的」役割を擁護していた。(2) トゥイヌィシュパエフは、カザフ人民族主義者として一九一六年の蜂起の鎮撫にクロパトキンに随行していた。

トルケスタン委員会は、ツァーリ政府のトルケスタン統治を批判し、都市自治の拡充とゼムストヴォ導入などを掲げつつ、新しく英仏型の植民地経営を志向した。四月にこの委員会の主宰で開かれたトルケスタン地方会議は、原住諸民族への自治付与は退けつつ、「英仏植民地のように整序されねばならない」と決定している。(3) このような統治の転換を示しつつも、旧来の土地政策に係る植民行政は継承されていく。臨時政府は、ロシア中央部の農民に対しては、地主地などの不法占拠を控え、憲法制定議会での土地問題の解決をまち、播種と食糧増産に励むことを訴えたが、辺境入植地の移民に対しても、入植地＝国有地ファンドの占拠、国有地の借地料不払い、森林盗伐などを非難しながら、やはり憲法制定議会での土地問題の解決をまつように呼びかけていた。トルケスタン委員会が六月八日付けで、セミレーチエ州コミッサールへ宛て、国有地の管理にあたる官吏に「現行法に従い旧来の職務範囲で」勤務を続けることを指令しているように[4]、農民の現地での直接的行動を牽制しつつ、植民行政が継続されていく。

セミレーチエ地区移民事業事務取り扱いのコールサコフは、四月に農相に宛てて、セミレーチエでは「入植地区形成に係る一〇年間の無秩序な活動」のため、「土地関係が全く混乱し」、原住キルギス人、コサック、新旧の移民と全ての住民が不満をもっていると訴えていた[5]。しかし、現地のこのような報告を受けながらも、臨時政府とトルケスタン委員会は、旧来の植民行政の軌道を動いていくのである[6]。したがって、帝政ロシアの最後の総督クロパトキンのもとで策定されたセミレーチエ植民計画も、そのまま確認・継承されていくことになる。クロパトキンは、すでに、帝政末期に承認をとりつけていたセミレーチエ州の植民計画の実施を臨時政府に対しても求めていた。陸相のグチコーフは三月一八日の閣議にこの問題を提起し[7]、四月一〇日の閣議では、最終決定はトルケスタン委員会と現地に委ねるとしながらも、この植民計画の実施を承認した[8]。

一方、トルケスタン委員会は、トゥイヌィシュパエフの報告を聞き、この計画の実施を決定し、四月二二日には臨時政府へ議長シチェープキンと委員トゥイヌィシュパエフの名で、この計画の実施に着手したと打電した[9]。さらに、五月四日から六日にかけて、現地ピシュペクでこの計画の実施をめぐる特別会議が開かれた。これには、セミレーチエ州の二人のコミッサール、シュカプスキーとトゥイヌィシュパエフの他に、同州のカザフ民族主義の指導者И・ジャイナコフ、トルケスタン委員会を代表してメンシェヴィキのИ・H・シェンドリコフらが参加した。会議は、イシ・クル湖の盆地、大小のケベニ谷、アク＝ピケト地区などへ、原住民の中国からの帰郷を許さず、彼らを他の地域へ移すと確認した[10]。

このように、四～五月にトルケスタン委員会のもとで、一九一六年蜂起の鎮圧過程で策定されたセミレーチエの懲罰的な隔離植民計画の実施が確認された。総督クロパトキンなき後も、彼の統治体制の核心が実質的に継承されたといえよう[11]。だが、トルケスタン地方では五月の徴用令の廃止を受けて、ムスリム徴用者の帰郷が始まり、彼ら「後方徴用者 тыловики」による社会運動の活性化がみられた。[12] セミレーチエ地方では、さらに、一九一六年の蜂起で中国へ避難したムスリム牧民の帰郷が始まっていた。[13] 現地では、ロシア人入植者と原住民の間に緊迫した状況が生み出されることになった。

すでに五月五日にセミレーチエ州から中央へ向けて、「懲罰隊を逃れ、山地と中国へ逃亡したキルギス人がセミレーチエへ戻ってきている。武装した移住農民は昨年の暴動への復讐を果たしつつ、戻ってくる彼らを銃で殺している」と打電されていた。[14] このような状況のなかで、プルジェヴァリスク郡で五月初めに一連の虐殺事件が繰り返された。例年通り、セミレーチエのけし畑で働くため、中国領からドゥンガン人の一隊が同郡へ向かったが、イシ・クル湖東岸のプルジェヴァリスク市近郊の入植村落では、彼らが略奪を働こうとしているとの噂が広まった。入植農民は急遽、武器をとり、作男としているキルギス人を虐殺し、約二〇〇人が殺されている。[15] イシ・クル湖南岸中部のバルスコン Барскон 地方でも、入植農民によるキルギス難民虐殺事件が起きている。[16] ロシア人をはじめとする入植農民と賜暇兵士は、キルギス人への略奪・殺害も辞さず、飢えた彼らを連行し、無償で作男として使役し穀物も与えようとしなかった。[17] 原住キルギス人の一七郷の代表は、五月一八日にプルジェヴァリスク市から、タシケントのトルケスタン地方労兵ソヴェトへ、次のように電文で訴えざるをえなかったのである。

「キルギス人は旧政府の犯罪的行為のため、中国へ逃れざるをえなかった。自由、公正、平等、友愛の日が登り、革命政府は、我々が祖地へ戻るのを許し、我々は全てロシアへ帰った。しかし、〔入植〕農民は、旧くからの土地へ我々が戻るのを許さず、殺人、強制連行、略奪をもって、我々を脅している。

我々は皆、山地に暮らし、穀物も何もなく飢えて死につつある。ヴェルヌイとナルィンの郡へ我々を移そうとしていると聞いた。我々には移動する力はなく、たどり着く前に途中で滅びるであろう。自由、平等、公正の名において、我々の運命に配慮されることを請う。我々を救済し守りたまえ。我々を移転させず、我々の郡にとどめおき、農民と和解させることを切に請う。我々を自分たちの土地に住まわせることを願う。[18]」

セミレーチエの緊迫した事態にすばやく、積極的に対応したのは、タシケントの労兵ソヴェトとムスリム諸組織であった。タシケントのトルケスタン地方労兵ソヴェトは、四月三〇日から七月七日までのその全支出の三一％をセミレーチエ問題にあてているが、これは、同ソヴェトの経費のなかで機関紙出版経費を越えて最大の支出項目であった[19]。同ソヴェトは、四月末に、旧体制の「分割し統治せよ」という支配の鉄則を住民に説明し、「原住民とロシア人の融和 слияние」をはかるため、セミレーチエ州の各郡へ代表を派遣することを決定している[20]。プルジェヴァリスク郡住民の武装化に対しては、「全くロシア人の武装」と認定し、彼らからの武器の回収を決定し[21]、セミレーチエのキルギス人の移転は「悲惨な事実」とみなし、彼ら原住民への「食糧の保障」が必要とした[22]。中央へは、タシケント労兵ソヴェト議長のГ・И・ブロイドが派遣された。グリゴーリィ・ブロイドは、一九一六年八月に蜂起への関与を疑われピシュペクからカザリンスクの第一シベリア狙撃予備連隊の懲役隊へ送られている。二月革命後は、タシケントに向かい、そこで労兵ソヴェトを指導していた。彼に、ムスリム組織との連絡と法相ケレンスキーとの交渉にあたらせ、同ソヴェトは、中央の臨時政府とトルケスタン委員会のセミレーチエの事態に対する無策ぶりを非難する決定を行っている[23]。

他方、ムスリム諸組織にもセミレーチエの事態は広く知られ、抗議を呼び起こすことになった。一九一七年五月にモスクワで開かれた第一回全露ムスリム大会は、トルケスタン委員会に宛て、次のような電文を打った。

「全露ムスリム大会は、セミレーチエのキルギス人に関して非常に重苦しい知らせを受け取った。旧体制下で、懲罰隊によって山地に追いやられ、一部は中国へ逃亡した彼らが、身ぐるみを剝がれ、飢えて病んで戻ってきている。政府により武装された移住農民は、昨年の騒乱の復讐として、彼らが住み着くのを認めず、戻ってきた彼らを銃殺し、彼らへ援助を与えるのを許さない。ロシア人とキルギス人のコミッサールを、軍司令官とともに直ちに派遣し、資金の提供と食料・衣類の配給を行うことが必要である。」[24]

セミレーチエの深刻な事態は、このようにして、タシケント、さらに革命の両首都ペトログラードとモスクワへと伝わり、波紋と抗議を呼んだ。しかし、現地のセミレーチエでは、五月初めのピシュペク会議の決定をふまえて、懲罰的な隔離入植が強行されていく。二月革命後、当州の行政権を執ったのは、州コミッサールとして派遣されたシュカプスキーとトゥイヌィシュパエフである。五月には、当州の緊迫した状況を考慮して、彼らの統治を補強するために、第三のコミッサールとしてメンシェヴィキのИ・Н・シェンドリコフらが、トルケスタン委員会によって派遣されている。[25] さらに、旧来の植民地機構は温存され、その移民局を中心とする植民地官僚から、新しい郡と地区の役人も任命され、[26] カザフ人民族主義者を介してムスリム原住民の支持をとりつけつつ、新しい統治の装いのもとで、クロパトキンの植民計画は実施に向かうのである。

ピシュペク会議を終えて、五月一三日に、トゥイヌィシュパエフとシュカプスキーは、中国から帰還したプルジェヴァリスク郡の飢えた七万人のキルギス人を、ナルィン、ヴェルヌイ、ヂャルケント郡へ移転させる決定を出した。[27] 六月末には、彼ら両コミッサールは、新疆カシュガルのロシア領事館へ「近い将来に、キルギス人のロシアへの帰還は望ましくない」と打電し、彼らの帰郷を阻止し、[28] 入植農民の救済と損害補償に尽力しつつ、[29] 六月から七月にかけて原住カザフ、キルギス人の大規模な追放と隔離に着手していくのである。州コミッサール、シュカプスキーのキルギス人移転指令に、プルジェヴァリスク郡執行委員会は、「ピシュペク会議の決定に従って、キルギス人の追放に着手している。追放に関する全権代表にヴォイシュヴィーロが任命された。通報し、可能な援助を請う」と返電している。[30]

セミレーチエの協調体制は、エス・エルとメンシェヴィキの協調派社会主義者とカザフ人民族主義者の政治的指導のもとで、植民地の行政機構を継承して形成されたが、このような施策は、ムスリム牧民への抑圧の体制でもあった。植民地のロシア人をはじめとする入植者は、この地方の鋭い民族的で社会的な敵対のなかで、この体制をとりあえず容認し、受け入れたのである。六月のヂャルケント郡農民大会では、エス・エルとメンシェヴィキの主導で、州に民族クーリアを設け、原住民の市民権を制限することが決定されていた[31]。六月末のセミレーチエ州農民大会へ向けて、入植農民が提出した要求は、土地の私的所有を廃し、「勤労人民の財産」とし、勤労原理による土地用益を実現するというものであった[32]。ここには、植民地の土地問題への認識はなく、勤労原理に基づく土地用益を実現するという主張の裏に、原住牧民と特権的コサック身分の土地に対する占拠志向が秘められていた。六月二九日から七月二四日まで、セミレーチエ州の第一回農民大会が開かれた。ここでは、エス・エルの提案で、臨時政府を支持し戦争を勝利まで遂行すると決定されるが[33]、同時に、セミレーチエでの植民政策が容認された。原住民との関係が審議された場では、代議員は口々に「キルギス人を他の場所に移し」「ロシア人から隔離すること」、「キルギス人を全て穏便な人々と反乱を企てた人々に分別し、後者をロシア人から隔離すること」、彼らの中国からの帰還を認めず「村にいる軍隊は〔キルギス人の〕飢餓一揆に備えて現地にとどめること」などと求めた[34]。そのうえで、大会は次のように決議している。

「民族的敵対は宣伝をもってして、解消すべきである。完全な和解が達成できないところでは、キルギス住民をロシア人から隔離しなければならない。極端な場合には、一時的にキルギス人を別の場所へ移さなければならない。プルジェヴァリスク郡で起こりうる衝突を防ぐために、当地の義勇隊 дружина、中隊、コサック騎兵隊を増強し、通過点には哨所を設置する[35]。」

労兵ソヴェトも、この農民大会に先立ち六月四日から一六日まで、第一回の州大会を開き、協調派社会主義者の立場から臨時政府への支持を表明している[36]。植民地セミレーチエの労兵ソヴェトも、州都ヴェルヌイの労兵ソヴェトにみられるように、勤労農民への土地移譲という要求以上の植民地の特殊な土地問題への認識はもっていなかったのである[37]。

しかし、このようなセミレーチエの協調体制は、植民地の強固な社会基盤に根ざしているのではなく、ロシア人をはじめとする入植農民、都市住民、コサックなどの移民社会の支持と原住ムスリム牧民社会の不安定で流動的な容認といった社会力学的バランスの上に築かれたものであった。セミレーチエのこの体制は、中央の臨時政府が連立を重ねるなかで、トルケスタン委員会も六月に、その議長をカデットのシチェープキンからメンシェヴィキのB・П・ナリーフキンに交替させていく。[38] だが、協調派社会主義者がカザフ人民族主義者の支持をとりつけ、植民地の官僚機構を継承したこの体制は、その政治的外皮のうちに、その殻を破る植民地民衆の自立(律)性を孕んでいたのである。この自立(律)性は、一九一七年の夏から秋に顕著となり、セミレーチエの協調体制を脅すことになる。

セミレーチエの入植農民は、ムスリム牧民への攻撃と抑圧を続けながら、移民局の管理する国有地やコサックの土地へも占拠志向を募らせ、協調体制下での土地問題解決の合法的手順＝枠組みを越えて動きはじめていた。[39] だが、夏から秋にかけて、セミレーチエの協調体制を直接、鋭く脅したのは、農民ではなく、兵士と都市民衆の動きであった。入植農民から輩出されるセミレーチエ出身兵士は、休暇を得て帰郷すると、原住ムスリムへの攻撃を加速させていたが、[40] 都市では、動員への強い不満から彼らの出征忌避や脱走が起きていた。六～七月のロシア軍の夏期攻勢の時期に、ピシュペク、ヴェルヌイ、レプシンスク、トクマク市で、彼ら兵士は一連の出征拒否の兵擾を起こした。[41] とりわけレプシンスク市では、七月三日から一週間にわたって、彼らは同市を占拠し、郡部をも影響下におこうとし、地方当局に大きな衝撃を与えた。[42] セミレーチエ出身兵は、タシケントの九月事件の担い手ともなり、トルケスタン軍管区司令部も、彼らの危険な性格を察し、その除隊＝解体を一〇月には決意せざるをえなかった。[43] 一九一七年秋にセミレーチエ州に駐屯する守備隊兵士五九〇〇人の大半は、義勇隊 дружина であり、彼らは農村の強い影響を受け、出征忌避、帰郷・営農への志向が強く、秩序の維持を彼ら「現地出身の兵士 местные солдаты」に期待することはもはやできなくなっていた。[44]

他方、植民地セミレーチエの都市住民も、その多数は出自からして、入植地を見出せず都市の「町民」に転籍せざるをえなかった移民であり、彼らは都市にありながら農業に従事していた。彼らは、秋に一連の都市で、食糧と日常物資の確保を求めて激しい動きを示すようになった。一〇月八日に州都ヴェルヌイで、一〇月一六日にはピシュペク市で、彼らは兵士を加えて、食糧を差し押さえ、物資の市からの搬出を阻止しようとした。この騒擾のため両市には戒厳令が布告されることになったのである。(45)

このような入植農民、それと密接に結びついた兵士と都市住民の激しい動きに反発し、警戒の念を強めたのは、セミレーチエのコサックと原住ムスリムであった。コサックは、入植農民をはじめ土地を求めて移住してきた人々によって、自らの「自由と特権」が失われるのを恐れ、コサック兵村での非コサック身分を含めた自治体の形成に反対し、コサックの身分的「自治」に固執し、他の辺境コサック軍団との連携を強めつつ、反革命へ傾斜していく。(46)他方、ムスリム住民の体制への不信も昂じていく。ヴェルヌイ郡コミッサールは、すでに七月に「カザフ人のもとでは、今や新しい体制が、ロシア人住民にのみ保護を与えているとの疑念がある」と指摘していた。(47)さらに、土地問題では、八月二日から五日までタシケントで開かれたトルケスタン地方キルギス人大会は、「キルギス人自体の土地整理が終わるまで、土地収用は直ちに停止せねばならない。……移民入植区で、まだ入植の行われていない盆地はキルギス人に返却しなければならない」と決議した。(48)これは、入植農民の土地要求とは異なる反植民主義の方向である。そして、八月一八日には、セミレーチエでの原住ムスリムへの暴圧に抗議して、タシケントでムスリム民衆の示威行動が行われた。一〇月二三日には、州都ヴェルヌイからタシケント向けて、「キルギス人は臨時政府コミッサールのシュカプスキーとトゥイヌィシュパエフへ不信を表明した」と打電されている。(49)

だが、セミレーチエの協調体制のもとで進行する植民地民衆の自立(律)化に対処する力は、もはや、タシケントのトルケスタン当局にもセミレーチエ州当局にもなかった。トルケスタン委員会議長のナリーフキンは、八月一八日のムスリム民衆の抗議の翌日、首相ケレンスキーに、「今、我々は武器をもたないキルギス人へのロシア人移民の暴行を阻止する断固たる措置をとると決定した」と打電した[50]。続いて、彼は、ロシア人移民から「全ての土地を勤労者へ」と叫ばれ、農業調査が行われるなかで不安を募らせている原住ムスリムに対して、「我が政府」を信頼せよと訴えざるをえなかった[51]。しかし、中央のケレンスキー政府も、タシケントのトルケスタン委員会も、辺境の植民地セミレーチエで進展する協調体制の危機に対処する余裕も実力もなかった。一〇月八日にヴェルヌイで開かれたセミレーチエ州の郡コミッサール会議では、「郡の行政の状況は、全く定まらず、行政命令が執行される保障はない。原住民は自衛に向かおうとし、非合法に武器を得ている」と[52]、統治の危機が指摘されていた。

　植民地セミレーチエでは、このような状況のなかで、中央部ロシアの両首都とタシケントでのソヴェト権力の樹立を受けて、革命は新たな展開をみせることになる。

（1）　«Победа Октябрьской революции в Узбекстане», сборник документов, Т. 1, Ташкент, 1963, No. 36, сс. 57–58.
（2）　О. Шкапский, Прошлое и настоящее Туркестана (к пятидесятилетию штурма г. Ташкента). «Вестник Европы», 1915, No. 6 (июнь), сс. 136, 141–43, 147, 149, 154–56.
（3）　К. Е. Житов, Победа Великой Октябрьской социалистической революции в Туркестане. «Исторические записки», Т. 61, 1957, с. 194.　著名な東方学者В・В・バールトリドを含めトルケスタンの「進歩主義者 прогрессисты」は、トルケスタンへの自治付与を帝政ロシアのもとでの全ての「進歩的」事業を無に帰すと危惧し、自治を否定していた。В. В. Бартольд, История культурной жизни Туркестана. Л., 1927, с. 143, прим. 3.　さらに、英仏型の植民地経営とは、カナダ、オーストラリアなどの「文化的住民」(白人)の植民地とは区別された、アジア植民地の統治を念頭においてのことであった。П. А. Алексеенков, Национальная политика Временного Правительства в Туркестане в 1917 г. «Пролетарская революция», 8(LXXIX), 1928, сс. 107–108.
（4）　«1917 год в Казахстане». документы и материалы. Алма-Ата, 1977, No. 76, сс. 111–12.
（5）　Там же, No. 29, сс. 66–67.
（6）　臨時政府は六月一五日に内相の私的審議会で、トルケスタン問題を審議している。これには、帝政ロシアのこの問題の権威B・И・マサーリスキー公も参加しており、政策の継承性を窺わせるが、もっぱらトルケスタンの都市と地方に自治を導入することが審議された。トルケスタン委員会議長のシチェープキンの提案した、ロシア人とキルギス人の関係、土地問題の議題は、関係各庁からの説明にとどまった。«Победа Октябрьской революции в Узбекстане», Т. 1, No. 127, сс. 138–41.

(7) С. Брайнин, Ш. Шафиро, Восстание казахов Семиречья в 1916 году. Алма-Ата/Москва, 1936, с. 82.

(8) С. Н. Покровский, Победа советской власти в Семиречье. Алма-Ата, 1961, с. 64. この日の閣議で、サマルカンド州ジザック郡の二〇〇〇デシャチーナの土地を原住民から没収しロシア人を入植させるという、クロパトキンの策定したもう一つの懲罰的植民計画は廃止となっている。С. Брайнин, Ш. Шафиро, Восстание казахов Семиречья..., с. 83.

(9) Там же, с. 84 С. Н. Покровский, Победа советской власти в Семиречье..., с. 64.

(10) Там же, с. 64 С. Брайнин, Ш. Шафиро, Восстание казахов Семиречья..., сс. 84–85.

(11) このことを示すかのごとく、四月末に、クロパトキンは、首都ペトログラードで首相リヴォフ、法相ケレンスキー、農相シンガリョーフに厚遇されている。Из дневника А. П. Куропаткина. «КА», 1927, Т. 1(20), сс. 65–66.

(12) 一九一七年五月五日に、臨時政府は、後方徴用者の帰郷を決定した。«Победа Октябрьской революции в Узбекстане», Т. 1, No. 78, с. 98. すでに逃亡し、不法に帰郷した者を含め、五月末から六月にかけて、トルケスタンでは約一二万人が帰郷し、彼らは都市と農村でムスリム民衆の動きを活性化することになる。

(13) 一九一七年に、中国領からセミレーチエ州へ、一九一六年蜂起の難民一〇万人が戻ってきた。Материалы объединенной научной сессии, посвященной истории Средней Азии и Казахстана эпоха социализма. Алма-Ата, 1958, с. 210.

(14) Крестьянское движение в 1917 году. М.-Л., 1927, с. 80.

(15) П. Алексеенков, Национальная политика..., сс. 117, 121.

(16) «Победа Октябрьской революции в Узбекстане», Т. 1, No. 109, с. 124.

(17) Г. Сафаров, Колониальная революция (опыт Туркестана). М., 1921, с. 57.

(18) П. Алексеенков, Национальная политика..., сс. 120–21.

(19) «Победа Октябрьской революции в Узбекстане», Т. 1, No. 165, с. 169.

(20) Там же, No. 55, сс. 80–81; П. Алексеенков, Национальная политика..., сс. 118–19.

(21) «Победа Октябрьской революции в Узбекстане», Т. 1, No. 93, с. 109. 州全体で、農民部隊の編成と移民の武装化が進められたが、プルジェヴァリスク郡では、ライフル銃四五〇挺と実包一五万発が移民に渡されていた。С. Брайнин, Ш. Шафиро, Восстание казахов Семиречья..., с. 85.

(22)　«Победа Октябрьской революции в Узбекстане», Т. 1, No. 109, сс. 123–24.

(23)　六月三日のトルケスタン地方労兵ソヴェトの決定は、「ソヴェトのメンバー、ブロイドはケレンスキーに一連の措置を提案した。ケレンスキーは認めたが、採用しなかった。トルケスタン委員会は弱体で確固としていない」と非難していた。Там же, No. 114, с. 127. ブロイドの活動については、次を参照せよ。J. Castagné, "Le Turkestan depuis la révolution russe", *Revue de Monde Musulman*, No. L (June 1922), p. 31. ブロイドは、一九一六年八月にピシュペクを中心に、この地方の反乱の渦中にあった。彼の反乱の背景と経過に対する鋭い観察と分析——それは「挑発説」に基づくものであるが、召集の途上で九月三日に、タシケント控訴院の検事の尋問に答えた供述書で述べられている。Г. И. Бройдо, Материалы к истории восстания киргиз в 1916 году (показание, данное 3 сентября 1916 г.). М., 1925. В. А. Германов, Григорий Иссакаевич Бройдо(1885–1956). в кн. Революцией призванные. вып. 2. Ташкент. 1991, сс. 64–65.

(24)　П. Алексеенков, Национальная политика..., с. 118.

(25)　同時に、プルジェヴァリスク郡にメンシェヴィキのシェバリーン П. И. Шебалин、レプシンスク郡にエス・エルのバープキン П. Н. Бабкин が郡コミッサールとして送りこまれている。«1917 год в Казахстане», с. 10; No. 71, с. 108. シェンドリコフの州コミッサールとしての正式の認証は、六月一五日以降となる。«Победа Октябрьской революции в Узбекстане», Т. 1, No. 127, с. 140.

(26)　А. Н. Зорин, Революционное движение Киргизии. Фрунзе, 1931, с. 24.

(27)　«Великая Октябрьская социалистическая революция и гражданская война в Киргизии (1917–1920 гг.)», документы и материалы, Фрунзе, 1957, с. 11; «Победа Великой Октябрьской социалистической революции в Казахстане в 1917–1918 годах», сборник документов и материалов, Алма-Ата, 1957, с. 380.

(28)　原住民のセミレーチエ州への帰還は、国境警備隊の銃弾で迎えられることになる。С. Брайнин, Ш. Шафиро, Восстание казахов Семиречья..., с. 88; Б. С. Сулейменов, ред., Восстание 1916 года в Казахстане. документы и материалы. Алма-Ата, 1947, с. xiii.

(29)　セミレーチエの州郡当局は、一九一六年蜂起の被災者への損害賠償の遅れが、不穏な状況を醸出しているとの現状認識に立ち、被災者である入植農民への援助と補償の必要を力説していた。シュカプスキーは、トルケスタン委員会へ宛てた報告のなかで、「反乱の結果を清算する第一の措置は、キルギス人が農民にもたらした損害を賠償することである」と指摘していた。П. Алексеенков, Национальная политика..., сс. 119–20. また、プルジェヴァリスク郡執行委員会議長のカラコーゾフは、タシケント労兵ソヴェト議長ブロイドのキルギス人擁護に反感を示しつつ、「執行委員会は、焼かれ略奪され、不具にされたロシア人住民の擁護の側に立つのを道義的義務と考える」と、八月初旬に中央へ打電していた。Крестьянское движение в 1917 году. М.-Л., 1927, с. 256.

(30) С. Брайнин, Ш. Шафиро, Восстание казахов Семиречья..., сс. 87–88.

(31) Там же, с. 87.

(32) «Победа Великой Октябрьской социалистической революции в Казахстане в 1917–1918 годах», No. 54, с. 87; No. 63, с. 99.

(33) С. Н. Покровский, Победа советской власти в Семиречье. Алма-Ата, 1961, сс. 78–79.

(34) С. Брайнин, Ш. Шафиро, Восстание казахов Семиречья..., с. 87.

(35) А. Н. Зорин, Революционное движение Киргизии. Фрунзе, 1931, с. 25.

(36) С. Н. Покровский, Победа советской власти в Семиречье, сс. 78–79.

(37) «Победа Великой Октябрьской социалистической революции в Казахстане в 1917–1918 годах», No. 13, сс. 50–51.

(38) К. Е. Житов, Победа Великой Октебрьекой социалистической революции в Туркестане. с. 197.

(39) 入植農民、とりわけ新規移民новоселыは、原住牧民とコサックの土地の占拠に向けて激しく動いている。А. Зорин, Эпизоды. Из истории гражданской войны в Киргизии. «Борьба классов», 1936, No. 9, с. 45; С. Н. Покровский, Победа советской власти в Семиречье, сс. 65, 82–83.

(40) А. Н. Зорин, Революционное движение Киргизии, сс. 22–23.

(41) С. Н. Покровский, Победа советской власти в Семиречье, сс. 82, 90–91; Д. И. Сойфер, Солдатские массы в борьбе за победу Великой Октябрьской соц. рев. в Туркестане (март-ноябрь 1917 г.). «Исторические записки», Т. 64, 1959, сс. 62–63; А. Г. Зима, К вопросу об установлении советской власти в Киргизии. «Материалы объединенной научной сессии, посвященной истории Средней Азии и Казахстана эпохи социализма», Алма-Ата, 1958, с. 126; «1917 год в Казахстане», No. 73, сс. 109–110; No. 84, сс. 117–18; No. 109, сс. 145–46.

(42) レプシンスクの七月事件は、農作業のため休暇を得ていた四〇歳の兵士と徴兵免除者が、З・К・ヂェグチャリョーフの指導で、出征を拒否した事件である。彼らを行動へ駆り立てた一つの動機は、出征後の入植村落へのキルギス人の襲撃を警戒する意識であった。したがって、彼らは事件のなかで、キルギス人からの「自衛」と称して、部隊の編成を決定している。«Победа Великой Октябрьской социалистической революции в Казахстане в 1917–1918 годах», Nos. 65, 66, 67, сс. 101–105. キルギス人からの自衛というこの意識は、セミレーチェ出身兵のなかに深く根づいていた。См., «Победа Великой

Октябрьской соц. рев. в Туркестане», сб. документов, Ташкент, 1947, No. 83, c. 79.

(43) Д. И. Сойфер, Солдатские массы..., c. 71; Г. Сафаров, Колониальная революция, c. 65; «Победа Октябрьской революции в Узбекстане», T. 1, No. 553, cc. 514-15; No. 528, c. 492.

(44) С. Н. Покровский, Победа советской власти в Семиречье, cc. 80-82, 97-98. 一〇月三日付けでトルケスタン軍管区司令部が陸相に宛てた電文では、軍管区の「兵士の雰囲気は緊迫しており、全体として、どのようなデマゴギー的呼びかけにも容易に応じる状況がみられる」と伝え、「そのような雰囲気を促しているのは、セミレーチエ出身兵士が非常に多くいるということであり、彼らは到る所で、きわめて有害な分子である」と指摘していた。«Победа Великой Октябрьской соц. рев. в Туркестане», No. 83, cc. 78-79. 一〇月二五日にトルケスタン軍管区司令官は、セミレーチエ州軍司令官にヴェルヌイの義勇隊の武装解除と兵営のコサック部隊への引き渡しを指示した。この電文に州軍司令官は、「セミレーチエ出身兵からなる義勇隊は自ら消滅しつつある。彼らは全て家路に散るであろう」と書き込んでいるのである。«1917 год в Казахстане», No. 160, cc. 185-86.

(45) С. Н. Покровский, Победа советской власти в Семиречье, c. 98; «Победа Великой Октябрьской социалистической революции в Казахстане в 1917-1918 годах», Nos. 118-19, cc. 146-47, прим. 1.

(46) «1917 год в Казахстане», No. 63, cc. 99-101; С. Н. Покровский, Победа советской власти в Семиречье, c. 92.

(47) М. Ким, Октябрьская революция и аграрный вопрос в Казахстане. «Вопросы истории», 1947, No. 10, c. 91.

(48) П. Алексеенков, Национальная политика..., c. 126-27.

(49) «Победа Великой Октябрьской социалистической революции в Казахстане. 1917-1918 гг.», cc. 14-15.

(50) П. Алексеенков, Национальная политика..., c. 123; «Революционное движение в России в августе 1917 г.», документы и материалы, М., 1959, No. 351, c. 348.

(51) «Победа Октябрьской революции в Узбекстане», T. 1, No. 248, cc. 255-56.

(52) «Победа Великой Октябрьской социалистической революции в Казахстане. 1917-1918 гг.», c. 13.

II　ソヴェト権力の樹立

トルケスタン地方では、二月革命以降、タシケントの労兵ソヴェトを中心に革命運動が展開していた。この担い手は、中央アジア鉄道とオレンブルグ＝タシケント鉄道の労働者とトルケスタン軍管区の守備隊兵士であった。前者は植民地の開拓と支配の基幹となる拓殖鉄道の労働者であり、第一次ロシア革命でも、一九一七年の革命でも辺境地域の労働運動を主導する勢力であった(1)。後者は、トルケスタンで兵役免除の原住ムスリムにかわって、もっぱら外来移住者から召集されており、セミレーチエ出身兵(移民)の動向にみられるように、レプシンスクの七月事件、タシケントの九月事件など一連の兵擾を起こし、臨時政府のトルケスタン支配そのものに脅威を与えるまでになっていた(2)。

トルケスタンにおけるロシア支配の拠点、タシケントでは、首都ペトログラードでの武装蜂起とソヴェト権力樹立の報を受けて、一九一七年の一〇月二八日から守備隊兵士と鉄道労働者を中心に武装蜂起が始まった。一一月一日には革命派が勝利した(3)。続いて、一一月一五～二二日に第三回トルケスタン地方ソヴェト大会が召集され、大会はソヴェト権力の樹立を承認し、ムスリム代表の権力への参与を拒み、左派エス・エル、ボリシェヴィキ、マキシマリストからなる人民委員会議を選出した(4)。ロシア人主導のこの革命過程から排除されたムスリム代表は、フェルガナ州のコーカンド市に集結し、一一月二六日から二九日にかけて第四回トルケスタン地方ムスリム大会を開催した。大会では自治トルケスタン臨時政府の樹立が宣言された。このいわゆる「コーカンド自治」政府は、翌年の二月一九日から二〇日にかけてタシケントから派遣された赤衛隊によって打倒されるまで存続し、タシケントを中心とするソヴェト権力と対峙することになった(5)。ここには、辺境植民地に共通する革命過程の「並存性」が明瞭な政治的表現を得ているのであるが、コーカンド自治政府の壊滅は、ソヴェト権力にとって由々しきバスマチの運動を誘発し、「フェルガナ問題」を生むことになる。

さて、ロシア領トルケスタンの東南端に位置し、中国新疆省と接するセミレーチエ地方では、タシケントの労兵ソヴェト主導の、あるいはコーカンドのムスリム主導の権力樹立とも異なる、辺境の植民地社会に規定された独自の政治プロセスが現出した。ここでは、タシケントの緊迫した事態の知らせを受けて、一一月一日にセミレーチエ・コサック軍が要衝を制圧し、翌二日に、次のように当州に軍事独裁を布告した。

「一、ロシア全般、特にトルケスタンにおいて、ボリシェヴィキの運動によって引き起こされた諸々の事件のため、また、セミレーチエが統治の中心、ペトログラードとタシケントから遠く引き離されているため、セミレーチエ・コサック軍は、一九一七年一一月二日から……臨時政府の合法的権力とロシア中央部との連絡が回復されるまで、軍自らが全権力を掌握する。

二、ボリシェヴィキの運動が、タシケントからこのセミレーチエへ波及するのを警戒し、コサックは、州内で秩序の紊乱《びんらん》をきたすいかなる行動も許さないと表明する。

三、住民による無責任な集団行動はどこから生じようと、全て、コサックによって容赦なく鎮圧される。

四、コサックの行動は、全て、一つのこと、すなわち、祖国と我が地方を救済し、ロシアの主人たる憲法制定議会へ祖国を導くことに向けられる。

五、軍を代表する軍評議会と軍政府(軍アタマンと軍庁)は、臨時政府代表と緊密に連絡をとりつつ行動してきたし、し続ける。

六、軍は、どのような秩序の紊乱も許さないという点で、軍と社会の現存の団体全ての全幅の支持を確信し、我が地方を憲法制定議会まで導くよう支援する。

軍評議会および軍政府　原文に相違なし」(6)

この軍事独裁を政治的に指導したのは、臨時政府トルケスタン委員会の当州コミッサール、O・A・シュカプスキーと、タシケントから逃れてきた同委員会軍事コミッサール、В・Г・イヴァーノフであった。[7] 彼らは、М・トゥイヌィシュパエフやИ・ジャイナコフらカザフ人のアラシュ・オルダ党の支持をとりつけ、[8] さらに、協調派社会主義者の指導する州労兵農ソヴェトがタシケントの革命派ソヴェトによる権力奪取へ示した反発にも助けられ、[9] 軍事独裁を樹立したのである。この軍事独裁の社会的基盤は、辺境の特殊な軍事身分であるコサックと被抑圧ムスリムであった。彼らは、当州で一一月一二日と二六日に行われた憲法制定議会選挙に統一選挙名簿を提出し闘った。セミレーチエのコサック軍評議会とアラシュ・オルダ党のこの共同統一名簿には、二一万九八三二票（得票率五二・八％）が投ぜられた。他方、革命派は独自の選挙名簿を提出できなかったが、州労兵ソヴェト、州農民ソヴェト、キルギス人勤労者組織〈ブカラ〉の統一選挙名簿は、一六万七七九三票（得票率四〇・三％）を得ていた。[10] セミレーチエでは、移民＝入植者の社会的行動に脅威を覚えたコサックとムスリムの社会的同盟のうえに、各地でのソヴェト権力樹立の衝撃を受けて、軍事独裁が成立したのである。しかし、入植ロシア人社会が、労兵農ソヴェトの選挙名簿へ投票したように、軍事独裁は入植民社会に強固な足場をもっていなかった。

植民地セミレーチエに成立したこの軍事独裁は、その一一月二日の独裁宣言にみられるように、「ボリシェヴィキの運動」の名で示される革命の外からの浸透を防遏《ぼうあつ》し、内からの醸成を抑止することに懸命となった。当州には戒厳令が布告され、州都ヴェルヌイの要衝にはコサック兵が配備され、街頭での民衆の集合を厳しく警戒した。州都の西、カスケラン駅の検問所では、帰郷するセミレーチエ出身兵の身辺と思想が取り調べられた。[11] さらに、タシケントの革命を逃れ、ヴェルヌイへ来た士官学校生徒から、ユンケル部隊を編成することが決定され、[12] アラシュ・オルダ派のもとには、二千人のムスリム部隊が編成された。[13] このように革命の波及を防遏しつつ、自らの軍事力を補強し、軍事独裁は自らに脅威となる社会組織、とりわけ移民＝入植者を代表するソヴェトの解散に向かった。一二月二六日に、セミレーチエ州の兵士ソヴェトの解散が命じられ、翌年一月初めには、ヴェルヌイの労兵ソヴェトが解散させられた。ヴェルヌイの革命運動の指導者で、この解散に反対したК・В・オフチャーロフは逮捕され、州農民ソヴェト機関紙『農民新聞』で、軍事独裁を非難した編集者A・П・ベレゾーフスキーも逮捕され、新聞は発刊停止となった。両人ともコサック兵により秘かに殺害された。[14]一八年一月二日から第二回州農民大会が開かれ、州農民ソヴェトを選出したが、軍政府はこの農民ソヴェトも解散し、その議長、П・Д・グレーチュコを逮捕した。[15]このように、移民＝入植者を基盤とするソヴェトを解体しつつ、ムスリム住民とコサックの軍事独裁への統合が目指された。続けざまに、キルギス、ドゥンガンの州大会、コサック軍の総会が開催され、「権力簒奪者＝ボリシェヴィキ」と闘い、憲法制定議会のみを承認することが確認されていったのである。[16]

この軍事独裁は、ドンのカレーディン軍、オレンブルグのドゥートフ軍へ期待を寄せ、全ロシア的な反革命「南東同盟 Юго-Восточный союз」との連繫を強めていった。[17]だが、コサックと原住民の同盟に依拠するこの軍事独裁へは、入植ロシア人から強い不信、そして不安が醸し出されることになった。コサックと原住民が一緒になって、入植農民と都市の「町人」を皆殺しにしようとしているとの風説が広がったのである。[18]だが、軍事独裁は、一九一六年のムスリム蜂起以来の鋭い民族的敵対と不信を解消する措置も、植民地の土地問題への有効な解決策も提示できなかった。州移民局長から臨時政府のもとで、州土地委員会議長に就任したエス・エルのB・A・ゴンチャローフスキーは、一八年一月の州土地委員会の第二会議で、一九一六年ムスリム蜂起の事後処理としての原住民移転策を継承し実施すると述べていた。[19]二月初めに州土地委員会が採択した「郡土地委員会への指令書」は、当事者間の自発的貸借により土地問題の解決をはかることを指示したにすぎない。[20]しかし、旧来の措置の踏襲ではもはや、移民＝入植者も原住ムスリムも満足させることはできなかった。

セミレーチエのこの軍事独裁の存在を脅す動きは、植民地社会の外来移民のなかに窺われたが、まず何よりも入植農民のなかから強力に現れることになった。一八年の一月二日から一〇日までヴェルヌイで開かれた第二回州農民大会には、臨時政府トルケスタン委員会のメンバー、憲法制定議会へ選出された議員、さらにコサック代表らが駆けつけ、農民代表の説得と支持のとりつけに動いた。だが、大会はП・Д・グレーチュコ、П・Н・パーヴロフ、カザコーフら後にボリシェヴィキとなる農民に率いられ、賛成一三一、反対一五、棄権七の圧倒的多数で、ロシア中央部のソヴェト権力支持の立場を打ち出した。その決議のなかで、ロシア中央部ではソヴェトに権力が移ったことを確認し、「我々、中央部から切り離されたセミレーチエ人は、自由、公正な秩序、その他の革命の成果を強化するために闘う同志、農民に公然たる支持を表明する」と述べたのである。(21) 大会は軍事独裁の「南東同盟」への志向をしりぞけ、中央ロシアのソヴェト権力への合流を目指し、大会指導部から最初のボリシェヴィキ・グループが形成された。(22)

この農民大会では帰郷した出征兵士の姿も多くみられたが、各地で革命の息吹に触れ、故郷へ戻る兵士の流れは、セミレーチエにも及んだ。特に、タシケントで動員解除となり、故郷の入植村落へ向かう兵士は軍政府にとって大きな脅威となった。(23) 軍政府を支えるコサックのなかにも、革命の影響は浸透していた。一八年一月末に、外地ペルシャから第二セミレーチエ・コサック連隊が帰還したが、彼らは任地で厭戦気分にひたり、動員解除を求め、帰途では鉄道労働者や各地のソヴェトの影響を受けていた。二月一五日に、このコサック連隊の兵営近く、ヴェルヌイの旧墓地広場で大衆集会が行われた。(24) 軍政府は集会を解散させ、逮捕者が出たが、そのなかには連隊兵士もいたことから、事態は一挙に緊迫した。コサック連隊が革命側に移り、軍事独裁の指導者、シュカプスキーもイヴァーノフもヴェルヌイから遁走したのである。(25) 三月二日に、再び大衆集会が催され、市の住民、労働者、帰郷兵士に加えて、第二セミレーチエ連隊も参加し、ソヴェト権力樹立の決議が採択された。このセミレーチエ連隊から編成された戦闘部隊が、市の要衝を制圧し、翌三日には、ヴェルヌイの武装蜂起は勝利したのである。(26)

ヴェルヌイでの政変、ソヴェト権力樹立と相前後して、セミレーチエ州の各地でソヴェト権力が形成されている。ピシュペク市では、一七年一一月末より地方権力は機能麻痺の状態に陥っていたが、一二月三一日の樫園での大衆集会、翌一月一日の労兵ソヴェトで中央権力への合流が決定され、続いて二月の郡ソヴェト大会で、ソヴェト権力の樹立が承認されていった。(27) 三～四月には、ヂャルケント、コパル、レプシンスク郡でもソヴェト権力が樹立された。(28) 一九一六年のムスリム蜂起後、ほとんど全てのキルギス人の土地が入植農民に占拠されていたプルジェヴァリスク郡では、入植者が一八年一月に地方会議 земское собрание を組織し、この会議が郡ソヴェトと改称して存続した。六月二六日にプルジェヴァリスク市にパーヴロフの指揮する赤衛隊と州ソヴェト代表が到着し、七月一日に郡ソヴェトが新たに招集され、地方権力はようやくソヴェトの形態をとった。(29)

このようにして、セミレーチエ州では、ヴェルヌイ、ピシュペクのように民衆の直接的な結集、つまり、大衆集会を契機に、あるいは、他の地方のように地方権力がソヴェトを中心に改編されることによって、ソヴェト権力が形成された。だが、このソヴェト権力の基盤が何よりも、移民＝入植者であったことを、まず確認しておかねばならない。ヨーロッパ・ロシアやシベリアからの農民入植者、入植地を求めつつ都市に滞留し「町人」身分に転籍した手工業者や雑業者、入植地の営農に気を引かれ帰郷したセミレーチエ出身兵、戦争のなかで革命の息吹にふれたコサック兵などによって、ソヴェト権力は担われることになったのである。確かに、原住ムスリムの代表、あるいは活動家が革命過程に参加したことを示す、個々の貴重な例がある。(30) だが、ソヴェト権力の社会的基盤の中核は、入植農民を結集した農民ソヴェトであった。セミレーチエ州の農民ソヴェトは、一九一七年の一二月二〇日に、すでに軍事独裁に抗議しつつ、「二五万農民の見解を代表する」と主張していたが、(31) この二五万とは当州の入植農民の数であり、一〇〇万余の原住ムスリムを考慮した数ではなかった。ヴェルヌイ武装蜂起の後、三月四日の晩に設置された州の軍事革命委員会には、その二三人の構成員中、農民ソヴェトから最大の七人が送り込まれている。(32) 入植農民を結集した州農民大会と、そこで選出された州農民ソヴェトが革命過程を牽引し、三月四日以降、農民ソヴェトは他の諸組織から各二名の代表を補い、辺境植民地のソヴェト権力の社会的中核をなしたのである。(33)

ついで、植民地のこのソヴェト権力が、ロシア中央部、シベリア、さらにトルケスタンにおけるロシア革命の拠点タシケントへの帰属を志向していたことに注目しなければならない。ピシュペクでは、一八年一月一日のソヴェト会議で、エス・エルの議長M・チトーフに代わって、ボリシェヴィキのГ・И・シュヴェツ＝バザルスキーを選出し、ロシア革命の拠点ペトログラードとタシケントの中央ソヴェト権力に合流すると決議した。[34]だが、市会ではシベリア自治政府への合同を求める動きがあり、結局、一月二〇〜二一日に市民の賛否が問われた。この市民投票の結果は、シベリアへの合邦支持二一票に対し、ペテログラードとタシケント支持は二七七票、残り三〇二七票は憲法制定議会まで未決とするものであった。[35]

中央の帰属先をめぐるこのような揺れ動きは、同じ時期に開かれた第二回州農民大会でもみられた。大会はセミレーチエ州をシベリアへ併合することを憲法制定議会に求めると決定しつつ、「今後、この問題が憲法制定議会で解決されるまで、我々は中央とタシケントからの命令を執行する」と留保し確認したのである。[36]自ら依存し帰属する方位を、ペトログラード＝タシケントとするか、シベリアとするか、あるいは憲法制定議会の判断に委ねるかは別として、辺境植民地での入植者＝移民の中央への帰一志向は強力であった。中央の指令のうち「地方の諸条件に合致するとみなされるもののみ執行される」ことを求めた代議員の提案を大会は厳しくしりぞけている。[37]大会でソヴェト権力支持を打ち出した決議の「ロシアではソヴェトがある、我々もソヴェトを支持する！ロシアでは真実がどこにあるか、より一層明瞭である」という文言に、「我々、中央から引き離されているセミレーチエ人」の中央志向の熱い想いが秘められているのである。[38]

結局、セミレーチエの入植民社会は、辺境のコサックと異民族を結集した「南東同盟」を拒否し、彼らを移民として送り出した地域と社会と、そこでの革命への帰属を志向したのである。シベリア「自治政府」が、中央からの自立を強めるに応じて、入植民社会はペトログラードとタシケントへの方位を明確にし、そこに植民地における自らの地位の保持と強化を求めた。「権力をソヴェトへ」のスローガンのもとで、一九一七年一〇月から翌年の夏までロシアの各地に生まれたソヴェト権力は、後に「地方主義 местничество」と否定的ニュアンスをこめて呼ばれる自立性を発揮したが、辺境植民地セミレーチエのソヴェト権力は逆の中央への強い帰属＝志向性を示したのである。一八年五月末にヴェルヌイで開かれたソヴェト会議は、セミレーチエ州各地の代表を集め、州全体のソヴェト執行委員会を選出し、中央政府と革命の指導者レーニンへ宛て、「自由なロシアの連邦社会主義共和国の栄光」のために活動している同志への支持を表明していた。(39) この「ロシアの русская」という形容詞は、非ロシア人を含めたロシアに住む人々一般ではなく、ロシア人を、つまり社会的文脈では移民＝入植者を中核とするロシア人を指している。ここには、彼らを社会的基盤とするセミレーチエのソヴェト権力の強い中央への帰属志向が潜んでいる。

植民地に成立したこのソヴェト権力は、原住ムスリムに対して新しい政策を打ち出し、土地問題への対処を迫られていくことになる。州都ヴェルヌイでソヴェト権力の樹立が宣言されると直ちに、州の軍事革命委員会は民族問題への取り組み、つまり、原住ムスリム対策に着手している。この委員会では、三月七日に、首都ペトログラードの民族問題コミッサールから、一九一六年蜂起の結果生じたキルギス人への抑圧に対する措置について照会があったと伝えられ、抑圧と迫害を防止するあらゆる措置がとられていると返電することが、まず確認された。ついで、会議はトカシュ・ボキンの提案を受けて、アラシュ党州委員会の活動を調査する委員会の設置を決め、原住民に「権力は勤労人民の手にあり、今までのような抑圧はもはや存在しなくなるであろう。勤労人民は民族の差異なく一つの核に融合し、手をとりあって進み、勤労者が長く待望してきた幸福を創りあげねばならない」と宣布すると確認した。(40)

この三月七日の会議では、三つの基本点が指摘されたといえよう。まず、一九一六年蜂起の結果生じたムスリム抑圧への対策であり、ついで、民族主義者の組織への対応であり、第三に、民族の差異なく「勤労人民」として原住ムスリムをソヴェト権力へ統合する方針である。これらの基本点は、植民地セミレーチエのソヴェト権力が以後一貫して民族政策の分野で対応を迫られる論題となった。第一の点では、第二回州農民大会が、一九一六年蜂起はツァーリ政府の政策によって引き起こされたと認めつつも、その民族解放の性格を評価できなかったように、[41]ソヴェト権力の対応も飢餓と困窮からのムスリムの救済、救恤の域を越えるものではなかった。[42]したがって、一九一六年蜂起の結果強まったムスリムへの抑圧はこの後も尾を引くことになる。第二の点では、四月一一日にアラシュ・オルダの組織一掃が決定され、民族主義組織の解散が求められていく。この解散決定は、原住民社会のなかに階級分化の方針をもちこみ、「勤労キルギス人」の統合をはかる第三の論点とも結びついている。四月一一日の決定は、「富裕なキルギス人」をアラシュ党組織の担い手と同定し、「勤労キルギス人の利益を守らない」彼らからの畜群の没収、税の徴収、組織の解散を求めたのである。[43]さらに州ソヴェト執行委員会のもとに民族部が設置され、ロシア語とともに原住民のチュルク語も公用語と認定されていくが、[44]総じて、民族政策は民族の同権と勤労者の利益擁護を唱えつつ、都市と入植村落の外来移民を社会的基盤とするソヴェト権力への原住ムスリムの参加を求める「親和 сближение」政策であった。

ソヴェト権力のもう一つの眼目である土地政策は、三月二二日に植民政策を担ってきた移民局の廃止を、州人民委員会議が決定することから始まった。[45]同日の州農業委員部の決定は、土地と水を「土地なしの勤労住民」に渡し、「土地を勤労者へ」の原則で土地改革を行うと述べた。[46]州ソヴェトが四月に採択した住民への呼びかけ「同志諸君！」では、中央ロシアで採択された「土地社会化基本法」に基づいて、州全体で「臨時の消費・勤労基準」を作成し、早急に土地問題の解決にとりかかることを求めていた。[47]これらの文書には原住ムスリムの土地に関する言及は一切なく、「土地を勤労者へ」の基本方針が強調されていた。六月に入るとこの基本方針は辺境植民地の実態のなかで具体化され、私的所有者、非勤労経営の土地とともに、移民局の管理下にあった土地、カザフ、キルギス人のもとから長期借地されている土地、コサック軍の年金給与地などを収用し、これらの土地が「均等・勤労用益」のもとに入ると指示された。[48]三月から六月にかけて、植民地セミレーチエのソヴェト権力は、植民行政を推進してきた旧来の移民局を廃止し、「土地を勤労者へ」の原則で新しい土地政策に向かった。だが、これは、植民地の富裕な非勤労経営、特権的な土地所有者であるコサックから土地を収用するとともに、カザフ、キルギス人のもとから入植者が長期借地している土地の収用へも道を開き、移民＝入植者に消費・勤労基準で農地を分配する方針であった。これは、中央部ロシアの農民革命の範型を辺境植民地へも導入したものであり、セミレーチエ州の移民＝入植者が革命のなかでたえず求めてきた要求でもあった。

（1）　К. Е. Житов, Победа Великой Октябрьской социалистической революции в Туркестане. «Исторические записки», Т. 61, 1957, сс. 91-92.

（2）　Д. И. Сойфер, Солдатские массы в борьбе за победу Великой Октябрьской социалистической революции в Туркестане (март-ноябрь 1917 г.). «Исторические записки», Т. 64, 1959, сс. 48-49.

（3）　臨時政府トルケスタン委員会議長の著名なオリエンタリストで、メンシェヴィキのナリーフキンは、逮捕の後、釈放されたが、失意のうちに妻の墓前で自殺をとげた。J. Castagné, "Le Turkestan depuis la révolution russe (1917-1921)". *Revue du monde musulman*, No. L (june 1922), pp. 30-31. 親族に宛てた覚書で、彼は自らの死で誰をも咎めることのないように求めつつ、「なされていることに、私は同意できない。しかし、人民の敵となることも望まない、したがって、この世から去る」と記していた。軍人として、ヒヴァ、コーカンド攻略に参加し、スコベレフ将軍の残虐行為に抗議して、軍を退任し、社会主義、ナロードニキ、トルストイの思想から影響を受けた、ロシアの優れたオリエンタリストの死であった。Политические деятели России. 1917. М., 1993, сс. 227-28.

（4）　«Победа Октябрьской революции в Узбекистане», сборник документов, Т. 1, Ташкент, 1963, No. 641, сс. 576-77.

（5）　«Победа Октябрьской революции в Узбекистане», сборник документов, Т. 2, Ташкент, 1972, No. 8, с. 27; No. 201, с. 149; No. 202, с. 150; прим. 2, сс. 535-36. この大会はトルケスタンの自治を宣言し、セミレーチエ州のムスリム指導者М・トゥイヌィシュパエフを首班とする「自治トルケスタン Туркестан　Мухториат」臨時政府を選出したのである。Г. Сафаров, Колониальная революция, М., 1921, сс. 71-72.

（6）　«1917 год в Казахстане», документы и материалы. Алма-Ата, 1977, No. 165, сс. 191-92.

（7）　タシケントのソヴェト権力は、一二月六日に、この二人の解任・逮捕を命じている。«Победа　Великой　Октябрьской социалистической революции в Туркестане», сборник документов, Ташкент, 1947, Nos. 132–33, cc. 119–20.

（8）アラシュ・オルダ党は、オレンブルグでドゥートフのコサック軍に支援され、一二月にカザフ人の自治を宣言し、コサック反革命と共同行動をとった。セミレーチエでは、コーカンド自治政府の首班トゥイヌィシュパエフが、一八年初めに当州に戻り活動している。С. Брайнин, Ш. Шафиро, Советский переворот в Семиречье. «Большевик Казахстана», 1936, No. 6, cc. 54, 59. ジャイナコフはソヴェト権力樹立の際に、シュカプスキー、イヴァーノフとともに逃亡することになる。«Победа Великой Октябрьской социалистической революции в Казахстане. 1917–1918 гг.», сборник документов и материалов, Алма-Ата, 1957, с. 22.

（9）«Триумфальное шествие советской власти», ч. III, документы и материалы, М., 1963, No. 317, с. 275.

（10）С. Н. Покровский, Победа Советской власти в Семиречье. Алма-Ата, 1961, cc. 104–105. 選挙管理委員会は、ムスリムとコサックが積極的に投票したと指摘している。«Победа Великой Октябрьской социалистической революции в Казахстане. 1917–1918 гг.», No. 132, cc. 162, 165.

（11）С. Брайнин, Ш. Шафиро, Советский переворот в Семиречье. с. 54.

（12）«Победа Великой Октябрьской социалистической революции в Казахстане и образование Казахской АССР», сборник документов и материалов, Алма-Ата, 1947, No. 24, с. 72.

（13）С. Брайнин, Ш. Шафиро, Советский переворот в Семиречье. с. 54.

（14）И. Русаков, Борьба за советскую власть в Семиречье. «Большевик Казахстана», 1950, No. 8, cc. 37–38; С. Н. Покровский, Победа Советской власти..., cc. 106–107. この二人は、植民地セミレーチエの革命を地域と民衆に即して理解するため非常に重要である。アレクサンドル・ペトローヴィチ・ベレゾーフスキー（一八八八―一九一七）は大アルマ・アタ兵村のコサック身分に生まれ、ヴェルヌイ市、移民局の通辞として勤務した。彼は、青年として、この地で第一次ロシア革命を体験し、一九〇七年五月一〇日に「ロシアの現体制の打倒」を目指す活動のかどで、彼の逮捕、および家宅捜索が命じられた。彼は全ての身分権を剝奪され、終身流刑の判決を受け、帝政の崩壊後、一〇年の流刑と逃亡から戻り、植民地社会のなかで再び革命運動に加わったのである。«Революционное движение в Казахстане в 1905–1907 годах», сборник документов и материалов, Алма-Ата, 1955, No. 217, с. 287; С. Н. Покровский, Победа Советской власти..., cc. 74–75; «1917 год в Казахстане», No. 184, cc. 212–13. カルプ・ヴァシリエヴィチ・オフチャーロフ（一八八〇―一九一七）は、サラトフ県の農民の出で、バクーで鍛冶工のストライキに参加し、解雇され、軍へ応召し、一九〇一年にヴェルヌイに移り住んでいる。ここから日露戦役に出征し、その後、一九一七年にはヴェルヌイ市の鍛冶職人として、市の町人参事会長を務め活躍した。彼は、土地を志向しつつも入植できず、町人身分に転籍しつつ滞留した植民地の都市住民のなかで、革命運動を指導したのである。С. Н. Покровский, Победа Советской власти..., с. 75; «1917 год в Казахстане», No. 148, с. 178; No. 181, с. 211. 二人とも軍事独裁下で逮捕され、一二月一七日、あるいは一九日の夜に銃殺された。«Победа Великой Октябрьской социалистической революции в Казахстане. 1917–1918 гг.», No. 152, с. 179; Материалы объединенной научной сессии, посвященной истории Средней Азии и Казахстана эпохи социализма, Алма-Ата, 1958, с. 168. У истоков коммунистической партии Казахстана. часть 1, Алма-Ата, 1966, сс. 229-31. この二人に、さらに、一九一七年七月のレプシンスク兵擾事件を指導したロストフからの移民、З・К・ヂェグチャリョーフ、一九一六年ムスリム蜂起で逮捕され、一八年末にボリシェヴィキとしてアラシュ・オルダ派に殺されたカザフ人トカシュ・ボキンを加えて、四人の活動家は、セミレーチエの革命を理解するうえで鍵をなす人物である。彼らの生まれと育ち、社会的活動をつぶさに明らかにすることは、革命における植民地民衆の息吹、脈拍を感知するために欠かせない作業であろう。しかし、残念ながら、今のところ彼らの存在とその断片的言及にとどまらざるをえない。

(15) И. Русаков, Борьба за советскую власть..., с. 38; С. Брайнин, Ш. Шафиро, Советский переворот в Семиречье. с. 62.

(16) Там же, с. 62; Г. Трофимов, Из прошлого компартии в Джетысу. «Коммунистическая мысль», 1927, Кн. 3, Ташкент, сс. 275-76.

(17) 軍政府は、一一月二五日に正式に「南東同盟」に加わった。С. Брайнин, Ш. Шафиро, Советский переворот в Семиречье. с. 53; С. Н. Покровский, Победа Советской власти..., с. 104.

(18) Г. Трофимов, Из прошлого компартии в Джетысу, с. 276.

(19) С. Брайнин, Ш. Шафиро, Советский переворот в Семиречье, с. 60.

(20) С. Н. Покровский, Из истории второго Семиреченского областного крестьянского съезда. «Вестник Академии Наук Казахской СССР», 1955, No. 9, с. 6; его же, Победа Советской власти..., с. 113. 州土地委員会は、一七年九月一八日の決定で、住民、とりわけコサックとムスリム原住民に「思慮と友好」を求め、「広範な土地貸し出し」によって土地問題の解決をはかり、「どのような強制措置の示威」も行わないと表明していた。Н. В. Кутнякова, С. С. Абубакирова, Дкятельность земельных комитетов Семиречья в 1917 г. «Известия АН Казахской ССР», серия общественных наук, No. 2, 1988, сс. 35-36. 二月初めの「郡土地委員会の指令書」も、この方針を引き継ぐものであった。

(21) Г. Трофимов, Из прошлого компартии в Джетысу, с. 276; С. Н. Покровский, Из истории второго Семиреченского..., сс. 8-9; «Триумфальное шествие советской власти», Ч.II, No. 341, с. 298.

(22) グレーチュコ、パーヴロフ、カザコーフは、それぞれプルジェヴァリスク、トクマク、コパル郡の農民ソヴェトのメンバーであった。彼らにヴェルヌイの活動家を加えて、ボリシェヴィキの最初の非合法組織が、植民地セミレーチエに生まれた。Г. Трофимов, Из прошлого компартии в Джетысу, с. 277.

(23) セミレーチエ出身兵の多い第一、第二シベリア狙撃兵連隊は、タシケントの武装蜂起とソヴェト権力の樹立に大きな役割を果たし、帰郷の途についていた。Д. И. Сойфер, Солдатские массы..., сс. 77–81; История Киргизии. Т. II, Фрунзе, 1956, сс. 42–43.

(24) С. Брайнин, Ш. Шафиро, Советский переворот в Семиречье, с. 64–65.

(25) «Победа Великой Октябрьской социалистической революции в Туркестане», No. 149, с. 130. シュカプスキーは、ヴェルヌイ蜂起の三日後に、市から六〇キロ離れたミハイロフスコエ村の製粉所で農民に捕らえられた。«В огне революции», Алма-Ата, 1957, с. 234. シュカプスキーは逮捕後、四月の三(一六)日から一二(二五)日までにヴェルヌイ監獄で銃殺されたと推定される。彼に関しては、いくつかの史料が残されている。そのなかの一つに自筆の「手記 записки」がある。この「手記」で、彼は臨時政府とボリシェヴィキ政権に対する自らの立場を弁明している。ナロードニキとしての彼の経歴を彷彿とさせる、いわば彼の「法廷演説」でもある。彼は、ここで「進化」を、つまり、立法を通じて国家改造がなされることを求め、ボリシェヴィキの「革命」を批判する。さらに、社会主義の展望に関しては、それは「インターナショナルに世界的規模で」樹立されねばならないが、ドイツ、イギリス、アメリカでも社会主義革命は不可能であり、民衆にその道義的準備もないと指摘する。このように、革命の方法とその条件で、ボリシェヴィキの革命の企てを非難し、臨時政府を擁護する自らの立場を開示している。これらの論点とも係わって、ロシアの歴史的な使命と植民地に対する彼の認識が重要である。彼は、ボリシェヴィキが「単一の国家としてのロシアの一体性」を考慮せず、ロシアが過去何世紀にもわたって獲得してきた「国際的な地位」を重視していないと批判し、憲法制定議会を前にして個々の連邦へ分離することは許されず、ロシアは「単一の国家」でなければならないと、主張する。ここには、「革命」に「進化」を、つまり、立法手続きを対置する彼の先の方法論が窺えるのであるが、ロシアの国制に関しては、彼の立場は複雑である。連邦がより望ましいとしつつも、トルケスタンとセミレーチエのような辺境植民地に関して、彼はそれを否認する決定的な留保をつけるのである。トルケスタンとセミレーチエにとり、連邦の問題はとりわけ重要であり、連邦が容認する「自治 автономия」のもとでは、原住民代表が多数を占め、彼らに「優先的地位」が与えられると指摘し、「私の考えでは、これは全く望ましくない」と、彼は断言する。つまり、ロシアの「文明史的役割 цивилизующая роль」が無に帰すことを警戒し、革命によって「共和国ロシア」の前に、トルケスタンにおける「文明史的な活動のための広い場」が開かれたとし、彼は「トルケスタンとセミレーチエにとって必要なのは、自治ではなく、広範な自治機関を有する植民地制度であり、それも、ロシアに統治と創造的な活動を委ねるものである」と主張するのである。А. В.

Панфилов, Материалы следственной комиссии при Семиреченском военно-революционном комитете как источник по истории политических репрессий. «Известия Национальной Академии Наук Республики Казахстан», серия общественных наук, 1995., No. 2, с. 74. сс. 74–79. この「手記」には、一九一五年に彼が『ヨーロッパ報知』で表明した立場、つまり、ロシアのトルケスタン支配における文明史的役割の主張が受け継がれている。ウファ県のメンゼリンスク郡の貴族の家系に、しかし、ウラルにではなく、中央アジアのタシケントに、ロシアによる攻略のその年に、その支配の落とし子のようにタシケントに生を享けた彼の最後の弁明であった。ナロードニキから出発し、一九〇五年と一九一七年の革命を植民地で生きた彼の興味尽きない生涯が、ここにはある。

(26) С. Брайнин, Ш. Шафиро, Советский переворот..., сс. 65–66; И. Русаков, Борьба за советскую власть..., с. 39.

(27) «Победа Октябрьской революции в Киргизии», сборник документов. 1917–1918. Фрунзе, 1977, Nos. 126–27, сс. 154–55; No. 149, с. 177.

(28) С. Н. Покровский, Победа Советской власти..., сс. 126–27.

(29) А. Г. Зима, К вопросу об установлении советской власти в Киргизии, «Материалы объединенной научной сессии...», с. 131; История Киргизии, Т. II, сс. 48–49; «Великая Октябрьская соц. рев. и гражданская война в Киргизии», No. 87, сс. 91–92; прим. 21, сс. 372–73; «Победа Октябрьской революции в Киргизии», No. 184, сс. 205–206; No. 190, с. 210; No. 192, с. 212; No. 202, сс. 219–20, прим. 36, с. 351.

(30) セミレーチエ州の第二回農民大会にはムスリムの村落（アウル）からも四〇人の代表が加わり、カザフ人トカシュ・ボキンも原住民を代表して挨拶している。また、三月四日に組織された州の軍事革命委員会に彼を含め三人のカザフ人も参加している。«В огне революции», сс. 235, 243; С. Н. Покровский, Из истории второго Семиреченского..., с. 7.

(31) «Победа Великой Октябрьской социалистической революции в Казахстане», No. 152, с. 179. 一九一七年にトルケスタンの各地に生まれた農民ソヴェトは、ムスリム代表の参加を求めたが、基本的には外来の入植農民を主体にしていた。第一回トルケスタン地方農民大会で、ウズベク農民は「我がシャリアートは他人の所有権の侵害を許さない、我が神聖なシャリアートが強制収用を厳しく禁止しているからである」と述べ、大会への参加を拒んでいた。Е. Зелькина, Очерки по аграрному вопросу в Средней Азии. М., 1930, с. 84.

(32) «В огне революции», с. 235.

(33) «Победа Великой Октябрьской социалистической революции в Туркестане», No. 152, с. 133

(34) «Победа Октябрьской революции в Киргизии», No. 127, сс. 154–55.

(35) «Великая Октябрьская соц. рев. и гражданская война в Киргизии (1917–1920 гг.)», документы и материалы, Фрунзе, 1957, No. 32, с. 52; No. 37, сс. 55–56.

(36) Г. Сафаров, Колониальная революция, (опыт Туркестана), М., 1921, с. 77.

(37) С. Н. Покровский, Из истории второго Семиреченского..., с. 8.

(38) Г. Трофимов, Из прошлого компартии в Джетысу, с. 276.

(39) «Победа Великой Октябрьской социалистической революции в Казахстане», No. 227, с. 240. 史料の編者は“русская”を“российская”に訂正し収録している。しかし、辺境植民地で非ロシア系異民族が圧倒的多数をなし、そこで移民入植者が、自らの革命をロシア(人)の“русская”とするか、非ロシア系の人々も含めたロシアの“российская”と形容するかは、革命主体の意識に係る重大な問題である。この場合、史料編者の訂正は、革命の文脈に照らして誤りである。

(40) Там же, No. 250, с. 270.

(41) С. Н. Покровский, Из истории второго Семиреченского..., сс. 8–9.

(42) トカシュ・ボキンのトクマク地区での飢えたキルギス人の救済活動を参照せよ。«Победа Октябрьской революции в Киргизии», No. 251, с. 271.

(43) «Победа Великой Октябрьской социалистической революции в Казахстане и образование Казахской АССР», No. 62, сс. 108–109.

(44) «Победа Великой Октябрьской социалистической революции в Казахстане. 1917–1918 гг.», с. 389; «История Киргизии», Т. II, с. 74.

(45) «Победа Великой Октябрьской социалистической революции в Казахстане. 1917–1918 гг.», с. 389.

(46) «Победа Октябрьской революции в Киргизии», No. 245, сс. 264–65. この方針に基づいて三月二五日に農業人民委員補は、各郡に土地改革のための委員会を設置し、移民局をはじめ旧農務省の技師のソヴェト権力への協力を呼びかけた。Там же, No. 246, сс. 265–66; «Победа Великой Октябрьской социалистической революции в Казахстане. 1917–1918 гг.», No. 284, с. 318;

(47) «Великая Октябрьская соц. рев. и гражданская война в Киргизии. (1917–1920 гг.)», No. 85, сс. 90–92.

(48) «Победа Великой Октябрьской социалистической революции в Казахстане. 1917–1918 гг.», No. 340, сс. 363–64; No. 341, с. 364. 一九一八年七月一六日には、州農業人民委員でボリシェヴィキのＨ・Ｈ・ザトゥイルニコフは、土地改革の「基本」として「消費・勤労基準」を採用するよう指示している。«Победа Октябрьской революции в Киргизии», No. 272, с. 292.

III　一党制の形成

中央アジアの植民地セミレーチエに成立したソヴェト権力は、辺境のコサックと敵対し、カザフ、キルギスの原住ムスリムを疎外しつつ、移民＝入植者の社会に依拠していた。トゥラル・ルィスクーロフは、セミレーチエの初期ソヴェト権力は移民の「クラーク分子」と旧帝政下の官僚に汚染され、原住民のソヴェトへの参加を妨げようとしたと指摘している。[1] ヴェルヌイでのソヴェト権力樹立後、近郊の兵村からコサックが原住民を従えて市を包囲する行動に出た。農業に従事する市民は、市外の農作業に赴けず、市への給水も止められた。この州都包囲は、結局、ピシュペク、トクマク地方の入植農から編成された義勇隊の支援を得て破られたが、[2] ソヴェト権力の樹立は、同時に、植民社会の事実上の内戦の始まりであった。内戦へ突入するこの状況で、セミレーチエのソヴェト権力は二つの革命政党に担われていた。コサックの包囲を破って、一九一八年の五月二五、二六日に各郡からの代表を集めて、ヴェルヌイでソヴェト会議が開かれた。ここで、二一人からなる州ソヴェト執行委員会が選出されたが、その党派構成はボリシェヴィキ一九人、左派エス・エル二人で、[3] 議長はH・ブィコーフであった。[4] この二つの党派は、ソヴェト権力の与党として、また、植民社会の二つの瞳として、そこに根をはりつつ、その矛盾し苦悩する表情を体現していくことになる。

植民地セミレーチエでは、すでに一九一七年の革命過程において、自称、他称を含め個々のボリシェヴィキが、体制への脅威を含意するものとして登場していたが、彼らが組織的結集をとげるのは、ソヴェト権力樹立の後を追ってのことである。当州で最初のボリシェヴィキの組織的結集は、一八年の三月一〇日である。この日、ヴェルヌイで社会民主党員の集会がもたれ、ボリシェヴィキの綱領が説明され、臨時の幹事会が選出されている。[5] ピシュペク市では、三月一三日に組織ビュローがつくられ、四月二日にソヴェトの建物で最初の組織集会が開かれ、自ら共産党に属するとみなすソヴェト代議員から党組織が形成された(6)。プルジェヴァリスクでは、七月に郡ソヴェトで綱領と規約が説明され、共産党組織をつくることが決定されている(7)。共産党の組織形成は、ギャルケントで一二月、トクマクで翌一九年の一月末、ナルィンで二月末とさらに遅れ、内戦の場となったレプシンスク郡では、それが終了した二〇年のことであった(8)。

他方、左派エス・エルは、ブレスト講和を機に党中央委員会が示した共産党とのブロック解消の方針とは異なり、ソヴェト権力のために共産党と協同して活動すると表明した(9)。その後も、党中央から独自の方針をとり、一八年五月末から秋に、主に入植農民を中心に大きく組織的結集をとげていった。五～六月に、ピシュペク市とヴェルヌイ郡で、セミレーチエ州の左派エス・エルの指導者Ю・モルチャーノフによって、多くの党細胞が組織されている。ピシュペク市では、左派エス・エルの党員は八月末の二二〇人から、一一月一日に七〇〇人、一一月半ばに一二〇〇人と急増している(10)。人口二万五千の当市にとって、この数は大きく、その組織率は非常に高い。ヴェルヌイでは、左派エス・エルは六〇〇人の党員を擁し、郡ソヴェト執行委員会では七人の共産党員に対して、一三人が左派エス・エルで、彼らは多数を制した(11)。プルジェヴァリスク郡では、「左派エス・エルの党は、当初、〔共産党〕より強力であった。……あらゆる手段を講じて、我々に対抗し、充分な勢力を有し、自らの煽動を広く行い、大衆のなかにより多くの活動家を送った。これにより〔共産〕党の細胞を壊滅させ、我々の活動は、一部、無に帰した」と、当郡の代表は、一九年六月の第三回トルケスタン共産党大会で述べていた(12)。中央部ロシアでは、一九一八年の春から夏にかけてソヴェトで大きな勢力をもっていた左派エス・エルは、モスクワでの七月事件以降、急速に分裂・解体していくが、植民地トルケスタン、そしてその一州セミレーチエでは、彼らは増勢し、共産党と拮抗する勢力として現れていたのである。

この二つの革命政党は、ともに植民地の移民＝入植者を社会的基盤としていたが、内戦へ突入しトルケスタンがロシアから切り離され、経済的困難をきたすなかで、具体的施策と政務の個々の管掌をめぐり、対立を深めていった。農業政策では、貧農委員会を設置し、穀物の強制的調達を目指すボリシェヴィキに、左派エス・エルは反対し、結局、セミレーチエ州をはじめトルケスタンには、貧農委員会は組織されなかった。[13] 民族問題では、原住民のソヴェト権力への参加を主張し、そのために活動するボリシェヴィキに、左派エス・エルは厳しい警戒の念を抱き、反発した。左派エス・エルは、ヴェルヌイで州民族問題コミッサールとして活動するカザフ人、トカシュ・ボキンに厳しい批判を行った。ピシュペク市では、一九一六年ムスリム蜂起で中国へ逃れ再び戻ってきた貧しい原住民を組織し、彼らの間で信望を得て、郡民族コミッサールとして活動していたタタール人、フスヌッラ・ハサーノフも、左派エス・エルの告発を受け、一〇月に彼を含め三人のボリシェヴィキの民族問題コミッサールが逮捕されるに至った。彼ら三人は、やがて、一二月にベロヴォートスコエ村を中心とする入植農民の蜂起のなかで殺害される。[14] 植民地のソヴェト権力の政策の根幹をなす、これら農業、民族問題での両与党の対立に加え、七月後半にタシケントからセミレーチエへ、非常大権コミッサールとして左派エス・エルのП・チェゴダーエフが派遣されてきた。彼は当州の左派エス・エルの組織化を大きく進め、州ソヴェト執行委員会議長へ就任するが、共産党からの強い反発にあった。結局、彼は解任と再任を繰り返し、両党の対立を先鋭化させ、秋には同州を去らねばならなかった。[15]

二つのソヴェト与党のこのような対立は、トルケスタン全体でも進行し、一八年秋にソヴェト権力は危機的様相を呈した。一八年一〇月五〜一四日にタシケントで開かれた第六回トルケスタン地方ソヴェト大会は、共産党員四九名、左派エス・エル二五名、計七四名の中央執行委員会を選出したが、政府(人民委員会議)のポスト配分をめぐり、両党は厳しく対立した。比例配分を求める共産党に対し、共産党との対等配分を求める左派エス・エルは、人民委員会議への参加を拒み、政府への自党の責任を解くと表明したのである。[16] 左派エス・エルの人民委員会議への参加拒否にあい、トルケスタンのソヴェト権力は、危機に瀕したのである。

だが、この権力危機の進行と同時に、両党の合同により、危機の打開を目指す動きが現れてきた。第六回トルケスタン地方ソヴェト大会と同時に開かれた第一回セミレーチエ州ソヴェト大会は、一転して両党の合同に向けて動き出したのである。この大会の代議員構成はもっぱら農民的で、最初は左派エス・エルが大会を制したが、共産党も農民の利益擁護を訴え、無党派農民は共産党の支持に動いた。このような流動的状況のもとで、左派エス・エルの会派は、一〇月一五日に次のような決議を大会に提出し、採択されたのである。

「左派エス・エル党と社会民主主義者であるボリシェヴィキの綱領が、土地社会化とコミューンの実現という主要な点で一致していることが明らかとなった。左派エス・エルの会派は、統一が力であり、同志ボリシェヴィキとともに同一の目的を目指しながら、我々が別々であるよりも共同する方がはるかに大きな事業を成就できると認識し、個々の党員の自由な選択に委ねつつ、ボリシェヴィキの党に合同することを決定した。[17]」

大会で左派エス・エルと共産党の合同が決定されたのである。大会は、さらに「土地はそこで働く者、それを個人の力で耕す者へのみ」渡すという勤労原則に従って、土地改革を実施することを州農業委員部へ求めると確認している。[18]セミレーチエ州の二つの革命与党は、ソヴェト大会の最中に、入植農民の利害の擁護を確認し、両党の目標が一致していると意識して、合同へ向けて動き出し、「ロシアの民主主義勢力によって始められた生活の社会主義建設」を最後まで完遂すると表明したのである。[19]

これ以降、当州の各郡で左派エス・エル党の解散と共産党への合同が進行し、この過程は一九年春に完了する。ピシュペク郡は左派エス・エルがセミレーチエ州で最大かつ最強の勢力をもち、第一回州ソヴェト大会には、ボリシェヴィキの一一人の代議員をはるかに上回る二三人を送っていた。ここでも両党の合同は急速に進行した。一〇月二一日に郡ソヴェトが両党の合同決定を歓迎すると述べ、一カ月後の一一月二一日には、郡ソヴェト執行委員会が左派エス・エルの解党を承認した。[20]ヴェルヌイ郡では、一〇月二五日に郡ソヴェト議長でボリシェヴィキのП・M・ヴィノグラードフが、両党の合同の意向を伝え、ヴェルヌイの左派エス・エルは、翌年二月一九日に、「党派的反目はソヴェト権力の公然、隠然たる敵に手を貸すのみである。彼らはこれを利用して悪辣な煽動と反革命の言動をなすための土壌をつくっている」と表明し、自らの党組織を解散した。[21] 左派エス・エルが強力であったトクマク郡、プルジェヴァリスク郡でも、一九年春までに同党組織が解散されている。[22] このようにして、セミレーチエ州では、流動的な党派性の現れる地方ソヴェトで、両党会派の合同が表明され、一挙に左派エス・エルの解散と共産党との合同へと進んでいった。

セミレーチエ地方から始まったこの合同の動きに促迫され、また、一九一九年一月の軍事コミッサール、К・П・オーシポフのクーデター未遂で頂点に達したタシケントのソヴェト権力の危機のなかで、[23] トルケスタン地方全体が大きく両党の合同へと向かった。一八年秋までの、植民地社会を基盤とする二つのソヴェト与党の関係の先鋭化は、両党の合同へと反転したのである。一九年三月の第七回トルケスタン地方ソヴェト大会は、この合同を政治的に演出する場となった。大会初日に、トルケスタン共産党中央委員会議長のА・Ф・ソーリキンは、両党合同の方針を歓迎し、左派エス・エル党の指導者К・Я・ウスペンスキーは、大会に向かって次のように説明した。

「問題は新しいものではない。二つの党に関する、すなわち、プロレタリアートの二つの陣営、つまり、二つの党への分裂というこの問題は、ことあるごとに我々を苦しめてきた。党派的な意見の相違や争論、ありとあらゆる些事などが、党派間の敵対をさらに一層、煽った。これらの肖像が〔オーシポフのクーデターで殺害された共産主義者を指しつつ―引用者〕、もはやこのように活動してはならない、そのような状態がこれ以上続いてはならないと示している。というのは、これは、ただ反革命を利するのみだからだ。そこで、我々、社会主義者にして革命家である左派は、プロレタリアのこれ以上の分裂は無意味で犯罪的であるとの結論に達した。……というのは、現情勢では、綱領と戦術は共産主義者と少しも異ならず、結局、我が党はプロレタリアートと極貧の勤労農民の独裁を支持しているからである。これらの判断から、エス・エルのタシケント組織全てと党中央委員会の多数派は、共産主義者＝ボリシェヴィキの党との合同を決定した。」[24]同じ三月に開かれたセミレーチエ州の第二回ソヴェト大会では、この合同過程から排除された左派エス・エルが、最後の抵抗を行った。彼らはソヴェト権力の「人民性」と「無党派性」を主張し、党派の権力への介入、農業集団化やコミューンの形成、ソヴェトへ原住ムスリムを引き寄せ参加させることを非難した。[25]これは、入植農民の政治的雰囲気を一定程度、反映するものであったが、しかし、これを最後に、左派エス・エルは、植民地セミレーチエの政治から姿を消すことになった。

このようにソヴェトを基盤に形成され、植民地社会に同じく根をもつ左派エス・エルをも吸収・合併して、植民地セミレーチエの単一の独占的な政治の担い手となった共産党には、いくつかの重要な特徴があった。まず第一に、ロシア中央部のモスクワや、トルケスタンの革命の拠点タシケントからの組織的自立性が指摘される。州都ヴェルヌイの党組織は、セミレーチエ全体の党組織の中心ともなっていたが、タシケントのトルケスタン地方党委員会から何らの指導も支援も得ていなかった。党の文書といえば、綱領とわずかの小冊子をもつのみで、党規約は一八年六月に自ら作成せねばならなかった。[26]党組織のこの自立性は、トルケスタン地方でタシケントを擁するスィルダリア地方とならぶ党勢をセミレーチエ地方がもっていたことにも裏づけられていた。[27]タシケントに匹敵する党勢とその自立性のゆえに、一九年一月にオーシポフの軍事クーデターでトルケスタンのソヴェト権力に一時空隙が生じた際、セミレーチエ州ソヴェト執行委員会は、タシケントにかわり自らがトルケスタン共和国の最高権力と表明し、支援部隊のタシケント派遣を決定したのである。[28]植民地セミレーチエのソヴェト権力の強い中央志向性と、それを担う共産党の組織的自立性は、やがて、モスクワやタシケントから派遣された「中央活動家 центровики」と地方活動家の間に強い緊張を生み落とすことになる。

第二に、共産党の社会的および民族的構成についても、その特質を確認しておかねばならない。セミレーチエの党組織は、一八年春から植民地の雑多な社会層から党員を得て拡大していった。党がソヴェト権力樹立後、ソヴェトを母体として、むしろ政権党として発足したという事情により、植民地の検事補や正教会の聖職者など旧体制を支えてきた人々も容易に党に含み込むことになった(29)。これらの人々に加え、都市の住民、郡部の入植者の間に組織を大きく拡大していったことが重要な特質となる。セミレーチエの党組織は、土地とソヴェトのために闘う人々全てが入党し、「純粋に農民・町民グループ」を基層とする政党の観を呈したのである。トクマク郡では、一九年二月までにトクマク市に三〇〇人の党員を組織していたが、郡部では入植村落の全てに党細胞があり、そこに四〇〇〇名の主に入植農民からなる党員を擁していたのである。この社会的構成を植民地の民族関係に翻案すると、これはもっぱらロシア人やウクライナ人などの移民からなる党組織を意味した。州都ヴェルヌイの党組織は、一八年八月に党員一八三人中、これらヨーロッパ系の人々が一六九名を占め、原住民はわずか一四人であった(30)。一九一六年のムスリム蜂起以来の民族的不信と敵対の渦巻く植民地セミレーチエで、原住のムスリム民衆を党とソヴェト側に組織し、白軍に対抗させることは事実上、困難であった(31)。ソヴェト権力とその担い手となった共産党にとって唯一期待できる社会層は、ヨーロッパ系の入植農民と土地を求めて都市に滞留する住民＝町人であった。共産党は、都市と入植村落の外来移民を基盤としながら、原住ムスリム民衆からも個々の党員を迎えつつ、植民地社会に根をはっていくのである。

第三に、セミレーチエの共産党組織は、その組織的自立性と社会的構成のゆえに、植民地社会のエートスをその母班として強く刻印することとなった。州都ヴェルヌイには正教会の監督区主座がおかれ、トルケスタン全体の正教活動を統轄していたが、ヴェルヌイで発行されていた州ソヴェト機関紙『セミレーチエ勤労人民通報』は、共産党員で僧院長シマノーフスキーが編集していた。その紙面には「ユダヤ・ゲルマン」に反対する反セム主義の論説がしばしば掲載され、異族人の諸言語を一つの友好語、すなわちロシア語に三カ年で取り替える計画さえ発表されたのである。ヴェルヌイの党員の多くも、キリストとその使徒を「最初の優秀なコミュニスト」とみなしており、党員集会でキリスト教信仰が浸潤するような社会的風土のなかで、市のムスリムの党細胞は宗教的狂信に汚染されているとされ、一九年三月に解散、再組織されるのである。[32] セミレーチエの党組織は、独自に作成された党規約に農村で横行する私刑 самосуд を原則的に認めないという条項を入れたように、[33] 移民=入植者の社会から、共産主義者の組織としての党の自立性を保持しようと努めていた。だが、農村への党の拡大は、農民の行動様式に順応して進められ、このことは、逆に農民の行動様式と社会意識を党へフィードバックさせる道をも開いた。ヴェルヌイ市の党組織は、入植農民の共同体集会であるスホードと、その取り決めであるプリガヴォールに依拠して党の組織化を進めている。旧開村ウズン=アガチュでは、村スホードが党の組織者としてフロール・シロチューク某を選出し、彼に「ボリシェヴィキを組織することを委任した」という取り決めを作成していた。他の村落でも同様に村スホードで党の細胞がつくられていった。村人の連帯責任と二人の農民の保証書をつけて、農民は入党し、共産党の組織が生まれていったのである。[34] 村スホード、プリガヴォール、連帯責任を通じて、末端の党組織は入植農民の共同体への同化にたえずさらされていたといえよう。また、農村からソヴェトへの代表選出も村スホードで行われ、[35] ソヴェトを通じて、その独占的な政治の担い手となった共産党へも植民社会の影響は及んだのである。セミレーチエの党組織は移民=入植者のキリスト教信仰をはじめとする植民地のエートスのなかで、それに深く染まりながら形成されていったのである。

このようにして、一九年春には植民地セミレーチエ、そして、そこを含めトルケスタン全域でも単一の政党、共産党がソヴェトで独占的政治力を行使する一党制の政治システムが形成された。これは、植民社会に同じく基盤をもつ左派エス・エルと共産党の合同によるが、同時に、独自のムスリムの政治・社会組織の形成に対し禁圧的な体制でもあった。[36] ソヴェト権力も、その担い手たる共産党も植民主義に浸透されていたのである。

（1） Т. Рыскулов, Первые шаги советов в Семиречье. “Казахстанская правда”. 23 апреля 1935 г., в кн. Т. Рыскулов, Избранные труды. Алма-Ата, 1984, с. 202.

（2）　«Великая Октябрьская социалистическая революция и гражданская война в Киргизии (1917–1920 гг.)», cc. 16–17, No. 77, c. 85; No. 81, c. 87.

（3）　Там же, No. 88, c. 93; «Победа Великой Октябрьской социалистической революции в Казахстане. 1917–1918 гг.», Алма-Ата, 1957, No. 227, c. 240.　別の史料はボリシェヴィキ一八人、左派エス・エル二人、計二〇人から構成されたとしている。Там же, No. 334, c. 87.

（4）　ブィコーフは植民地セミレーチエの兵士、農民のなかで、地域の社会運動の指導者として登場してきた。«1917 год в Казахстане», Алма-Ата, 1977, c. 247.　「半年前までエス・エル党にいた」、「左派エス・エルであった」との形容を付しつつ、セミレーチエ州ソヴェト執行委員会議長としての彼の動揺を説明する研究もある。В. К. Григорьев, Блок большевиков с левыми эсерами в Казахстане (октябрь 1917 г.– март 1919 г.). «Вопросы истории Компартии Казахстана», вып. 16, cc. 156, 166. しかし、彼の動揺は、彼のかつてのエス・エルとの関係によってではなく、ボリシェヴィキと左派エス・エルというソヴェト与党の当時の複雑な関係の反映とみるべきであろう。

（5）　«1917 год в Казахстане», No. 213, cc. 239–40.

（6）　А. Н. Зорин, Революционное движение Киргизии (Северная часть). Фрунзе, 1931, c. 30; «Победа Октябрьской революции в Киргизии», No. 172, cc. 192–93.

（7）　Там же, No. 206, cc. 224–25.

（8）　Г. И. Трофимов, Из прошлого компартии Джетысу. «В огне революции», Алма-Ата, 1957, c. 226.

（9）　П. П. Никишов, Из истории краха левых эсеров в Туркестане. Фрунзе, 1965, cc. 84, 87.　ニキショーフのこの研究は、トルケスタンにおける共産党と左派エス・エルの関係を扱う唯一のモノグラフィーであるが、トルケスタンの左派エス・エルの政策の自立性を「偽善」とみなし、その「破産と崩壊 крах и разгом」を追求する方法は、ソ連の「非プロレタリア政党」研究に共通する問題を孕んでいる。

（10）　Там же, cc. 91–92.　一〇月末現在で、左派エス・エルが七〇〇人に対して、共産党は一五〇〇人の党員を擁していた。«Победа Октябрьской революции в Киргизии», сборник документов 1917–1918. Фрунзе, 1977, No. 303, c. 321.

（11）　В. К. Григорьев, Блок большевиков с левыми эсерами..., c. 166.

（12）　П. П. Никишов, Из истории краха левых эсеров..., c. 90.

（13）　Там же, cc. 99–100.

（14）　Там же, cc. 100–102.　ハサーノフの活動については次の史料を参照されたい。«Победа Октябрьской революции в Киргизии», Nos. 212, 214, 218, 221.

(15) П. П. Никишов, Из истории краха левых эсеров..., сс. 90, 110–11; В. К. Григорьев, Блок большевиков с левыми эсерами..., сс. 156, 166–67.

(16) П. П. Никишов, Из истории краха левых эсеров..., сс. 109–13.

(17) Там же, сс. 114–15. 一〇月一五日のこの合同決定は、モスクワやタシケントの状況を考慮して、一〇月二〇日には廃止され、再び二つの会派を自由に選択することが、大会代議員に認められた。«Великая Октябрьская соц. рев. и гражданская война в Киргизии (1917–1920 гг.)», No. 151, сс. 146–47. しかし、両党はソヴェト大会で合同への志向を明らかに示したのである。

(18) 勤労原則に基づく土地改革とは、植民地セミレーチエの土地関係の史的文脈のなかで翻案すると、富裕な旧移住民、コサック、原住ムスリムの個別経営を越える「余剰地」を没収し、貧しい移民に分配することを意味した。Г. И. Трофимов, Из прошлого компартии..., с. 284; «В огне революции», с. 229.

(19) «Великая Октябрьская соц. рев. и гражданская война в Киргизии (1917–1920 гг.)», No. 157, с. 151.

(20) П. П. Никишов, Из истории краха левых эсеров..., сс. 114–15, 121. ピシュペク郡の共産党と左派エス・エルの両党は、対立点を孕みながらも、一八年一一月初めまで「一致協力して」活動を続けていた。両党は、農民ソヴェトや土地水利委員会の組織、赤軍志願兵の徴募に際しても協力し、一一月七日の革命記念日の祝賀行進にもそろって参加していた。«Великая Октябрьская соц. рев. и гражданская война в Киргизии (1917–1920 гг.)», No. 124, с. 123; No. 109, с. 110; No. 137, с. 139; No. 140, сс. 140–41, No. 165, с. 156. 両党のソヴェトを場とするこの「共闘」は、一〇月二四日に郡ソヴェト執行委員会と人民委員会の合同会議で、両党フラクションの合同を決定するに至って最高点に達した。Там же, с. 385. しかし、入植村落の不穏な状況、とりわけ一二月に入ってのベロヴォートスコエ村の農民反乱と、一部左派エス・エルがそれに加担する情勢のなかで、共産党の左派エス・エルへの対応は厳しいものへ変わっていった。一一月一九日の郡ソヴェトの共産党会派の緊急会議は、「綱領が同一のため」左派エス・エルの党員全てに共産党への合流が呼びかけられたが、入党せず活動を妨げる者がいると確認し、「左派エス・エルの残留者を左派とは認めず、その集会を禁止すると〔ソヴェト〕執行委員会に提案し、彼らを一掃する」と決定した。さらに、この緊急会議で、共産党は両党の綱領の一致を強調し、左派エス・エルに自党への合同を強く迫り、彼らの入党手続きを定めるとともに、「新党の形成はソヴェト権力とボリシェヴィキ会派の許可なくしては、どのようなものであれ禁止する」と決定したのである。Там же, No. 169, сс. 159–60; No. 186, с. 170. 一一月一九日には両党の合同会議も開かれ、六六人の左派エス・エルの離党と共産党への合同が明らかになっているが、この日が、ピシュペクの政治史、とりわけ一党制政治システムの形成の視点から画期をなしている。左派エス・エルの自発性を尊重しつつ、ソヴェトでの「共闘」を通じての協同と対等の立場で合同を目指すそれまでの方針から、左派エス・エルの解体と吸収を求める強硬な強制的方針に転換したのである。一二月九日にピシュペク郡ソヴェト執行委員会は、入植農民の反乱が広がるなかで、エス・エル党員の逮捕を命じた。Там же, с. 386. 両党の合同と一党制政治システムの形成に至る過程で、この自発性と強制のモメントは、その強弱の程度の差はあれ、ピシュペク地方に限らず各地でみられた。

(21) П. П. Никишов, Из истории краха левых эсеров..., сс. 121, 145–46; В. К. Григорьев, Блок большевиков с левыми эсерами..., с. 172.

(22) П. П. Никишов, Из истории краха левых эсеров..., сс. 145–46.

(23) 一九年一月一八日から一九日にかけての夜に、軍事コミッサールのオーシポフによる反乱が始まり、トルケスタン政府の指導的人物一四名が殺害された。ボリシェヴィキのオーシポフが引き起こしたこの事件の複雑な政治的背景と性格については、すでに、一九二〇年代に解明に向けての努力がなされたが、それ以降、現在まで、充分な研究分析がなされず、反革命事件として処理されている。См., Муравейский, Очерки по истории революционного движения в Средней Азии. Ташкент, 1926, сс. 24–25; С. Болотов, Из истории Осиповского мятежа в Туркестане. «Пролетарская революция», 1926, No. 6; Очерки истории Коммунистической партии Узбекистана. Ташкент, 1974, сс. 79–80.

(24) П. П. Никишов, Из истории краха левых эсеров..., сс. 150–51.

(25) Там же, сс. 155–57.

(26) Г. И. Трофимов, Из прошлого компартии..., с. 281.

(27) Очерки истории Коммунистической партии Казахстана. Алма-Ата, 1963, с. 173; Очерки истории Коммунистической партии Узбекистана. Ташкент, 1974, сс. 82–83, 104.

(28) Г. И. Трофимов, Из прошлого компартии..., с. 293.

(29) Там же, с. 289. 植民地の革命に深く通じていたサファーロフは、トルケスタンではソヴェト権力がボリシェヴィキと左派エス・エル両党をつくり、両党とも著しい数の「冒険主義者、出世主義者」の隠れ家となったとし、ここではボリシェヴィキの党も「政権党」以外ではなかったと指摘した。革命の指導者の一人として活躍し、共産党との合同に導いた左派エス・エルの指導者で医師のК・Я・ウスペンスキーは、その政治的経歴を大ロシア民族主義の「ミハイル・アルハンゲル同盟」から始めている。彼に植民地トルケスタンの革命の社会的な性格が人格的に表現されているといえよう。Г. Сафаров, Колониальная революция (опыт Туркестана), М., 1921, сс. 67, 71.

(30) Г. И. Трофимов, Из прошлого компартии..., сс. 279-80.
(31) Там же, сс. 282-83.
(32) Там же, сс. 289-90, 294.
(33) Там же, с. 281.
(34) Там же, с. 289.
(35) «Великая Октябрьская соц. рев. и гражданская война в Киргизии (1917-1920 гг.)», Nos. 100-102, сс. 101-102.
(36) アラシュ・オルダ、イスラム会議 Шуро-Ислам の組織も禁止され、ピシュペク郡では全てのムスリム組織を廃止することが一八年九月に決定されている。Там же, No. 141, с. 141; История Киргизии. Т. II, Фрунзе, 1956, с. 60.

セミレーチエをはじめとする中央アジアの革命は、一九一六年のムスリム蜂起によって始まった。これは、原住ムスリムを主体とする第一の社会運動の波であり、続いて、入植農民を中心とするロシア人の第二の社会運動が、中央部ロシアの二月革命の影響を受けて展開する。植民地セミレーチエでは、この二つの社会運動の並存と対抗、そして交錯のなかで革命は展開していく。中央部ロシアの十月革命の衝撃のなかで、セミレーチエでは、入植農民を中心とするロシア人社会に反発し不信を募らせたコサック軍とカザフ人民族主義者が、軍事独裁を樹立した。この軍事独裁を破って、一九一八年春から夏にソヴェト権力を樹立するのは、入植農民と都市住民であった。植民地のこのソヴェト権力は、移民の入植社会に深く影響され、土地問題や民族問題で「偏向」をおかすことになる。こうして、植民地セミレーチエでの革命は、中央からの衝撃を受けながらも、地域の内在的な社会力学を基本動因として、その自立(律)性を示した。しかし、そこにみられる二つの運動の並存性は、内戦の終わる一九二〇年から解消に向かう。すなわち、中央からの政治圧力のもとで、この並存性を打破するために、党とソヴェトの「土着化 коренизация」が唱えられ、民族問題での「偏向」が指摘され、新たな土地改革が着手されるのである。

このような観点から、辺境植民地セミレーチエの革命全体を展望すると、一九一六年のムスリム蜂起を帝政ロシアの異民族支配の矛盾ととらえながらも、それと切り離して二月革命の波及から革命を叙述するのではなく、この蜂起を植民地における革命の始まりと位置づけるのが適切と思える。そのうえで、トルケスタン地方で最大の犠牲を払ったセミレーチエ南部のこの激しい反乱を「反動的」と性格づけ、反乱全体から分離・特殊化するのではなく、その内在的理解が求められているといえよう。ここでは、バターと呼ばれる「誓約」を交わし、部族ごとに結集し、自らのハンを推戴して戦う原住牧民に言及したが、その運動と意識の理解には、まだ程遠い。さらに、革命の自立(律)性とその過程の並存性という観点からも、総督クロパトキンのセミレーチエ植民計画が、二月革命後のトルケスタンの協調体制のもとでも、実質的に継承されていくことの意味も重大である。すなわち、二月革命が、辺境植民地セミレーチエにとって、地方高官の更迭・交替以上の何らかの「革命」の意味をもちえたのか、あるいは、革命史の叙述の始点をどこにおくべきかを、鋭く問わねばならないであろう。

辺境植民地をはじめ多様な地域での革命の展開を、後に政治を独占する共産党の「指導」、中央と地方の革命の「一体性」という枠に機械的に押し込めるのは、プロクルステスの寝台に劣らず知的に無謀な裁断であろう。ロシア革命史研究においても、かつての知的枠組み自体が再検討され、植民地における革命の検討を通じて、新しいロシア革命像とその全体的枠組みの構成が求められているといえよう。

第四節　ヴォルガ・ウラル地域における革命

我々のなかに、キルギス人やサルト〔現ウズベク〕人、トルクメン人、そしてバシキール人などの種族的な分離主義者も存在できる。……もちろん、これらの種族的な辺境の分離主義活動家たちの心の内は、明らかである。共通の土壌で活動するのに無力なため、彼らは限られた自らの領域で主導権を得ようとしている。……これらの人々が名誉を重んじることもなく、共通の事業にもたらした害毒は数え切れない。しかし、人民大衆の健全な本能が、ムスリム民主勢力の統一という軌道のうえで彼らを活動させるであろうと考えねばならない。そうでなければ、ロシアのムスリムにとっては、破滅と恥辱である！（アフメッド・ベク・ツァーリコフ、一九一七年七〜八月のカザンでの第二回全露ムスリム大会で）

ここでは、民族の概念はすでに自らの時代を終えたと語られた。ここで共産主義者と称する若干の人々が、我々は歴史的展望を失ったと語った。私には、まさにこれらの近視眼的な人々が、展望を、何よりも諸民族間の展望を失ったように思える。ロシアにおける民族問題は、それがロシアの全ての民族の勤労者の利益において解決されるときに一掃されるであろう。民族とその諸要求は作り話ではなく、反対に、これは社会主義者が考慮せねばならない現実である。もし我々が、この現実の力を重視しないならば、ロシアの革命は敗北するであろうし、このことをもって我々は社会主義の勝利を長きにわたって延期することになろう。（ムッラヌル・ヴァヒートフ、一九一八年五月一六日、モスクワでタタール・バシキール共和国創立ソヴェト大会招集のための審議会の閉会に際して）

I　一九一七年—諸民族の春

二月革命による帝政の崩壊を受けて、その辺境地域には民族の代表組織が次々と生まれた。ウクライナでは、キエフに中央ラーダが組織され、白ロシア、モルダヴィア、さらに、バルト地方やザカフカースでもそれぞれの民族が結集し、自らの代表組織を形成した。帝国の東方辺境地域では、中央アジアに「イスラム会議 шуро исламия」が、クリミアとバシキーリアには「クリルタイ курултай」という名称で、各地に一連の民族会議が生まれた。このような民族組織の形成と運動の始まりに呼応して、臨時政府は、すでに一九一七年三月二〇日に「信仰および民族的な制限の撤廃に関する」法を発布していた。(1)

しかし、この三月二〇日の法令は、民族および信仰に基づくあらゆる差別、制限の撤廃をうたったのであるが、帝国に居住する民族の自決については、慎重に言葉を回避していた。臨時政府で、その中核をなしたカデットは、諸民族に「自由な文化的自治」を認めていたが、これも「単一不可分のロシア」という前提のもとでのことであった。(2)政府はドイツ軍が占領したポーランドに対して条件付きで独立を認めたのを唯一の例外として、「自治」さえ公言しようとしなかった。

すでに、ウクライナの中央ラーダと首都の臨時政府との対立は昂進し、カデット閣僚の臨時政府からの退任と、それを契機とした七月事件を引き起こすことになるが、東方辺境地域でも、自立と解放の動きは進行していた。四月一〇日には、トロイツク市(オレンブルグ県)で、チェリャビンスク、クスタナイ郡の代表も加えて、郡ムスリム大会が開かれている。四月一四〜一七日には、ウファで県ムスリム大会が開かれている。四月二〇〜二七日には、カザンで、第一回全露ムスリム教師大会が開かれている。ヴォルガ中流・ウラル地域では、これらの県・郡レベルでの大会、教師の全ロシア大会でムスリムの要求がまとめられ、軍においてもムスリムの組織化が目指

されていた。(3)

五月一日から一一日まで、モスクワで第一回全露ムスリム大会が開かれた。大会は、第四国会のムスリム会派のイニシアチヴで招集され、ロシアのムスリムの統一と団結を示すことが意図された。大会はコーランの朗唱をもって始まった。しかし、大会はムスリム社会の多様性をむしろ露呈することになった。言語においても、政治的見解においても分岐していたのである。大会の指導部は、まず何語で会議を進めるかという問題で、永い間かかずらい、結局、タタール語とロシア語とされた。大会の議事日程には、国家の統治形態や文化的民族自治についてといった問題を含め一三の議題が前もって提示されていた。大会では、農業問題ではエス・エルの要求を支持し、労働問題では労働者の利益の擁護を求める決議を採択している。だが、国家統治の問題では、連邦か統一国家 унитарное государство を求めるかが鋭い争点となった。ここでは、アゼルバイジャンをはじめとする辺境からのムスリム代表は、一般に連邦主義者を支持し、これに対し内地ロシアのタタール人を中心に統一国家論者(ウニタリスト)が形成された。大会では、一〇〇〇人を越す代表のなかで、統一国家を支持したのは、二七一名で、連邦主義者 федералисты が勝利した。この連邦と統一国家をめぐる対立は、アゼリー人とタタール人の間で明確に区切れるものではない。内地ロシア、とりわけヴォルガ中流・ウラル地域からの代表にこの問題で統一がなかったことが、連邦主義者の勝利に寄与した。タタール人のなかでГ・イブラギーモフらは連邦主義者であったし、統一国家を支持した者には、アゼルバイジャン出身のA・ツァーリコフ、タタール人Г・テレグーロフらがいたのである。バシキール人の3・ヴァリードフも連邦主義者であった。しかし、大会での基本的対立は両者の間にあったのではなく、非ロシア系諸民族の権利を擁護した民主共和国の樹立ということが、彼らの共通の立場であった。連邦か、中央集権的な統一国家かは、そのうえでの意見の相違であった。これは、大会でカデットを代表してドルゴルーコフ公が挨拶に立ったとき、会場が一致して彼の言葉を遮ったことからも窺える。

大会で議長を務めたツァーリコフは統一国家論者(ウニタリスト)であり、文化的民族自治の主唱者であった。

大会の報告で、彼は、個々のムスリムが狭い種族的意識にとらわれていることを警告し、連邦がロシアを破滅へ導き、ムスリムの分裂が起きることを何よりも警戒した。そして、彼は、ムスリムを「特別の民族」として、その統一性を次のように訴えたのである。

「同一の先祖からともに生まれてきたということ、共通の領域、共通の言語、共通の歴史的運命、およびそれと結びついた文化、道徳、慣習、信仰の共通性、これらは全て、通常、民族に伴う指標であるが、常にではないとしても、時には、これらが、全てそろっているというわけではない。……民族の基本的な指標として宗教がある。言語は、宗教に比べて二義的な要素である。イスラムの普遍性を、もし、我々が考慮に入れるならば、このことは一層、明白である。ここから、結論が導かれる。ロシアのムスリムは、民族の出自、言語の多様性にもかかわらず、自らを特別の民族と考えることができる。この特別の民族は、イスラムに帰属しムスリムであるという意識によって規定されている。」

議長であり、大会を指導したツァーリコフは、ロシアのムスリム世界の多様性に対して、イスラムを強調し、「特別な民族」という考えでその統一を主張したのである。しかし、地域の自立性の志向と意識は強く、彼の報告は否決され、連邦主義者が勝利したのである。(4) ここでは、この大会で五八人からなるバシキール人代表が、領域的自治を求めて独自に行動しはじめたことに注目しなければならない。(5)

これらのムスリム諸民族の動きと並行して、五月一五日から、カザンで沿ヴォルガ小民族代表大会が開かれた。これは、沿ヴォルガ地域の小民族を集めた最初の大会であった。チュヴァシ、マリ、ウドゥムルト、モルドヴァ、カルムィク、洗礼タタールといった非ムスリム系の諸民族の代表が集まった。「異族人」と呼ばれる彼らの大会には、五〇〇人に及ぶ代表が集まったが、その大部分が教師と聖職者であった。彼らは、この地方でイリミンスキー方式のもとで養成された「異族人」の代表であった。大会議長に選出されたH・A・ボブローヴニコフは、その挨拶のなかで、「この大会はもっぱら教師の大会であるかのごとくである。したがって、教育に関する決定は、社会・政治生活の他の側面に関する決議に比べて、きわめて大きな重みをもっている」と述べている。[6]

大会では、統治形態、土地問題、地方自治と裁判、協同組合、教育と宗教について論議され、一連の決議が採択されている。統治形態に関しては、とりわけ長い論議がなされたが、モスクワで同時に行われている全露ムスリム大会からみると、論議ははるかに穏健であった。まだ自治の準備ができていないことを理由に民主共和国の要求が出されたり、辺域には州 штат を設置することを想定しつつ連邦制が最も望ましいとの意見が出されていた。結局、これらの考えを折衷するかたちで決議が採択された。決議は次のように述べている。

「沿ヴォルガの小民族の代表者の総会は、ロシアにおける統治形態の問題を審議し、

一、完全に人民の権力を確保する最良の国制の形態は、連邦共和国である、

二、ロシアという大国の住民の多数は、相対的に低い文化と政治の水準にあり、残念ながら、ロシアにおいて連邦共和国を直ちに導入する準備ができているとはみなされない、

三、ロシアに、今、連邦共和国を導入することを拒まざるえないがゆえに、ロシアにおいて民主共和国を樹立することに賛成しなければならない、

四、ロシアの民主共和国は、その基本的な法において、しかるべき文化＝政治的諸条件が整ったとき、連邦共和国へ移行することを妨げないように組織されねばならない、

これらを考慮して、満場一致で以下のように決定する。

憲法制定議会は、ロシアに民主共和国を樹立しなければならない、

a　個別の独立した歴史的過去をもつ辺境地域 окраины には、地方の条件に応じて政治的な、全ての小民族に対しては、文化的な自治を最も広範なかたちで委ね、

b　ロシアという大国の住民の全てに、最も広範な自治 самоуправление を委ねる。」（傍点強調は原文隔字体）[7]

農業問題では、私的土地所有を否定し、全ての土地を勤労・均等用益に収用するとし、憲法制定議会までは土

地占拠は自制するとの、エス・エルの方針を採択している。地方自治に関しては、郷ゼムストヴォの早期実現と民族ごとの比例代表、郷裁判にも民族ごとの比例代表と母語の導入を含む改革が求められた。

この沿ヴォルガ小民族代表大会は、その独自性を何よりも教育と宗教をめぐる論議のなかで示している。それは、この地域の諸民族がおかれていた信仰と教育をめぐる歴史的状況に関係していた。学校問題に関する報告は、マリ人のЛ・Я・メンドリヤノフが行った。彼は、ロシアの学校に通った者が、自らは、自分の民族から引離されたと感じ、多くが母語を話せなくなり、民衆は彼を裏切り者、背教者とみなすという異族人をとりまく悲劇的状況を紹介した。そのうえで、大会で採択された国民教育に関する決議では、母語の主張が強く現れた。その第一項で、初等・中等学校での教授語は母語でなければならないと、母語による教育を求め、第二項で、母語で教育を行う高等民族学校の創設を求めるが、当面は、ロシアの国立の高等教育機関に小民族の言語・歴史・民族学の講座を開設することを求めた。第三項では、ロシア語は初等・中等学校では教科の一つとし、カザンに高等教育施設として予定されている小民族教育大学ではロシア語は国家語で教授語とすると確認された。大会は、母語の導入と高等教育における小民族のための講座、あるいは教育機関の開設という点では、一致した。しかし、決議の宗教教育に関するところでは、対立が現れた。これは、決議の「宗教科目の教育は、生徒の多数派にとっても、少数派にとっても、国家によって保障されねばならない。しかし、宗教の授業への出席は、生徒にとって義務とはされない」という箇所をめぐってであった。この項目は、明らかに「異教 язычество」の教育も保障することを前提としていた。しかし、大会の洗礼タタール、チュヴァシ、ヴォチャーキの部会は、「神の法」の教育を無条件に義務とすることを求め、大会の聖職者らもこれを支持した。Н・И・アシュマーリンは「我々は異族人から慣れ親しんだ自らの信仰を奪った。その後で、我々は、決定をもって、キリスト教信仰からも異族人を引き離そうというのか。我が異族人は、そのような急激な変化から投げ捨てられるのではないか。これは、Н・И・イリミンスキーの基本的な理念に矛盾するのではないか」と主張した。これに応えて、メンドリヤノフは「宗教の繁栄は、神の法の授業へ出席するのを義務づけることではなく、教育という事業を行うことと伝道者の資質にかかっている」と反論した。大会は、「時間が短いため」、学校委員会の報告も、これらの反対意見も通報するにとどめた。教育に関しては、母語による教育の発展ということでは異論はなかったが、キリスト教あるいは、異教に基づく教育については、意見は分かれた。(8) ここに、イリミンスキーの正教に基づく異族人教育の危機が窺える。

大会では教会委員会からの報告に基づき決議を採択している。この決議では、カザンに府主教座をおき、そこに「異族人の気質と風俗に通じた人」としてウファの主教アンドレイを招くこと、母語での神への勤行、各教会に日曜学校を開設すること、キリスト教婦人同盟の結成などを求めた。(9) カザン府主教座の開設の要求は、正教へ改宗したこれら小民族「異族人」の自らの教会の確立への動きであったといえよう。アンドレイが、この地域でイスラム、タタール人の教育活動に対抗して、異族人の正教への改宗と教育に尽力してきた人物であることにも注目すべきである。この大会で結成された沿ヴォルガ小民族同盟は、その指導に著名な正教学者でチュヴァシのH・B・ニコーリスキーがあたったことも注目に値する。(10)

この後、この小民族大会に参加した民族が、それぞれ各地で大会を開いていく。チュヴァシは六月二〇日から二八日までシムビルスクで、ヴォチャーキが六月一三、一四日と七月一四日から一六日にグラーゾフで、マリが七月一五日から二五日までビルスクで、個別に大会を開いている。これらの民族大会では、国家の統治形態、農業問題、地方自治、学校と教育、宗教、生活慣習が論議されるが、これらの諸問題は、ヴォルガ中流域の異族人が帝国への「同化」の体系のなかで直面していた諸問題であり、それへの批判と、そこからの解放を模索するものであった。

ここではチュヴァシが正教の受容をむしろ徹底化しようとし、マリは「異教」とされ改宗を強いられてきた自らの信仰の再建をはかっている。農業問題では、チュヴァシの大会での決定にみられるように、エス・エルの定式を受け入れつつも、植民により有利で豊かな土地を追われたことを確認しながら、「移住」を民族の分散ではなく結集に向けて行うことを求めている。地方自治では、ゼムストヴォの導入と裁判での母語の許容が求められている。教育に関する決定では、母語による教育と民族教育が確認されている。生活慣習においては、民族の退化をきたすとして、飲酒や喫煙へも厳しい対応が示されている。チュヴァシ、ヴォチャーキは受容した正教の民族化を目指し、マリは民族宗教の保持発展を目指しつつ、民族の復興を果たそうとしているのである[11]。ここでは、ヴォルガ中流からウラルにかけて、正教とロシア語を通じての「同化」の体系に対する個々の民族の対応の差異が窺われるが、全体としてイリミンスキー体系のあり方が問われたのである。

これらの大会を経て、八月初めにカザンで第二回の沿ヴォルガ小民族代表大会が開かれている。第一回に比べ、参加者は少なく、第一回にみられた初発の画期的な意義はもたなかったとはいえ、大会期間中に、沿ヴォルガ小民族同盟はアピールを採択している。このアピールは「偉大な祖国の自由な市民、チュヴァシ、マリ、エリジャ、モクシャ、ヴォチャーキ、ズィリャン、ペルミャーキなど同胞へ」と題され、次のように訴えている。

「我々は、今まで非文化的で蒙昧であったが、啓蒙され教育されねばならない。弱い者は、強くしっかりした者になり、貧しい者には、巧みな自らの労働と熱意を通じて生活が保障されねばならない。祖国が、今日から継母ではなく、愛情深い母として、祖国の子である我々を、今までのような継子としてではなく、誇りとできるようにである。知識と神聖な労働に、万歳！……我々にとって関心をもち重大なことがらが、なんと似通っていることか、見よ。それは単に近いというだけでなく、全く同一なのだ。さらに分かち難いのである。チュヴァシにとって必要なことは、マリにも、モルドヴァにも、ヴォチャーキにも、ズィリャンなどにも同じなのだ。……我々の子は希望であり慰めである、彼らが、我々諸民族の再生を見とどけることになろう。この再生される建物に、我々は、最初の堅い石を、礎として据えよう。そして、この石とは、諸民族の崇高な統一である[12]。」

この地域のムスリム諸民族も一連の会議を開いている。六月二一日から八月二日まで、カザンで第二回全露ムスリム大会が開かれ、ここではＡ・ツァーリコフやГ・イスハコフらの「統一国家論者 унитарист」と、Г・イブラギーモフ、Ｃ・アトナグーロフらの「連邦主義者 федералист」の対立が顕著となった。この大会と並行して、七月二〇日からオレンブルグで第一回バシキール大会が行われ、八月二五日から三〇日にかけては、ウファで、第二回バシキール大会が開かれ、ここでは「チュルク統一主義者 тюрки-унитарист」への批判がなされている[13]。

ヴォルガ中流・ウラル地域では、統一国家の枠内でタタールを中心とするムスリムの文化的自治と統合を目指す動き、それに対抗して連邦制のなかで領域自治を掲げ独自の運動を展開するバシキール、さらに非ムスリム系の「異族人」が動きはじめた。これらの諸民族は、帝国への統合と同化から自らの解放と自立を求めるなかで、〈無階級性 бесклассовость〉と〈統一 единство〉にアクセントをおいた。無階級性の主張は、彼らがおかれた社会の周縁性とその相対的な同質性に基づくものであった。統一の主張は彼らの分散性の克服という要請に裏打ちされていた。これに対して、ロシア人の革命家たちは、民族を越えた〈インターナショナル性 интернациональность〉と〈階級性 классовость〉を基本に掲げて対抗していくことになる。

二月革命後、ヴォルガ中流・ウラル地域の諸民族は、民族の再生と解放を求めて動きはじめたのである。これらの運動の担い手は、非ムスリム系諸民族の場合は、イリミンスキー・システムのなかで育成されてきた教師と聖職者が大きな位置を占めていた。ムスリム系の民族では、聖職者とともに知識人も大きな役割を果たしていた。これらの文化的指導者である聖職者と近代的な啓蒙的知識人に加え、第一次大戦で軍隊へ召集され、そこで民族意識に覚醒した軍人＝兵士も運動のうえで大きな力となっていた。彼らは民族大会を通じて、各種の民族文化協会と民族ごとの軍人会議を組織し、「文化的自治」あるいは、バシキールのように「領域的自治」の実現を新生ロシアに要求した。

十月革命から内戦を経て、ソヴェト同盟の結成に至る過程で、この地域の様々な民族、政治グループによって、地域の再編と統合の具体案が出されることになった。とりわけ、ムスリムのなかで、タタール人を中心とするムスリム諸民族の「文化的自治」と統一を掲げる運動に対抗し、領域自治を強く主張してきたバシキール人がその先陣をきった。バシキール人の民族運動のなかに、民族の解放と自立を求める動きと、それをとりまく諸困難を集中的に窺うことができる。

（1）*The Russian Provisional Government 1917*. Documents. Selected and edited by R. P. Browder and A. F. Kerensky, Vol. 1, 1961, Stanford, pp. 211-12.

（2）カデットの理論家ココーシキンは、民族問題の解決は必ずしも国家の「非中央集権化」と結びつくものではないとし、民族に「文化的」自治を認めつつ、その「領域的」自治に対しては、ロシアを民族ごとに分割し連邦制に導くものと警戒した。Ф. Ф. Кокошкин, Автономия и федерация. Петроград, 1917, сс. 3-5. このパンフレットの最後に、カデットの党としての立場が述べられており、そこでは、ロシアに居住するそれぞれの民族に「言語と文化的発展の自由」が保障され、各県に自らの地方に関する問題で法を出すことができるとし、民族問題での政策をこの二つに集約している。一九一七年の七月にカデットの第九回代表者大会が開かれ、ボリス・ノリデが民族問題で報告を行った。この報告をもとに、綱領に、文化的自治を明確に述べる追加訂正がなされている。Борис Нольде, Национальный вопрос в России. доклад, читанный на IX делегатском съезде Народной Свободы, 24-го июля 1917 г., «Дружба народов», 1992, No. 8, сс. 169-72. Съезды и конференции Конституционно-демократической партии. 1915-1917 гг. Т. 3, Книга 1, М., 2000, сс. 676-81, 723-24.

（3）И. Р. Тагиров, Революционная борьба и национально-освободительное движение в Поволжье и на Урале. Казань, 1977, сс. 159-61.

（4）Там же, сс. 169-70.

（5）М. М. Кульшарипов, З. Валидов и образование Башкирской АССР（1917-1920 гг.）. Уфа, 1992, с. 21.

（6）М. Корбут, Национальное движение в Волжско-Камском крае. «Революционный восток», 1929, No. 7, сс. 182-87. タギーロフは、コミ、ペルミャーキの代表も参加していると指摘している。イリミンスキー方式の強い影響下にあった人々が大会を指導したことは、正教の宣教者でカザン郡の国民学校の視学官を長く務めたЯ・Д・コブローフに挨拶をおくることを決定し、イリミンスキーの妻への心遣いを大会で示したことからもわかる。И. Р. Тагиров, Указ. соч., с. 174.
（7）М. Корбут, Национальное движение..., с. 183.
（8）Там же, сс. 185-86. タタール人の研究者タギーロフは、大会に「伝道者やツァーリ保安課の隠然、公然たるエージェント」が影をおとしたとし、大会に帝政時代のイリミンスキー方式による教育・宗教家の影響を確認している。そして、「この点で、熱烈な王党派で伝道者のЛ・Я・メンドリヤノフの活動は、際立っている。彼は、大会でマリ人の名で登場し、あたかも彼らの真の教育のために闘ったかのようでさえあった」と、全く否定的に評価している。И. Р. Тагиров, указ. соч., с. 174.
（9）М. Корбут, Национальное движение..., сс. 186-87.
（10）История Чувашской АССР. Т. II, Чебоксары, 1967, с. 11. Н・В・ニコーリスキーは、一九〇三年にカザン神学大学を卒業すると、一九一七年まで同大学の伝道課程で教え、同時に聖グーリィ団の翻訳委員会で活動していた。異族人の正教への改宗と教育に尽くした人物である。革命を経て、一九四七年に歴史学博士の称号を取得している。チュヴァシをはじめ、沿ヴォルガの諸民族に関する多くの著作を残している。
（11）第一回全露マリ大会が、七月一五日から二五日までビルスク(ウファ県)で開かれている。開会に先立って、異教徒マリ人は、自分たちの儀礼で、正教徒マリ人は正教にのっとって祈禱を捧げた。そして、この大会では、マリの異教の信仰規則が採択されている。М. Корбут, Национальное движение..., сс. 191-205.
（12）Там же, с. 207.
（13）И. Р. Тагиров, Революционная борьба..., сс. 161-75; М. М. Кульшарипов, З. Валидов и образование..., с. 21.

II　バシキール人の自治とザブラーチュエ共和国

一九一七年一〇月末の首都ペトログラードでの労働者と兵士による中央権力の打倒は、各地域の脆弱な権力機関に衝撃を与え、権力的空隙を生んだ。辺境の民族地域では、様々な民族団体、民族軍人会議などの結集する

「民族評議会」が自治を宣言し、中央から自立化した。他方、地方のソヴェトは、これらの民族運動の目指す自立化に対抗しつつ、地方におけるソヴェト権力の樹立に向かっていく。

ヴォルガ中流・ウラル地域では、バシキール州評議会 Шуро が、一一月一一日付けの「指令第一号」で、自らの立場を次のように述べている。

「我々はボリシェヴィキでもメンシェヴィキでもなく、バシキール人である。どちら側に我々は立つべきか。どちら側でもない。我々は、自分自身の立場に立つべきである。……二百万のバシキール人民は、そのような政治的遊戯の玩具になるべきではない。バシキール人民には、自らの必要、自らの要求、自らの政策、自らの視点があるべきである。」

さらに、一一月一五日に、評議会はバシキールの自治を決定し、翌一六日の「指令第二号」で、オレンブルグ、ウファ、サマラ、ペルミ県のバシキール人居住地を、一一月一五日から「ロシア共和国の自治部」とすると表明した。続いて、一二月二〇日には、オレンブルグで開かれていたバシキーリヤ創立大会(クリルタイ)は、Ш・マナートフ、A・З・ヴァリードフら二二人からなる自治政府を構成し、自立化したのである(1)。

バシキール州評議会の「バシキール自治規定」案によると、その「自治」の及ぶ領域は、面積にして七万九五六〇平方キロメートル、人口一二五万九〇五九人を擁する。この「自治」地域は、「自由州 свободная область」とされ、ムスリム住民の諸州と連合して「ムスリム州連合 Союз мусульманских областей」をつくる。首都はオレンブルグとする。ここに、バシキール人は、ウファからオレンブルグ地方にまたがる南ウラル地方を統合するプランを提出したのである(2)。

地方ソヴェトは、このバシキール人の南ウラルでの自治と自立化を警戒し、それに対抗した。オレンブルグ県オルスクの「社会主義者」は、郡部のロシア人入植農民に向けて、バシキール地方にはロシア人の教会と祖先の墓があると、彼らの民族感情に訴え、バシキール人の自治との闘いを呼びかけていた。また、同県の工場集落べ

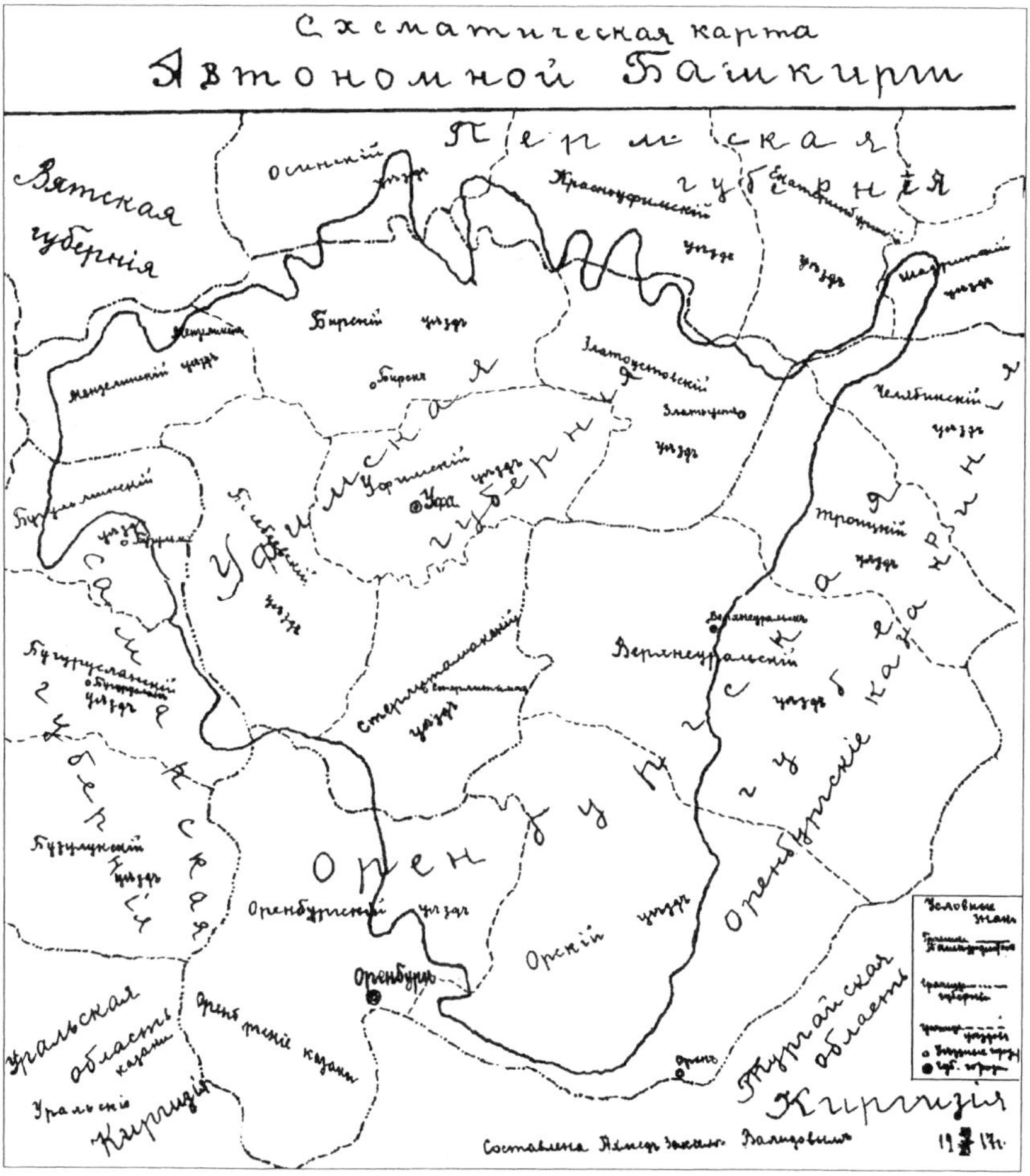

図 2-4　自治バシキーリヤ概略図

概略図の下にアフメド・ザキ・ヴァリードフによって作成されたとあり，1917 年とあり，日付けは判読が難しいが，別の史料から 11 月 27 日である。自治バシキーリヤの境界が太い実線で，—…—三点破線で各県の境界が，———破線で郡の境界が，○で郡市，◎で県市が示されていると，右側の四角で囲ったところに説明がある。

典拠）Башкортостан. Краткая энциклопедия. Уфа. 1996. с. 38

ロレーツクでは、ソヴェトが、ロシア人労働者に依拠しつつ、南ウラルの鉱山地帯はウラルから分離できないと、バシキール人の自治形成に強く反対した。(3) 一九一八年二月までに、オレンブルグ県からドゥートフのコサック軍部隊が追い出され、それとともに、ドゥートフの軍事力に助けられ存続してきたバシキール人の民族自治も敗退を余儀無くされ、二月四日にヴァリードフらの指導者はオレンブルグ・ソヴェトに逮捕された。

バシキールの自治は、オレンブルグに樹立された地方ソヴェト権力のもとで、バシュコルトスタン臨時革命委員会とムスリム軍革命委員会によって模索されることになる。バシュコルトスタン臨時革命委員会は、一方では民族ニヒリズムの傾向を示すオレンブルグ県ソヴェトと、他方では、全ムスリムの統一を志向し、バシキール人の分離、個別自治を警戒するムスリム軍革命委員会に対抗しつつ、独自に「自治ソヴェト・バシュコルトスタン」案を作成している。この自治案は、ロシアを「連邦合州国」として、その一構成員として「自治ソヴェト・バシュコルトスタン」を位置づけ、民族の比例配分で選出されたソヴェト大会をこの自治を担う最高機関と位置づけていた。(4)

この「自治」は全一五項からなる「バシキール自治規定」案によって具体的に規定されていた。この「規定」案では、領域はオレンブルグ、ペルミ、サマラ、ウファ県にまたがり、ソヴェト型の「自治州 штат」としてバシキール地方を位置づけ、ロシアは連邦国家として構想されている。ここでは、バシキール地方は、「連邦 Федерация」の一州 штат として位置づけられており、これは、アメリカ合衆国をモデルにした可能性もある。(5)

バシュコルトスタン臨時革命委員会は、この自治案を作成し、三月二五日には、オレンブルグから中央の人民委員会議へ、その実現を求めて代表団を派遣している。しかし、中央では、この案は審議されずに放置され、別の案が「タタール・バシキール共和国」プランとして策定されていた。三月三〇日には、バシュコルトスタン臨時革命委員会もムスリム軍革命委員会も、民族ニヒリズムを強く示すオレンブルグ県ソヴェトによって解散を命じられた。(6)

このようにして、バシキール人の「自治」を目指す二つのプランは、実現されることはなかった。前者は、この自治が他のムスリム地域と連携して「連合」をつくる方向を示していたことに特徴があり、後者の自治は「ソヴェト制」に基づく、連邦のなかでの自治を構想していた。タタール人も、首都の十月武装蜂起を受け各地でソヴェト権力が樹立されていく状況下で、自らの構想を提出する。一一月二〇日から翌年の一月一一日まで、ロシア内地とシベリアのムスリム代表がウファに結集し、民族会議を開き、一一月二九日には「ウラル・ヴォルガ州」の創設を決定した。この一一月二九日に採択された「ウラル・ヴォルガ国家創設に関する決定」(全七項)は次のように述べている。

「一、チュルク=タタール民族の多数は南ウラルからヴォルガ中流域にかけて居住していることを考慮し、また、彼ら、および、この地域に住む他の諸民族に対し、その民族的および経済的利益に配慮して、自治州 автономный штат の形成が必要であると認めた。

二、この自治地域 автономная область はウラル・ヴォルガ州 Урало-Волжский штат と呼ばれ、カザン県の全域、ウファ県の全域、ウファ県とサマラ県に接しチュルク=タタール人の居住するオレンブルグ県西部、チュルク=タタール人の住むペルミ県南部、ウファ県とカザン県に接しチュルク=タタール人とチェレミス人の住むヴィヤトカ県の一部、カザン県に接しチュルク=タタール人の住むシムビルスク県の一部、同じく、カザンとウファの両県に接しチュルク=タタール人の住むサマラ県の一部が、含まれねばならない。

三、ウラル・ヴォルガ州は、自らの統治形態からすれば、民主共和国であり、他の州 штаты とともにロシア連邦共和国 Российская Федеративная Республика を構成する。

四、一般、直接、平等、秘密、そして人口の比例配分に基づく選挙権により選出されたウラル・ヴォルガ州議会が、州とその内政に係わる全ての問題において、唯一の最高の立法機関でなければならない。ただし、以下の第五および第七項で、その管掌から除外される問題を除く。

七、ウラル・ヴォルガ州議会は、州内の諸民族に対し民族に係わる問題に干渉することは全く許されない。それは、各民族の全ロシア機関の排他的な管掌にある。(7)」

(中略)

ここでは、南ウラルとヴォルガ中流域の七県にまたがる領域から、チュルク＝タタール人の自治州(国家)が形成され、他の諸州とともにロシア連邦共和国を構成することが構想されている。そして、最終の第七項で、この広域の自治州に取り込まれる諸民族に対して、文化的自治を規定していた。領域的自治と文化的自治を巧みに組み合わせた国家構想であった。ヴォルガ川はタタール語でイデェルと呼ばれ、この自治国家は「イデェル・ウラル」国家とも言われることになる。

ロシア帝国で他のムスリム諸民族に大きな影響力を「タタール・ヘゲモニー」として及ぼしてきたタタール人のこの国家構想の実現は、第二回ムスリム軍人大会に委ねられた。この軍人大会は一八年一月八日から二月二〇日(三月三日)まで、カザンで開かれた。

この大会には二〇〇人以上の代表が出席している。彼らの党派構成は、「民族・社会主義者」が九七人で最大でほぼ過半を占め、ついで「無党派」が三八人である。エス・エルは二四人、ボリシェヴィキは二二人、左派エス・エルは一三人、「無所属社会主義者」八人、アナーキスト一人である。民族構成でみると、タタール人が一四一人と代表の七割を占め、バシキール人三五人、メシチェリャーキ三人、他一一人となっている。(8)この大会構成から、中央のボリシェヴィキ、エス・エルといった革命党派ではなく、「民族・社会主義者」と無党派が大会の圧倒的多数を占め、タタール人が主導する大会であったといえる。

大会では「ヴォルガ・ウラル・ソヴェト共和国」の形成について、報告がなされ、部会で審議し、大会では、四項目からなる「イデェル・ウラル共和国」に関する決議を採択している。この決議では、まずヴォルガ中流・

ウラル地域の七県にまたがる地域から、ムスリムを統合した「領域的自治」を実現することを求めていた。続く第二項で、ムスリム民族の多住するところの統合を目指しつつ、他の民族の居住地域は「極力含めない」とし、第四項では、共和国の形成にあたって、「ムスリム・チュルク種族の全ての支族」の一致協力を求めていた。(9)これは、ウファの一一月二九日の「ウラル・ヴォルガ国」の創設決定を受け継ぎ、この地域のムスリムの統合を目指すものであった。

大会はさらにこの民族国家の建設のなかで、ムスリム軍の編成を行うことを決定し、三月一日の金曜日、午後三時に市中心の劇場広場で「イデェル・ウラル」国家の宣言を行うことを確認した。(10)

大会は、ヴォルガ・ウラル国家の論議に際して、左派エス・エルやボリシェヴィキの「左派」に「民族の裏切り者」「変節者」などの言葉を放げかけ、ウクライナ・ラーダ代表には、熱烈な拍手で迎えていた。また、カザン・ソヴェトがムスリム部隊の武装解除を求める電文を首都に送り、それが差し押さえられ大会で読みあげられたとき、「左派」への非難は頂点に達した。大会の「左派」は、このような「民族的な熱狂に酔い痴れた大会」は、ムスリムとロシアの民主派の流血さえ引き起こしかねないとし、大会決議に責任を負えないと宣告して、二月一七日(旧暦四日)に大会を退場したのである。(11)このような緊迫した状況のなかで、イスラムの改革を訴えてきたヴァイーソフ運動の指導者ガイナン・ヴァイーソフ(サルダル)が殺害された。ヴァイーソフ運動はブルガール主義に基づくイスラムの改革を求める運動として展開してきたが、十月革命を歓迎し、社会主義のなかに自らの目標の実現を託し、ソヴェト政権を支持していた。彼らの「神軍」部隊の武装解除を求めるムスリム群衆に襲撃され、ガイナンは殺害されたのである。(12)

さらに、カザン・ソヴェトもタタール主導のムスリムの統合と自治に対抗して動きはじめた。この「ウラル・ヴォルガ国」創設に反対し、二月二一日から二二日にカザンで、この地域の一一県の地方ソヴェト代表一四四名を集めて、沿ヴォルガ・南ウラル州ソヴェト大会が開かれている。大会では、この地域に個々のソヴェト共和国をつくり、「労働階級の民族構成に応じて」ソヴェト権力機構を構成することが決議されている。[13]

大会は、タタール人の「ウラル・ヴォルガ国」の形成に対抗して、「ソヴェト共和国」を対置する方針を出し、二月二六日には、「カザン労農共和国」の宣言が出された。三月六日には、「ウラル・ヴォルガ・ソヴェト共和国」の組織化を支持した。[14] 十月革命後、権力は各地のソヴェトに移り、ロシア全体が各県、郡などのそれぞれのレヴェルで自立した「ソヴェト共和国」の観を呈していたが、このような状況下で、ソヴェト革命派によりこの共和国案は出されたのである。

二月二一日にはカザン県ソヴェトのもとにムスリム委員部が設置され、二六日の「カザン労農共和国」の宣言を受け、Я・С・シェインクマン（カザン県労兵農ソヴェト議長兼、県ボリシェヴィキ党委員会議長）を先頭とする革命司令部が設置された。二八日には、カザン市と県に戒厳令が布告され、工場労働者からなる武装部隊が第二回ムスリム軍大会の指導部を逮捕し、その民族部隊の解体にとりかかった。[15]

このような状況のなかで、第二回ムスリム軍大会は、カザン市のカバン湖からカザンカ川に流れるブゥラーク川の向こう側のタタール人居住区、ザブラーチュエに移った。このサブラーチュエで、カザン労兵農ソヴェト・ムスリム委員部に対峙して、三月一日には「ウラル・ヴォルガ国宣言」を出す方針をとったのである。カザン・ソヴェトの革命司令部は、逮捕したムスリム軍評議会 Харби-Шуро のメンバーを釈放せざるをえなかった。これ以降、約一カ月にわたりカザン労兵農ソヴェトとタタール民族主義者の鋭い対立が続いた。この対立は、三月二八日に、モスクワからカザンにバルト艦隊水兵三〇〇名の部隊が到着し、翌二九日にわずかの戦闘の後、この「ザブラーチュエ共和国」が崩壊することをもって終わる。同時に、ムスリム軍評議会と民族評議会 Милли-Шуро も解散させられた。[16]

タタール人、バシキール人のこのような自らの国家構想の提起とその実現へ向けての動きに比べると、他の〈異族人〉の自立化は、さほど顕著ではなかった。彼らは地方ソヴェト権力の樹立過程から排除され、あるいは疎外されていた。チュヴァシ居住地域では、カザン県チェボクサルイ郡とツィヴィリスク郡にみられるように、都市のわずかな工場労働者、鉄道員、守備隊兵士がカザンやシムビルスクの外来の赤衛隊に依拠してソヴェト権力を樹立し、その政治過程で民族主義者はその組織を解散され、排除され、チュヴァシは農民ソヴェトを通じて、農民として地方ソヴェト権力へ統合されていく。(17)

一九一八年の春に、チュヴァシ民族協会(前年六月にシムビルスクの全チュヴァシ大会で組織されていた)のシムビルスク支部は、師範学校の議長И・Я・ヤーコヴレフを解任しようとの動きに出た。ヤーコヴレフは、イリミンスキー・システムの指導者であり、ソヴェト政権のレーニンに宛て、チュヴァシ師範学校の活動を改善、強化することを訴えていた。レーニンは、ヤーコヴレフが解任されたことを知り、シムビルスクのソヴェト議長に次のように打電した。

「チュヴァシ女子、および、男子師範学校の議長への選出の条件と状況を電信で伝えよ。私は、イワン・ヤコヴレヴィチ・ヤーコヴレフという、チュヴァシの民族的高揚のために働き、ツァーリズムから一連の迫害を受けた五〇歳の視学官の運命に関心がある。ヤーコヴレフを彼の生涯の事業から引き裂かないようにする必要があると思う。人民委員会議議長　レーニン」(18)

レーニンのこの電文は、民族主義者に打撃を与え、チュヴァシ民族協会の解体を促すとともに、ヤーコヴレフ派の多くの教師をソヴェト政権側につけ、ソヴェトの文化活動に引き込むことになった。(19)

ヴォチャーキの居住地域では、イジェフスクやヴォトキンスクの大工場集落で、ロシア人労働者を中心にソヴェト権力の樹立が進んだ。ヴォチャーキの多住するヴィヤトカ県のグラーゾフ郡では、鉄道員と市守備隊兵士に依拠してソヴェト権力が樹立されている。このような都市や工場コロニーのロシア人労働者、入植民に依拠して樹立されたソヴェト権力は、ヴォチャーキのソヴェトへの民族別代表やソヴェトからの自立化を警戒しつつ、革命の主体を「ロシア人勤労人民」にみていた。一九一八年三月末の第五回グラーゾフ郡緊急ソヴェト大会は、その決議のなかで「性・民族・信仰の差別なく」一八歳以上の住民の選挙によりソヴェト権力が構成されると確認しつつ、「ロシア人勤労人民、とりわけグラーゾフ郡の人々が、それを代表するソヴェトや委員会における活動的で精力的な人々を通じて、ロシア勤労人民の神聖な諸権利、自由と土地のために闘うことができる」と述べていた。(20)

マリもモルドヴァも、彼らの居住地域における都市を中心とするソヴェト権力の樹立過程から疎外されていることに変わりはなかった。

ヴォルガ・ウラル地域での十月革命の波及とソヴェト権力の樹立は、民族自治を求め自立化したバシキール人とタタール人に対しては、彼らの民族自治の構想実現を挫折させ、チュヴァシ、ヴォチャーキ、マリ、モルドヴァに対しては、急進的な民族主義者を排除し、イリミンスキー・システムのもとで育成された民族知識人をヤーコヴレフの例にみられるように引き寄せつつ、進展した。この地方ソヴェト権力は、地域の社会経済構造に規定されて、都市や工場コロニーのロシア人労働者、入植ロシア農民、守備隊兵士などに依拠しており、〈異族人〉民衆を疎外するかたちで進行した。〈異族人〉はその社会経済的地位の周縁性のゆえに、自らの権力を構成する有力な社会基盤を欠いていたのである。彼らは、全体として、「異族人」農民として、農民ソヴェトを通じて、あるいは兵士ソヴェトを通じて地方ソヴェトに統合されていくことになる。

（1）　«Образование Башкирской Автономной советской социалистической республики», сборник документов и материалов, Уфа, 1959, [以下 «ОБАССР» と略記] прим. 1, 2, 3, 21.

（2）　«ОБАССР», сс. 164-65; «Образование Татарской АССР», сборник документов и материалов, Казань, 1963 [以下 «ОТАССР» と略記], с. 54, прим. 3; М. М. Кульшарипов, З. Валидов и образование Башкирской АССР (1917-1920 гг.). Уфа, 1992, сс. 32-38.

（3）　А. А. Адигамов, Правда о башкирах. «Жизнь национальностей», No. 26(34), 1919 г.; Р. Раимов, К истории образования

Башкирской автономной социалистической советской республики. «Вопросы истории», 1948, No. 4, сс. 26–27; Ф. Сыромолотов, Ленин и Сталин в создании Татаро-Башкирской республик. «Революция и национальности», 1935, No. 8(66), сс. 16–17.

（4）«ОБАССР», док. No. 32, сс. 113–18.

（5）М. М. Кульшарипов, З. Валидов и образование..., сс. 66–67.

（6）«ОБАССР», сс. 14–16, док. Nos. 33, 37.

（7）«ОТАССР», No. 3, No. 4, сс. 4–6; «ОБАССР», No. 42, сс. 126–27.

（8）Первый год пролетарской диктатуры в Татарии. (сборник документов и материалов по истории парторганизации и гражданской войны в 1918 г.). Казань, 1933, с. 271.

（9）Там же, сс. 272–73.

（10）Там же, с. 277.

（11）Там же, сс. 38, 276.

（12）Там же, с. 49. ヴァイーソフ運動の支持者たちは、自らをタタール人ではなく、古ブルガールの子孫とみなし、ブルガール国の再建を求めていた。彼らは、一九一七年の四月二七日にカザンで第一回ヴォルガ・ブルガールのムスリム大会を開き、地方ソヴェトを支持し、赤衛隊の編成にも参加していた。ムスリム軍人大会の指導部を逮捕する際には、彼らの「神軍」も参加していた。二月二八日に、ガイナン・ヴァイーソフは襲撃され、ムスリム民衆に殺害されたのである。С. М. Исхаков, Октябрьская революция и борьба мусульманских лидеров за власть в Поволжье и на Урале. «Отечественная история», 1999, No. 1, с. 56. 最新の『タタール百科事典』(一九九九年)には、ヴァイーソフ運動について興味深い事実が指摘されている。例えば、一九〇九年に、ブルガール王国の遺都ボルガルからのロシア人の追放とその領有を信徒が求めたこと、赤軍を支持して戦った彼らの「神軍」が、トルケスタンでバスマチとの戦いを拒否したこと、一九二〇年代にチーストポリ地方で新ブルガール村の建設を目指したこと、などである。結局、一九三〇年代に、信徒の共同体は、指導者の弾圧にあい消滅していった。
Татарский энциклопедический словарь. Казань, 1999, с. 101.

（13）«ОТАССР», сс. 5–7, No. 10.

（14）«ОТАССР», сс. 5–7, No. 10, сс. 35–36, с. 43, прим. 2, No. 15.

（15）С. М. Исхаков, Октябрьская революция и борьба мусульманских лидеров... с. 56.

（16）«ОТАССР», с. 43, прим. 2, No. 15; История Татарской АССР. Т. II, Казань, 1960, сс. 64–66.

（17）«Октябрьская революция и установление советской власти в Чувашии», сборник документов, Чебоксары, 1957, сс. 23–24,

Nos. 162–63, 199, 206–208. прим. 63.

(18) В. И. Ленин, ПСС, 5-ое, Т. 50, М., 1975, с. 61.

(19) История Чувашской АССР. Т. 2, Чебоксары, 1967, сс. 25–25. ヤーコヴレフの回想録『我が人生』は、レーニンを含めウリヤーノフ家の人々との親交、この地域のイリミンスキー・システムの実態を窺わせるものとして興味深い。И. Я. Яковлев, Моя жизнь, 1997, [Чебоксары], сс. 507–21, 645, прим. 5.

(20) «Октябрьская социалистическая революция в Удмуртии». сборник документов и материалов (1917–1918 гг.). Ижевск, 1957, Nos. 162–63, 199, 206–208.

III 「タタール・バシキール共和国」

ヴォルガ中流・ウラル地域でのこのようなバシキール人、タタール人を中心とするムスリムの解放と自立を目指す運動、ロシア人を中心とする都市ソヴェトのそれへの対抗のなかで、三月二二日、中央の民族人民委員部で「タタール・バシキール・ソヴェト共和国規定」が作成された。この「タタール・バシキール・ソヴェト共和国」案は、三月二三日付けの『プラウダ』、二四日付けの『イズヴェスチヤ』に公表された。この共和国案は、民族人民委員のスターリンとムスリム問題人民委員ムッラヌル・ヴァヒートフが中心となり作成したものであり、当時カザンを中心に展開していたタタールのムスリム民族運動とオレンブルグのバシキールの分離自治運動に対抗する、ソヴェト政権の最初の具体的なプランであった。したがって、このプランが提出されると、カザンで「ザブラーチュエ共和国」は崩壊に追い込まれ、独自のバシキール自治案の実現を求めて動き出したオレンブルグのバシュコルトスタン臨時革命委員会も解散されることになる。

三月二二日付けのこの「規定」は、次のように前文と四項目からなっている。

「タタール・バシキール・ソヴェト共和国に関する民族人民委員部布告

勤労大衆の民族自決権という第三回全露ソヴェト大会で承認された原則から出発し、民族人民委員部は中央ロシアСредняя Россияのムスリム人民委員部の同意を得て、以下のタタール・バシキール・ソヴェト共和国に関する規定を作成した。

一、南ウラルと中流ヴォルガの領域を、ロシア・ソヴェト連邦のタタール・バシキール・ソヴェト共和国と宣言する。

二、境界の確定に際して、基礎にバシキール人とタタール人の革命組織によって作成された草案がおかれる(ウファ全県、オレンブルグ県のバシキール部分、チュヴァシとチェレミスの部分を除いたカザン県、ペルミ、ヴィヤトカ、シムビルスク、サマラの諸県の隣接するムスリム地域)。共和国の境界の最終的な確定は、この共和国の創立ソヴェト大会に委ねられる。

三、共和国の西部とバシュコルトスタンの政治的、および経済的関係は、タタール・バシキール共和国の創立ソヴェト大会によって定められる。

四、創立ソヴェト大会の招集委員会を組織することを、中央ロシア・ムスリム問題委員部に委ねる。

署名　民族人民委員　И・ジュガシヴィリ＝スターリン

中央ロシア・ムスリム問題コミッサール　ムッラヌル・ヴァヒートフ

委員部メンバー　マナートフ、イブラギーモフ

一九一八年三月二二(九)日」(1)

まず前文で、第三回全露ソヴェト大会で確認された「勤労大衆の民族自決の原則」に基づいて、この共和国規定が出されたと述べ、ソヴェト体制が民族自決権を認め、連邦制をとることを確認する。つまり、その確認のもとに「ロシア」「ソヴェト」「連邦」という三位一体の枠のなかで、南ウラルと中流ヴォルガ地域に「タタール・

バシキール・ソヴェト共和国」が形成されるとした。これは、ウラル・ヴォルガ州が「ロシア」「連邦」「共和国」のなかで位置づけられていたことからの転換であり、単なる「共和国」ではなく、ソヴェトを国制とすることの明示であった。共和国の担い手は、ウラル・ヴォルガ州での「チュルク＝タタール人」というムスリム諸民族を含み込む規定から、タタール人とバシキール人に限定された。そのうえで、その領域としてウラル・ヴォルガ州の七県の広域が明確化され、タタール人の影響の及ぶ地域は削減されている（カザン全県ではなく、そのチュヴァシ、チェレミス地域が除かれているのである）。また、最終的な境界確定、バシキールの分離自治の傾向を考慮しての共和国西部とバシュコルトスタンの相互関係、さらには、この共和国の権限自体がこの規定で述べられず、共和国創立ソヴェト大会に委ねられ決定されるとしていた。この共和国の重要な問題は、いわば白紙状態であった。

この共和国案が公表されると、オレンブルグ県ソヴェトは反発し、三月三〇日に、タタールの民族運動を担うムスリム委員部も、バシキールの自治を求めていたバシュコルトスタン臨時革命委員会も解散してしまう(2)。また、ヴォルガ・ウラル地域の非ムスリム少数民族は、この共和国案にタタールによる「ムスリム・ヘゲモニー」をみて、危惧を表明する。一八年四月一三日チュヴァシ委員部、マリ委員部、洗礼タタール代表の合同会議は、「タタール・バシキール共和国」の創設は、少数民族の居住地域を引き裂き、共和国に「ムスリム・ヘゲモニー」がつくりだされるとして、反対を表明したのである。中央のタタール・バシキール委員部は、これら非ムスリム少数民族や洗礼タタールの危惧を考慮して、四月一六日に、共和国の創立ソヴェト大会には、チュヴァシ、マリ、ヴォチャーキとモルドヴァが決議権をもって参加できると決定し、これに対応せざるをえなかった(3)。

一九一八年の五月一〇日から一六日まで「タタール・バシキール共和国」の創立ソヴェト大会を招集するための審議会が、モスクワで開かれた。この審議会には、タタール、バシキール、チュヴァシ、マリの各民族からの代表と地方ソヴェトの代表一八名が決議権をもって（後に一名遅れて出席し、一九名）、それに加え四名が審議権をもって参加している。(4) ヴォチャーキとモルドヴァの代表は参加していない。

この審議会を司会したのは、民族人民委員のスターリンであった。彼は開会の演説で、彼の思想の核心を示す論点を明らかにしている。まず、彼の発想では、民族問題とは「中央 центр」に対して諸民族がどのような関係をもつかという政治文脈に翻案されるのである。「自治 автономия」を得て、「中央のソヴェト権力」を容認しつつ中央の介入を排する「自治」は、本質的にブルジョワ的であると、彼は非難する。ここでは、中央と辺境という視点が、民族問題への対応の基底にあることが確認できる。さらに、彼は「形式 форма」と「内容 содержание」という論理を巧みに用いている。つまり、「形式」では「自治」を支持し、「内容」では労働者と農民の権力が求められるとする。このように、民族問題、そこでの「自治」を規定したうえで、彼は、民族自治を二つのタイプに、つまり、「階級的なソヴェト自治」と「非領域的な民族自治」に分け、後者を「民族軍隊、民族クーリヤ別の人口区分、その際、不可避となる民族不和」を引き起こし、労農ソヴェトの死滅に導くと厳しく批判した。そして、民族的指標ではなく、階級原則に基づき、階級的ソヴェトに依拠した自治を主張したのである。その際、「階級的なソヴェト自治」として実現される民族自治を、スターリンは中央集権を求める行政的視点から構想していた。彼は、社会主義への「移行期」には「強力な全ロシア的権力」が必要であり、「中央集権と並行して地方および州の主権ある権力機関を創設することは、実際には、あらゆる権力の崩壊と資本主義への逆行を意味するであろう」と述べ、民族自治に与えられる権限は「純然たる地方的性格の行政的・政治的機能」であると限定した。つまり、「学校、裁判、行政、一般法令を民族的生活様式の諸条件に適するようにするために必要な措置・形態・方法などであって、これらは全て住民が理解できる母語でなされる」と、民族自治の性格と内容を規定したのである。(5)

この開会の辞では、スターリンの中枢―辺境論、文化的民族自治への強い反感と、移行期における強力な中央権力の必要性、中央集権的な行政効率化の視点、階級的ソヴェトに立脚した民族自治が主張されていた。スターリンの、このような中央集権的な行政効率化の視点からの「中央」への「辺境」の統合の志向は、やがて、一九二二年秋にソヴェト共和国の統合をめぐる悪名高い〈自治化〉問題として再び鮮明に浮上することになる。

このモスクワ審議会では、オレンブルグ、カザン、エカチェリンブルグの地方ソヴェト代表から「タタール・バシキール共和国」の創設に対して強い反対が表明された。ウラル地方ソヴェト議長のトゥントゥルは次のように主張した。

「連邦ソヴェト共和国は、経済的な原則、つまり、経済的に強く関連し結びついた諸地域から形成されるという原則に従ってのみ建設できると、我々は考える。民族的原則による建設は、自ずから解体をきたし、人民の経済全体、したがってそれとともに、あらゆるショービニストに後見されて、プロレタリアートの破滅をもたらすであろう……民族的な孤立した共和国、これは、貧しき者のディクタトゥーラの破滅である。[6]」

ウラル地方のソヴェト代表団は、トゥントゥルを先頭に、全露ソヴェト執行委員会の議長で共産党中央委員会の書記でもあったЯ・M・スヴェルドローフを介して、レーニンに会見し、彼らの主張を伝えている。彼らは南ウラルの工場労働者の立場から、もし「タタール・バシキール共和国」が導入されると、ウラル工業の生産的基礎が破壊されるとし、ソヴェト権力が「インターナショナリズム」に立脚し、共和国の導入によって民族的な熱情を煽らないようにと要望したのである。[7]このような、連邦制を民族自治の上にではなく、経済的一体性をもった諸地方(州)の上に築こうとするいわば経済主義的な連邦論は、ウラル地方のロシア人労働者による「民族ニヒリズム национальный нигилизм」を示すものであり、事実上、この地域における大ロシア人の「覇権主義великодержавность」を意味していた。

モスクワ審議会では、地方ソヴェト代表の示す民族ニヒリズムに対して、ウファ代表のロシア人エゴーシンが左翼エス・エル会派を代表して「タタール・バシキール共和国」創立ソヴェト大会招集の細則を提案した。タタール人共産主義者がこれを支持して、細則は採択された。だが、これに抗議して地方ソヴェト代表の五人のボリシェヴィキが審議会を退場する一幕が演じられた。この五人は、エカチェリンブルグ州ソヴェト委員会代表のトゥントゥルとスウィロモロートフ、オレンブルグ・ソヴェトのΓ・シャミグーロフ、カザン・ソヴェトのグラーシス、シムビルスク・ソヴェトのX・ラメーエフである。(8)

タタール以外の少数民族の代表も、この審議会の場で「タタール・バシキール共和国」の創設に反対、あるいは、危惧と警戒の念を示した。バシキール代表のシャリフ・マナートフは、バシキーリヤでは都市住民はおらず、したがってブルジョワジーが欠如し、バシキール農村では雇用労働も存在しないと、バシキール内部の社会的階級区分を否定し、バシキールの求める自治は「ブルジョワ的」な性格をもたないと弁護し、バシキールのタタールからの分離自治を求めた。さらに、彼は、「タタール・バシキール共和国」案が発表された後の準備過程でも、タタールとバシキールには敵対関係が存在するとし、共和国の創設はタタールによるバシキールの支配をもたらすと、共和国プランに反対したのである。(9)マナートフは階級原則に立脚したソヴェト自治がバシキールの民族自治には適合するものではないこと、タタールのバシキールに対する民族的ヘゲモニーは容認できないということ、この二点で「タタール・バシキール共和国」構想に反対したのである。

チュヴァシとマリの代表は「タタール・バシキール共和国」プランに「原則的には反対ではない」と表明したが、この共和国の形成によって彼ら少数民族が分断されないように、将来の共和国領域を拡大し、両民族の代表を共和国創立ソヴェト大会へ送ることを要望したのである。(10)

モスクワ審議会は五月一六日に、ムスリム委員部を代表したヴァヒートフの演説を聞き、続いてスターリンが結語を述べた。ヴァヒートフは、この節のプロローグで紹介したように、「共産主義者と称する若干の人々」が民族問題で展望を失っていると強い危惧を伝えた。スターリンは開会の辞とは異なり、次のように批判の論点を文化的民族自治から地方ソヴェトの民族ニヒリズムに移していた。

「だが、若干の我が同志のように民族問題をよけて通り、それを無視し、否定することは民族主義の粉砕を意味しない。決してそうではない！　民族ニヒリズムは社会主義の大義を害するだけであって、ブルジョワ民族主義を助長するものである。民族主義を粉砕するには、まず第一に、民族問題を提起し解決することが必要である。だが、民族問題を公然と、また社会主義的に解決するには、これをソヴェトに組織された勤労大衆の利益に完全に、また決定的に従属させ、ソヴェトの軌道にのせることが必要である。[11]」

審議会はこの結語に続いて、「タタール・バシキール共和国」創立ソヴェト大会の招集に関する、一〇項目からなる決議を採択した。第一項で、カザン、ウファ、オレンブルグ、ヴィヤトカ、サマラ、ペルミ、シムビルスクの関係七県の正規のソヴェトのみが創立ソヴェト大会の選挙へ参加できるとし、第二項で県ソヴェトに三票、郡ソヴェトに二票が与えられるとし、第三項で、ソヴェト付設の民族委員部あるいは課には、当該ソヴェトが候補者を認証するという条件で、一票の代表が与えられるとしていた。第四項では、「タタール・バシキール共和国」の領域に関し、チュヴァシとマリなど近隣諸民族を含めて拡大されるとし、第一〇項で、共和国創立ソヴェト大会の招集委員会は中央の民族人民委員部からヴァヒートフ（議長）、タタール・バシキール委員部からヤンバエフ、タタールからヤクーボフ、バシキールからダヴレットシン、チュヴァシからエリメーノフ、マリからムーヒン、ロシア人からエゴーシンの七人の代表から構成されるとした。[12]

しかしながら、この一〇項目の決議にみられる「タタール・バシキール共和国」の構想は大きな矛盾を孕んでいた。新生共和国を創立するソヴェト大会の担い手は、代表選挙権からして、県・郡ソヴェトとされたが、その地方ソヴェトの代表者は民族ニヒリズムの傾向を示し、モスクワ審議会を退場し、新生の民族共和国の担い手たりえなかった。他方、共和国創立ソヴェト大会の招集委員会には、民族ニヒリズムの傾向を示した地方ソヴェト代表のボリシェヴィキはもちろん含まれておらず、さらに、バシキールを代表し、タタールからの分離自治を要望したマナートフはそのメンバーから排除され、招集委員会はタタール共産主義者とロシア人左翼エス・エルのエゴーシンを中核としていた。招集委員会は、共和国創立地域がチュヴァシとマリなど隣接民族の居住地域を含めて拡大されるとしたにもかかわらず、その構成はタタールの主導的性格を強め、共和国創立ソヴェト大会へ代表を送る地域の強力な社会基盤を欠いていたのである。

五月のモスクワ審議会での「タタール・バシキール共和国」創立へ向けての動きは、ヴォルガ中流・ウラル地域の地方ソヴェトの民族ニヒリズムを浮き立たせ、バシキール、チュヴァシ、マリ、ヴォチャーキといったこの地域の少数民族の新生共和国への反発を引き起こし、モスクワ審議会に参加していないモルドヴァも民族意識を高揚させることになった。

ヴォルガ・ウラル地域の民族ニヒリズムの牙城であるオレンブルグ県ソヴェトの執行委員会は、六月一三日にモスクワ審議会の報告を聞き、次のような決定を行っている。

「ソヴェト権力を有するロシアの勤労大衆を個々の民族共和国に分裂させることは、移行期たる現在――これをブルジョワジーは利用しているのであるが、勤労人民にとって極端に好ましくない結果を招くであろう。勤労人民は自らの解放を、民族ブルジョワジーとの同盟においてでは決してなく、ロシアと全世界の全てのプロレタリアートの強固な同盟のなかにのみ見出すであろう[13]」。このように、「民族共和国」の創設に反対の意志を表明し、「郡と市ソヴェトに必要とあらば」「ソヴェトの下にソヴェト構成員から」ムスリム委員部を設置するとした[14]。オレンブルグ県ソヴェトは、「タタール・バシキール共和国」の創設によってではなく、あくまで地方ソヴェトのイニシアチヴのもとで「必要とあらば」ムスリム委員部を付設し、民族問題に対処しようとしたのである。

同じ六月一三日にヴォルガ・ウラル地域の少数民族の合同大会がカザンで開かれ、チュヴァシ、マリ、ヴォチャーキ、洗礼タタールなど一六四名が参加した。大会の議長には、マリ人のЛ・Я・メンドリヤノフが選出された。この大会ではタタール・バシキール共和国が論議され、民族言語学者のГ・シャラーフはこの共和国の創設を支持して、地方ソヴェトは大部分が大ロシア人からなり、少数民族には議席があまりにも少なく、彼らの利害の実現は困難であると指摘した。そのうえで、新生「タタール・バシキール共和国」では「タタール・バシキールのヘゲモニー」は存在せず、全ての民族の平等と「文化的民族自治」の原則に導かれると、少数民族に訴えた。しかし、チュヴァシ、マリ、ヴォチャーキ、洗礼タタールの代表全てがこの共和国の創設に否定的に応えた。チュヴァシ代表のペトローフは、諸民族の「由々しい衝突」さえ起こしかねない「冒険」であると非難した。大会で採択された決議は、「タタール・バシキール共和国」の創設に反対し、共和国創設の試みに加わるのを拒否すると表明した。彼らは、ロシアの連邦のなかで、ヴォルガ中流・ウラル地域に、領域制の自治の実現を求めた。これは、彼ら小民族の分散性を考慮して、可能な限り完全な構成で一つの自治領域に属することを求めてのことであった。[15]

同時に、これら民族の個別の大会でも、「タタール・バシキール共和国」の創設への反対が表明された。チュヴァシは六月九〜一五日にカザンで第一回チュヴァシ労農大会を開き、ソヴェト権力への支持を表明しつつ、民族問題では「タタール・バシキールという名称の新しい共和国の創設は民族的闘争を鋭化させ、自由の事業を破滅させる」と、その創設に反対した。[16]六月七〜一四日にかけて開かれた第二回全露マリ大会では、コヂモヂェミヤンスク郡とツァレヴォコクシャイスク郡のロシア人からなるボリシェヴィキとソヴェト活動家は、マリの「民族主義者の企み」を阻止できず、「タタール・バシキール共和国」の創設へ反対の意志が表明されたのである。[17]ヴォチャーキは六月二七日に第一回全露大会をヴィヤトカ県のエラブーガで開き、母語による教育・出版活動、言語・宗教、民族衣装、民族謡の尊重を求めるとともに、「タタール・バシキール共和国」プランには否定的に対応した。彼らは、「タタール・バシキール共和国」への併合を避け、ヴォチャーキ独自の「プリ・カマ県」をつくり、近隣五県に分散する彼らを一つの行政領域に統合するプランを提出したのである。[18]モルドヴァはモスクワ審議会に代表が参加していなかったが、一八年五月にシムビルスク県のアラトウィルで最初の地区モルドヴァ大会を開き、彼らが住民の二五％以上をなす郡に人民教育委員部を設置し、モルドヴァの学校教育の監督にあたることを要求しはじめたのである。[19]

一九一八年の五～六月に、かくして、「タタール・バシキール共和国」の創設は、中央の民族人民委員部とタタール・バシキール委員部のタタール共産主義者を中心に準備が進められたが、地方ソヴェトの民族ニヒリズムに基づく反対と、この地域の少数民族のタタールの民族的ヘゲモニーへの危惧と反発を引き起こしたのである。ヴォルガ中流・ウラル地域は、やがて内戦の場となり、ウファで九月一五日に開催が予定されていた「タタール・バシキール共和国」創立ソヴェト大会は、この地域が白軍から解放されるまで延期となった。この内戦のなかで、ソヴェト権力の最初の民族自治プランとしての「タタール・バシキール共和国」は最終的に放棄され、個々の民族が個別の領域自治を獲得する。内戦が終了に向かう一九二〇年の五月末から一一月初めにかけて、この地域に「バシキール自治共和国」(二〇年五月一九日付け布告「バシキール自治共和国とロシアとの関係について」)、「タタール共和国」(二〇年五月二七日付け「タタール自治共和国に関する規定」)、「チュヴァシ自治州」(二〇年六月二四日)、「キルギス共和国」(二〇年九月二二日付け「キルギス自治共和国に関する規定」)、「ヴォチャーキ自治州」(二〇年一一月四日)、「マリ自治州」(二〇年一一月四日)が個別に形成されることになった。ソヴェト政府と民族人民委員部は、中央からこの地域のバシキールをはじめとする諸民族に個別に領域自治を付与していった。

他方で、この「タタール・バシキール共和国」規定は、一九一八年の三月末にタシケントに送られ、トルケスタンの「自治」もこの規定に従うことが求められた。四月三〇日に、第五回トルケスタン・ソヴェト大会は、タシケントでトルケスタン・ソヴェト共和国を宣言した。[20] この植民地におけるソヴェト共和国の「自治」が孕む矛盾も深刻なものであった。タタール・バシキール共和国案は、そのような意味でも、ソヴェト権力の東方辺境地域における最初の解放を目指すプランとして注目される。

一九二〇～二一年に内戦の終了する局面において、ヴォルガ・ウラル地域の八県に「自治共和国」が二つ(南ウラルに連なるキルギス共和国を含めれば三つ)、「自治州」が三つ新設され、すでに一八年一〇月にサマラとサラトフ両県の入植ドイツ人から形成されたヴォルガ・ドイツ人の勤労コミューンとともに、旧来の県・郡の行政区分が大きく再編されていた。かつての県・郡レヴェルの中央集権的な行政機構と、それに随伴するゼムストヴォと市会という身分制自治にかわって、ソヴェト階級制に依拠する権力構造がつくりだされたのである。

これらの個々の自治共和国と自治州にみられる民族自治は、階級原則で選出されたソヴェトに立脚する領域自治の形態をとり、したがって、その地域の都市と工場コロニー、この地域への入植農民を代表するロシア人が優越するソヴェトが主導することになった。この民族自治においては、解放主体であり民族自治の担い手たるべき当該地域の民族ではなく、地域の社会経済、文化的構造から支配的位置を占めてきたロシア人が、ソヴェトで民族自治を主導していかねばならないという解放主体の逆転が生じた。この逆転、そしてそこから生じる矛盾は二〇年代を通じて、「地方民族主義」と「大ロシア覇権主義」の対立を生み、その解決策として、民族自治の担い手たるソヴェトが、行政、教育、文化、工業、農業などの様々な面で、地域の非ロシア系異民族のなかに根をはるための「土着化 коренизация」を進めていくことになる。とまれ、ロシアにおける民族問題のあり方はロシア革命を通じて根本的な転回をみせた。帝政ロシアにおける非ロシア系諸民族への抑圧と「ロシア化」政策から、一九二〇年代の「民族自治」とそこにおけるソヴェトの「土着化」政策へと方向転換したのである。一八年の春から夏にかけての「タタール・バシキール共和国」プランは、その転換過程の初発に位置し、ロシア革命における民族解放主体のおかれた複雑な困難性を示していたのである。

（1）　«Образование Башкирской Автономной советской социалистической республики», сборник документов и материалов, Уфа, 1959, [以下«ОБАССР»と略記] No. 52, с. 138.

（2）　Там же, No. 37.

（3）　«Образование Татарской АССР», сборник документов и материалов, Казань, 1963 [以下«ОТАССР»と略記]、No. 24, No. 25.

（4）«ОБАССР», сс. 163-64.

（5）И. В. Сталин, Сочнения. Т. 4, М., 1951, сс. 87-89.（邦訳『スターリン全集』第四巻、大月書店、一九五二年、一一〇〜一一頁）

（6）Ф. Сыромолотов, Ленин и Сталин в создании Татаро-Башкирской республики. «Революция и национальности», 1935, No. 8(66), сс. 20-21.

（7）Там же, сс. 21-22.

（8）«ОБАССР», сс. 164-65; «ОТАССР», с. 54, прим. 3.

（9）Р. Раимов, К истории образования Башкирской автономной социалистической советской республики. «Вопросы истории», 1948, No. 4, сс. 34-37.

（10）«ОБАССР», сс. 163-64.

（11）И. В. Сталин, Сочнения. Т. 4, М., 1951, с. 91.（邦訳『スターリン全集』第四巻、大月書店、一九五二年、一一三頁）

（12）«ОБАССР», No. 71, с. 159.

（13）Там же, сс. 166-67.

（14）Там же.

（15）Р. И. Чузаев, Документы об отношении национальных движений народов Поволжья к проекту образования Татаро-Башкирской республик. «Марийский археографический вестник», 1996, No. 6, сс. 132-33; «ОТАССР», сс. 70-71. タタール人の学者ガリムジャン・シャラーフは、一九一七年一一月末にウファでタタール・ムスリムの主導のもとで始まった民族会議で採択された「イデェル・ウラル」国家プランの作成者であった。Б. Султанбеков, “Февраль—крах монархии. Казанский Октябрь”. «Татарстан», 1997, No. 9, с. 54. タタール人の革命家スルタン＝ガリエフは、チュヴァシ、チェレミス、ヴォチャーキ、モルドウァが「明確に、少なくとも彼らの活動家、彼らの責任あるソヴェト活動家」がタタール・バシキール共和国の創設に反対したことを確認している。しかし、タタール・バシキール共和国の創設を擁護する彼の立場からは、それはカザンのボリシェヴィキ指導者グラーシスの挑発のせいであった。Мирсаид Султан-галиев, Избранные труды, Казань 1998, с. 245.

（16）«Чувашия в годы гражданской войны. Образование Чувашской автономной области», сборник документов и материалов. Чебоксары, 1960, прим. 91, сс. 641-42.

（17）«Образование Марийской автономной области», сборник документов и материалов, Йошкар-Ола, 1966, с. 6, No. 13, прим.

6, сс. 186–88.

(18) «Октябрьская социалистическая революция в Удмуртии», сборник документов и материалов (1917–1918 гг.), Ижевск, 1957, No. 255.

(19) Д. Желтов, Среди мордовы. «Жизнь национальностей», No. 26(124), 19 ноября 1921 г.

(20) С. М. Исхаков, Октябрьская революция и борьба мусульманских лидеров за власть в Поволжье и на Урале. «Отечественная история», 1999, No. 1, с. 57.

第五節　バシキール自治共和国の形成

ロシア共産党の中央委員会が実現しはじめた政策から、あなた方が、東方の諸民族に対し……ロシアの民族主義・ショービニストの理念を基礎としていたことが明らかである。同志トロツキーは、ウファでこれらの問題を調査したとき、中央を代表する人たちの活動が一連の挑発であることを見抜いた。このことを、彼が中央委員会へ報告したことは疑いない、しかし、ロシア帝国主義の政策は変わらないままであった……我々は、あなた方のこのような政策の対象にはされない、他を捜して頂きたい。バクーの東方諸民族大会では、トルケスタン人の権利になされた攻撃は、現地のロシア人共産主義者のイニシアチヴではなく、中央委員会自らの政策であることが、明瞭に示された。ジノヴィエフとラデックは中央委員会を代表して大会に参加し、革命初期の農民大会でコミッサールが暗愚な大衆に対したように、東方の代表者たちに接した……彼らは、赤衛兵の助けをかりて、口を封じ、大会代議員に、モスクワが押しつけた決議のみを採択させた……(一九二〇年九月一二日付け、ヴァリードフのレーニン、スターリン、トロツキー、ルイコフへ宛てた書簡より)

I　バシキーリヤの解放

一九一八年夏に、タタール・バシキール共和国の創設が予定されていたヴォルガ中流・ウラル地域は内戦となり、東部戦線が形成され、この地域が白軍から解放されるまで共和国創立ソヴェト大会は延期された。十月革命のなかで自立的権力の樹立を宣言したバシキール政府はコルチャークの側に立ち、自らの部隊を編成し内戦を戦ってきたが、「単一不可分のロシア」の再興を求め民族自治に否定的なコルチャーク政府との対立・不信を強め、ソヴェト権力と密かに交渉をもち、一九年二月八日にはソヴェト権力との協定に入ることを決定した。(1) 二月二一日には、ヴェルフネウラリスク郡チェミャソヴォ村で、バシキール全軍大会が開かれ、ソヴェト権力との和平交渉が承認され、ソヴェト権力の側に立ちコルチャーク、ドゥートフと戦うことを決議し、ヴァリードフを議長とする臨時革命委員会を選出し、全権を彼に委任した。(2) バシキール軍部隊はこのときすでにソヴェト権力側に移っており、(3) 中央のソヴェト政府と正式の協定が締結されたのは三月二〇日であった。

この三月二〇日協定はバシキールへの民族自治の承認と引き替えに、バシキール軍部隊を赤軍の指揮下におくことを骨子としていた。協定の第一条は「自治バシキール・ソヴェト共和国は小バシキーリヤ域内で形成され、ロシア共和国PCΦCPを構成する連邦部分をなす」と述べ、その第九、第一〇条で、バシキール軍部隊は赤軍の指揮下に入り、赤軍と共通の全ロシア軍事フォンドから、その武装と維持がなされると規定されていた。この協定は第二条でバシキール共和国の領域を定め、第一三条でソヴェト大会招集までは共和国の全権力はバシキール臨時革命委員会が有するとしていたが、この協定で認められた「自治」には大きな枠組みと限定が付されていた。すなわち、共和国の権力は前年七月に採択されたソヴェト憲法を基礎とするとされ(第八条)、共和国における「国内の保安と秩序」は「武装プロレタリアート」によって維持されると述べられ(第一一条)、さらに、重要な

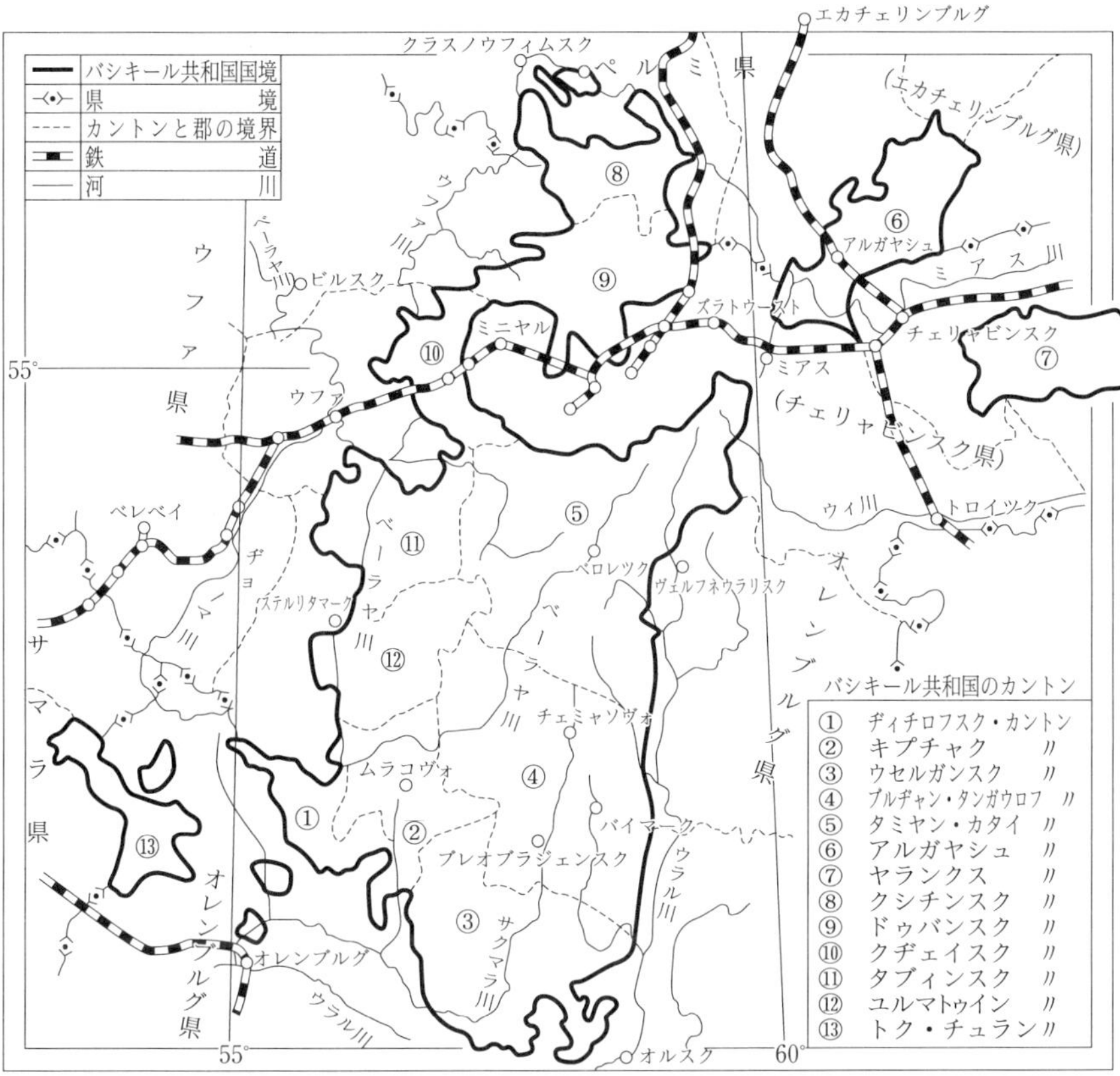

図 2-5　1919 年 3 月 20 日協定によるバシキール自治共和国(小バシキーリヤ)

小バシキーリヤは，南ウラルの山地を中心に，バシキール人住民が優越する郷を含めて形成された。面積は 78,439 km^2，人口は 1,219,852 人である。3 月 20 日の協定では，共和国(小バシキーリヤ)の領域にオレンブルグ県とウファ県の 2/5 以上，サマラ県の 1 つの郷，ペルミ県の一部が含まれ，全体で 128 郷から構成された。この領域は，13 のカントンに分けられ，アルガヤシュ，ヤランスク，トク・チュランのカントンは飛び地をなし，他にも飛び地が散在し，共和国の境界は複雑に込み入っている。

首都はチェミャソヴォ村(オレンブルグ県オルスク郡ブルヂャン郷)と宣言されたが，事実上はウファ県のステルリタマーク市におかれた。ステルリタマークは共和国の領域外にある。

このもぎとられた残余のような小バシキーリヤの領域は鉄道線を欠き，ズラトウーストを中心とするウラルの鉱山地帯は共和国の領域外であり，その自らの領域内にバシキール人が多住する都市を全く欠いていた。

典拠）«ОБАССР», уфа, 1959.

経済部門への支配権が奪われていた。ウラル鉱山業の中心地ズラトウースト郡は特別鉱山区として、バシキール共和国の管轄下に入らず(第四条)、共和国内の鉄道、鉱山、工場は中央のソヴェト権力の「直轄下」におかれたのである(第五条)[4]。

このようにして、三月二〇日協定に基づき、バシキール軍部隊は赤軍の側で戦うことになり、一九年の春から夏にかけて、バシキーリヤは白軍から解放された。しかし、この解放過程で再建されたソヴェト権力と共産党組織と、バシキール住民、さらに彼らの部隊との間で、様々な軋轢が生じることになった。東部戦線の南方軍グループ革命軍事委員会が六月三日付けで出した回状では、三月二〇日協定後も「不信と猜疑の政策」がバシキールに対してなされていると指摘し、具体的な状況を伝えていた。この回状によれば、「ロシアは、どのような自治もなく単一でなければならない」との理由で民族部隊の編成を認めようとせず、バシキール部隊の武装解除が行われ、彼らへ侮辱や銃殺さえなされた。また、武器をもたないバシキール住民に対しても、略奪・暴行、逮捕・銃殺が広く行われたと指摘した。さらに、「バシキール人に対するそのような猜疑的な不信を抱いた対応」はソヴェト諸機関にもみられ、バシキール人は赤軍に「抑圧と無権利からの救済者」ではなく、「残虐な暴圧と抑圧者」をみており、ソヴェト権力がバシキール住民全体を「根絶」しようとしているとの「挑発」がなされていると分析していた。革命軍事委員会は指揮下の部隊に対して、バシキーリヤの解放過程で生じた状況に警告を発し、バシキール人への対応を「根本において」変えねばならないと指令したのである[5]。

白軍から解放されたバシキーリヤでは、東部戦線の軍政治部により革命委員会が設置され、地方の権力機関と共産党組織が再建されていったが[6]、現地の革命委員会はもっぱらロシア人からなり、バシキール部隊と住民に「不信と猜疑の政策」を行っていたのである。六月三日付けのこの回状は「以前はバシキールと敵対し、彼らを搾取していたクラーク移民分子の代表から〈純粋にロシア的な〉革命委員会が植えつけられ」、地方の権力機関が反バシキール政策を行っていることを指摘し、軍の政治活動家に「大部分が富裕な、バシキールの搾取によって生活しているロシアの移民」に依拠することはできず、ソヴェト権力の組織化はバシキール政府代表に委ねなければならないとし、これを支援するよう求めたのである。(7)バシキーリヤの解放過程に伴うこのような状況は、一部のバシキール部隊を再び白軍の側へ移行させることになった。(8)内戦から解放された辺境の民族地域では、革命委員会が設置され、ソヴェト権力が再建されていくのであるが、その政治過程は、バシキーリアにみられるように複雑な社会的対立と軋轢を伴う過程であった。(9)

ペンザ県のサランスクに疎開していたバシキール革命委員会が、八月二一日にウファ県ステルリタマークに戻り、実質的統治に入ることを近隣諸県へ伝えると、(10)このような軋轢は一層鋭いものとなり、バシキール革命委員会と近隣諸県の革命委員会、ソヴェト、共産党組織との対立へと昂じていった。その主要な対立点は、経済、土地改革、領域とりわけステルリタマークの帰属問題、さらに行政機関とその権限のバシキール革命委員会への移管とそれへの近隣諸県の抵抗と、多岐に及んでいた。

経済問題では、バシキーリヤでの自主的経済政策を指向するバシキール革命委員会と、全ロシア的規模での経済政策の整合性を求める近隣諸県との対立であった。具体的には、バシキーリヤ外への食糧搬出を阻止し、共和国内の食糧調達活動を掌握し、工業施設へも監督権を強めようとするバシキール革命委員会と、(11)食料、木材、羊毛などバシキーリアの一次産品をウラルの工場と都市へ搬出し、その調達と供給を確保しようとするウファ、オレンブルグ両県のソヴェトならびに共産党組織との対立であった。(12)

土地改革に関しても対立は深刻であった。バシキール革命委員会は、帝政ロシアの支配下で進められたバシキーリアへの移民＝植民政策を批判し、バシキール人から土地を取り上げて形成された土地関係の改革を求めた。新しい移住入植者を共和国から追放し、領域外に住むバシキール人を招来し居住させることを求めたのである。これに対して、ロシア人の入植農民の利害に敏感な地方の共産党組織とソヴェトは反発した。九月二〇日にオレンブルグ県ソヴェト執行委員会の幹部会と県党委員会の会議では、バシキール革命委員会批判の論拠の一つとして、「土地問題では社会化が実施されておらず、ただ重い借地条件で土地を与え、ロシア人を土地のために迫害している」と報告された。[13] 一〇月三日の県執行委員会幹部会では、「バシキール革命委員会の政策はロシア農民を憤慨させるだろう」との判断が示された。[14] 近隣の共産党とソヴェト組織は、ロシア人入植農を含む農民の勤労・均等原理に基づく土地用益、すなわち、中央ロシアで達成された土地社会化をバシキーリヤで追求していた。だが、これは、劣悪な農耕民として定着し、半農・半牧、あるいは、遊牧や森林業を生業とするバシキール人にとっては外来の農民による土地収奪を意味していた。

領域をめぐる対立は、三月二〇日協定ではバシキール共和国と近隣諸県の境界が複雑に入り組み、帰属の不明確な地域もあることを背景としていた。ウファ県党委員会は九月一四日に、バシキール共和国に若干のロシア人の郷が編入されたことに対し、「ロシア人とバシキール住民のいる……多くの郷がそのような併合に抗議しているのは明らかである」とし、境界再検討の作業に乗り出している。[15] 他方では、バシキール革命委員会の政策的自立性に期待を寄せ、バシキール共和国への編入により、ソヴェト権力の実施する穀物独占＝調達と家畜徴発を免れることを望み、地方住民がプリガヴォールを作成する動きが生じた。[16] また、バシキール共和国内のロシア人郷村では、共和国の創設によって、自らの権益が侵害されることに不安を募らせ、分離と近隣諸県への帰属を求める動きも現れた。[17] このような境界変更をめぐる地方住民の動向は、バシキール革命委員会の政策的自立性と相まって、近隣諸県とバシキール革命委員会の対立を醸成したのである。[18]

ステルリタマークの帰属をめぐる対立は、バシキール革命委員会が疎開先のサランスクからステルリタマークへ移り、共和国の首府チェミヤソヴォ村が整備されるまで、この町を臨時の首府として統治し、共和国への編入を求めたことに端を発していた。[19] ステルリタマークは、ウファの南一三〇キロにあり、ベーラヤ川の左岸にある。ベーラヤ川は、カマ＝ヴォルガ水系に通じ、共和国の中央を貫流しており、したがって、ステルリタマークは要衝の地である。ウファ県党委員会とステルリタマーク郡の革命委員会は、この編入の要求に強く抗議した。[20] 結局、全露中央執行委員会幹部会が一一月二日に、ステルリタマークをバシキール革命委員会の「単に臨時の政府所在地」と決定し、一応の決着をみた。[21] しかし、共和国政府を担うバシキール革命委員会が、自らの政権所在地を数カ月にわたり統治できない状況は、近隣諸県の共産党とソヴェト組織のなかでバシキール革命委員会のおかれた不安性で困難な政治状況を端的に示すものであった。

一九一九年の秋には、バシキール革命委員会と近隣諸県の対立がこのように表面化したが、これによって、地方の共産党組織とソヴェト活動家の間に、バシキール民族運動に対する不信が一層強まることになった。この地域の革命家や活動家には、一八年春から夏の「タタール・バシキール共和国」プラン以来、「民族ニヒリズム」の政治風土が醸成されていたが、オレンブルグ県党委員会は三月二〇日協定の締結に反対し、それへの否定的行動をとっていた。[22] また、ウファ県でソヴェト権力の再建を指導したБ・М・エーリツィンは「バシキール迫害者 башкироед」の異名をとっていた。[23] 一九年秋に、バシキール革命委員会がステルリタマークに戻り、実効統治に乗り出し、近隣諸県との対立を鮮明にすると、このような政治風土のもとで、バシキール革命委員会への不信はさらに昂じていく。

ウファ県の革命委員会と党委員会は八月二〇日付けで全露中央執行委員会へ宛てた電文で、「全国家的意義」を強調し、バシキール革命委員会の自立的政策志向を批判していたが、その批判の背後には、他党派や民族主義者への強い不信が漂っていた。この電文では、バシキール政府の多数は「旧左翼エス・エル」であり、メンゼリンスク郡とベレベイ郡では「エス・エル組織の未曾有の成長」がみられるとし、バシキール政府への不信をエス・エルへの不信と脅威に重ね合わせ、結びつけていた。[24] 九月一四日の県党委員会総会では、「バシキール大衆は全く統治するまでに成長していない。彼らの行動全てが子供のそれを思わせる」と報告され、バシキール革命委員会には「純粋に民族主義的潮流」があり、「タタール・バシキール共産主義者の組織」が存在すると指摘された。報告者はバシキール大衆の政治的無能と民族主義的な指導部の存在を指摘し、バシキール革命委員会に

「責任ある活動家」を派遣し、「プロレタリアの階級的政策を厳格に実施する」任務を負わせ、この革命委員会をウファへ移転させ、統制を強化することを主張したのである。[25]

オレンブルグ県でも、バシキール革命委員会への不信は強まっていた。県執行委員会と県党委員会の九月二〇日の会議で、討論を主導した県党委員会議長のИ・А・アクーロフは、バシキール革命委員会は「ブルジョワ的」で党組織とその課題のみならず、基本的なソヴェト建設に敵対していると、厳しく非難していた。彼は、党活動では「バシキール人コミュニストの完全な欠如」がみられ、共産主義ビューローと地方のロシア人住民は全く無視されていると主張し、「中央」がバシキール革命委員会へ「外交的」圧力をかけ、地方のソヴェトと党組織がこの革命委員会へ「後見」を果たすことを提案した。この会議ではアクーロフの提案全てが採択され、彼を中央へ派遣し、報告は彼に委任することが決定された。[26]

近隣諸県でのバシキール革命委員会への不信の構成要因は、「民族主義的潮流」の存在、「旧左翼エス・エル」の影響、「ブルジョワ的」と多様であったが、この政治的不信に基づき、ウファとオレンブルグ両県のソヴェトと共産党組織の指導者はバシキール革命委員会への統制と「後見」を求めはじめたのである。共和国を取り囲む両県の政治指導者のこのような「後見」志向は、赤軍による解放後の両県における一党制政治システムの形成と軌を一にして強く現れてきたものであった。[27]

（1）　«Образование Башкирской Автономной советской социалистической республики». сборник документов и материалов, Уфа, 1959［以下«ОБАССР»と略記］, No. 100.

（2）　バシキール臨時革命委員会はヴァリードフら一二人の委員と六人の同候補から構成された。Там же No. 112.

（3）　ヴァリードフの覚書「バシキーリヤとソヴェト権力」では、バシキール民族運動の指導者の立場から、赤軍の側へ移る経緯が説明されており興味深い。См., М. Л. Муртазин, Башкирия и башкирские войска в гражданскую войну. ［Л.］, 1927, сс. 204-205.

（4）《ОБАССР》, No. 121. 協定の「自治」の内容をめぐっては、R・パイプスの過大評価と、それを批判するカーの見解がある。E. H. Carr, "Some Notes on Soviet Bashkiria", *Soviet Studies*, Vol. VIII, No. 3 (1957, January) pp. 221-22. ロシア革命研究の大家パイプスが、その研究の初発の一つを、バシキールの自治に捧げていることに注目されたい。R. Pipes, The First Experiment in Soviet National Policy. The Bashikir Republic. 1917-1920. *The Russian Review*, Vol. 9, No. 4 (October 1950). バシキール問題は、グルジア、ウクライナ問題とならんで、ソヴェト政権の民族政策を解く重要な「キー」をなしているのである。バシキール政府は、一八年一一月二一日にソヴェト政府との交渉条件を確定しているが、そこではバシキール共和国の秩序と安寧の維持は「バシキール革命軍」に委ねられるとし、鉄道・工場施設の管轄権の問題は交渉条件に入っていなかった。М. Л. Муртазин, Башкирия и башкирские войска..., сс. 203-204. したがって、協定の第四、五、一一条は交渉過程でバシキール側が譲歩したものと推定される。

（5）《ОБАССР》, No. 138. この回状は、その内容からして、ヴァリードフが東部戦線南方軍グループ司令官に宛てた報告覚書に基づいて作成されたと推定される。М. Л. Муртазин, Башкирия и башкирские войска..., сс. 207–11.

（6）Р. Ганеев, Советы Башкирии в 1919–1920 гг. (по материалам Уфимской губернии), Уфа, 1961, сс. 13–17.

（7）《ОБАССР》, No. 138, сс. 250-51.

（8）М. Л. Муртазин, Башкирия и башкирские войска..., сс. 75-76.

（9）ソ連では、スターリン批判後に、民族地域におけるソヴェト建設の単に軍事情勢のみで説明できない困難な状況が指摘され、内戦期の革命委員会の活動において、「レーニン民族政策」からの逸脱があったと確認された。Н. Ф. Бугай, Проблемы революционных комитетов периода гражданской войны в советской историографии. 《Вопросы истории》, 1973, No. 2, сс. 141–42.

（10）《ОБАССР》, Nos. 172, 175.

（11）Там же, Nos. 173, 174, 210.

（12）Там же, Nos. 178-81, 189; No. 188, сс. 320–21.

（13）Там же, No. 189, с. 322.

（14）Там же, с. 44.

（15）Там же, No. 188, с. 321.

（16）Там же, No. 210, сс. 355-56; No. 215. ヂョーマ川に沿うウファ県ベレベイ郡では、バシキール共和国へ併合されると、穀物独占、家畜徴発がなく、商業の自由が許され、現地バシキール人と同様に土地用益が認められるとの「煽動」がなされ、「共産主義者」はバシキーリヤから追放されるとの噂も飛び交っていた。Там же, No. 216.

(17) Там же, прим. 162, с. 893.
(18) Там же, Nos. 211, 217; прим. 163.
(19) Там же, No. 174, с. 297; No. 221.
(20) Там же, No. 188, с. 320; No. 225.
(21) Там же, No. 226, с. 374. しかし、その後もステルリタマークの帰属をめぐる対立は継続し、翌二〇年三月にも、先鋭化している。См., там же, Nos. 227–29.
(22) 協定の締結に先立つ一九年の三月二日に、県党委員会では「後に各民族が自ら自治を否定し、自治が幻想であると悟るために」バシキール人に自治を認めるとの発言がなされていた。Там же, прим. 108, с. 885. これに対し、スターリンは、党中央委員会の委任を受け、三月七日付けでウファとオレンブルグ両県の党委員会に宛て、バシキール人が無条件で「ソヴェト自治」を得ると打電し、バシキール勤労者への慎重な対応を求めた。Там же, No. 119. さらに、スターリンは、オレンブルグ県の党委員会議長A・A・コロスチェリョーフと民族問題担当のГ・К・シャミグーロフを名指しして、三月二〇日協定の遵守を強く求め、彼らに警告する電文を打っている。Там же, No. 135.
(23) Р. Ганеев, Советы Башкирии..., с. 24. 後に、エーリツィンは、バシキール革命委員会が実効統治に入ることを伝えた「指令第1号」を携え、モスクワへ赴き、バシキール革命委員会の行動に抗議することになる。Ф. Самойлов, Малая Башкирия в 1918–1920 гг. «Пролетарская революция», 1926, No. 11, сс. 203–204.
(24) «ОБАССР», No. 179.
(25) Там же, No. 188. この報告を行ったБ・Н・ニムビツキーは、一九〇五年以来の党員で、ウファとカザンで活動し、一九一九年にはウファ県の革命委員会議長であった。Там же, с. 929.
(26) Там же, No. 189, прим. 141. И・А・アクーロフは、革命から内戦期にウラルの党・ソヴェト機関で活動し、一九二〇年八月からは、キルギス(現カザフ)、クリミアと民族自治に関与する人物である。Гражданская война и военная интервенция в СССР. Энциклопедия, М., 1983, с. 29. ヴァリードフの『回想録』では、彼に対し「ロシア人の帝国主義者」と厳しい評価が下されている。З. Валиди Тоган, Воспоминания. м., 1997, с. 216.
(27) ウファ県では、一八年六〜七月に共産党と左翼エス・エルとの「共闘」が崩壊し、内戦に突入し、この地域は白軍に占領された。Очерки по истории Башкирской АССР, Т. II, Уфа, 1966, с. 101. 一八年一二月末から翌年四月までに、ウファ県では、赤軍により解放される際に、中央の政策に反して、右派エス・エルとメンシェヴィキの合法化は認められず、共産党主導のもとでソヴェト権力の再建が始まった。«Переписка секретариата ЦК(б) с местными партийными организациями». Сборник

документов, М., [以下《Переписка》と略記] 1974, Т. VIII, No. 414. しかし、一九年春のコルチャークの攻勢によりウファは再び放棄された。一九年五〜六月に赤軍によって解放された後、ソヴェト権力の再建が始まるが、この過程で、左翼エス・エルから新たに結成された革命共産主義者党に「旧左翼エス・エル」への不信と「タタール・バシキール民族主義者」の影響をみて、その合法化が拒否されている。《ОБАССР》, No. 179. 共産党の一党制政治システムは、このように他党派への強い不信とその排除を伴う共産党の政治的独占のもとで、再建されたソヴェトに対し「指導」と「統制」を実現する体系として、一九年七月末から二〇年一月にかけて成立した。Р. Ганеев, указ. соч., с. 17. オレンブルグ県では、一八年七月から一九年一月下旬までの七カ月間の白軍の支配の後で、共産党とソヴェト機関の再建が始まった。その過程で、一九年の春に、共産党のオレンブルグ市ソヴェトに対する「分かち難い」支配が成立し、翌年春の第二回県ソヴェト大会までに、一党制政治システムが成立していった。《Переписка》, Т. VII, М., 1972, No. 317.

II　バシキール革命委員会

バシキール革命委員会は、三月二〇日協定に至る政治過程のなかで形成されたが、再建されたソヴェト権力と共産党組織との軋轢を伴う解放過程で、自治共和国の政治的担い手としての主体形成にとりかかった。一九一九年五月一七日にバシキール革命委員会では、３・ヴァリードフの提案により、組織の再編が行われた。バシキール革命委員会の成員は一五名まで拡大され、その管掌業務は外交委員部、民族委員部をはじめ七つの委員部に整理統合され、その議長には満場一致でハリス・ユマグーロフが選出された(1)。これは、解放されたバシキーリヤの統合へ向けての行政主体の組織的再編であった。

バシキール革命委員会は、さらに、共和国の政治的担い手の形成へ動き出した。六月四日付けで党中央委員会へ宛てたユマグーロフ書簡は、新しい党「トゥルクィン」の創設について、党中央の判断を求めるものであった。この書簡で、彼は自ら新党創設を支持する立場にあるとし、この考えは「若干のバシキール無党派活動家」から

図 2-6　ユマグーロフ，ハリス・ユマグーロヴィチ（1891－1937）

サマラ県ニコラエフスク郡ハサノヴォ村に生まれる。1914-16 年にモスクワの高等農業アカデミーに学び修了。1917 年 1 月にモスクワ少尉補学校を卒業し，7 月には，バシキール中央会議（シューロ）のメンバーとして活動しはじめる。18 年 1 月のカザンでの第 2 回ムスリム軍人大会でボリシェヴィキとともに行動し，ムスリム軍人組織のなかで左派の指導者として活躍した。19 年夏に中央から，サランスクのバシキール革命委員会へ派遣され，その議長を務める。20 年 1 月，モスクワへ召還され，22 年，民族主義の理由で共産党から除名。31 年に復党を許される。37 年 7 月，反ソ民族組織への関与で告発され，同年 12 月，銃殺。56 年に名誉回復される。彼のバシキール革命委員会の議長と召還，党からの除名と復党，銃殺と名誉回復という変転極まりない境遇に，革命，1920 年代，スターリン体制，スターリン批判後といった各時代でのソ連体制の彼への評価の揺れも窺える。革命によって生まれたソ連という体制は，革命を生きた人物にとって，生き抜くのがきわめて困難な逆説の時代でもあった。

典拠）Башкортостан. Краткая энциклопедия. Уфа, 1996, с. 657.

生まれたと述べた。彼は、新党はロシア共産党の綱領を基礎とするが、その宗教、住宅、労働保護に関する部分は省略され、経済問題と畜産の分野では修正され、大きな注意が払われるとし、さらに、新党は第三インターへの加盟を求めていると説明している。[2]同じ六月四日付けで、ユマグーロフは、バシキール軍部隊とバシキール革命委員会の共産主義者と同調者の総会が五月一六日に行われ、五人からなるバシキーリヤ共産主義者・ボリシェヴィキ中央ビューローが選出されたと伝え、党中央委員会に、その承認を求めていた。[3]ユマグーロフを中心とするバシキール革命委員会はバシキーリヤの共産主義者・ボリシェヴィキ中央ビューローを結成し、その承認を求めつつ、新党「トゥルクィン」結成を打診し、疎開先サランスクへのバシキール人党員の派遣を党中央委員会へ求め、[4]動き出したのである。

　このようなバシキール革命委員会の動きに、それまで不信を募らせていた近隣諸県、とりわけオレンブルグ県の党組織は大きな危惧を抱いた。九月二九日に県党委員会議長アクーロフは「自治バシキーリヤにおける党活動の整序と全バシキーリヤの臨時中央部の組織を目的として」、オレンブルグで党会議を招集するとし、その議事日程に「通報、党活動の設定とソヴェトへの統制、臨時委員会の選出」を掲げた。そして、バシキール人で民族運動に批判的なΓ・K・シャミグーロフにバシキール革命委員会の共産主義者を組織することを求めた。[5]九月三〇日には、アクーロフのもとに、バシキール革命委員会が党中央に五人からなる「バシキーリヤ・臨時中央ビューロー」の承認を求めているとの情報が入り、[6]彼は一〇月二七日に、ウファとチェリャビンスクの県党委員会へ全バシキーリヤ州党協議会へ代表を送ることを強く求めた。ここで、バシキーリヤの党中央部が選出される予定であった。その際に、彼は「自らの代表を送ることを強く提案する、さもなくば全く権威のない、バシキール党中央部がつくられる危険がある」と強い危機感を表明したのである。[7]オレンブルグ県では、このように党委員会が近隣諸県の党組織代表を糾合し、自治バシキーリヤの党中央部選出とソヴェトへの統制に強いイニシアチヴを発揮しようとしたのである。

隣りのウファ県では、一九年一〇月にΦ・サモーイロフが全露中央執行委員会代表としてステルリタマークに到着し、彼とウファで活動し民族ニヒリズムの強い傾向をもつE・A・プレオブラジェンスキーが、バシキーリヤの党中央部選出に尽力していた。[8]

バシキール革命委員会と近隣諸県の共産党組織のこのような確執・対抗のなかで、一一月八日から一一日にステルリタマークで、第一回バシキーリヤ共産党協議会が開かれた。[9]協議会には、ウファ、オレンブルグ、チェリャビンスク県の党組織代表も参加して、組織問題をめぐり鋭い対立があらわとなった。ユマグーロフらは自治バシキーリヤの党の組織問題で、次のような「原則」を提示し、その実現を要求した。

「抑圧民族のプロレタリアートもまた存在するかつての被抑圧民族の共和国において、党活動の全般的指導とイニシアチヴは、原住民プロレタリアートに属し、抑圧民族を代表する者はいかなる党機関においても、三分の一以上を占めてはならない。原住民コミュニストが構成総数の四分の一に至らないときは、抑圧民族のコミュニストは、現地共和国の一般党機関に全面的に従い、その活動は植民者の間にのみ制限される。」[10]

この「原則」は抑圧と被抑圧の民族関係を前提とし、「原住民コミュニスト」を主体とする「党」の組織原則を提示したものであったが、受け入れられず、協議会では「組織問題に関する決議」が採択された。この決議は、一九一九年春の第八回共産党大会で採択された決議に従って、バシキーリヤの党中央部が「党とソヴェトの全ての活動に対して、州委員会の権限内で指導する権利」を有すると述べていた。同時に、決議では、党組織の民族区分が否定されるとともに、バシキーリヤの党中央部に「選挙で全ての責任あるポストに共産主義者を就けることに努めつつ、バシキーリヤのソヴェト大会への準備措置をとる」ことが委任されたのである。[11] この決議により、辺境民族地域の共産党組織はロシア中央部と共通の綱領と規約の上で組織され、その指導部はモスクワの党中央委員会に従属する州委員会として、ソヴェトに対する指導権をもつと確認されたのである。とりわけ、党のソヴェトに対する指導権は、ユマグーロフ派が否定したため、決議に特に挿入・明記されたものであった。[12]

党協議会で採択された決議で、第二に注目すべきは、タタール・バシキール共和国に関するものである。この決議では、タタール・バシキール共和国構想は汎イスラム主義者とエス・エルの影響下で作成されたとの認識が示され、「ムスリムの党組織が腐敗し頽廃した」と確認された。そのうえで、決議は、タタール・バシキール共和国規定の廃止を求め、その実現を求める「タタール・バシキール統合主義者」を党から追放すると決定した。この決議は「ほとんど満場一致で」採択された。[13] これはタタール・バシキール共和国を否定し、独自のバシキール共和国の創設を支持するものであり、その点でバシキール人活動家の支持を得たのであるが、その決議には、「自治を得たバシキール人は、その民族の出身でない共産主義者に彼らの自治への敵対者をみ、猜疑を抱いている。このことは……党活動に強く反映している」との指摘が含まれていた。[14] これは、バシキール人の自治の実現をめぐり、党活動に由々しい事態が生じていることの確認でもあった。

協議会は、最後にバシキーリヤの共産党組織の中央指導部をなす州委員会を選出した。州委員会にはК・カスプランスキー、Г・シャミグーロフ、Ф・サモーイロフ、И・ラフマトゥーリン、М・タギーロフ、Ю・ユマグーロフ、А・イズマーイロフの七人が選出された。[15] この州委員会の政治的構成は、多様で対立を孕むものであった。ユマグーロフら四人の成員はバシキール革命委員会を支持し、自治バシキーリヤにおいて政策的自立性と自己の政治主体の形成を志向したが、他の三人はこれに対抗する異なる傾向を代表し、それと結びついていた。バシキール人のシャミグーロフは民族ニヒリズムの傾向を代表し、「自治の幻想性」を主張し、サモーイロフは辺境バシキーリヤへ中央部ロシアの一党制政治システムを導入し、その推進を目指す人物であり、イズマーイロフはタタール民族運動と密接に結びついていたのである。(16)

第一回バシキーリヤ州党協議会は、ユマグーロフらバシキール革命委員会の構想する政治主体の形成に大きな打撃を与えるものであった。同時に、この時期にバシキール革命委員会は、タタール民族主義者の側からも自らの主体性を否定する大きな脅威にさらされることになった。

すでに、一九一七〜一八年のロシア革命の過程において、バシキール人の民族運動はタタール人のそれからの自立性を主張してきた。一九年の春から夏にヴォルガ中流・ウラル地域の解放が進むとともに、その創設が延期されていたタタール・バシキール共和国の実現を求める動きが活発化すると、(17)バシキール革命委員会は、タタール民族運動に対して、自らの政治的主体性を主張せねばならなかった。バシキール革命委員会は、党中央委員会へ宛てた電文で、バシキール人でない多くの共産主義者が「ソヴェト・バシキーリヤ」に反対し、タタール・バシキール共和国を支持し煽動していると指摘し、そのため「タタール共産主義者の攻撃行動」に対抗措置をとっていると報告していた。(18)この電文は、一九年五月一三日以降と推定されるが、五月二八日には、中央ムスリム軍参事会へ宛てて、タタール兵士の間でバシキール兵士と住民の自治に対する否定的対応があり、それはムスリム組織の指導部が「我々の今後の相互関係にとり無意味で危険な〈タタール・バシキール理論〉を押しつけようとしている」ところに原因があると指摘し、バシキール人がタタール人とは別個の「自立した民族」であると認めるように迫ったのである。(19)五月三〇日には、ロシア共和国人民委員会議に「〈タタール・バシキール理論〉はバシキールの意図とは別個に彼らに押しつけられた」と指摘し、一八年三月の「タタール・バシキール共和国規定」

を廃止するよう求めていた[20]。

バシキール革命委員会がその撤回を求めた「タタール・バシキール理論」は、第二回全露東方諸民族共産主義組織大会で強く現れた。一九年一一月二二日から一二月三日までモスクワで開かれたこの大会で、最大の関心を集めたのは、タタール・バシキール共和国の問題であった。

大会報告に立ったスルタン＝ガリエフは、タタール・バシキール共和国の創設を求めつつ、革命から三年間の活動を総括した。この報告で、彼は、バシキール人の独自の共和国を創設しようとする動きと、タタール・バシキール共和国をめぐる様々な政治潮流への批判を行っている。まず、バシキール人の分離的な動向を「自らの経済状態、つまり土地を多く確保できるという有利な状況」にあったことから説明し、バシキール人「クラーク」の運動と結びつける。さらに、ヴォルガ流域のカザンから内陸アジアにかけて多くの「タタール・バシキール人」が住んでおり、彼らはタタール人に同化されているとしたうえで、彼らはタタール人とともにソヴェト権力を支持したのに、バシキール人はコルチャークの側についたと指摘する。スルタン＝ガリエフはバシキール人の分離自立を、土地問題での「クラーク」の影響と結びつけて批判し、「同化」の視点からバシキール人の自立性を批判するのである[21]。

さらに彼は、タタール・バシキール問題をめぐる様々な潮流を紹介し批判し、自らの立場を明示する。第一に、小バシキーリヤの自治を保持しつつ、大バシキーリヤの形成を求めるグループがあるとし、ここに、バシキール人「クラーク」の「欲情」が現れており、自らの権力の及ぶ領域の拡大をねらっていると批判する。第二に、タタールとバシキールの共和国を別個につくることを求めるグループを指摘し、3・ヴァリードフとM・A・クラーエフの名を挙げている。タタール共和国をタタール人の住んでいるところに創設するとなると、それはカザン県の二〜三郡とウファ県の一部となり、タタール人とバシキール人の住む広大な領域が除外されると指摘する。そして、この立場を「クラーエフとヴァリードフの新しい反革命政府」つまり「タタール・バシキールのコルチャーク体制」と厳しい政治中傷に近い言葉を放った。これらのバシキール人の立場に続いて、第三に、スルタン＝ガリエフはあらゆる共和国を否定する潮流を挙げている。ここでは「単一のソヴェト共和国」の存在が主張され、共和国の創設も民族主義を助長するものであり、その共和国にそもそも国をつくる力がないとの二つの論拠が提示される。そして、スルタン＝ガリエフ自身はこの二つの論拠を批判するかたちで、この潮流に反論している。ついで、「いわゆるタタール主義者 татаристы」の動きを挙げる。彼らはタタール・バシキール共和国には原則として反対しないが、現状ではタタール共和国をつくるより他にないとの判断であると紹介する。(22)

このような様々な考えを紹介し批判しつつ、スルタン＝ガリエフは最後に、タタール・バシキール共和国の創設を志向する自らの立場、つまり「タタール・バシキール主義の潮流」を擁護する。その論拠は二つ示されている。第一に、タタールとバシキールが合同して、前者はタタール・ブルジョワジーから、後者はバシキール人クラークから分離させる必要があるためとされる。第二に「社会経済的には、多くの点でタタール人は、バシキール人やキルギス人より高く位置し、バシキール人とキルギス人には政治的同化が必要である」との認識を示した。これは、バシキールの分離自立を批判したときの論拠を踏襲している。この「政治的同化」が必要との認識は、スルタン＝ガリエフによってさらに展開されていく。

まず、「政治的同化」は、このヴォルガ中流・ウラル地域の文化的対抗と、そこでの「タタール・ヘゲモニー」という現実に立脚して正当化されるのである。スルタン＝ガリエフは、バシキールの側からの「民族的で社会・啓蒙的な自然な同化」を語ることはできず、この地域で教師はタタール人で、文章語はタタール、バシキールの間で共通であると指摘する。そして、バシキール人を「全く独自の民族とし、タタール人とは全く似ていない」とし、アラビア文字とタタール文字は互いに適合しないとの「たわごと」を言う人々がいると批判する。彼は、次のように訴えた。

「ところでこのことで、革命ソヴェトのメンバーでロシアの宣教師クラーエフ博士のことがふと想い起こされた。彼は、ロシア文字で書かれた手のこんだアルファベットを考案し、ロシア人がバシキール人を啓蒙教育する能力を賞賛している。彼は、タタール文字はバシキールには適していないと述べ、彼らにこのアルファベットを捧げ、「ほら、あなた方への、私の最初の革命の贈りものだ」と語る。かれは、ボベドノスツェフや他の名だたるロシア人宣教師たちの翻字法を導入している。バシキールの民族主義者たちは、バシキール人は自立的に発展しなければならないと語っている。これらのことから、バシキール人を分離させようとするこの志向は、最も低級なショービニズムのかたちをとっているということが生じている。そして、我々は、バシキール人プロレタリアートにいかにショービニズムが浸透しているかをみているのである。」[23]

ここには、バシキール人の革命を指導しているクラーエフを、イリミンスキー・システムの担い手として批判することでバシキール人の自立性を非難し、タタール人のバシキール人に対する文化的影響力、さらには政治的同化を正当化しようとする論調が窺える。さらに、スルタン＝ガリエフは「政治的同化」を求める立場から、バシキール人、キルギス（カザフ）人の個別の自治へ厳しい批判を行った。彼は、バシキール人やキルギス人の共和国に対し、これは自治共和国ではなく「ロシアの地方」であると痛烈に批判したのである。[24] 副報告者のM・ブルンドゥコーフも、バシキール人の言語と文化の独自性を否定し、「革命の観点からは、バシキールの領域はバシキーリヤへではなく、タタールスタンへ併合されるべきである」と述べたのである。[25]

これに対して、バシキール代表のК・カスプランスキー、M・タギーロフ、И・ラフマトゥーリンは、先の第一回党協議会の決議をもって登場し、統一したタタール・バシキール共和国の創立に反対した。バシキール代表のГ・シャミグーロフは独自の、つまり、民族共和国そのものに反対する立場から、スルタン＝ガリエフらに反対した。彼は、大会で「我々バシキール代議員はあらゆる共和国、全般に反対している。あなた方があなた方の共和国を宣言するならば、小バシキーリヤはソヴェト・ロシアへ編入されるであろう……我がバシキール共和国は共産主義者がいないときにつくられ、現在、我々はそれに反対して闘っている」と表明した。[26] このように意見は鋭く対立したが、大会は、賛成四四、反対三九で、小バシキーリヤと並存してタタール・バシキール共和国を創設し、小バシキーリヤが共和国に合邦するかどうかは、そのプロレタリアートの意志に任せると決定した。(27)

この大会以降、スルタン=ガリエフらのタタール人共産主義者は現存のバシキールの自治を無視して活動を積極化させた。これに対して、一二月一三日に、共産党中央委員会の政治局は、大会で「大きな部分、とりわけバシキーリヤの共産主義者の代表全てがタタール・バシキール共和国に反対したため」、一八年三月の同共和国規定を廃止し、党員に対し同共和国の宣伝を禁止すると決定した。(28) しかし、バシキール人を統合し共和国を創設しようとするタタール人活動家の動きは執拗に続けられた。(29) このような状況のなかで、バシキール革命委員会は、タタール人に対抗して、バシキール人とキルギス(現カザフ)人の合同共和国プランを提起するが、これも受け入れられなかった。(30)

一九年一一～一二月にバシキール共和国の担い手としてのバシキール革命委員会は政治的窮地に陥った。新しく形成されたバシキーリヤの共産党組織とその党州委員会は、一党制政治システムの導入を志向し、(31) 他方、「タタール・バシキリスト」はバシキールの民族的自立を否定する強い動きを示していたのである。このような政治的窮地からの脱出を求めて、バシキール革命委員会は一月事件を引き起こすことになる。

(1)　«Образование Башкирской Автономной советской социалистической республики», сборник документов и материалов, Уфа, 1959, [以下 «ОБАССР» と略記] No. 152, сс. 269–70.

(2)　«Переписка секретариата ЦК(б) с местными партийными организациями». Сборник документов, М., [以下 «Переписка» と略記]1974, Т. VIII, No. 61, с. 39. 「トゥルクィン тулкын」はバシキール語で「波」を意味し、一七年一二月にバシキール代表を集めてオレンブルグで開かれたクリルタイに参加したバシキール青年が創刊した文芸誌の名称に由来していた。彼らは、一八年二月にソヴェト権力を支持し、バシュコルトスタン臨時革命委員会の活動に加わっていく。「トゥルクィン」という名称の政治的含意は、ソヴェト権力(革命)への支持とバシキーリヤの自治実現であった。別の最新の研究では、ユマグーロフは、一九一九年にヴァリードフとともにバシキール人の民族政党「イレク Ирек」の組織化を目指したとされている。Башкортостан. Энциклопедия, 1996, Уфа, с. 657. ヴァリードフは『回想録』のなかで、この民族社会主義政党の創設を考え、中央に打診したと述べている。これは、共産党と並存し、協同する政党で、完全な経済の国有化と民族自決権の「自由」を綱領的立場としていた。З. Валиди Тоган, Воспоминания. М., 1997. с. 206.

（3）«Переписка», 1974, Т. VIII, No. 316, с. 220.

（4）Там же, Nos. 40, 226, 538.

（5）«ОБАССР», No. 250, с. 408.

（6）Там же, No. 251.

（7）Там же, No. 252.

（8）E. H. Carr, "Some Notes on Soviet Bashkiria", *Soviet Studies*, Vol. VIII, No. 3 (1957, January) p. 224. エヴゲーニィ・プレオブラジェンスキー（一八八六―一九三七）は、当時、ウファの党組織指導者で、ウラルの革命家に共通の経済主義的な全体性を追求する立場から、民族の自立性という契機に否定的であった。このような彼の見解は、第二回コミンテルン大会へのレーニンの民族・植民地問題テーゼ草稿に対する、彼の注釈によく現れている。См., Некоторые документы К. Маркса и В. И. Ленина, «Вопросы истории КПСС», 1958, No. 2, сс. 15-16. プレオブラジェンスキーは、ネップ期の社会主義の本源的蓄積論を唱えることで知られるが、二〇年春の第九回党大会で中央委員会書記に選出され、ウファを離れるまで、県党委員会議長として、バシキール革命委員会に対抗しバシキーリヤの州党委員会を形成することに尽力していた。J. M. Meijer, ed., Trotsky Papers. T. II, The Hauge Press, 1971, pp. 95-96.

（9）«ОБАССР», прим. 174, с. 894.

（10）Р. М. Раимов, Образование Башкирской АССР. М., 1952, с. 298.

（11）«ОБАССР», No. 253.

（12）Р. М. Раимов, указ. соч., с. 299.

（13）Там же.

（14）タタール・バシキール共和国に関する決議は次を参照。«ОБАССР», No. 259.

（15）Там же. прим. 174, с. 894.

（16）E・H・カーもR・パイプスも、党州委員会は主にロシア人とタタール人からなり、バシキール人の民族自治を形骸化させていくと指摘している。だが、重要なのは、民族的出自でなく、政治的傾向に基づく成員の分析であり、それに基づく党州委員会の性格把握であろう。E. H. Carr, Some Note..., p. 224; R. Pipes, The First Experiment in Soviet National Policy. The Bashikir Republic. 1917-1920. *The Russian Review*, Vol. 9, No. 4 (October 1950). p. 314; R. Pipes, *The Formation of the Soviet Union. Communism and Nationalism. 1917-1923.* Harvard U. P., 1964, pp. 164-65. イズマーイロフはタタール民族運動で活躍し、タタール共和国の初代内務人民委員の要職に就くことになる。«Образование Татарской АССР», сборник документов и материалов, Казань, 1963［以下«ОТАССР»と略記］, No. 222.

（17）一九年四月二七～三〇日にシムビルスク県スィズラニで東部戦線および銃後のボリシェヴィキをはじめ共産主義者の協議会が開かれ、赤軍政治部代表とサマラ、オレンブルグ、ウファ県のムスリム部局代表、三二人が参加した。この協議会はタタール・バシキール軍団の組織化とタタール・バシキール共和国の創設を目的として、東部戦線のタタール・バシキール共産主義者中央ビューローを選出していた。この協議会には左翼エス・エルの積極的な参加があったと指摘されている。См., «Из истории гражданской войны в СССР», сб. документов и материалов, Т. II, М., 1961, No. 161, с. 194; «ОТАССР», No. 82, сс. 120-22, прим. 1.

（18）«ОБАССР», No. 142.

（19）Там же. No. 143. これに対し、中央ムスリム軍参事会はバシキールの自治を尊重する旨を回答した。См., там же, Nos. 144, 147.

（20）Там же, No. 145.

（21）Мирсаид Султан-Галиев, Избранные труды. Казань. 1988, сс. 225-26, 230-31.

（22）Там же, сс. 232-34.

（23）Там же, с. 234.

（24）Там же, с. 235.

（25）М. К. Мухарямов, Октябрь и национально-государственное строительство в Татарии (октябрь 1917 г.-1920 г.). М., 1969, с. 157. もう一人の報告者サイド＝ガリエフは民族共和国という考えはブルジョワジーによって植えつけられたと述べ、この考えには、各所でスルタン＝ガリエフが批判している。Мирсаид Султан-Галиев, сс. 237, 240, 242-43. ここには、スルタン＝ガリエフとサイド＝ガリエフという二人のタタール人指導者の対立がすでに伏線として、存在している。

（26）М. К. Мухарямов, Октябрь..., сс. 157-58. 大会でのバシキール代表の人的構成については、См., «ОБАССР», прим. 181. 大会報告の結語のなかで、スルタン＝ガリエフはバシキール人活動家への批判を行っているが、とりわけシャミグーロフへは厳しい言葉を放っている。「ところで、今、同志シャミグーロフが、バシキールのプロレタリアートは恐らく、ソヴェト連邦共和国に合同するか、あるいは、自らの自治を廃棄するであろうと述べた。しかし、同志諸君、この挑発にのらないように私は忠告する。」Мирсаид Султан-Галиев, с. 248.

(27) «ОБАССР», No. 260, прим. 177 прим. 181.

(28) Там же, No. 262.

(29) М. К. Мухарямов, указ. соч., сс. 159–60, 175. このようなタタール人のムスリム統合を目指す動きは、翌年三月まで続いた。一九二〇年の三月二二日に、東方諸民族共産主義組織中央ビューローの議長サイド＝ガリエフ、副議長スルタン＝ガリエフ、同幹部会員Б・マンスーロフがレーニンに会見し、タタール人とバシキール人の間に本質的差異はほとんどなく、小バシキーリヤの外のバシキール人はタタール共和国へ編入されねばならないと主張した。しかし、レーニンは、彼らの要望に否定的に答えていた。«ОБАССР», прим. 182; С. Саид-Галиев, Татреспублик и т. Ленин. «Пролетарская революция», 1925, No. 9, сс. 111–12.

(30) З・ヴァリードフは第二回東方諸民族共産主義組織大会の開催を前にして、大会のバシキール代表に「オレンブルグにキルギス人とバシキール人の共同政府を創設すること」をロシア共和国政府へ問題提起することが必要であると打電していた。Р. М. Раимов, указ. соч., с. 301. バシキール革命委員会代表は、一二月一三日に全露中央執行委員会のレーニンに宛て、バシキール・キルギス共和国案を提出した。この案は、この地域に扶植されたロシア人とカザークの権力に対抗して、バシキールとキルギスの遊牧民が共和国を形成し、ソヴェト・ロシアとは相互の代表派遣により関係を維持するというものであった。この案の著者は、А・アヂガーモフと推定されている。«ОБАССР», Nos. 263–64. 一二月一三日の党中央委員会政治局の会議では、バシキールとキルギスの合同国家案をしりぞけること、さらにタタール・バシキール共和国の規定(一九一八年三月二二日付け)の廃止を確認している。«Известия ЦК КПСС», 1990, No. 7., сс. 162–63. 一二月一六日の全露中央執行委員会と関連する民族の代表を加えた会議では、バシキールとキルギスの合同を求めるヴァリードフの提案はしりぞけられ、先の東方諸民族共産主義組織大会のタタール・バシキール共和国創設決定を支持するというМ・ブルンドゥコーフの提案も採択されなかった。会議では、バシキールとキルギスの合同共和国にも、タタール・バシキール共和国にも反対するとの提案が採択された。«ОБАССР», No. 116. この時期にバシキール代表は、「タタール・バシキリスト」、ロシア人共産主義者、そして中央の指導者の間で、タタール・バシキール共和国の実現阻止という大目的のために「特別な戦術的な政治判断から」、バシキール、キルギスの共和国合同案を提出したり、タタール独自の共和国の支持を表明したり、積極的な活動を展開した。«ОБАС-СР», No. 261. かつての、ヴォルガ・ウラル地域の統合を目指したタタール・バシキール共和国規定が廃止され、各民族の指導者が自らの政治的統合と主体性を求めて活発化するこのような状況のなかで、タタール人指導者の政治へゲモニーに対抗して、バシキール・キルギス合同共和国プランも提出されたのである。

(31) 一二月に党州委員会が、カントンの党委員会および党員へ宛てた「呼びかけ」では、ソヴェト・ロシアの全ての権力機関が共産党組織に依拠しており、「ソヴェト・バシキーリヤにおいて、我々のもとでもそうあらねばならない」と主張され、党組織に対し、行政業務に介入せず「諸レヴェルで統制し監督する役割」を引き受けることが求められていた。《ОБАССР》, No. 256. cc. 414-15.

III　一月事件

一九一九年末に明らかとなったバシキール革命委員会の政治的窮地は、翌年一月一六日から一九日までの政治活動家の逮捕にまつわる事件、すなわち一月事件へと発展していった。事件の直接の出発点は一月一三日の党州委員会であった。この日の会議で、バシキール革命委員会の議長ユマグーロフと党州委員会の他の成員との対立が鋭く現れた。

第一の対立点はサモーイロフの提出した「バシキール革命委員会・党フラクション規定」をめぐって生じた。この規定では、「党州委員会の指導下に」バシキール革命委員会の党フラクションをおくと述べられていたが、さらに、「そのため必要に応じ党州委員会はフラクションに決議権をもち必要とされる人員を送り込む」との文言を追加挿入する修正案がアルチョームによって提案された。ユマグーロフを除く全員の賛成でこの修正案が採択され、アルチョーム自身がバシキール革命委員会の党フラクションへ党州委員会代表として送り込まれることが決定された。(1) この「党フラクション規定」は、党州委員会がバシキール革命委員会の党フラクションに上級指導権をもち、そのことを通じて、バシキール革命委員会そのものに対し政治指導を実現することを目指したものであり、ユマグーロフはこれに反対したのである。

第二の対立は、バシキール革命委員会の政務ポストへの任命をめぐって現れた。党州委員会は、前日の一二日にバシキール革命委員会幹部会が、党フラクションの前もっての調整を経ず、「外交部規定」を採択し、その長にK・M・ラカイを、バシキーリヤのチェ・カー議長にT・Г・イマーコフを任命・承認したことに対し、以下のようなアルチョームの提案する決議を採択した。この決議は「共産主義建設はロシア共和国PCΦCPの経済生活の統一を提起しており、自治共和国の組織化に関する協定は分離を提起しておらず、逆に国内経済生活の統一の上に基礎づけられている」との基本認識を示し、共産主義者は分離やそれに導く措置を支持・煽動する権利をもたないと述べた。そして、外交部は分離に至る行動であり、ラカイを全ての責任あるポストから召還し、「責任ある共産主義的ポストへの共産主義者の任命は全て、党州委員会あるいは党フラクションによって承認されねばならない」と決定したのである。さらに、党州委員会はバシキーリヤのチェ・カー議長にA・イズマーイロフ、バシキール革命委員会政治部長にГ・シャミグーロフの任命を決定し、バシキール革命委員会において党フラクションがこの決定を通過させるように委任された。これら全ての決定にユマグーロフは反対の態度を示した。(2)

一月一三日の党州委員会は、サモーイロフとアルチョームの主導のもとで、外交部を設置しその長を任命したバシキール革命委員会の自立化を警戒し、「経済生活の統一」を強調し、分離に至る動きを厳しく批判し、党フラクションを通じ、バシキール革命委員会の重要人事の掌握をはかったのである。党州委員会は、バシキール民族運動に否定的なシャミグーロフ、イズマーイロフをバシキール革命委員会の要職に配し、バシキール革命委員会への指導を確保し、一党制政治システムの形成へ大きく一歩ふみ出したのであった。

これに対し、バシキール革命委員会は、翌一四日に緊急会議を開き、「バシキール・ソヴェト社会主義共和国」に対し「反革命クーデター」を企図するグループの存在を確認した。そのグループは、イズマーイロフ、シャミグーロフらからなり、彼らは「旧〈ウクライナ活動家〉」のアルチョーム、サモーイロフ、ドゥードゥニク、ヤロスラーフの支援を受けていると分析された。そして、バシキール革命委員会は、このグループの政策が中央のソヴェト政府と党中央委員会に反し許容できず、その行動は「犯罪的冒険」であると判定し、イズマーイロフとシャミグーロフらの逮捕と家宅捜索を決定したのである。(3)

バシキール革命委員会は、一六日未明、彼らをバシキールの自治に対する陰謀の廉で逮捕した。(4) 同一六日に、革命委員会はオレンブルグのバシキール部隊へ、「バシキール革命委員会の中央および地方組織の打倒を目指し、ソヴェト中央権力の東方政策に反対する反革命陰謀が摘発された」と伝え、「平静にあらゆる被抑圧者の解放を目指し、革命の自らの栄えあるポストに堅く立ち、世界社会主義の赤旗を高く掲げよ」と打電した。(5) 一方、モスクワでは、一七日の全露中央執行委員会で、バシキール共和国の代表A・アヂガーモフとA・ビクバーエフがタタール共和国をタタール・バシキール共和国と呼ぶことに抗議していた。彼らは、タタール・バシキール共和国という呼称に、現存バシキール共和国のタタール共和国への併合と「バシキールの同化」の危険を察知し、党中央委員会へ「タタール・ソヴェト共和国」の呼称を用いるように求めたのである。(6)

バシキール革命委員会のこのような行動は、バシキール民衆の間に不穏な噂を併発させ、緊迫した政治的雰囲気のなかで事件は展開したが、(7) トルケスタン戦線司令官M・B・フルンゼの介入があり、一九日にシャミグーロフら逮捕者は釈放された。(8) 翌二〇日に、党州委員会は「バシキール革命委員会多数派による反革命行動」を確認し、党州委員会の総会が招集されるまで、アルチョーム、サモーイロフ、ドゥードゥニクの三人からなるビューローが全ての問題を決裁し、事件の首謀者ユマグーロフらを党から除名し、審理のため党中央委員会へ引き渡すと決定した。(9) この一月事件は、党州委員会の一党制政治システム形成への志向と相まって、バシキール人の民族自治に否定的なシャミグーロフやイズマーイロフが、「旧〈ウクライナ活動家〉」の支援を得て要職に就きはじめたことに対する、バシキール革命委員会の自衛行動であったが、その結果は、自治バシキーリヤにおける党州委員会の権限の一層の強化に終わったのである。(10)

一九二〇年一月に南ウラルのステルリタマークという一地方都市で起きたこの事件は、ヴォルガ中流からウラルの党組織とソヴェトの活動家、民族運動の指導者を刺激し、彼らの政治的見解の対立や反感を鮮やかに照らし出した。

オレンブルグ県党委員会の一月事件への反応は、この地域の共産党とソヴェト機構のそれを代表するものであった。県党委員会は一月事件について、党中央委員会へ直ちに打電し、「もし中央委員会が地方党組織の考えを重視しないならば、春には、結果の予測しがたい事態が起こるであろう」と警告した。[11] 続いて、党中央委員会へ宛てた一月二六日付けの報告で、自らの見解を全面的に展開した。報告は「我々の表明に今までのように注意を払わなければ」、さらに悲しむべき事件が起こるであろうと半ば脅しつつ、バシキーリヤの政治指導者に二つのグループが存在すると分析した。それは、一つは「ウルトラ・ショービニスト的なバシキール人」からなり、ソヴェト・ロシアからの経済的・政治的「孤立」を志向するグループであり、他の一つは、ロシア人、タタール人、一部バシキール人からなり、バシキーリヤの自治の「空想性」を感じ、バシキールの民族的「排他性と孤立性」をできる限り苦痛なく克服することを自らの課題とする人々であるとした。報告は、さらに詳しく、この二つの政治グループの社会的基盤と動向を分析している。すなわち、バシキール人活動家が「ロシア人とタタール分子による〈圧迫〉」に脅威を感じ、彼らの排除に傾き共産主義者への攻撃が始まったとし、ユマグーロフ派のバシキール革命委員会のこのような民族的偏向と闘ったのがシャミグーロフ派であったと指摘する。そして、第一回バシキーリヤ共産党協議会でのシャミグーロフ派の勝利にユマグーロフ派は脅威を抱き、一月一六日の「冒険」に出たとし、その際、ユマグーロフ派が「遅れたバシキール大衆」に依拠したのに対し、シャミグーロフ派は、「鉱山の工場住民、ロシア人とタタール人、一部バシキール人のソヴェト分子」に依拠したとし、ユマグーロフ派は影響力を増す共産党に対して闘争を行ったと指弾されたのである。[12]

このようなバシキーリヤの政情分析は、県党委員会のバシキール革命委員会の政策に対する批判と、[13] シャミグーロフ派へバシキーリヤの未来を託する判断と結びついていたが、同時に、その分析の基底にはバシキーリヤの「自治」そのものへの否定的判断が存在した。この報告では、「自治」はバシキーリヤの「排他性と孤立性」を求めるものと判断され、その「空想性」の克服が求められたが、そのような判断の論拠も提示されていた。すなわち、バシキーリヤにおける都市と集落、および交通の配置から、「ロシア人とタタール分子の指導的意義は、バシキーリヤ内のわずかの地方中心地が主にロシア人の工場とロシア人とタタール人の集落であることにより強化されている」とし、小バシキーリヤの人口構成からすれば、ロシア人とタタール人が人口の五二％をなし、さらに彼らの方がバシキール人よりも文化的・経済的に進んでいると主張される。そして、このような状態のもとで、自治共和国の先頭に「大部分がコルチャーク系列の民族主義的なバシキール分子」が立ったことに、バシキーリヤの「悲劇」と自治実現の「空想性」を見出したのである[14]。

オレンブルグ県党委員会は一月事件の政治的・社会的背景をこのように分析し、自治の「空想性」を論拠づけつつ、党中央委員会へバシキール革命委員会からのユマグーロフ派の排除を強く求めたのである[15]。

一月事件は、オレンブルグとならんでこの地域の中心都市であるウファとカザンでも、民族感情の対立を醸成した。全露中央執行委員会代表としてバシキール革命委員会へ派遣されていたアルチョームは、二月二四日付けの電文で、一月事件後、タタール・バシキール共和国の支持者が活動を積極化したことを、次のように伝えた。「とりわけ、ウファのタタール・バシキール主義者は有害である。ウファ県党委員会のムスリム新聞『赤い道』は、バシキーリヤの活動家ヴァリードフ、クラーエフをバシキーリヤのロシア化と正教信仰の普及のゆえに非難している。イスラムの裏切り者で正教支持者として、活動家の姓名の前に大きな十字架が付されている。同様に、カザンの活動家はバシキール知識人を緊張させ怒らせている[16]」。この電文から、ウファとカザンでは、タタール・バシキール主義者が、一月事件の事後処理に、バシキーリヤの「ロシア化」の危惧を抱き、活動を積極化させ、そのことが逆にバシキール知識人を刺激し苛立たせている状況が窺える。また、三月二一日に、ウファとモスクワが直通電話で交わしたやりとりから、この事件を契機とした中央の地方に対する危惧も浮かび上がってくる。ウファの県党委員会タタール・バシキール部局がシャミグーロフを長とする参事会に改組され、バシキール共和国を中傷し、タタール共和国の創設を認めないなど「ブハーリン的方向」をとったことに対し、モスクワの東方諸民族共産主義組織中央ビュロー議長サイド=ガリエフが危惧を抱き、ウファの政治方針を問い質しているのである。[17]

一月事件を契機とした地方レヴェルでの、一党制政治システムの導入と絡みつつ現れたこのような民族感情の対立に、中央の党とソヴェト権力は介入し、問題の調整と解決に努めざるをえなかった。全露中央執行委員会は、バシキール革命委員会へ宛てた一月二〇日付けの電文で、ステルリタマークへ派遣されたアルチョーム、プレオブラジェンスキー、サモーイロフは「ウファの地方的利害とは無縁であり、地方的な民族排外主義の政策を行いえない」し、彼らがバシキール革命委員会に反する煽動を行ったとは考えられないと伝え、逮捕された人々の釈放と彼らの「陰謀」について取り消すことを求め、ユマグーロフに説明のため直ちにモスクワへ出発することを求めた。[18] 党中央委員会政治局の委任を受けて出されたレーニンの電文も、「アルチョーム、プレオブラジェンスキー、サモーイロフは紛糾の実質的原因をなさないであろうと全く確信している」と述べ、「旧くからの同志」に「ブハーリン的方向」というのは「馬鹿らしい口実」であり、彼らに〈ウクライナ活動家 украинцы〉という形容詞をつけることは全く正しくない」と指摘し、一月二〇日付けの全露中央執行委員会の電文の実施を求めたのである。[19]

中央の党とソヴェト政府の一月事件への介入と調整は、党中央委員会書記Ｈ・Ｈ・クレスチーンスキを中心に進められた。彼は先のレーニンの電文の原文を書き、三月二日にはトロツキーへ直電でバシキール問題の解決に当たるようにとの党中央委員会政治局の指示を伝えている。[20]

トロツキーは、すでに二月二日に、ウファでバシキール問題を審議しており、[21] 現地でバシキール問題の解決に介入し、大きな役割を果たすこととなった。彼は、中央のレーニンや全露中央執行委員会が、中央から派遣されたアルチョーム、プレオブラジェンスキー、サモーイロフに信頼をおき、バシキール革命委員会に批判的であったのに対し、二〇年二〜三月にウファ県を中心に展開したムスリム農民を主体とする「黒鷲 чёрный орёл」の乱（「熊手一揆 вилочный мятеж」）のなかで、バシキール問題へ異なる対応を示した。三月二日のクレスチーンスキへの返電で、トロツキーは、バシキーリヤの政治対立ではウファの活動家が「階級問題を民族問題とすり替えている」と批判し、アルチョームの召還とプレオブラジェンスキーの配置転換を求めたのである。[22] さらに、トロツキーは、三月一四日に、ウファでバシキール問題の解決を目指し審議会を開いた。[23] この会議には、ステルリタマークのバシキール革命委員会を代表してЗ・ヴァリードフ、Ф・トゥフバトゥーリン、И・ラフマトゥーリン、К・カスプランスキーが、党州委員会および中央派遣の活動家としてА・ドゥードゥニク、サモーイロフ、アルチョーム、プレオブラジェンスキーが、そしてウファ県執行委員会議長のБ・エーリツィンの計九人が参加した。[24] ここで作成された二一項目からなる議定書は中央の介入により、バシキール問題に一応の調整をもたらした。

この議定書では、一月事件は今後、バシキール革命委員会と党州委員会のどちら側からももちだされず、バシキール革命委員会の歴史から消し去られると述べられた。つまり、一月事件は政治的に不問とされたのである。そのうえで、議定書は、バシキール革命委員会はその任務に適っており、それを「反革命機関と評価することは全く許されない」と確認した。それと同時に、議定書は、共産党組織がソヴェト機構の行政活動に介入せず、勤労大衆の「指導的政治機関」たることを求め、バシキール共和国の経済政策と食糧政策が「連邦的統一政策」として実施されることを確認し、自治バシキーリヤにおける一党制政治システムの円滑な導入を求めたのである。[25] 会議でサモーイロフがヴァリードフらによる地方の共産党組織への攻撃の問題を提起すると、会議の議長を務めていたトロツキーが彼を厳しく批判したことにみられるごとく、ウファ会議の議定書は全体として、バシキール革命委員会の立場を擁護するものであった。会議の翌日、バシキール革命委員会の代表はステルリタマークへ「全ての決定は我々を利している」と打電したのである。(26)

（1）«Образование Башкирской Автономной советской социалистической республики», сборник документов и материалов, Уфа, 1959, [以下«ОБАССР»と略記]No. 265, с. 431. この会議には、アルチョーム、А・イズマーイロフ、Ф・サモーイロフ、А・М・ドゥードゥニク、Г・シャミグーロフ、Х・ユマグーロフ、Я・ヤロスラーフの七人が出席し、議長はユマグーロフが務めた。アルチョーム（本名Ф・А・セルゲーエフ、一八八三―一九二一）は一九一八年以来、ウクライナのドンバスで活動し、一九年一二月にバシキール援助委員会の指導者として党中央委員会と全露中央執行委員会からバシキール共和国に派遣されていた。アルチョームと一緒に到着したЯ・ヤロスラーフは党州委員会の書記を務めることになった。サモーイロフ（一八八二―一九五二）は一九年一二月に全露中央執行委員会代表としてステルリタマークへ到着し、ウファのプレオブラジェンスキーとともに党州委員会の形成に尽力した。ドゥードゥニクは、食糧の調達と分配においてロシア共和国と共通の食糧政策を行う任務を帯び、ロシア共和国食糧人民委員ツュルーパによってウファから一九年九月一六日に、バシキール共和国食糧人民委員に任命されていた。См., Ф. Самойлов, Малая Башкирия в 1918-1920 гг. «ПР», 1926, No. 11, сс. 212-13. E. H. Carr, "Some Notes on Soviet Bashkiria", *Soviet Studies*, Vol. VIII, No. 3 (1957, January), p. 224; В. П. Иванков, от. ред., Очерки по истории Башкирской АССР, Т. II, Уфа, 1966, сс. 150-51, 156. サモーイロフは当時、バシキーリヤの共産党組織には、どのような「党機構」も「書記局」も存在せず、全てはユマグーロフの紙挟みのなかにあったと指摘し、バシキール革命委員会にはどのような党フラクションも形成されず、全ての問題を、ユマグーロフがサモーイロフらの反対にあいつつ決定していたと、当時の政治状況を伝えている。Ф. Самойлов, Малая Башкирия, «ПР», 1926, No. 11, сс. 211-12. このような政治状況のなかで、党中央委員候補のアルチョームが、中央の「非常全権代表」として、バシキーリヤへ到着するとともに、一党制政治システムの導入に向けて強く動き出したのである。

（2）«ОБАССР», No. 265. 一月一二日採択の「外交部規定」は全文紹介されている。См., там же, прим. 183, сс. 898-99. また、一月二日の党州委員会でバシキーリヤ軍事人民委員部の政治部長にシャミグーロフを任命することが決定されていたが、ユマグーロフはこの決定の実施にも強く抵抗していた。Ф. Самойлов, Малая Башкирия..., «ПР», 1926, No. 11, с. 214.

（3）«ОБАССР», No. 266.

（4）Там же, с. 45. イズマーイロフはバシキーリヤのチェ・カー議長のポストを横奪し、第二回東方諸民族共産主義組織大会でのタタール・バシキール共和国支持の知らせを受け、バシキール共和国は終わりだと表明したこと、シャミグーロフはバシキール共和国の中心には「ショービニスト」がいると表明し、政治部からカザン県へ代表を送り、バシキール共和国へ「敵対的態度」を示したことが罪状とされていた。Там же, No. 266.

（5）Там же, No. 280, сс. 448-49.

（6）Там же, No. 322.

（7）一月一六日に前後してバシキール人のなかでは、「中央のソヴェト権力とその代表者があたかもバシキール共和国の自治を根絶しようとして、いたる所にロシア人と他民族出身のコミッサールを据えつけようと望んでいるとの噂」が強力に広まっていた。Там же, No. 283, с. 463.

（8）Там же, прим. 190, с. 899.

（9）Там же, No. 279.

（10）党州委員会の書記ヤロスラーフは、一月事件の処理のために党州委員会がとった措置を党中央委員会へ報告している。そのなかで、バシキール共和国の権威と機構が反ソヴェト行動に利用されうることに対して、「バシキール革命委員会を充分な配分で共産党が代表されるように再組織」すること、「全国家的(全ロシア的で特殊バシキール的でない)意義をもつ問題」はバシキール革命委員会における全露中央執行委員会代表によって是認されること、バシキーリヤの軍とチェ・カー機関は直接全ロシア機関の統制・従属下に入ること、などが決定されたと報告している。Ф. Самойлов, Малая Башкирия..., «ПР», 1926, No. 11, с. 222. 一月事件の処理にあたり、党州委員会はバシキール革命委員会の人的構成と権限に強い政治的統制を実現する措置をとったのである。

（11）«ОБАССР», No. 280, с. 448.

（12）Там же, No. 280, сс. 450, 453, 455, 456-57.

（13）その政策批判は次の諸点にあった。バシキール革命委員会のもとにある各カントンの革命委員会とその行政機関をバシキール人の僻村に設置したこと、共和国の境界を閉鎖し物資の搬出入を遮ったこと、木材と樫樹脂の供給を停止したこと、さらに、食糧調達機関の排除、土地問題でのロシア人移民への圧迫、ソホーズ経営の略奪であった。См., там же, сс. 452-54.

（14）Там же, No. 280, сс. 450-51.

（15）Там же, сс. 458-60.

（16）この電文は全露チェ・カー議長ジェルジンスキーへ宛てたものである。Там же, No. 284, с. 465. М・А・クラーエフ（一八七二―一九五九）は、オルスク郡(オレンブルグ県)の出身のバシキール人で、一九〇二年にカザン大学医学部を卒業している。一九一九年三月二〇日の協定にバシキール政府側の代表の一人として参加し、一九一九年五月一七日のバシキール革命委員会の会議で議長ユマグーロフとともに副議長に選出されている。このような政治経歴とともに、彼はバシキール語の発音と文法の研究に従事し、ロシア文字をもとにしたバシキール字母の作成も行っていた。この彼の文化活動・経歴に、タタール人は「ロシア化」を嗅ぎとったのである。

(17) シャミグーロフはタタール・バシキール部局の解散を問い質され、サイド=ガリエフに、それはタタール・バシキールの党組織の「麻痺」の結果であり、「我々の戦術は貴下らに周知のことである、すなわち、我々はブハーリン的方向をとっている」と突っぱねたのである。Там же, No. 323.

(18) Там же, No. 277; В. И. Ленин, ПСС, 5-е изд., Т. 54, М., 1975, с. 711.

(19) Там же, сс. 423-24. この電文は党中央委員会書記Н・Н・クレスチーンスキが書いた原文に、レーニンが「党中央委員会政治局の委任を受けて」と書き添え、自署したもので、一九五九年に初めて公表された。Там же, с. 424. 当時、バシキール革命委員会の活動家は、自分たちと見解を異にし、民族自治に懐疑的で否定的に対応する共産主義者を「ブハーリン主義者 бухаринцы」と呼んでいた。Ф. Самойлов, Малая Башкирия..., М., 1933, с. 81.「ブハーリン主義者」とか「ブハーリン的方向」という規定は、一九一九年三月の第八回共産党大会でのブハーリンらの立場を示していた。彼らは民族自決権ではなく、階級闘争とインターナショナリズムを優先させ、それぞれの民族の勤労者の自決権を擁護していた。また、アルチョームやサモーイロフというウクライナで活動した共産主義者を「ウクライナ活動家」と呼び批判していたが、それは、アルチョームのウクライナでの活動に典型的に示されるように、彼らがウクライナの民族的自立を警戒し、中央部ロシアとの結合、すなわちロシアへの併合に革命の大義を見出していたためである。V. Kubijovyc, ed., *Ukraine. A Concise Encyclopedia.* Vol. 1, University of Tronto Press, 1963, pp. 796-97.

(20) J. M. Meijer, ed., *The Trotsky Papers.* T. II, The Hauge Press, 1971, No. 488, pp. 84-87.

(21) *Ibid.*, p. 86, note 2.

(22) *Ibid.*, pp. 92-95.

(23) «ОБАССР», прим. 201, No. 285. この時期にトロツキーは「熊手一揆」の分析を行い、中央のクレスチーンスキと、そして、ヴァリードフとも電文でやりとりしていた。ヴァリードフは、トロツキーをステルリタマークに招いたが、彼は三月一四日にウファにやってきたのである。З. Валиди Тоган, Воспоминания. М., 1997, с. 232.

(24) Ф. Самойлов, Малая Башкирия..., «ПР», 1926, No. 12, с. 190; Ш. Типеев, К истории национального движения и Советской Башкирии (1917–1929 гг.). Уфа, 1929, с. 68.

(25)　«ОБАССР», No. 285.
(26)　В. П. Иванков, от. ред., Очерки по истории Башкирской АССР, Т. II, с. 162.

Ⅳ　六月事件

一月事件によってあらわとなったバシキーリヤの政治的対立がウファ会議によって調停に至る過程と並行して、

3・ヴァリードフを中心にバシキール革命委員会も再編成された。ヴァリードフは、二〇年二月二四日にК・カスプランスキー、И・ラフマトゥーリンを伴いモスクワからステルリタマークへ戻り、翌日の党州委員会幹部会では、ユマグーロフを支持する発言をしている[1]。写真は、この日の彼が三〇歳の正装の姿である。三月一日には、彼は次のような回状を発した。

「ソヴェト行政業務への共産党細胞の直接介入は許されないという〔党〕州委員会の明確な説明にもかかわらず、未だなお、共産党細胞によるカントン革命委員会の個々のメンバーの逮捕にまで至る介入事件がみられる。

共産党細胞の側からのこのような現象と介入は不法かつ許されるものではなく、〔バシキール共和国〕内務人民委員部は、全てのカントン革命委員会へ次のように通知することを提議する。

一、党は自らの党員にのみ指令権をもち、革命委員会と執行委員会の職務に就く者に対しては、決して指令権をもたない。

二、もし、カントン革命委員会が共産党細胞のメンバーが不正に行動していると認めれば、このことを〔党〕フラクションへ通知するが、彼を勝手に捕らえてはならない。

図 2-7　バシキール政府首班ヴァリードフ
(1920 年 2 月 25 日撮影)

ヴァリードフ，アフメド・ザキ(トガン)(1890－1970)
ウファ県ステルリタマーク郡のクヂャノヴォ村のムラー(イスラム僧)の家庭に生まれる。1908-12 年にカザンのメドレセ〈カシミヤ〉に学び，その後，そこで歴史と文学を教える。1912 年にカザンで上梓された彼の『トルコ人とタタール人の歴史』は高評を博した。1915 年末から，国会のムスリム会派のもとで働き，1917 年の帝政崩壊後は，バシキール民族運動の指導者となる。1918 年 11 月にコルチャークの独裁が樹立されると，離反し，1919 年初めにソヴェト政権側に移る。1920 年にソヴェト政権の民族自治への制限に抗議して，バスマチ運動に参加し抵抗する。1923 年 2 月にイランに亡命し，その後，トルコ，ドイツなどで研究・教育活動に従事した。1970 年にイスタンブールで死去。ペレストロイカとソ連崩壊のなかで，名誉回復が進み，1990 年にバシュコルトスタンの共和国図書館は，彼の名を冠することになり，生地クヂャノヴォには，1994 年に彼の博物館が開かれた。
典拠）Башкортостан. Краткая энциклопедия. Уфа. 1996.

三、共産党細胞との意見のあらゆる相違と軋轢は、ロシア共産党州委員会と〔バシキール共和国〕内務人民委員部へ通知せねばならない。

四、革命委員会と行政者による共産主義者に対するあらゆる恣意的逮捕は厳しく訴追される、しかし、共産党細胞による何人に対する勝手な逮捕もそれに劣らず、断固追求される。

内務人民委員部事務取り扱い　ヴァリードフ」(2)

この指令は、バシキール共和国でのソヴェト行政への地方の共産党組織の介入に警告を発し、カントン革命委員会と共産党組織の関係を調整・規制しつつ、自治バシキーリヤにおける最高行政権者としてのバシキール革命委員会とその下にあるカントン革命委員会の立場を擁護したものといえる。

さらに、ヴァリードフらは第二回バシキーリヤ州共産党協議会の招集に反対し、三月一日付けで党中央委員会へ宛てた書簡で「一、党協議会の延期、二、バシキール共和国においてロシア人諸党をバシキール州委員会に従属させ、バシキール・プロレタリアートの独裁を承認すること」を求めていた(3)。これは、共和国における彼らの政治主導性の確立を目指したものである。しかし、第二回州党協議会は三月七〜九日にステルリタマークで開かれ(4)、激しい対立の場となった。協議会では、ヴァリードフ派は共産党組織に対抗して、ソヴェト行政の自立性を維持し、早期のソヴェト大会招集により政治的ヘゲモニーを確保しようとした。だが、協議会では、ソヴェト大会の招集を延期し、ソヴェト権力と共産党の課題に関し全てのバシキール住民が「全く明確な判断」をもつよう「共産主義の煽動」を行うとの決議が採択された(5)。ヴァリードフ派は政治方針において敗れたが、協議会で選出された党州委員会には、彼らからФ・トゥフバトゥーリン、И・ラフマトゥーリン、К・カスプランスキーが入り、カスプランスキーは党州委員会書記の要職に就いた(6)。

協議会の興奮醒めやらぬ三月一二日、バシキール革命委員会は党中央委員会と全露中央執行委員会へ宛てて声明文を提出した。そこで、近隣諸県と全露中央執行委員会の全権代表からバシキール共和国へ敵対行動がなされていると訴え、党州委員会がもっぱらバシキール人とタタール人からなること、バシキール革命委員会に好ましくない共産主義者を共和国から追放することを求めた。そして、要求が満たされないときは、「直ちにバシキーリヤにおけるバシキール人のソヴェト権力をロシアの権力にかえ、さらに必要ならば、バシキーリヤへ分離された領域を旧来の諸県へ併合する」と伝えた(7)。バシキール革命委員会は自らの共和国の解消を賭して、自らの政治主体の確立を強く求めたのである。

ヴァリードフらは一月事件後の政治的対立と混乱のなかから、ユマグーロフにかわって新たな政治指導体制を築いた。バシキーリヤの共産党組織を指導する党州委員会の政治書記には、彼らからカスプランスキーが就き、第二回党州協議会に前後して改組されたバシキール革命委員会から、サモーイロフがバシキール語を知らず事務が遅滞するとの理由で平成員に降格された(8)。中央から派遣され共産党組織の指導にあたったアルチョームは、三月末に始まる第九回党大会へ出席するためバシキーリヤを離れ、そのまま戻らなかった(9)。さらに、三月一四日のウファ会議は全体としてバシキール革命委員会を擁護するものとなったが、その議定書の第三項は、バシキール革命委員会へ新たにラフマトゥーリンとカスプランスキーを補充すると規定していた(10)。このようにして、一九二〇年の春には、ヴァリードフの指導のもとでバシキール革命委員会が改組・強化され、党州委員会書記にカスプランスキーが就き、新たな政治指導体制、ヴァリードフ＝カスプランスキー体制が形成された。

バシキール共和国におけるヴァリードフ＝カスプランスキー体制は、バシキール革命委員会と地方の共産党組織という二つの対抗する組織を、前者の主導のもとで、両組織の指導的人物の政治的配置により上から、再編・調整しようとする指導体制であった。サモーイロフは、「政治書記」カスプランスキーの活動により、共産党州委員会は「演壇」と化し、バシキール革命委員会の「通報・教導部」に変わったと指摘し、党委員会にバシキール人を「混入」することで共産党組織の「バシキール化」を行ったと厳しく批判・回想したのである[11]。しかし、この政治指導体制の孕む矛盾は解消されず内攻し[12]、下方、とりわけカントン・レヴェルの共産党組織とバシキール革命委員会の間で醸成された。ウセルガンスク事件はそれを鋭く示すものであった。

バシキーリヤ南東部に位置するウセルガンスク・カントンでは、三月半ばに共和国内務人民委員部の禁止通知を無視して、党カントン委員会によってソヴェト大会が招集された。大会代議員の半数はバシキール人であったが、アルチョームが大会の方向を定め、大会は貧農委員会の組織化と、土地問題に関する決定を行った。さらに大会では、一〇人のロシア人と一〇人のバシキール人からなるソヴェト執行委員会が選出され、カントンのソヴェト権力の担い手が形成された。これに対して、バシキール革命委員会は党カントン委員会を解散し、党員の再登録を行い、不適当な人物を党から排除したのである[13]。

このウセルガンスク事件には、いくつかの問題状況が絡み合っていた。この事件の基調には、春の農作業を前にしたバシキーリヤでの土地改革をめぐる二つの方針が対抗していた。一つには、ロシア人入植農民の主導する勤労・均等用益の実現と、貧農委員会の設置によるロシア中央部型の土地改革であり、他の一つは、入植者からのバシキール原住民の土地回復を主眼とする辺境植民地型のそれであった。三月一日の党カントン協議会は、バシキール共和国農業人民委員部のとる後者の方針を否定し、カントン・ソヴェト大会は前者の方針を採択・提示したのである。(14)この事件は、土地改革をめぐる対抗と同時に、バシキール人の統治主体が組織的に未形成である状態で共産党組織が事実上の統治主体となることへの、つまり、一党制政治システムが導入されることへのバシキール革命委員会の抵抗であった。最高行政権者としてのバシキール革命委員会がこれに対して対抗措置をとったのである。最後に、ウセルガンスク事件はウファ会議後、立場を固め、活動を積極化したバシキール革命委員会が、タミヤン=カタイ、ユルマトゥイン、アルガヤシュ、トク=チュラン、ブルジャン=タンガウロフといった一連のカントンで行った、共産党の解散や個々の党員の追放、さらに、ロシア人とタタール人に対するバシキール人の土地権益の擁護という全般的政治動向を最も鋭く反映する事件であった。(15)共産党州委員会はウセルガンスク事件について中央へ訴え、党中央委員会はサモーイロフとヴァリードフに対しモスクワへの召還とバシキール問題の報告を求めた。彼らは四月三〇日にモスクワへ向けて発った。(16)

自治バシキーリヤでは、ヴァリードフ=カスプランスキー体制のもとで、このように政治的矛盾が内攻していたが、中央では、二〇年春にバシキール問題委員会が設置され、バシキール共和国の国制に関する規定の準備・作成作業が進められた。(17)モスクワへ召還されたヴァリードフを通じてバシキール革命委員会は、その規定草案の情報を得ており、五月一五日には、彼へ規定草案への不同意を打電した。(18)五月一六日の党州委員会総会では、ヴァリードフ派は、モスクワはバシキール問題への態度を変更したと判断して、総会を放棄した。このため、総会はカスプランスキーを党州委員会の政治書記から解任し、ウセルガンスク・カントンの党組織の行動を承認し、その組織的再建を決定した。さらに、共和国内務人民委員Φ・トゥフバトゥーリンに対して、ソヴェト大会招集のため「無党派ペテン師」を派遣しないように義務づけた。(19)この総会では地方の共産党組織の方針が確認され、ヴァリードフ=カスプランスキー体制は大きな政治的打撃を受けたのである。

四月末のヴァリードフの召還、五月一六日の党州委員会総会の決定、さらに続いて五月一九日の全露中央執行委員会とロシア共和国人民委員会議の「自治ソヴェト・バシキール共和国の国制に関する決定」は、自治バシキーリヤにおけるヴァリードフ＝カスプランスキー体制の崩壊と新たな政治危機をもたらし、六月事件の序曲となった。

五月一九日付けのバシキール共和国の国制に関する決定は、一九年三月二〇日協定を受け継ぎ、一月事件を経るなかで「自治」へ国制的位置づけを行ったものであり、五項目からなっていた。この決定では、自治共和国の外務と対外貿易はロシア共和国中央機関の管轄であり、軍を監督するバシキーリヤ軍事委員部はザヴォルガ軍管区委員部の指揮下に、反革命との闘争機関は全露チェ・カーの系統下に入った(第二項)。さらに「ロシア共和国の財政と経済政策の統一」を保持するため、バシキール共和国の食糧、財務、国民経済会議、労農監察の各人民委員部と内務人民委員部の郵便・電信行政は「該当するロシア共和国人民委員部の直属下におかれる」とされた(第三項)。結局、「自らの行動において自治的であり、バシキール中央執行委員会に直接責任を負う」のは、郵便・電信業務を除く内務、法務、教育、保健、社会保障、農業の各人民委員部となった(第四項)。さらにバシキール共和国は独自の財源をもたず、ロシア共和国から必要な財政資金の配給を受けねばならなかった(第五項)。[20]

この五月一九日決定を、党州委員会幹部会は「ロシア共産党の戦術にも、地方の諸条件に適う必要があるという合目的性にも絶対的に合致して」いると歓迎したが、バシキール共産主義者はこの決定に大きな不満をもち、民族自治への脅威を覚えた。カスプランスキーは六月初めに、バシキール革命委員会の七人の党員名で、党州委員会へ声明書を提出した。そこで、彼らは、五月一九日決定と原則的立場を異とするが、それでも共産党にとどまりうるかと質した。[21] 党州委員会は、これに対し、六月七日に「説明書簡」を作成し答えた。[22]

この「説明書簡」はバシキール共産主義者に対する地方の党指導者の基本的見解を示して、興味深い。「説明書簡」では、まず共産主義者は「地方的利害の視点」からではなく、「全体としての党、革命の利害」から出発すべきであり、「経済政策」は「階級政策、革命の強力な挺子」であり、「ソヴェト連邦の全領域において単一であらねばならない」と党州委員会の基本的立場が述べられた。この単一─全体性と経済─階級のモメントが強調される論理においては、それと対比して「同志バシキール共産主義者」の見解は、個別—特殊性と民族のモメントの主張と映った。「説明書簡」では、彼らバシキール人の見解は「バシキーリヤには自らの特殊性が存在する、バシキール民衆は単一であり、……階級分化は生じなかった、経済的不平等の基本的な主要形態は民族的諸矛盾の線にそっている、かくして、ソヴェト建設は……バシキール人によってのみ、ロシアと異なる特別な形態で行われねばならない」とまとめられ、把握された。党州委員会は、このように見解の相異を対比しつつ、党組織の当面の全任務は、バシキール人民の階級分化を促進し、民族構成によらずバシキーリヤの貧農とプロレタリアートに依拠するソヴェト建設を行うことであるとし、「共産主義者の責務は自治の必要性が消滅し、自治の必要性を条件づけた諸矛盾を深化させないように自らの活動を方向づけることである」と説明した。党州委員会は、このように共産主義者としての基本見解を呈示し、「声明書」を提出した人々には「党イデオロギーが弱い」と判定しつつも、党にとどまりうると回答したのである。(23)

モスクワに召還されていたヴァリードフは、このようなヴァリードフ＝カスプランスキー体制の崩壊のなかに民族自治の実現に対する脅威をみ、ステルリタマークのバシキール革命委員会メンバーへ、いくつかの書簡を送り、情勢を分析し、具体的な行動方針を指示している。その書簡の一つで、彼は「中央はバシキールスタンの経済的な富の全てを奪いとり、同様にバシキール人の政治諸機関を自らに従属させ、我々には文化的民族自治に類いするものを残している。したがって、自らの手にバシキールスタンの富を掴み取る努力が必要である」と情勢判断し、ロシア共産党から分離し、自主的に行動し、「東方の共産主義者」に合同し、「東方の貧しい全ての諸民族の解放」をスローガンとする「アジアの東方共産党」を創設するよう訴えた。具体的にはバシキール活動家に、ムスリムの多住する「東方 Восток」へ退去し、そこで精力的に行動することを指示していた。(24)

ヴァリードフの指令を受け、六月一六日までにバシキール革命委員会はA・H・ヤガファーノフ一人を残し、他の全ての成員が、それぞれ「狩猟」や「馬乳療養」、「祭日」と理由をつけ、政務を放棄し退去した。カントンのレヴェルでも、政務の放棄と退去が行われ、「連邦中央権力に対して準備されている行動」について噂が飛び交った。チェミャソヴォ村にはバシキール歩兵部隊と騎兵部隊が集結したが、赤軍に武装解除された。ノヴォ・ウスマノヴォ村では、六月一七日にバシキール革命委員会のメンバー三〇名が秘密会議を開いていた[25]。六月二〇日にはウスマノヴォ村で再び秘密会議を開き、彼らは次のような決議を採択し、バシキーリヤの山地、キルギスタン（現カザフスタン）とトルケスタンのステップへ活路を求め分散・逃避していった。

「あらゆる方法で少数民族の発展を妨げているロシア人の覇権的諸傾向と、バシキール共産主義者に対する中央の不信のゆえに、責任あるバシキール活動家はバシキーリヤを退去し、トルケスタンへ発つ。そこに独自の東方共産党を創設し、バシキール州委員会をその一部とするためであり、その際、東方共産党はコミンテルンの一員とならねばならない。退去の目的は、ソヴェト権力に対し人民大衆を起ち上がらせるためでは決してなく、ただ、職務の放棄によりロシアのショービニズムに抗議するためである[26]。」

このような事態に対して、六月二一日に党州委員会は拡大会議を開き、無党派のヤガファーノフはバシキール革命委員会メンバーとして出席し、バシキール革命委員会の立場を弁明した。彼は、五月一九日のバシキール共和国の国制に関する決定は「我々、責任ある活動家」に「致命的印象」を与えたとし、「我々は自治共和国を創設した、今や中央はそれを与えようとしない。荒野で我々は活動していることが明らかとなった」と、バシキールの民族自治実現の可能性が中央の支援を断たれ空しく閉ざされたことを述べ、苦渋に満ちた釈明を行った[27]。結局、六月二六日に、ヤガファーノフから党州委員会によって新たに構成されたバシキール革命委員会へ全権力が移譲され[28]、自治バシキーリヤにおける一〇日間の権力空白は、州党委員会による新しい権力の形成をもって終わった。

（1）《Образование Башкирской Автономной советской социалистической республики», сборник документов и материалов, Уфа,

1959, [以下«ОБАССР»と略記] прим. 194, сс. 899-900; Ш. Типеев, К истории национального движения и Советской Башкирии (1917-1929 гг.). Уфа, 1929, с. 65.

(2) «ОБАССР», No. 287. 〔 〕内は訳者による補足挿入である。

(3) Р. М. Раимов, Образование Башкирской АССР. М., 1952, с. 315. 党中央委員会書記クレスチーンスキは三月二日のトロツキー宛て直電で「ヴァリードフのステルリタマーク到着は再び全てを錯綜させている。彼は最後通牒として三月六日に予定されている党協議会の中止を求めている」と伝えている。J. Meijer, ed., *The Trotsky Papers*, T. II, The Hauge Press, 1971, No. 488, p. 84.

(4) 当時の共産党の資料は三月九～一四日に党協議会が開かれたとしている。«ОБАССР», No. 342, с. 588. すると、三月一二日の声明書は協議会開催の最中のことになる。最近の研究は開催の日付を三月七～九日としている。См., Р. М. Раимов, Образование Башкирской..., М., 1952, с. 315; «Резолюции областных конференций Башкирской партийной организации и пленумов обкома КПСС (1917-1940 гг.)», Уфа, 1959, с. 112; В. П. Иванков, от. ред., Очерки по истории Башкирской АССР, Т. II, Уфа, 1966, сс. 161-62.

(5) «Резолюции областных конференций Башкирской...», 1959, сс. 112-15.

(6) Ф. Самойлов, Малая Башкирия в 1918-1920 гг., «ПР», 1926, No. 12, с. 189; Ш. Типеев, К истории..., с. 67; Р. М. Раимов, Образование Башкирской..., с. 316.

(7) «ОБАССР», прим. 223, с. 904.

(8) Ф. Самойлов, Малая Башкирия..., «П. Р.», 1926, No. 12, с. 190; Ш. Типеев, К истории..., с. 67

(9) «ОБАССР», No. 242, с. 393; «Вопросы истории КПСС», 1963, No. 3, с. 93.

(10) «ОБАССР», No. 285.

(11) Ф. Самойлов, Малая Башкирия в 1918-1920 гг., М., 1933, с. 83.

(12) トルケスタン戦線軍事革命評議会の三月二八日付け指令第五号は、「最近、非常に好ましくない現象がみられる」とし、「同志ロシア人共産主義者」と「バシキール人」が「しばしば、とるに足りぬ動機と原因で自分たちの間に多くの口論と誤解」をつくりだしていると警告している。«ОБАССР», No. 289, с. 473. 四月二日のオレンブルグ県第二回ソヴェト大会の決議でも、バシキーリヤでは、ロシア人とタタール人の権利が侵害され、民族主義的政策が行われていると、バシキール革命委員会への批判がなされていた。Там же, No. 290.

(13) Р. М. Раимов, Образование Башкирской..., сс. 317-20. このカントン・ソヴェト大会では、党活動家と代議員が一月事件

や統治政策全般にわたりバシキール革命委員会を罵り、カントンの革命委員会をはじめ他の諸機関の改選が行われた。Ф. Самойлов, Малая Башкирия..., «ПР», 1926, No. 12, cc. 198-99.

（14）ライーモフはバシキール革命委員会の求める土地改革をブルジョワ民族主義的方針とし、このような二つの型の土地革命の対抗を指摘していないが、バシキール共和国農業人民委員部と、それに対立するウセルガンスク・カントンの共産党組織とソヴェト大会の土地改革については指摘している。Р. М. Раимов, Образование Башкирской..., с. 317. バシキーリヤにおける土地改革は一九一七～一九二三年に一応の完了をみたが、そこでは明らかに二つの土地革命の型の対抗が存在した。土地をめぐるロシア人をはじめとする入植農民と原住バシキールの対抗が最も鋭く現れた地方の一つがウセルガンスク・カントンでもあった。См., Р. М. Раимов, Аграрная революция в Башкирии 1917-1923 гг., «Исторические записки», Т. 32, 1950, cc. 58-59.

（15）Ф. Самойлов, Малая Башкирия..., 1933, cc. 82-83.

（16）Ф. Самойлов, Малая Башкирия..., «ПР», 1926, No. 12, с. 200; Ш. Типеев, К истории..., с. 73.

（17）Р. М. Раимов, Образование Башкирской..., cc. 430-31; Ш. Типеев, К истории..., с. 73.

（18）«ОБАССР», прим. 223, с. 904. サモーイロフはバシキール革命委員会の「地下秘密活動」は五月一二日に始まったと指摘している。すなわち、バシキール革命委員会は五月一二日にヴァリードフから、直通電話で彼の「召還」について知らされ、翌一三日のバシキール活動家の秘密会議では、ヴァリードフをバシキーリヤへ戻しバシキール問題を再検討するようモスクワへ求めた。翌一四日には、電文で、より詳細な覚書をヴァリードフから受けとり、中央へ文書を送ったと指摘されている。Ф. Самойлов, Малая Башкирия в 1918-1920 гг., 1933, cc. 84-85; Ш. Типеев, К истории..., с. 75.

（19）«ОБАССР», с. 47; Ш. Типеев, К истории..., с. 74; Ф. Самойлов, Малая Башкирия..., 1933, cc. 84.

（20）«ОБАССР», No. 298. 五月一九日のバシキール共和国の国制に関する決定と並行して、タタール、チュヴァシ、マリ、ヴォチャーキの各民族に自治共和国と自治州の創設と国制に関する規定が作成され、公布されていった。五月一九日の決定は、この地域の諸民族を統合するものとしてかつて予定されていた「タタール・バシキール共和国」構想に終止符をうつと同時に、内戦から解放された辺境地域に続々と誕生する「自治共和国」の原型を示す文書となった。

（21）«ОБАССР», No. 300, cc. 489-90; No. 301; прим. 213, с. 903.

（22）Там же, No. 301, прим. 213, с. 903.

（23）Там же, No. 302.

（24）Там же, No. 303. バシキール革命委員会へ宛てたもう一つの書簡では、ヴァリードフは「現在、中央は民族の自治に対する自らの政策を変更した。新たに改作された自治規定は、ニコライ二世とストルィピンの自治よりさえ悪い」と酷評し、

「モスクワではロシア人ショービニストが増大している」との判断を示した。そのうえで、ロシア人とタタール人の共産主義者から分離し、別個の「アジア・バシキール共産党」あるいは「東方バシキール共産党」を組織し、「バシキーリヤの経済的富」の奪回が必要であると訴え、「東方の覚醒」に期待をかけた。Ф. Самойлов, Малая Башкирия..., «ПР», 1926, No. 12, сс. 205-207; его же, Малая Башкирия..., 1933, сс. 89-91. ヴァリードフ自身はモスクワからアストラハン県へと「休暇」をとり、そこから、バクーの第一回東方諸民族代表者大会に出席し、バシキーリヤ、タタールスタン、キルギスタン、トルケスタンのロシア・ショービニズムに対抗する東方の共産主義運動の統一を志向したのである。«ОБАССР», No. 304, с. 496; No. 313.

(25)　«ОБАССР», No. 310, прим. 215, с. 903.

(26)　М. Л. Муртазин, Башкирия и башкирские войска в гражданскую войну, [Л.], 1927, с. 187.

(27)　«ОБАССР», No. 304. 先のヴァリードフのバシキール革命委員会宛て書簡では、ヤガファーノフは連絡のため、退去せずとどまることを指令されていた。См., там же, No. 303.

(28)　Там же, No. 306, сс. 500-501.

V　一党制政治システムの形成

バシキール共和国では、六月事件をはじめとする一九二〇年夏から二一年にかけての政治的激動を経て、一党制政治システムが確立した。この政治システムは、権力機関であるソヴェトに対する共産党の「統制」と「監督」の政治体系であると同時に、この地域では民族自治を担い実現する政治体系としての機能も併せもつものでなければならなかった。

すでに、ソヴェトに対する指導権をめぐり、バシキール革命委員会と党州委員会の激しい確執が生じていたが(1)、ヴァリードフ＝カスプランスキー体制の崩壊と六月事件という、共産党組織に有利な政治状況のなかで、ソヴェト大会の招集がなされていった。ヴァリードフ＝カスプランスキー体制の崩壊を意味した五月一六日の党州委員会は、バシキール革命委員会の内務人民委員に、ソヴェト大会招集のため「無党派ペテン師」を派遣しないことを義務づけ、革命委員会によるソヴェト大会招集へのイニシアチヴを掣肘《せいちゅう》していた。五月二七日のカントン党委員会へ宛てた回状書簡では、地方の党組織の先導でソヴェト大会を実施し、「有能な権威ある執行委員会」を自らのカントンに創設することを、党州委員会は求めた(2)。

五月末から六月にかけ、六月事件に前後する緊迫した政治状況のもとで各カントンのソヴェト大会が開かれ、トク=チュラン、アルガヤシュなどのカントンではバシキール革命委員会が支持されたが、他の多くのカントンでは、ソヴェト大会を前に共産党の先議が行われ、ソヴェトに対する共産党の指導権が確定していった(3)。ブルヂャン=タンガウロフ・カントンでも激しい政治闘争のなかで、バシキール革命委員会に対して共産党組織が勝利している。ここでは、カントン党協議会の先議を経て六月二五日からチェミャソヴォ村でカントン第一回ソヴェト大会が始まった。大会出席代議員は一三六名で、その党派構成は共産党員二七名、無党派一〇九名で、その民族構成はロシア人四五名、バシキール人八四名、他の民族七名であった。大会では共産党会派に対抗して、無党派の会派が形成されたが、それは基本的にバシキール人からなり、カントン革命委員会の成員らが指導者であった。他方、大会に出席した「無党派のロシア農民」は大部分が共産党会派を支持した。したがって大会では、ロシア人入植農民をも引きつけた共産党と、バシキール人を中心とする「かなり明瞭に民族主義的傾向を示した」無党派の会派が形成され対抗したのである。大会はその最中に六月事件の知らせを受け、興奮した状態になっている。バシキール代議員からは、共産党中央委員会は東方問題における政策を変更した、モスクワ政府はバシキール人民を弄んでいる、チェミャソヴォ村にバシキール中央政府樹立の声明を行う、との激しい発言も出た。また、ロシア人の工場集落プレオブラジェンスクから六〇〜七〇人の武装部隊が到着し、軍隊がバシキーリヤを包囲しており、自治は終わったとの噂も広まった。しかし、六月二八日に六月事件の収拾が伝えられると、大会はバシキール革命委員会の逃亡を非難する決議を採択し、無党派代表はこれに抗議して退場した。大会は共産党会派から一一名、無党派七名、民族別ではロシア人七名、バシキール人一一名からなるカントンのソヴェト執行委員会を選出して閉会したのである。[4]

カントンでのソヴェト大会を終えて、第三回バシキーリヤ州共産党協議会が七月一九日から二二日に開かれた。その決議では「旧バシキール革命委員会が逃亡した後、〔党〕州委員会はバシキーリヤのソヴェト建設の全責任を自ら負い、新しい革命委員会を構成し、第一回全バシキーリヤ・ソヴェト大会の招集に向けて緊急措置をとり、形成された政治危機から全ソヴェト・バシキーリヤを救出した」と述べられた。党州委員会は、自らの政治ヘゲモニーの掌握を誇示したのである。[5] 党協議会はさらに、予定されている全バシキーリヤ・ソヴェト大会の重要問題を先議し、その決定はソヴェト大会に出席する党員＝代議員を拘束する指令となり[6]、協議会で選出された党州委員会は、ソヴェト大会で選出されるバシキーリヤ中央執行委員会の議長をはじめとする成員候補を指名したのである。[7]

このように党州委員会によってソヴェト大会の招集と運営に対する政治的ヘゲモニーが確保されつつ、党州協議会の先議を受け、それにすぐ続いて、七月二五～二八日に第一回全バシキーリヤ・ソヴェト大会が開かれた。ソヴェト大会に出席した代議員一〇三名の党派構成は、共産党員が九四人、無党派が九人で、共産党員が圧倒的多数をなした。民族構成では、ロシア人四三人、タタール人二二人、バシキール人二七人、他民族出身者一一人であり、原住バシキール人の代表は三割に満たず少数にとどまった。[8] 大会はバシキール民族主義者を排除し[9]、ロシア人共産主義者の主導のもとに進行し、現情勢に関する決議で、「ただロシア共和国 РСФСР 政府との最新の同盟とロシア共産党の正しい指導のもとでのみ、バシキール人民にとり栄えある幸福な生存に向け、最も困難の少ない道が見出されるであろう」と述べ、ロシアとの「同盟」と共産党の「指導」を強調したのである。[10] 大会はこのような政治的雰囲気を反映して、バシキール人でありながら一貫して民族自治に否定的見解を持してきたシャミグーロフを、バシキール共和国のソヴェト中央執行委員会と人民委員会議の議長に選出したのである。[11]

六月事件と並行して行われたカントン・ソヴェト大会、それに続く全バシキーリヤ・ソヴェト大会の招集と運営を通じて、地方の共産党組織によるソヴェトへの「統制」と「指導」の体系は成立に向かったが、同時に、シャミグーロフを指導者とするこの政治体制の形成過程はバシキール人の広範な匪賊活動を引き起こし、バシキール共和国は内乱状態に陥った。六月事件後、赤軍から脱走したバシキール部隊はウラルの山岳地帯へ集結し、ソヴェト権力への抵抗と攻撃に出たのである。バシキーリヤ南東部の山岳・森林地帯を中心に匪賊活動は夏から大きく展開し、一一月には八つのカントンで衛戍令 осадное положение が布告されるに至った。(12)

タミヤン=カタイ・カントンでは、バシキール匪賊が、輸送食糧貨物を略奪し、食糧集荷所を襲撃し、共産主義者とその協力者、ロシア系住民に対し怨恨を伴う暴行をなし、ウラルの工業にも深刻な脅威を与えるに至っている。一〇月にカントンの党委員会議長は州委員会へ、バシキール匪賊の活動が、「食糧反革命」の性格を併せもち、「結局、匪賊は自然発生的な広がりを示し、全てのソヴェト建設を破壊しており、ソヴェト建設のあらゆる原則を無に帰している」と報告せざるをえなかった。(13) ブルヂャン=タンガウロフ・カントンでは「脱走兵の遊撃徒党」が増大し、八月一日から戒厳令 военное положение が布告され、匪賊活動との闘いが地方ソヴェト権力の第一の課題となった。(14) バシキール匪賊との闘争のため中央から派遣されたB・ポレーノフとルヂェーンコは、共産党組織とソヴェト執行委員会を解散し、「狂ったポレーノフを頭とするロシア人ショービニスト」の「独裁」が行われた。(15) この「独裁」の拠点となったのは、三〜四の鉱山と一つの工場があり、五〜六千人の労働者を擁するバイマーク地区であり、八月以降、ここでロシア人部隊が編成され、バシキール匪賊の鎮圧に向かったのである。(16) ここでは数百人のバシキール活動家が銃殺され、バシキール人に対し遊牧生活から農耕へ定着させる行政措置と穀物割当徴発が行われ、「ソヴェト理念」の導入がはかられた。バシキール人は、森と山岳地帯へ逃避し、匪賊となり抵抗したのである。(17) ウセルガンスク・カントンでは、この時期に「ウラヴニーロフカ уравниловка」と呼ばれる土地割り替えが行われ、ロシア人入植農民は遊牧バシキール人の草地を「空地」とみなし、その占拠・分割を広範に行った。これもバシキールの匪賊活動を生む社会的土壌をなしていた。[18]

バシキールの匪賊活動は、六月事件でのバシキール部隊の赤軍からの脱走と集結、共産党によるソヴェトへの「統制」と「指導」への反発、ロシア中央部型の土地改革とバシキールに対する農業への定着強制、穀物割当徴発などへの抵抗と、多様な要因を背景として生じたが、それはシャミグーロフを長とする政治指導部内の対立を強め、モストヴェーンコ派のシャミグーロフ派に対する勝利となって帰結した。バシキール共和国のソヴェト中央執行委員会と党州委員会は、一一月八日に合同会議を開き、「バシキーリヤにおける民族問題と当面の諸課題」と題したテーゼを採択した。そして、シャミグーロフの解任とバシキーリヤからの追放、バシキール匪賊との和平交渉の方針が決定され、ポレーノフとルヂェーンコはバシキール人への弾圧の責任を問い処罰することが、確認された。[19]

一一月八日のこのテーゼは、バシキール共和国における民族政策の基本方針を確定する文書となった。テーゼは「いわゆる〈民族主義〉と自らの生活に対する民族主義的見解は決して犯罪とみなされない」と述べ、民族自決権と民族主義を容認する基本的立場を表明した。そのうえで、バシキーリヤとロシア共和国の経済的「統一 единство」を確認し、ソヴェト権力機関へバシキール大衆を引き入れ、無党派協議会の招集によりバシキール社会をソヴェト体制へ統合することを、ソヴェト建設の基本的課題と設定した。その際に、テーゼは、大衆の「民族的誤解」に忍耐強い啓蒙・宣伝活動で対応するのが唯一の正しい手段とし、「責任ある活動家の気性にみられるパルチザーンシチナ партизанщина」に警告を発し、党員とソヴェト活動家の越権と不当介入を批判し、ソヴェト合法性の遵守を求めたのである。[20]

このテーゼは、バシキーリアのロシアへの「統一」、党組織とソヴェト機構の正常な関係と運営を求めるもので、一党制政治システムの基本を述べたものであるが、同時に「民族主義」を容認し、「民族的誤解」に啓蒙・宣伝活動で対応するという方針は、「民族主義」を否定する方針からの転換を示していた。

モストヴェーンコによって準備されたこの一一・八テーゼへは、当時多くの党員からバシキール民族主義者の危険を過小評価しているのではないかとの危惧が寄せられた。とりわけ、シャミグーロフ派はモストヴェーンコを「無能な政治指導者」として召還し、モスクワからシャミグーロフを帰還させるよう求めた。彼らは、一一・八テーゼは民族主義者に統一の機会を与え、曖昧で矛盾する表現を含んでいると批判し、バシキール住民には「民族主義」は存在せず、存在するのは「経済的により強力なロシアの植民者への憎悪」であり、「民族主義」は非バシキール・インテリの外来のものであると主張した。テーゼは「民族主義への下手な賭」と非難されたのである。そして、テーゼの採択に際して、代表を送っていた九つのカントンの九人の代表のうち五人がテーゼに反対したことを指摘し、モストヴェーンコによって一一月四日に招集された党州委員会総会以来、党州委員会は明確な政治方針を欠いていると、党中央委員会へ訴えたのである。[21] 中央から派遣されたモストヴェーンコのこのような不安定な政治的立場を中央から支援したのは、党中央委員会総書記のH・H・クレスチーンスキであった。中央はモストヴェーンコらの提案を受け入れ、シャミグーロフらのバシキーリヤからの召還を決定したのである。モストヴェーンコ派はバシキール共産主義者と無党派のソヴェト体制への統合を志向し、バシキール匪賊の指導者スレイマン・ムルザブラートフとの交渉を積極的に進め、一一月二六日にはバシキール共和国中央執行委員会とバシキール匪賊との間での協定を成立させた。[22]

バシキール共和国では、一九二〇年一一月から翌年二月にかけて、モストヴェーンコ派の主導により、ロシア共和国への「統合」と党の「指導」という政治的枠組みをもつ一党制政治システムと、そこでの民族自治の基本方針が形成された。この方針は、一一・八テーゼに続いて二一年二月八日付けで出された党カントン委員会と党細胞へ宛てた党州委員会の書簡、二月二〇日付けの「民族問題に関するテーゼ」などによって、その具体的な政治的内容が明らかとなる。この基本方針は何よりもまず、バシキールの民族自治を容認することを前提としている。バシキール匪賊との協定を知らせたアピール「共和国の全市民へ」では、バシキーリヤのソヴェト中央執行委員会と党州委員会は、「ロシア民族の個々の代表と一連のグループが旧い支配民族の慣習に従い、バシキール共和国の自治と和解することを望まず……ソヴェト的現実の諸条件では全く許されないショービニズムの諸現象を発揮し続けている」と厳しい批判を展開した。(23) 二・八書簡では、多くの党員がバシキールの自治に「何か虚構」のごとく対応し「一時的なもの」「必要悪」とみなす態度を批判し、民族自治の容認を求めていたのである。(24)

このような民族自治の容認がどのような論理のなかでなされているか、検討しておかねばならない。まず、第一に「中枢―辺境」論の枠組みのなかでとらえ直され位置づけられていることに、注目しなければならない。二・八書簡は「ロシア中枢」は原・燃料、食糧のあらゆる資源に富む「辺境 окраина」からの援助なしには存続しえず、「ロシアの辺境」は「より文化的な中枢ロシアの政治的、軍事的、組織的援助」なしには破壊されると述べ、中枢と辺境の経済プランを一致させるという要求はバシキール民族の自決権とは矛盾しないと主張した。(25) 二月二〇日の民族問題テーゼでは、さらにこの論理を進め、「辺境」のロシアからの分離は現在の国際的諸条件のもとでは「反革命的」であると指摘するまでに至った。(26)

第二に、辺境の中枢との強い結びつきを強調するこのような「中枢―辺境」論の枠組みのなかでは、辺境で実現される「自治」は「地域自治 областная автономия」として構想された。二・八書簡は、中枢と辺境の結びつきはバシキール民族の自決権とは矛盾しないと述べたうえで、「中枢と辺境の間での唯一の合目的な統合 союз の形態は、特別な生活慣習と民族構成で特徴づけられる辺境の地域自治である」と指摘し、(27) 辺境での「地域自治」のなかにバシキールの民族自治の実現の場を見出したのである。

したがって、第三に、バシキール人の民族自治は辺境の「地域自治」のなかで実現される民族政策として認識され、それはバシキール人の母語を学校教育、裁判、行政に導入することであり、辺境の党とソヴェト機関を「可能な限り地方住民の生活、風俗、慣習、言語を知っている地方の人々」から構成することと具体化された。(28) そして、このような政策の遂行にあたっては、辺境での「純粋共産主義」の導入が戒められ、抑圧民族のプロレタリアートの被抑圧民族勤労者に対する「慎重さ」が求められたのである。[29]

最後に、このように論理構成された辺境バシキーリヤでの民族自治（辺境の地域自治における民族政策の体系）の実現主体は、二・八書簡では「東方における共産主義」や「民族主義」ではなく、民族の同権とインターナショナリズムに立脚した「単一の分裂のない党 единная целая партия」に求められた。[30] 同時に、自治バシキーリヤにおける民族自治の主体たるこのような共産党組織を統括する党州委員会には、「自治」ではなく、党中央委員会への「直属」が制度的に確定していくことになる。[31]

中央からの支援と影響を受けつつ、[32] モストヴェーンコ派の主導のもとでバシキーリヤで成立した一党制政治システムと、そこでの民族自治の政治体系は、二一年三月の第一〇回党大会の「民族問題に関する決議」によって確認され、一九二〇年代を通じて維持される政治体系となった。第一〇回党大会の「民族問題に関する決議」は、大ロシア人共産主義者の「覇権主義 великодержавность」、「植民主義 колонизаторство」と原住民出身の共産主義者による「ブルジョワ民主主義的民族主義」[33] の二つの「偏向」を指摘し、前者の「特別の危険と害」を警告する枠組みにおいて、バシキーリヤでの一党制政治システムとそこでの民族自治の政治体系に安定化をもたらしたのである。

（1）　一九二〇年四月九日に、バシキール革命委員会はヴァリードフを長とするソヴェト大会招集委員会を設置し、ソヴェト大会が「厳正に民族別の人口適正配分の原則」に基づき、選挙・招集され、「抑圧される民族および階級が大会に完全に代表されるように」と確認した。«Образование Башкирской Автономной советской социалистической республики», сборник документов и материалов, Уфа, 1959, [以下 «ОБАССР» と略記] No. 291. しかし、五月一六日の党州委員会の直後に、党州委員会は党協議会をソヴェト大会に先行させ、ソヴェト大会招集の準備を党組織の裁可のもとに行う方針をとった。Там же, No. 292. これに対して、バシキール革命委員会は、カスプランスキーを長とするカントン・ソヴェト大会招集委員会を設置し対抗していた。Там же, прим. 209, сс. 901–902.

（2） Там же, с. 47; No. 293.

（3） Там же, прим. 209, с. 902.

（4） Там же, No. 312.

（5） Там же, No. 329.

（6） Р. М. Раимов, Образование Башкирской АССР, М., 1952, с. 234.

（7） «ОБАССР», прим. 232, с. 907. 協議会で選出された党州委員会の幹部会は、Г・シャミグーロフ、Ф・マンスイリョフ(新バシキール革命委員会議長)、П・Н・モストヴェーンコ(党中央委員会と全露中央執行委員会代表)、П・М・ヴィクマンで構成され、ヴィクマンが「政治書記」となった。Там же, с. 49.

（8） «Съезд Советов РСФСР и Автономных республик РСФСР», сборник документов, 1917–1922 гг., Т. I, М., 1959, сс. 528–29. 大会代議員の民族構成はバシキール人二七名(二六・二%)、タタール人二二名(二一・三%)、ロシア人四三名(四一・七%)であり、一九二〇年のブルヂャン=タンガウロフ、タミヤン=カタイ両カントンを除くバシキール共和国の民族別人口構成は、バシキール人(チェプチャーリを含む)三八・六%、タタール人一八・五%、ロシア人三三・八%であった。Труды ЦСУ. Т. XVIII, М., 1924, с. 30. バシキールが多く住み、匪賊活動の中心となった南東部のブルヂャン=タンガウロフ、タミヤン=カタイの両カントンの人口を加えると共和国のバシキールの人口比率はさらに増大すると考えられる。一九一七年の農業調査によると、タミヤン=カタイ・カントンの地域は、人口一五万三九五一人中、バシキール人四一・五二%、タタール人一五・八一%、他民族四二・六四%であった。С. Атнагулов, Башкирия, М., 1925, с. 84. これらの数字から、ロシア人とタタール人が人口比率より多く大会へ代表され、バシキール人に関しては逆であったといえる。したがって、ほぼ民族別人口に比例して代議員が選出されたというライーモフの指摘は正しくない。Р. М. Раимов, Образование Башкирской..., с. 337. パイプスの「この大会は立憲議会の諸機能を果たすものであったが、やはりどのようなバシキール人も含んでいなかった」という断定も正しくない。R. Pipes, The First Experiment in Soviet National Policy. The Bashkir Republic. 1917-1920. *The Russian Review*, Vol. 9, No. 4 (October 1950), p. 318.

（9） 大会では、モストヴェーンコがバシキール代表の少ないのに驚き、シャミグーロフに疑念を呈したが、彼は「選出されたある者は、我々が民族主義者として逮捕した。残りは、この後、パニックに陥り各方面へそれぞれ逃亡した。そして、彼らの地位をほとんどロシア人とタタール人が占めた」と答えていた。П. Моственко, О больших ошибках в “малой” Башкирии. «ПР», 1928, No. 5 (76), с. 104. また、大会招集特別委員会の報告を受け採択された決議は、「選挙結果に満足できず自らのポストから逃亡した反人民的な旧バシキール革命委員会の代表」を排除し、「責任ある活動家」に取り替えたと確認している。

«Съезд Советов РСФСР...», с. 531; «ОБАССР», No. 328, с. 541. ライーモフは大会代議員は一二七名で、そのうち一〇三名が出席し、二〇名以上が「ヴァリードフとともに逃亡した」と説明している。Р. М. Раимов, Образование Башкирской..., с. 335.

(10) «ОБАССР», No. 328, с. 543.

(11) Гражданская война и военная интервенция в СССР. Энциклопедия, М., 1983, с. 58. Г・К・シャミグーロフ（一八九〇―一九五九）はバシキール人で、一九一〇年以来、社会民主党の活動に加わり、革命と内戦期には民族ニヒリズムの強い傾向を示した。一九二〇年七月以降、党州委員会幹部会メンバーで、バシキール共和国ソヴェト中央執行委員会議長、同人民委員会議議長を兼ね、バシキーリヤの党とソヴェトを指導したが、モストヴェーンコらによって政治指導から排除されることになる。J. M. Meijer, ed., *The Trotsky Papers*, T. II, The Hauge Press, 1971, pp. 87-88.

(12) 当時バシキール共和国に存在した一一のカントンのうち、ブルヂャン＝タンガウロフ、タミヤン＝カタイ、ウセルガンスク、キプチャクなどの山岳・森林地帯のカントンが匪賊活動の中心となった。Р. М. Раимов, Образование Башкирской..., с. 364.

(13) «ОБАССР», No. 333, сс. 557-58.

(14) Там же, No. 331, с. 554.

(15) Там же, No. 359, сс. 571-72.

(16) С. Атнагулов, Башкирия, сс. 33, 73-74. 一九一八年春にも、ロシア人を中心とするバイマーク市労働者ソヴェトと近隣のバシキール集落の対立が、「バイマークの悲劇」を生んでいた。Там же, сс. 58-59.

(17) Р. М. Раимов, Образование Башкирской..., с. 364; Ш. Типеев, К истории национального движения и Советской Башкирии (1917-1929 гг.). Уфа, 1929, с. 149.

(18) Там же, сс. 363-64.

(19) М. Л. Муртазин, Башкирия и башкирские войска в гражданскую войну, [Л.], 1927, сс. 189, 194; П. Мостvenко, О больших..., с. 128; Р. М. Раимов, Образование Башкирской..., с. 365; «ОБАССР», прим, 233, с. 907. П・Н・モストヴェーンコ（一八八一―一九三九）は、一九〇一年以来の党員で古参ボリシェヴィキであり、一九二〇年四月末にヴァリードフとサモーイロフがモスクワへ召還された後、ニジニ・ノヴゴロドから経験ある党活動家として、バシキーリヤへ派遣されていた。Советская историческая энциклопедия. Т. 9, М., 1966, с. 750.

(20) «ОБАССР», No. 334, сс. 559-62. 「パルチザーンシチナ」という用語は機械的な、計画と体系性を欠いた党の直接的統治活動という意味で否定的に用いられ、内戦期のウクライナですでに問題となっていた。Б. М. Волин и Д. Н. Ушаков, глав.

ред., Толковый словарь русского языка, Т. III, М., 1939, стб. 53; «КПСС в резолюциях и решениях съездов, конференций и пленумов ЦК», Т. II, М., 1970, с. 124.

(21) Там же, No. 335. これは、地方の党活動家が党中央委員会へ一一月一八日付けで宛てた書簡である。

(22) П. Моственко, О больших..., сс. 125–28; М. Л. Муртазин, Башкирия и башкирские войска..., сс. 189, 194; «ОБАССР», No. 336. С・Г・ムルザブラートフはバシキール革命委員会の成員であったが、六月事件後、ブルヂャン＝タンガウロフ・カントンでバシキール匪賊を指導した。ソヴェト権力との協定後、二一〜二二年にバシキール共和国農業人民委員を務め、辺境植民地での土地革命の実現を志向したが、二三年五〜六月のスルタン＝ガリエフ事件に連座して、「熱烈、有害な民族主義者」として、全ての責任あるポストから解任され、共和国から追放の決定を下された。Там же, No. 362, с. 645; No. 386, с. 684; с. 929. 一九二八年末にスルタン＝ガリエフの反革命組織に関与したとして再び告発され、死刑判決を受け、一九三一年に獄死した。Башкортостан. Краткая энциклопедия, Уфа, 1996, с. 416.

(23) «ОБАССР», No. 336, с. 564.

(24) 二・八書簡は、一一・八テーゼと一一月二六日のバシキール匪賊叛徒との協定により、党活動家に「若干の不満」が生じているのを考慮して、党州委員会書記局によって出された。Там же, No. 340, сс. 575–76.

(25) Там же, No. 340, с. 577.

(26) Там же, No. 341, сс. 584–85. この二・二〇テーゼはМ・Д・ハーリコフによって作成され、党州委員会幹部会で承認され、第四回州党協議会(二月二一〜二五日)に提出され、採択された。Там же, No. 344, с. 591; «Резолюции областных конференций Башкирской партийной организации и пленумов обкома КПСС (1917–1940 гг.)», Уфа, 1959, сс. 134–37.

(27) «ОБАССР», No. 340, с. 577.

(28) Там же, No. 340, с. 578.

(29) Там же, No. 341, сс. 585–86.

(30) Там же, No. 340, сс. 578–83.

(31) 一九年一一月の第一回州党協議会で、すでに、バシキーリヤの党組織の中央指導部は州委員会としてロシア共産党の党組織のなかに位置づけられることが認識されていた。Там же, No. 253. 二・八書簡は、「単一の分裂のない党」の建設において、「諸地方の広範な自治を排除するものではなく、前提とすることは自明である」と結び、党州委員会の広範な自治を示唆するものであった。Там же, No. 340, с. 583. しかし、二一年二月下旬の第四回州党協議会は、党組織にも「自治」を拡大しようとする「民族主義分子」の企図に対して、バシキーリヤの党組織は州組織として党中央委員会へ直属することを再確認したのである。Там же, No. 343, c. 590, прим. 239.

（32）バシキーリヤでの民族自治の理論的枠組みの設定に、民族人民委員スターリンの影響が読み取れる。とりわけ二・八書簡と二・二〇テーゼにみられる、中央と辺境の強い結合を求める「中枢―辺境」論や、民族自治の実現を「地方自治」の民族政策に求める見解は、スターリンの一九二〇年一〇月の論文「ロシアの民族問題に関するソヴェト権力の政策」と同じ論理である。二・二〇テーゼを作成したハーリコフは、第四回州党協議会の開催を前にして、スターリン提案で党中央委員会の承認を得た民族問題資料を受けとり、自らのテーゼとスターリンの立場が一致していると確認している。«ОБАССР», No. 344, cc. 591-92. ハーリコフは、また、三月の第一〇回党大会で民族問題委員会のメンバーを務め、大会の民族問題に関する決議の作成にも関与することになる。Десятый съезд РКП(б). Стенографический отчет. М., 1963, с. 765.

（33）Там же, сс. 606-607 «ОБАССР», No. 345, c. 597.

一九一九年三月にソヴェト権力との間で協定が成立し、バシキールの民族解放と自決を求める運動は、ロシア連邦共和国РСФСРのなかで自治を実現していく運動となった。バシキール革命委員会は、この地域の歴史的構造に規定された困難な状況のなかで、バシキールの自立的な民族自治の実現を目指さざるをえなかった。一方では、ウラルの鉱山・工場労働者と入植農民を社会的基盤とし、それに依拠し民族ニヒリズムと大ロシア覇権主義の傾向を示す地方の共産党組織とソヴェトが存在し[1]、他方では、タタール人の覇権のもとにバシキール人を同化しつつムスリムを統合し、「タタール・バシキール共和国」の創設を求めるタタール共産主義者の動きがあった。一九二〇年の一月事件は、バシキール革命委員会をめぐるこのような対抗関係のなかで、地方の共産党組織がバシキール革命委員会に対し政治指導の実現を求めたことで、その政治的主体性への脅威が一挙に先鋭化したことを背景としていた。また、六月事件は、五月一九日の「自治ソヴェト・バシキール共和国の国制に関する決定」がバシキールの民族自治を制限し、「文化的民族自治に類するもの」[2]に帰したことへの、バシキール革命委員会の抗議的示威であった。六月事件後にバシキールの匪賊活動が展開するなかで、カントンでのソヴェト大会、第一回全バシキーリヤ・ソヴェト大会が開かれ、共産党のソヴェトに対する政治指導の実現が緒に就き、一九二一年春までに自治バシキーリヤに一党制政治システムが成立した。

一党制政治システムは、ロシア中央部では一八年夏の危機を経て、革命諸党派の「共闘」が地方ソヴェトで崩壊するなかで、一九年春までに形成されたが[3]、辺境バシキーリヤでは、他党派への不信と排除、何よりも民族自治を担う政党としてのバシキール人の主体形成を閉塞させることにより、二〇年末から二一年初めにかけて成立した。この政治体系は、ソヴェトに対する共産党の「指導」と「統制」の独占的政治体系であり、ロシア中央部では、中農との同盟と無党派農民をはじめとする無党派協議会の招集による体制への社会的統合という新しい政策提示を伴うものであったとすれば[4]、自治バシキーリヤでは民族政策の基本方針の確定を内包するものであった。その民族政策の基本方針で確認された「自治」は中央部ロシアからの「分離」ではなく「統合」を強調するものであり、また、その「自治」は特殊な辺境地域の「地域自治」としてとらえられ、バシキールの民族自治は辺境バシキーリヤの「地域自治」のなかで個別具体的な民族政策を通じて実現されるものと理解された。そして、この「自治」の担い手は、バシキールの政治的主体形成を閉ざすことにより、民族的差別なく組織される「単一の分裂のない党」に委ねられ、その「党」は「大ロシア・ショービニズム」と「地方ブルジョワ民族主義」という二つの「偏向」をたえず批判しつつ、党とソヴェト機構自体を「民族化＝バシキール化」し、バシキール社会に根をはる、つまり、「コレニザーツィア коренизация」という重い課題を負うことになった。自治バシキーリヤで成立した一党制政治システムとその民族政策が、現実にこの重い課題を負いつつ孕む矛盾もまた由々しいものであった。この矛盾は一九二三年のバシキール共和国におけるスルタン＝ガリエフ事件のなかで、その所在と様相を明瞭に示すことになるが、ともあれ、辺境バシキーリヤにおける一党制政治システムの形成は、この地域における革命と内戦から一九二〇年代の政治史への基本的な転換点をなすことになったのである。

（1） S. A. Zenkovsky, "The Tataro-Bashkir Feud of 1917-20". *Indiana Slavic Studies*, Vol. II (1958), pp. 44, 48-49. バシ

キーリヤの共産党組織は圧倒的にウラルの鉱山・工場のロシア人労働者と入植農民からなっていた。一九二〇年代には、その「土着化」つまり、バシキール化がたえず求められたにもかかわらず、バシキーリヤの共産党組織は、一九二五年一月一日現在で、ロシア人六〇・三％、タタール人一九・九％に対し、バシキール人はわずか一三％であった。Ш. Типеев, К истории национального движения и Советской Башкирии (1917–1929 гг.). Уфа, 1929, сс. 89–91.

（2）«ОБАССР», No. 303, с. 494.

（3）拙稿「ロシア革命と地方ソヴェト権力——一党制政治システムの形成によせて」『スラヴ研究』三二号、一九八五年、一七一〜八一頁。

（4）«Переписка секретариата ЦК РКП(б) с местными партийными организациями», Т. VII, М., 1972, с. XIX, No. 547, сс. 420–21.

第三章　ソヴェト同盟：統合と批判

第一節　ソヴェト権力と国家編成

ところで昨日、同じことをバシキール共和国に対し行うべきではなかったのか。ブハーリンが「誰にこの権利を認めることができるか」と語ったとき、私は、彼の名簿にはホッテントットやブッシュマン、インド人が入っていると書き取った。このように名を挙げるのを聞きつつ、どうして同志ブハーリンは一つの小さなこと、つまり、バシキール人のことを忘れることができたのかと、思えた。ロシアにはブッシュマンはいない、ホッテントットに関しても、同様に、彼らが自治共和国を主張していると聞いたことがない。しかし、我々のもとには、バシキール人、キルギス〔現カザフ、キルギス〕人、他の一連の諸民族がいる、そして、彼らに対し〔この権利を〕否認することはできない。我々は、かつてのロシア帝国に生活するどの民族に対しても、これを拒否することはできない。……我々の綱領は、勤労者の自決権を語るべきではない。これは正しくないからだ。綱領は、現に存在することについて語るべきである。諸民族が、中世からブルジョワ民主制へ、そこからプロレタリア民主制へと道をたどり、そこに様々な段階があるとすると、我々の綱領のこの規定は、絶対に正しい。この道において、我々には、全く多くのジグザグがあった。各々の民族が自決権を得るべきであり、そして、このことが勤労者の自決を促すのである。……様々な国で、プロレタリアートとブルジョワジーの分化は独特の道をたどっている。この道において、我々はきわめて慎重に行動しなければならない。異なる民族に、特に慎重に対応しなければならない。民族への不信ほど、悪いことはないからである。（レーニン、一九一九年三月一九日、第八回共産党大会での演説より）

I　内戦と統合の論理

一九一八年三月のブレスト＝リトフスク条約締結をもって、ロシア革命のなかで誕生したソヴェト権力は平和の「息継ぎ」を達成した。だが、その過程で、それまで革命を推進する力であった兵士の運動が、軍の動員解除とともに減退し、革命は新たな局面に入っていくことになる。この新たな局面へと突入するなかで、ソヴェト政権は、一九一八年春にヴォルガ中流・ウラル地域にタタール・バシキール共和国を創設する方針を示した。だが、この最初の具体的な自治共和国の構想は、現地のロシア人革命家らの反発、バシキール人をはじめとする他の諸民族のタタール・ヘゲモニーへの危惧をあらわにした。六月にヴォルガ中流・ウラルからシベリアにかけてチェコ軍団の反乱により、革命ロシアは内戦状態に突入し、この構想の実現は頓挫した。ソヴェト政府はウクライナをはじめ辺境地域から撤退を余儀なくされ、一八年夏には、その支配領域は中央部ロシアのみとなり、初期ソヴェト権力の民族政策の第一局面は終了した。

東部へ向けての一八年秋以降の赤軍の反撃と、ドイツ一一月革命とブレスト＝リトフスク条約の破棄を受けた西部での赤軍進攻のなかで、新たな統合の論理が勢いを得てくる。ロシア共産党中央委員会は、「ソヴェト・ロシアをヨーロッパから緩衝地帯で分離する」と決定し、「帝国主義の強襲」に対する戦術的な防衛として、ロシア連邦共和国から独立のソヴェト諸共和国を緩衝国として配することを、具体的に構想していた。一九一八年一一月二九日付けで軍総司令官のヨアキム・ヴァツェーチスへ宛てた電文で、レーニンとスターリンは赤軍の進攻下での臨時ソヴェト政府の形成を指示したが、その際、「我が軍の今後の前進に好適な雰囲気」を得るために、ウクライナ、エストニア、ラトビア、リトアニアのこれらソヴェト政府の形式的独立性を尊重し優先することを求めていた(1)。

内戦のなかで、防衛と進攻のために、このように帝国のかつての辺境地域を位置づける、いわば緩衝国構想とともに、独立ソヴェト諸共和国の軍事力の統合を求める動きが強く押し出されることになる。すでに、一九年四月に、赤軍総司令官ヴァツェーチスは、党中央が民族活動家に対し「軍事的統一（合併）」に関する指令を準備することを求めていたが、五月初めのレーニンとスターリンの署名を付した「軍事的統一に関する中央委員会の指令案」では、軍事力をロシア共和国の防衛会議と他の中央諸機関の「単一の指導」下におくと述べていた。六月一日には、全露ソヴェト中央執行委員会がロシア、ウクライナ、ラトビア、リトアニア、白ロシアの諸共和国の統合に関する決定を採択した。この決定では、軍組織と司令部のみならず、経済、鉄道、財政、労働の分野でも、国家機関が「緊密な統合」を目指し、全露ソヴェト中央執行委員会がそのための委員会を選出すると述べていた。西部地域では形式的な独立性を認めつつ、実質的にはロシア共和国主導で軍事を梃子とした行政的統合化が進められていくことになる(2)。

他方、東部辺境地域では、一九年三月二〇日の協定によりバシキール自治共和国、翌年の夏から初冬に、タタール、キルギス(現カザフ)の自治共和国、そしてチュヴァシをはじめ自治州が、それぞれ「ソヴェト」「社会主義」と「自治」の名を冠して宣言された。中央アジアでは、タシケントのソヴェト権力が、バスマチ運動と闘いつつ、トルケスタンに社会主義自治共和国を宣言しロシアへ統合された。シベリアでは、コルチャーク軍の敗退を追って、二〇年四月六日に、ソヴェト権力と日本との間に、緩衝国家として極東共和国が設立される。この東方に向けてのソヴェト権力の拡張は「自治」のレヴェルで、ムスリムやチュルク系諸族の運動と併存し、その抑止と分断をはかりつつ、個別の「自治」共和国、あるいは緩衝国家としてロシア中央部への統合をとげたものといえよう。

カフカース地方に対しては、二〇年三月一七日にカフカース戦線の革命軍事ソヴェトを指揮するイヴァル・スミルガとグリゴリー・オルジョニキーゼに宛てたレーニンの暗号電文にみられるように、バクーの占領が是が非でも必要であると指示しつつも、独立国家への慎重な対応を求めていた。だが、現地のオルジョニキーゼと赤軍第一一軍は国境を越え、四月にはアゼルバイジャンに、一二月にはアルメニアにソヴェト社会主義共和国の樹立を宣言していった。グルジアとは、すでに二〇年の五月七日に平和条約を締結し、その独立と内政不干渉を確認していたが、オルジョニキーゼの赤軍はこの条約を侵犯し、二一年二月一六日にグルジアに侵入し、メンシェヴィキのグルジア政府は打倒された(3)。

結局、内戦の終わる一九二〇年から二一年初めまでに、ポーランド、フィンランド、バルト地方が独立したとはいえ、帝政ロシアの支配下にあった大部分の領域はロシアへ統合された。この統合の箍《たが》の役割を果たしたのは、ロシアの共産党組織であった。

内戦へ突入するなかで、ロシア中央部では、一九一八年春から秋の政治危機を経て、翌年初めには、共産党のソヴェトに対する独占的な政治支配が成立する。この一党制政治システムが、辺境の異民族地域へも、赤軍による解放、軍事革命委員会の設置、ソヴェト選挙の実施という過程を経て拡大・扶植されていった。一九年春の第八回ロシア共産党大会は、ソヴェトに対する共産党の「指導」を確認すると同時に、さらに重要なことに、各ソヴェト共和国の共産党組織が、ロシア共産党の地方組織と同等の資格と権限をもってその中央委員会へ従属すると決定したのである(4)。党建設においては、連邦的組織原則は、タブー視され採用されなかった。翌二〇年四月の第九回党大会では、党中央委員会の下に地方局を設置し、ロシア中央部と異なる遠隔の地方党組織の強化と指導にあたるという方針が採択され、カフカース局、ウラル局、シベリア局、キルギス局、トルケスタン局が設置されることになる(5)。辺境民族地域の共産党組織は、内戦のなかで政治権力を独占しつつも、ロシア共産党のもとにその地方組織として従属的に統合され、その自立性を失っていったのである。

このロシアへの統合において、共産党の組織形態とともに、その思想的体質も重要な意味をもっていた。革命が内戦へと発展するこの時期に、共産党は、国制において「連邦」を容認し、民主的中央集権国家から連邦制へと方針を変えていた。一八年一月の第三回全露ソヴェト大会で承認された「勤労被搾取人民の権利宣言」では、連邦制がうたわれ、これは、一八年七月採択のロシア共和国憲法に取り入れられた。だが、党内には、中央集権的統一主義 unitarism と民族ニヒリズムの傾向を強く温存していた。レーニンは、カウツキーの民族問題での立場を受け継ぎ(6)、歴史=具体的には、連邦制もありうると留保しつつ、基本的には第一次大戦中まで「統一国家」の支持者であった。また、共産党も、ロシア革命のなかで連邦制へ立場を変えたとはいえ、一貫した志向はたえず統合を目指す方向にあった。一八年三月初めの第七回党大会に向けて発表された新綱領草案では、「ソヴェト連邦 советская федерация」を「勤労者の自覚的でより緊急な統一への移行」として位置づけ、翌年春の第八回大会で採択された党綱領では、ソヴェト諸共和国の「連邦的統合」は「完全な統一」へ向けての「過渡的形態の一つ」と述べ、「一連の民族ソヴェト共和国のソヴェト・ロシアへの統合」をその範例として挙げていた(7)。

また、内戦期を通じて「民族ニヒリズム」が多様なかたちをとって現れた。これは、第一次大戦中の社会主義者の民族主義への譲歩を「社会=愛国主義」と非難してきたボリシェヴィキ=共産党の知的母斑でもあり、この党が内戦における敵の一つに民族主義者を挙げていたことによっても強められた。第八回党大会で、党の理論的寵児と目されたブハーリンは新綱領の不充分な点の一つに民族問題を挙げ、民族自決ではなく各民族の勤労階級の自決を求めた。ピャタコフは、民族自決権そのものに反対し、プロレタリアートのインターナショナリズムを対置し、連邦的統一では不充分であり、中央集権的統一へ向かうことを主張した。民族人民委員のスターリンも民族自決権を容認しながら、その実現をソヴェトを通じて勤労諸階級が担うことを強調し、これらの論理と共鳴していた(8)。ブハーリンの提案も、ピャタコフの考えも大会でしりぞけられたが、民族ニヒリズムの基調、民族に対してたえず階級を強調する論理は、大会代議員として出席した地方の指導者たちに通底するものであった。

さらに、当時の革命家たちをとらえていた世界革命の急展開への期待と確信は、ブレスト講和からポーランド=ソヴェト戦争まで一貫した基調であり、国境は二義的な臨時のものと考えられ、勤労者は赤軍の支援と解放をまっていると考えられた。(9) この世界革命の理念は、赤軍による軍事的制圧と、それを背景としたソヴェト政権の樹立を「解放」として正当化する論拠となったし、ロシアを革命の祖国、中心と考える「赤色パトリオティズム」を醸成することにもなった。(10)

（1）В. Свобода, Союз добровольных республик свободных ? (Из истории создания СССР). «Этнографическое обозрение», 1992, No. 2, с. 4; В. И. Ленин, ПСС, 5-ое изд., Т. 37, М., 1969, с. 234.

（2）*The Trotsky Papers*. 1917-1922. Vol. 1, 1964, The Hague Press, pp. 352-54; В. И. Ленин, ПСС, 5-ое изд., Т. 38, М., 1969, сс. 400-401, Т. 50, прим. 348, сс. 481-82; Декреты советской власти, Т. 5, М., 1971, сс. 259-61.

（3）В. Свобода, Союз добровольных..., с. 6; В. И. Ленин, ПСС, 5-ое изд., Т. 51, М., 1975, сс. 163-64, прим. 176, с. 416. ペレストロイカの進展する一九八九年の六月二〇日に、グルジア最高会議幹部会はグルジアとソヴェト・ロシアの関係に関する特別委員会を設置した。この特別委員会が、グルジア最高会議に提出した報告も参照されたい。「グルジアとソヴェト・ロシアとの間で一九二〇年五月七日に締結された条約の違反に関する政治的および法的評価の問題についての特別委員会の結論」『世界政治——論評と資料』八三五号、一九九一年、所収、五九～六一頁。同八三六号、一九九一年、四三～四四頁。

（4）Восьмой съезд РКП(б). Март 1919 года. Протоколы. М., 1959, с. 425.

（5）«Известия ЦК КПСС», 1991, No. 3, с. 167, прим. 5.

（6）Карль Каутский, О национальном вопросе в России. (перевод с немецкого корректурного листка), Спб., 1906. с. 10.

（7）Ю. В. Бромлей, К разработке панятийно-терминологических аспектов национальной проблематики. «Советская этнография», 1989, No. 6, сс. 11-12; Восьмой съезд РКП(б). Протоколы., с. 398.

（8）Восьмой съезд РКП(б). Протоколы, сс. 47-48, 78-81; И. Сталин, Сочинения, Т. 4, М., 1951, сс. 163-64, 177; Э. Д. Тадевосян, Советский федерализм: теория, история, современность. «История СССР», 1991, No. 6, с. 51.

（9）«Известия ЦК КПСС», 1991, No. 2, сс. 112, 114.

（10）この点で、ウクライナの共産主義者В・П・ザトンスキーが、一九二一年春の第一〇回党大会で次のように述べていることは注目される。「民族運動は、ロシア中央部でもまた成長した。つまり、ロシアが最初に革命の道に乗り出し、植民地、つまり事実上の西欧の植民地から世界の運動の中心へと変わったということ、このことが、ロシアのこの革命と結びついている全ての人々の心を誇りで満たし、独特のロシアの赤色パトリオティズムが生まれた。」Десятый съезд РКП(б). Стенографический отчет. М., 1963, с. 203.

II 新しい統合を目指して

内戦が終了に向かうと、軍事的同盟を挺子とした統合の論理に加えて、さらに、ソヴェト諸共和国は新しい統合を目指して動きはじめることになる。一九二一年春の第一〇回ロシア共産党大会はネップへの移行を決定するとともに、民族問題でも活発な論議を闘わせ、大会で採択された「民族問題における党の当面の諸課題に関する」決議では、帝国主義の側からの共同防衛、生産復興への共同の努力と食糧支援でソヴェト諸共和国が「緊密な国家的同盟 тесный государственный союз」へ向かうことを呼びかけていた。(1)

しかし、この「緊密な国家的同盟」への志向は、ロシア共和国の人民委員部をはじめ国家行政機関が、経済計画、予算の配分、財政政策などの分野で、他の共和国へも、その主権を侵害しつつ活動を及ぼすことにもつながった。これは、反発を呼び、行政的軋轢を生んだ。とりわけ、ウクライナ共和国からの抗議を受け、二二年五月一一日に、ロシア共産党の中央委員会政治局は、フルンゼを議長とし、スターリン、スクルィプニク、マヌイリスキーを成員とする、ウクライナとロシアの両国関係調整のための特別委員会の設置を決定し、同時に、ウクライナ共和国を一掃し、その中央委員会と人民委員会議、中央諸機関の権限の縮小に導くどのような措置も許されないと確認した。(2)

このフルンゼ委員会は、五月から六月にかけて何度か会議をもち、そこで作成された草案は、七月二一日にウクライナ共産党政治局で検討され、承認された。白ロシア共産党政治局の中央ビュローも、この関係を白ロシアに適応することに賛意を示し、さらに、ザカフカースの諸共和国とロシアとの関係調整のたたき台になりうるものと予測された。八月一〇日には、ロシア共産党の中央委員会政治局が、フルンゼ委員会の作成した協定に全ての人民委員部が指導されるべきであると党組織を通じて下達した。(3)

だが、このフルンゼ委員会を中心とする路線とは異なる、もう一つ別の新しい統合への動きが、ザカフカースを中心に展開し進行していた。一九二一年春から、ロシア共産党カフカース局の議長オルジョニキーゼによって、ザカフカースの三つの共和国の統合が強力に進められていったのである。バクーのソヴェト会議で、四月一一日に、彼は、辺境地域が旧帝国から分離した原因は、民族主義的な指導者にあるとの判断を示し、「辺境共和国」はソヴェト・ロシアなしには、一つとして存続できないと主張し、「ザカフカース諸共和国、さらに、それとロシアとの間での緊密な結合」を妨げる「民族主義のあらゆる遺物」と闘うと表明した。彼の強引な指導のもとでザカフカース鉄道と外国貿易がザカフカース諸共和国の間で統合され、党カフカース局は、二一年の一一月二日に満場一致で「経済、財政、軍事、外務を同盟ソヴェトにおいて統一して」、「ザカフカース連邦」を創設すると決定した。このカフカース局会議には、アルメニア、アゼルバイジャン、グルジアの党中央委員会メンバーも招かれており、アゼルバイジャンの代表からは「時宜を得ていない」との表明にとどまったが、グルジアでは、この「統合」方針への強い反発を呼び起こすことになった。翌年四月には、三共和国の中央執行委員会の代表者がチフリスで会議を開き、「連邦」の執行機関として「同盟ソヴェト」を選出し、外務、郵便、交通、軍事、財務、外国貿易、労働の人民委員部を合同し、経済会議を組織した。三つの共和国は「連邦」へと統合をさらに一歩進めたのである。だが、グルジアの反対派は「連邦」そのものの必要性も、そのための経済的前提も認めなかった。彼らは三共和国の統合執行機関である「同盟ソヴェト」にザカフカースの最高権力の権限を認めず、「審議の、最高の場合でも調整機関」にしようと動いた。(4)

このザカフカースの統合は、中央のスターリンの指示と支援を得て、オルジョニキーゼによって強力に進められていった。二一年七月初めに、スターリンは、チフリスでのカフカース局の会議に自ら乗り込み、七月六日には、グルジア共産党チフリス組織の総会でザカフカース諸国の経済統合の必要性と、それを妨げる民族主義との闘争を強調していた。(5) オルジョニキーゼは、スターリンの支援を背景に、グルジアの「独立」とは「革命からの独立性であり、反革命への全くの従属性」であると非難し、ザカフカース連邦の結成と、さらにそれを通してロシアとの「連邦 федерация」を主張し、「民族主義の残存物」との闘争を強調したのである。その際、グルジア共産党をはじめザカフカースの党組織がロシア共産党の「構成部分」であり、ロシア共産党中央委員会がその「最高機関」であると強調されたことにも注目しなければならない。(6) ここでは、ザカフカース連邦への統合を推進する一つの組織的機構として、共産党の組織原則が援用されているのである。

しかし、歴史は、矛盾し対抗する社会ベクトルの複合でもある。八月一〇日の先のフルンゼ委員会についての政治局決定とは異なる方向へもう一つの歯車が回った。この同じ八月一〇日に、政治局は、組織局がロシア共和国と他の共和国の関係調整のための委員会を設置し、次の中央委員会へ報告することを求めたのである。この委員会はスターリンを長に、クイブィシェフ(後にモロトフと交替)、ラコフスキー(会議には欠席)、オルジョニキーゼ、ソコーリニコフ、そして、極東、ブハラ、ヒヴァの共和国を含め、白ロシア、ウクライナ、ザカフカースの三共和国、計八人の代表を加えて構成された。(7) ロシア共和国からの公式の代表は任命されなかった。中央にスターリンを長とする委員会が設置され、組織局のもとで諸共和国間の「関係調整」に乗り出したのである。

このスターリン委員会で「ロシア共和国と諸独立共和国との相互関係」に関するテーゼを作成したのは、スターリン自身であった。テーゼの第一条は、ロシア共和国の「構成に」各共和国が「加入する」のが「目的に適っている」とし、ロシア共和国の全露ソヴェト中央執行委員会の決定は、各共和国の中央権力機関にその執行を義務づけるとし、全体を通じて、独立諸共和国をロシアのもとに自治共和国のように統合する内容であった。最終の第六条では、このテーゼの実現の手順が述べられ、ロシア共産党中央委員会で承認されるまで、この草案は「公表されない」とし、各共和国の党中央委員会へは「回章指令」として伝え、ソヴェト機関を通じて全露ソヴェト大会以前に決定し、大会では「これら諸共和国の希望として」この統合がなされる、と規定していた。(8)

このスターリン案は、「自治化」案と呼ばれることになったが、そこには、その第六条にみられる手続きの秘密性と、各共和国の「希望」として統合をはかるという外見的な疑似民主性がみられた。この案を支持したのは、アルメニアとアゼルバイジャンの党中央委員会とザカフカース地方党委員会のみであった。グルジアの党中央委員会は、九月一五日に、「独立諸共和国の自治化の形態での統合は時期尚早とみなす」、統合は必要だが「独立の全ての属性を保持してのことである」と決定し、白ロシアの共産党中央委員会はウクライナとロシアの関係に準拠するのが目的に適っていると婉曲に拒否した。ウクライナの共産党は、中央委員会政治局で九月二〇日にスターリン案を審議し、この問題そのものの延期を提案すると決定した。(9)

ここで、ウクライナとグルジアがスターリン案へ反対する勢力として現れ、白ロシアは、ウクライナの側につく立場を示した。グルジアは、オルジョニキーゼが性急に進めるザカフカース連邦と、さらに、ロシアへの統合の動きに、独立国家の主権喪失を恐れ、ウクライナはフルンゼ委員会の作成した独立国家間の関係を保持しようとしたのである。

一九二二年秋のこのような基本的対抗のなかで、レーニンとスターリンの周知の対立も浮上してくる。この時点での二人の対立は、スターリン批判後に、M・レヴィンの研究『レーニンの最後の闘争』（邦訳、岩波書店、一九六九年）のなかで、初めて明らかにされた。レーニン全集第五版でも、レーニンの九月二六日付けカーメネフ宛ての手紙、一〇月六日付けのカーメネフへ宛てた覚書、一二月三〇日と三一日の口述「民族あるいは〈自治化〉の問題によせて」のなかで、両者の対立は跡づけることができた。しかし、さらに一層、具体的かつ鮮明に、この過程が、ペレストロイカとソ連崩壊のなかで資料的に裏づけられたのである。

九月二二日付けで、スターリンがレーニンからの問い合わせに応えた書簡は、きわめて重要である。スターリンの問題へ対応する知の基本的枠組みが出ているからである。この書簡でスターリンは、民族問題を「中枢―辺境」論に基づいて説明している。スターリンはまず、「中枢―辺境」関係を整序するには、各共和国間の平等な関係に基づくか、虚構の独立を実質的な自治に変えるかの二者択一であると、レーニンに提起する。スターリンは、内戦と干渉戦の四年間に、民族問題において「モスクワの自由主義」を誇示しなければならなかったとし、そのなかで共産主義者のなかに「社会=独立主義者 социал-независимец」を育てあげ、「辺境」の若い共産主義者は「独立 независимость」の言葉を「額面通り」に受け取り、その実現を求めるまでになったと状況を説明した。スターリンは、現在、「中枢―辺境」の相互関係を、辺境が中枢に従うというかたちに変えないならば、すなわち「形式的な（虚構の）独立」を「形式的な（そして同時に実質的な）自治」に変えなければ、一年後には、諸ソヴェト共和国の「統一 единство」は一層、困難になるであろうと、レーニンに説明した。そして、ウクライナ、白ロシア、グルジア、アゼルバイジャン、アルメニアの五つの共和国を「自治化 автономизация」することが目的に適っていると、自らの立場を主張したのである。したがって、スターリンにとって、党中央委員会が彼を長として設置した委員会は、「辺境との関係調整委員会」と呼ばれているのである[10]（傍点強調―引用者）。

　スターリンは、民族問題において「モスクワの自由主義」を終わらせ、「社会=独立主義者」を非難しつつ、各共和国を「自治化」することで、ロシアへ、つまり辺境を中枢へ従わせることを主張したのである。翌二三、二四の両日、スターリン委員会で、彼の「自治化」案が審議され、ムヂヴァーニ（グルジア代表）やペトロフスキー（ウクライナ代表）ら各共和国側からの反対修正の意見や棄権があったが、スターリン案は採択された。この議事録には「極秘」のスタンプが押され、「厳秘に付される」第六条を除いて、委員会メンバーにのみ配布し、ロシア共産党中央委員会でこの問題の決定が下されるまで口外しないと確認された[11]。スターリン「自治化」案と関連資料がゴールキで療養中のレーニンのもとに届けられたのは、翌二五日であった。レーニンは、精力的に関係者に会い、情報を収集し、この問題に積極的に介入することになる。翌二六日には、この問題でゴールキでスターリンと会い、彼に譲歩を求めている。同日、カーメネフと党政治局の全員へ宛てた手紙で、レーニンは、スターリンが彼の案の第一条のロシアへの自治的統合を「ヨーロッパとアジアのソヴェト共和国同盟」へ変えることに同意したと伝えつつ、同時に「我々が「独立主義者」に糧を与えないために、彼らの独立を損なわないこと、そして、さらに新しい段階、同権の共和国の連邦をつくることが必要である」と述べた。ここには、スターリンと同じく「社会=独立主義者」への警戒の念が潜んでいる。レーニンの修正案においても、ロシア共和国の大きな地位は変わらず、第二条では同盟中央執行委員会は人口に応じて選出され、同盟の最高機関になるとされ、中央権力の決定は各共和国が上訴してもその執行は停止されないとしていた。さらに、「厳秘に付す」とされた第六条について、レーニンは全く言及せずにスターリン案を黙認していた。レーニン案も、ロシアを中心とする統合の色彩の濃いものであった。[12]

　しかし、スターリンはレーニンのこの修正案にも反対し、九月二七日に、レーニンの立場を「民族自由主義」と酷評する手紙を政治局に宛てたのである。[13]この九月二七日付けの手紙は、九月二二日付けのレーニン宛てとともに、スターリンの考えを示すものとして興味深い。ここで、スターリンは「ヨーロッパとアジアのソヴェト共和国同盟」をつくるということに同意すると述べるが、それはウクライナ、白ロシア、グルジア、アゼルバイジャン、アルメニアのロシアРСФСРとの「合同 объединение」であるとし、ロシアを統合の中心として特別視する文章表現となっている。これは、レーニンの平等同権の共和国からなる「同盟」とはニュアンスが異なっていた。さらに、レーニンが全ロシア中央執行委員会とならんで、同盟の中央執行委員会を新たにつくることを求めたことに反対し、スターリンは、これはロシアの中央執行委員会をつくることになり、さらにロシア共和国内の自治共和国がウクライナなどとの同権を求めるようになると警告した。これは必要もなく、目的にも適っていないと断言したのである。スターリンはこのように自らの判断を政治局に伝え、レーニンが〈急《せ》いている торопиться〉と非難し、この「せわしさ торопливость」、「同志レーニンの民族自由主義」が「独立主義者」の利用するところとなり、彼らに力を与えていると批判した。レーニンの「ヨーロッパとアジアのソヴェト共和国同盟」という考えを受け入れると表明しつつ、実質的なロシア中心主義と自らの統合論を弁明したのである。一〇月三日には、ウクライナ共産党中央委員会で政治局会議が開かれ、スターリンの「自治」化案に反対し、フルンゼ委員会の方針を支持する決議が採択された。(14)

一〇月六日のロシア共産党中央委員会総会では、レーニンの修正を入れたスターリン案が党中央委員会の指令として採択され、この指令に基づいて、各共和国ソヴェト大会は統合に向けてスターリンを長とする委員会へ代表を選出した。(15)ウクライナ共産党もこの決定を受けて新しい同盟の形成へ向けて積極的に動き出した。ソヴェト共和国同盟の結成が各共和国から自発的に起こっているという体裁がとられねばならなかった。ウクライナではこれは、社会民主主義者とエス・エル左派から結成され同盟の形成に反対したウカピスト(ウクライナ共産党УКП)への政治的弾圧ともなった。彼らはソヴェト、その他機関から排除され、追放された。皮肉なことにも、この一〇月六日決定の同盟案を組織的にはロシア共産党(ボ)の地方組織となっているウクライナ共産党 КП(б)У に受け入れさせるために、フルンゼは積極的に動いた。(16)彼はロシア共産党のラインで忠実に党規律に従ったのである。

スターリン案がレーニンの修正を受け入れつつ党の基本方針として採用され、ソヴェト共和国同盟の結成に向かって動き出したのである。この時点で、対立はスターリンとレーニンの間ではなく、スターリンとグルジアの間に転移し先鋭化した。すでに九月一五日にグルジアの党中央委員会はスターリン「自治化」案に否定的な回答を寄せていたが、一〇月二二日には、スターリン、そしてオルジョニキーゼの指導するザカフカース地方委員会との方針の不一致を理由に、抗議の総辞職を決定したのである。このような状況のなかで、「スターリンのロバ」と罵ったアカキー・カバヒッゼ某をオルジョニキーゼが殴打する事件が起き、一一月末には、ジェルジンスキーを長とする調査委員会が派遣された。(17)「グルジア問題」は深刻な様相を呈した。

新しいスターリン委員会によって「ソヴェト社会主義共和国同盟憲法要綱」が作成され、一二月に各共和国のソヴェト大会で、この「要綱」は承認された。一二月三〇日に招集された第一回ソ同盟ソヴェト大会は、ソ同盟形成に関する宣言と条約についてのスターリンの報告を聞き、ソ同盟の結成を承認し、ソ同盟中央執行委員会とその四人の議長、カリーニン(ロシア)、ペトロフスキー(ウクライナ)、チェルヴャコーフ(白ロシア)、ナリマーノフ(ザカフカース連邦、アゼルバイジャン)を選出した。

一九二二年一二月末のこのソ同盟結成は、レーニンの批判をスターリンが受け入れ、同権の主権国家の同盟というかたちをとっており、その点では、レーニンの指示に従った政治方針の確定であった。だが、この時点で、レーニンは、再びスターリン批判へ強く動き出すことになる。一二月三〇日、三一日の両日、すなわち、ソ同盟結成の宣言がはなやかに行われている当の日に、レーニンは「民族あるいは〈自治化〉の問題によせて」と題する三つの口述を残すことになる。この第一口述の語り出しを、「私は、ロシアの労働者に対し深い罪を負っているように思える。自治化という悪名高い問題に――公式にはソヴェト社会主義諸共和国の同盟の問題と呼ばれているようだが、充分精力的かつ厳しく介入できなかったからである」と始めた。そして、この口述において、スターリンの「性急さと行政的熱中」、彼の「社会=民族主義」への悪意が「破壊的役割」を果たしていると指摘し、グルジア問題に関わったジェルジンスキーとオルジョニキーゼの行動も厳しく批判した。これは、レーニン思想のいわば珠玉をなし、ソ同盟結成のあり方を根底から問い質す部分でもあるが、彼は、社会主義共和国の同盟の強化、つまり、統合の強化が全世界的なブルジョワジーとその陰謀との闘争のために是非とも必要であるとし、同盟の行政的「細分化」による弊害は、党の権威によって克服されると考えた(18)。あくまで党の統一と一党制政治システムに依拠して同盟の強化をはかろうとしたのである。

スターリンがレーニンに譲歩しながら、そのお墨付きを得て進めてきたソ同盟結成の方針は、ここでグルジア問題を中心に、レーニンが再びスターリンとの対決を鮮明にしたことにより、大きな脅威にさらされることになった。さらに、ウクライナ、グルジアについで、スターリンの民族政策を批判する第三の動きが現れてきた。タタール人共産主義者のスルタン＝ガリエフは、ソヴェト同盟の結成を承認する第一〇回全露ソヴェト大会の党フラクション会議で、鋭い批判を放った。一二月二六日のこの会議で、彼は「我々は、自治共和国および州の代表者として」同盟の結成にあたって、自治共和国の地位の向上と同盟を構成する共和国との同権を求め、スターリンの政策を諸民族を「継子と嫡子に分離するもの」と批判し、発言を次のように辛辣に結んだ。「さもなければ、これは気晴らしの遊びにすぎない、そして、この遊びとは、我々の考えでは、手を切るときである」。この発言には、会場からは拍手さえ起きていた。スターリンは、この批判を「党への中傷」と反発し、自治共和国の昇格という彼の考えは「死産であり、反動的で」、「統合を目指す下部の意志へ反対するもの」と応酬した。(19) スターリンは、すでに、九月二七日付けでレーニンをはじめ政治局員へ宛てた手紙のなかで、ロシア内の八つの自治共和国がウクライナなどとの同権を求めることを危惧していたが、(20) これが現実となったのである。ソ同盟結成条約には、ロシア連邦共和国に続いて、同盟条約の主体ではない一連の自治共和国が署名を連ねたことにも注目せねばならない。(21)

第一回ソ同盟ソヴェト大会はソ同盟結成の宣言と条約を採択しただけで、後には具体的な憲法策定作業が残された。一二月三〇日のソ同盟中央執行委員会の第一会議は、第二会議の招集まで、ソ同盟に関する布告と決定を発布する全権を全露中央執行委員会とその幹部会に委ねると決定し、(22) 新生ソ同盟を実質的にロシアが継承代位することを示していた。この全露中央執行委員会の作成したソ同盟憲法案は、ソ同盟中央執行委員会に同盟構成共和国の予算策定権を含め権限が集中し、中央集権的行政に基づく統一国家を目指すものであった。これに対し、各共和国では、ソ同盟中央執行委員会に第二院を設置し、この第二院に大小の民族の利害を反映させるとともに、そこに同権の代表制の保障を得ようとした。グルジアは、ザカフカース連邦とロシア連邦の二つを解体し、ザカフカースの各共和国が個別にソ同盟へ加盟することを求め、ウクライナは、ソ同盟でのロシアの圧倒的地位を弱め、各民族の立場の強化をはかろうとした。中央集権化と統一国家を求める方向と、各共和国の国家主権を保持したうえで統合を認める二つの方向、さらに、スルタン＝ガリエフの「自治」からの脱却を求める動きが対抗し交叉したのである。このような状況のなかで、二三年二月にロシア共産党中央委員会のもとに、スターリンを長とする委員会が設置され、第一二回党大会での方針と憲法案の作成準備を進めていくことになる。

四月一七日から二五日まで、ロシア共産党の第一二回大会が開かれ、ここで民族問題をめぐり激しい論戦が繰り広げられた。レーニンの口述した「民族あるいは〈自治化〉の問題によせて」は、大会の代表幹部会で公表され、大会代議員にも読み上げられた。大会の本会議ではブードゥ・ムヂヴァーニがザカフカース連邦の創設とそれを通じてのソ同盟への加盟に反対し、フリスチャン・ラコフスキーとブハーリンも、地方民族主義の危険を過大視することを批判した。[23] 大会の最終日である二五日に開かれた民族部会では二七人が発言し、激しい論戦とスターリンへの批判が行われた。この民族部会の議事録は、今まで公刊されていた大会議事録にも収録されず、そこでは、この部会が誤って四月二三日に開かれたとなっていた。しかし、大会の最終第一六本会議の直前まで部会は大幅に時間を延長して行われた。一九九一年のソ連崩壊の年に、この部会の生々しいやりとりを記した議事録が初めて公表された。[24] ここでは、ラコフスキーがスターリンのテーゼを「対象ではなく影を打っている」との印象を受けるとスターリン批判の先陣を切り、フルンゼは、スターリンの「基本的欠陥」は問題の全体的設定が「不明確」なことと批判し一連の修正を要求した。[25] スターリンを最も厳しく批判した一人がスルタン＝ガリエフであった。彼は、第二院の設置でも問題は解決されず、自治共和国の状態では「自治」も確保できないとし、ムヂヴァーニを支持しつつ、ソ同盟にはロシア共和国とともに自治共和国も加わるべきと主張した。さらに、各民族が自ら自主的に連邦をつくる権限があり、「地方民族主義」は覇権主義に対する闘争であり「偏向」ではないと、彼は述べていた。[26] これは、スターリンの方針への全面的批判である。トロツキーは、すでに三月六日に、政治局メンバーに「同志スターリンの民族問題に関するテーゼ」への覚書を送り、スターリンの民族政策の批判に動いていたが、この部会では、レーニンに依頼された義務を遂行していると述べ、党がもう一度民族問題を学ぶ必要があると注意を喚起した。(27)

部会はムヂヴァーニのソ同盟組織案も、ラコフスキーの修正案も、スルタン＝ガリエフの提案もしりぞけ、フレンゼの主張は受け入れつつ、基本的にスターリン案を採用した。結局、大会は、「単一の同盟国家」の創立を支持すると決定し、同時に、第二院として民族ソヴェトを設置し、各共和国に充分な予算の権限を与えること等を確認した。(28)

大会を乗り切ったスターリンは攻勢に転じた。スルタン＝ガリエフが逮捕され、党を除名されたのは、大会を終えて九日目の五月四日のことであった。(29)この逮捕から一カ月余を経て、六月九日から一二日に、中央委員会は民族地域の責任活動家を招集し、スルタン＝ガリエフ事件と同盟結成をめぐり、合同の審議会を開いた。このいわゆる第四回目とされる審議会の議事録も、ソ連崩壊のなかで、禁を解かれ初めて利用可能となった。ウクライナの党書記として一貫してスターリン支持で動いてきたマヌイリスキーは、この審議会で第一二回大会決定を少数民族の「自由憲章」にしてはならないとスターリンの立場を代弁し、民族地域のタタール人左派サイド＝ガリエフは、「これは反動ではなく、生粋の民族主義」であると、スルタン＝ガリエフを弾劾した。他方、スクルィプニクは第一二回党大会の方針を歪めるためにこの事件が利用されていると述べ、トロツキーは、「全くその通り」と、会場から相槌を打った。(30)すでに、第一二回党大会の民族部会で、スターリンは、スルタン＝ガリエフがムヂヴァーニの委任を受け、ロシア連邦の解体を企てているとし、バシキール人活動家とバスマチの連絡がとられていることを指摘し、「中央に対する民族活動家の統一戦線」に対し警告を発していた。(31)この審議会では、民族自決をロシア連邦共和国の「自治」の枠にとどめられた東方諸民族のその「自治」からの脱却を目指す動きと、ムスリム諸民族の新たな統合を求める「右派」へ警告が発せられた。スターリンは、まず、民族地域の「右派」を代表するスルタン＝ガリエフを撃ったのである。第四審議会のもう一つの議題であるソ同盟の結成に関しては、ラコフスキーとスクルィプニクの提案する共和国主権の拡大と第二院の構成に関するウクライナ案はしりぞけられ、ソ同盟の合同人民委員部は五つ、指令人民委員部は五つ、他は独立の人民委員部とするとし、各共和国の予算権限の拡大も確認された[32]。

二三年六〜七月にソ同盟憲法案が同盟構成共和国の各中央執行委員会で承認され、七月六日のソ同盟中央執行委員会で満場一致で承認され、議長をレーニンとするソ同盟人民委員会が選出された。二四年一月にソ同盟憲法は、加盟各共和国のソヴェト大会で批准され、一月三一日に第二回ソ同盟ソヴェト大会で承認され最終的に成立した。

このソ同盟憲法の成立をもって、ソ同盟の国家体制は法制上の成立をみた。一九一七年の二月革命で崩壊した「単一不可分」の帝政ロシアにかわって、ソヴェト社会主義共和国同盟が形成された。この体制は、民族問題の解決を目指す枠組みとして二一年と二三年の第一〇回、および第一二回党大会で確認された二つの偏向、すなわち、大ロシア覇権主義と地方民族主義を批判しつつ、党とソヴェト機構の土着＝民族化の推進を目指すものであった。このソ同盟の形成過程で、対立の多様な局面を貫いて、スターリンは法制的には同権の共和国同盟という擬制で譲歩し、各共和国の実質的な〈自治化〉で勝利したのである。

ソヴェト社会主義共和国同盟の成立は、同時に民族問題でスターリンに対抗し登場してきた人々の、中央の政治からの排除と退場の過程でもあった。すでに病いに倒れていたレーニンは、二三年四月の第一二回党大会にも、六月の第四審議会にも出席できず、翌年一月に死去した。フルンゼは、二五年一〇月三一日に手術台の上で謎の死をとげ[33]、ラコフスキーもムヂヴァーニも二三年から二四年にかけて国外へ派遣され、モスクワの〈ハイポリティックス〉から疎外された[34]。スルタン＝ガリエフは党を除名され、二度と復党を許されなかった。レーニンの最後の依頼を受けたトロツキーの活動も、スターリン、ジノヴィエフ、カーメネフの「トロイカ」の壁にぶつかって実を結ぶことなく、彼は反対派の領袖として排除されていった。グルジアの共産主義者を支援したブハーリンも、反対派に対抗してスターリンとのブロックに傾斜していくことになる。

ソ同盟の形成と合わせて、それを指導し、実質的に支配するロシア共産党(ボ)は、二五年一二月の第一四回党大会で、名称を全ソ同盟共産党(ボ)に改め、党名から「ロシア」という規定を削除した。しかし、別個にロシア共産党が地方組織として、ウクライナ、白ロシアなどの共産党と同じレヴェルで組織されることは、ソ連邦の崩壊の直前までなかった。形式的に同権のソヴェト共和国の同盟といった外被の下で、実質的にロシアを中枢とする共産党組織と帝政期から温存踏襲された官僚機構を通じて統合がはかられたのである。そして、このソ同盟の形成を達成したスターリンの思考には、その基底に「中枢―辺境」論が据えられていた。

(1) Десятый съезд РКП(б). Стенографический отчет. М., 1963, с. 602.

(2) В. Свобода, Союз добровольных республик свободных ? (Из истории создания СССР). «Этнографическое обозрение», 1992, No. 2, с. 7.

(3) Там же, сс. 7–8.

(4) Г. К. Орджоникидзе, Статьи и речи в двух томах. Т. 1, М., 1956, сс. 182–85, 208–209, 298–300.

(5) И. Сталин, Сочинения, Т. 5, М., 1952, сс. 88–100.

(6) Г. К. Орджоникидзе, Статьи и речи..., Т. 1, сс. 218, 223.

(7) Из истории образования СССР. «Известия ЦК КПСС», [以下 Из истории ОСССР と略記] 1989, No. 9, с. 191.

(8) Там же, сс. 192–93; В. И. Ленин, ПСС, 5-ое изд., Т. 45, М., 1975, сс. 557–58.

(9) В. И. Ленин, ПСС, Т. 45, с. 556; Из истории ОСССР, 1989, No. 9, сс. 195–98; В. Свобода, Союз добровольных..., сс. 8–9.

(10) Из истории ОСССР, 1989, No. 9, сс. 198–200.　この九月二二日付けのレーニン宛ての手紙で、スターリンは、最後に〈みせかけの〉民族出身者マヌイリスキーと〈偽でない〉ラコフスキーに言及し、マヌイリスキーは彼の「自治化」案を支持し、ラコフスキーは反対していると伝えている。マヌイリスキーが九月四日付けでウクライナのハリコフからスターリンへ宛てた手紙は、スターリンと考えを同一にしているという点で興味深い。それは、ソヴェト共和国の統合の問題を「辺境」との関係として考え、自治化の必要を説く点で、また、革命によって解き放たれた「民族のスチヒーヤ」が、辺境で農民の不満と相まって、〈ヴァンデー〉に転化することを警戒する点で、中央のソヴェト権力の危機を鋭く反映していた。Там же, с. 196. ラコフスキーは、ウクライナの代表ペトロフスキー、フルンゼを通じて、共和国の自立性の保持と拡大に努めていた。Там же, сс. 211–13.

(11) Там же, сс. 200–203.

(12) Там же, сс. 205–206; В. И. Ленин, ПСС, Т. 45, сс. 211–13.

(13) Из истории ОСССР, 1989, No. 9, с. 208.

(14) Там же, с. 214.

(15) Там же, сс. 214–15.

(16) В. Свобода, Союз добровольных..., сс. 10–11. 一〇月三日のウクライナ共産党政治局の決定は、スターリンの「自治化」案ではなく、一九二二年五月のフルンゼを長とするロシアとウクライナの関係調整委員会を支持するとの立場をとった。しかし、同時に、政治局は、事実上の中央集権化は、党のラインでの「指令」によって達成されているとの判断を示していた。Из истории ОСССР, 1989, No. 9, с. 214. ここには、ウクライナの共産党がロシア共産党の地方委員会として、中央集権化に服することが暗示されている。

(17) Из истории ОСССР, 1989, No. 9, с. 196; Историки спорят. М., 1988, сс. 117, 213–19.

(18) В. И. Ленин, ПСС, Т. 45, сс. 356–62.

(19) О так называемой "Султан-Галиевской контрреволюционной организации". «Известия ЦК КПСС», 1990, No. 10, сс. 76–77. スルタン＝ガリエフの発言は次を参照。Мирсаид Султан-Галиев, Избранные труды, Казань, 1988, сс. 409–10.

(20) Из истории ОСССР, 1989, No. 9, с. 208.

(21) Э. Д. Тадевосян, Советский федерализм: теория, история, современность. «История СССР», 1991, No. 6, с. 63.

(22) История советской конституции. сб. документов. 1917–1957. М., 1957, с. 222, прим. 1.

(23) Двенадцатый съезд РКП(б). Стенографический отчет. М., 1968, сс. xviii, 501-502, 576–82, 613.

(24) Из истории ОСССР, 1991, No. 3, сс. 169, 180, прим. 1: Двенадцатый съезд РКП(б), ... с. 879.

(25) Из истории ОСССР, 1991, No. 3, сс. 170, 179.

(26) Там же, сс. 161–63.

(27) Из истории ОСССР, 1991, No. 4, сс. 168–69; 1991, No. 5, с. 154.

（28）Двенадцатый съезд РКП(б), ... сс. 695–96.

（29）О так называемой "Султан-Галиевской контрреволюционной организации", с. 77.

（30）この第四審議会の論議について初めて批判的に内容を紹介したのは、次の論文である。А. В. Антонов-Овсеенко, Сталин и его время. «Вопросы истории», 1989, No. 1, сс. 101–103. 審議会の議事録は公刊されていたが、「手書きで」「党組織のためにのみ」「厳秘」という三つの機密保持の厳しい閲覧条件のため、全く閲覧できなかった。議事内容には触れることなく、ただ決議のみが宣伝されてきたのである。一九九二年に、タタール人研究者スルタンベーコフによって再刊され、その利用が可能となった。Тайны национальной политики ЦК РКП. «Четвертое совещание ЦК РКП с ответственными работниками республик и областей в г. Москве 9–12 июня 1923 г.» стенографический отчет. М., 1992, с. 4.

（31）Из истории ОСССР, 1991, No. 4, сс. 172–73.

（32）«Известия ЦК РКП(б)», 1923, No. 5, сс. 64–65; С. И. Якубовская, Строительство Союзного Советского социалистического государства. 1922–1925 гг., М., 1960, сс. 229–32.

（33）А. В. Антонов-Овсеенко, Сталин и..., «Вопросы истории», 1989, No. 2, сс. 101–102.

（34）Ch. Rakovsky, *Selected Writings on Opposition in the USSR. 1923–30*. London & New York, 1980, pp. 34–35.

第二節　ヴォルガ中流・ウラル地域の再編

民族人民委員部の参事、同志スルタン＝ガリエフがロシア共産党（ボ）中央委員会によって地方の活動へ向けられることを、我々は知った。彼の地方での活動は、いうまでもなく、ソヴェト権力に利益をもたらすであろう。しかし、彼は、地方よりも中央で活動すれば、もっと大きな利益をソヴェト権力にもたらすと、我々は考える。同志スルタン＝ガリエフは、本質的に、地方を代表する活動家であり、参事には民族ソヴェトから推挙されている。土地問題に関する連邦委員会でも――自治共和国の代表の意思によって、その幹部会員であり第二副議長である――、彼は、地方（自治共和国）の代表である。民族問題における彼の方針に関しては、それは、彼にあっては、常に正しく明確でしっかりとしている。民族人民委員部にスルタン＝ガリエフのような活動家がいることは、現在、ソヴェト権力の民族政策がかつてなく中央集権化され、まさにそのことにより、民族人民委員部に最も確固とし一貫した揺るぎない活動家を、ソヴェト権力の民族政策実施の分野に集中する必要があるということによって、さらに一層、求められている。……以上すべてのことから、我々、以下に署名した自治共和国および州の全権代表は、ロシア共産党中央委員会に同志スルタン＝ガリエフに関する自らの決議を再検討し、彼をモスクワの民族人民委員部参事会にとどめるように求める。（一九二二年七月七日付け、ロシアの自治共和国および自治州の全権代表による党中央委員会宛て書簡より）

一九一七年の二月と十月の革命は、「帝国」秩序の解体を決定的とした。ソヴェト政権のもとで、新たな秩序が構成されていくことになる。「帝国」秩序から解かれた民族は、自決権を唱えつつ、新たな領域再編を求めるが、それは、ヴォルガ中流・ウラル地域で、一八年三月末にタタール・バシキール共和国構想として初めて提起され、内戦が本格化し終結に向かうなかで、辺境の諸地域で定着していく。この過程で、民族人民委員部の権限と機能が拡大し、民族地域の党組織に対する共産党の指導が強化されていった。一九年三月の第八回党大会で採択された新党綱領では、「完全な統一への過渡的諸形態の一つ」として「ソヴェト型に組織された諸共和国の連邦的統合」を位置づけ、民族地域の共産党組織が、ロシア共産党の「地方」組織として、その中央委員会に「完全に従属する」とされた。共産党は「単一の中央集権化された」組織形態を目指したのである。(1) さらに、辺境民族地域の個々の問題に対して、そのつど、中央で特別の党機関が設置され、その派遣と指導のもとで中央から問題の解決が目指された。

この新たな秩序の再編の過程で、中央の活動家が地方にもたらす紋切り型の弊害を指摘し、支配民族の活動家が被支配民族に慎重に対応することを、レーニンがしばしば求めていたのは周知のことである。これは、ヴォルガ・ウラル地域の統合に翻案すれば、タタール人の解放運動へのヘゲモニーに対する警戒とも結びついていた。レーニンは、一九一九年の二月に党綱領の草案において「抑圧者であった民族の労働者の側から、抑圧された民族の民族感情に対し特別の慎重さが求められている」として、タタールのバシキールへの対応に言及するのである。(2) すでに、戦時中の『帝国主義論ノート』において、彼はタタール・ヘゲモニーに注目し、「ロシアにおけるイスラム主義NB〔注記〕」と付し、一九一〇年のムスリムの出版・教育に関する動向を書き抜いている。その際に、「つまり、ヴォチャーキ、チェレミス、チュヴァシのような種族をも捉えているこのきわめて大きい〈ムスリムの運動〉は、一つの著作で、……とりわけ学校と啓蒙事業の分野で究明されている」と書き取り、タタール人の学校網がロシア人や他の異族人と比べはるかに普及していると述べた部分に注目している。ここで典拠とされた「一つの著作」とは、タタール人のヘゲモニーに警告を発していたアンドレイ主教の著作であった。また、レーニンは「ロシア政府は、タタール人のイスラム信奉がこのように進入してくるのを恐れ、トルケスタンに彼らを入れようとしない」と書き抜き、「北から」「反乱」と自ら注記している。(3) ヴォルガ中流域のこの地域で生まれ育ちカザン大学に入学したレーニンにとって、この地域の「異族人」と文化的・宗教的対抗は、彼をとりまく環境の一つであり、レーニンは帝政下のタタール人の脅威を説く文献にも通じていたのである。

ソヴェト政権のもとでタタール・ヘゲモニーへ初めて警戒が示されたのは、二〇年一月二七日の党中央委員会の政治局においてであった。ここで、スターリンの「東方ムスリム世界での共産主義者の活動に関する」テーゼが審議され、(4) 二月二一日付けで、党中央委員会の書簡「東方諸民族のなかでの活動に向けて」が出された。この書簡では、「各々の個別の民族集団(バシキール、キルギス、カルムィクなど)が、自らの民族文化を高揚させ、自らの文学、学校をつくる志向」を認めるとともに、この志向を利用しようとする「民族主義者」へ警戒が発せられた。「ここで、タタール人の民族主義グループが、すでに以前に存在したタタール・ヘゲモニーを強化しようと意図していること、……タタール・ブルジョワジーの権力を強化しようとの意図に注目しなければならない」と指摘されたのである。(5)

このタタール・ヘゲモニーとも関連し、地域の再編と統合をめぐり様々な構想が対抗したのはすでにみたが、内戦の終わる二〇年には、この地域は、個別の自治共和国と自治州、そして旧来の県・郡から再編されることになった。しかし、この領域的再編が「自治」を掲げながらも、民族の自決と解放の夢を「連邦」の枠のなかで制限するものであったことにも注目を要する。二三年二月にバシキール民族運動の指導者ザキ・ヴァリードフは、レーニンに宛て、ソヴェト政権が表明した「ロシアとの分離にまで至る」自決権は、「根本からことごとく抹殺されている」と告発せざるをえなかった。(6) 革命のなかで解き放された「自決」の論理を、個々に分断し中央へ統合する論理が圧倒したのである。

ソヴェト体制のもとでは、かつての帝国の専制にかわり、共産党が政治の中枢に位置し、「身分」にかわって「階級」が社会編成の原理になり、宗教は国家と教育から分離・排除された。「民族」は、辺域では領域再編の基礎におかれ、ソヴェト同盟への統合がはかられる。「帝国」秩序がソヴェト体制のもとで再建されたのである。スターリンは二〇年一〇月に十月革命を讃えつつ、論説「ロシアの民族問題に関するソヴェト権力の政策」を発表したが、そこでは、中央ロシアと辺境地域の結合が前面に出されていた。ここでは「現在の国際状況のもとでは、辺境地方の分離を要求することは、全く反革命的である」と断定され、辺境地方に「領域自治制」を導入し、連邦的結合によって「中央」と結びつけることが主張された。(7) 辺境地域の民族的再編は、結合の論理に裏づけられていたのである。新たな「帝国」秩序の中核をなしたのは、ロシア共産党であり、とりわけその書記局体制の成立であった。

この新たな「帝国」の中核をなす一党制の形成は、欧米の研究者にとっては、「独裁」を実現したボリシェヴィキ(一九一八年春に共産党と改称)に思想的・組織的に内在するものと当然視され、共産党による他党派の弾圧に力点をおいて説明されることが多かった。他方、ソ連の研究者は共産党以外の諸党派の「破産」と「壊滅」を実証的に跡づけ、共産党という単一の政党による支配体制を歴史過程の当然の帰結として正当化してきた。しかしながら、このような冷戦期を支配した対立する見解も、中央権力の政策と各政党、それももっぱら全ロシア的政党の動向に焦点を合わせつつなされ、多様な諸地域の構造と運動に即して具体的にとらえ直されることが少なかった。このような「中心主義的偏向 centralistic bias」に対して、ここでは、ヴォルガ・ウラル地域、とりわけバシキーリヤを中心にこの地方で成立した一党制政治システムが、一九二三年のスルタン＝ガリエフ事件までの数年間にいかなる矛盾を内包しつつ展開したかを、地域の具体的状況のなかで検討する。

（1） Восьмой съезд РКП(б). Март 1919 г. Протоколы. М., 1959, сс. 397-98, 425.

（2）В. И. Ленин, ПСС, 5-ое изд., Т. 38, М., 1969, с. 111.（邦訳『レーニン全集』第二九巻、大月書店、一九九一年、一一三頁）
（3）В. И. Ленин, ПСС, 5-ое изд., Т. 28, М., 1969, с. 515.（邦訳『レーニン全集』第三九巻、大月書店、一九九一年、五〇四頁）
（4）Деятельность Центрального Комитета Партии в документах (события и факты), «Известия ЦК КПСС», 1990, No. 8, с. 194.
（5）КПСС в резолюциях и решениях съездов, конференций и пленумов ЦК. Т. 2, М., 1983, сс. 236-38.
（6）Р. Г. Гусеев, Национальные движения и федерализм в России. «Этнографическое обозрение», 1993, No. 6, с. 47.
（7）И. В. Сталин, Сочнения. Т. 4, М., 1951, сс. 351-52, 354-55.（邦訳『スターリン全集』第四巻、大月書店、一九八〇年、三八四〜八五、三八七頁）

I　一党制政治システムの形成

バシキール共和国における一党制政治システムの形成過程は、すでに一月事件、六月事件と発展するなかで具体的にみてきたが、その政治システム自体を特徴づけるいくつかの重要なモメントをここで確認しておく必要がある。まず第一に、この政治システムの形成は、原住バシキール民族を主体とする自立的な政党の結成が閉塞する過程であった。一九年一一月の第一回バシキーリヤ州共産党協議会で「原住民プロレタリアート」（バシキール人）主体の党組織原則が提示されたが、これは否決された。このことは、全ロシア的政党であるエス・エルやメンシェヴィキの政治活動の場も同時に奪うものとなった。地方の共産党組織はエス・エルやメンシェヴィキに対する強い不信をバシキール人活動家にも転移・投影し、バシキール人無党派の指導者を「小ブルジョワ・イデオローグに属し、あるいはメンシェヴィキ、エス・エル的立場に立っている」と判断し[1]、彼らの排除を強く志向していた。他方、バシキール人活動家はロシア人の政党一般、とりわけ、タタール人のバシキール人へのヘゲモニーを容認するエス・エルへ強い不信と警戒の念を抱いていた。(2) さらに、近隣のウファ、オレンブルグ両県での一党制政治システムの形成とその政治的側圧を受け、バシキール人による自立的な「党」結成の道の閉塞は、同時に共産党以外の他政党の活動舞台も事実上、奪い、ここに一党制政治システムが成立することになった。

第二のモメントは、バシキール人の匪賊活動 бандитизм との和解、そして、その鎮圧である。共産党以外の諸党派、とりわけバシキール人の独自の「党」結成と政治活動の閉塞は、バシキール人の活動を匪賊活動として積極化させた。二〇年の六月事件後、ウラルの山林を拠点にバシキール人の匪賊叛徒は、ソヴェト政権と共産党組織を襲撃し、バシキーリヤは内乱状態となった。(3)バシキール人叛徒の指導者С・Г・ムルザブラートフと和平協定が締結され、その後も抵抗を続けた叛徒は二一年初夏までに鎮圧され、バシキーリヤにおける内乱は終了した。(4) このようにバシキール人匪賊活動を政治・軍事的に処理しつつ、そのうえに一党制政治システムは形成されたのである。

第三に、バシキーリヤにおける一党制政治システムは、地域社会の内部からたえず輩出される無党派 беспартийные を警戒しつつも、彼らをその政治システムに統合せざるをえないモメントをもって成立した。この地域に入植したロシア人農民の社会から輩出する「無党派」はバシキール人の運動に対峙して、地方の共産党組織に自らの擁護者を見出し、政治的にはそれに依存せざるをえなかった。(5) 他方、原住バシキール人社会から輩出される「無党派」は強い自立性を示し、その活動家は一九年夏の「トゥルクィン(波)」党結成の基盤をなしたこともあり、(6) 地方の共産党組織は、彼らに不信と警戒の念を抱き対応してきた。彼ら無党派を一党制政治システムに積極的に統合する方針が確定するのは、バシキール人匪賊活動への対応のなかであった。二〇年一一月八日の共産党州委員会のテーゼ「バシキーリヤにおける民族問題とソヴェト建設の当面の課題」は、この地域における一党制政治システムの成立を示す文書の一つであるが、その第八項はもっぱらバシキール人社会を念頭におきながら、無党派協議会を招集し、「生活の焦眉の問題全て」を審議し、「広範な大衆の代表とともに」解決にあたると述べ

ていたのである。(7)

このようなモメントをもって、一党制政治システムが、共産党の政治的独占とソヴェトに対する「指導」と「統制」の政治体系として形成されたのである。辺境バシキーリアにあっては、この政治システムは、民族自治を担い実現する政治体系でもあり、その独占的な政治的担い手たる共産党は、党とソヴェト権力の「土着化 коренизация」をたえず推進しつつ、民族の差異なくインターナショナルな組織原則に従い、「単一の分裂のない党」へ錬成されることが求められたのである。(8)

しかし、この一党制政治システムは、一九二一〜二二年に南ロシアからヴォルガ中流・ウラル地域を襲った大飢饉のなかで、複合的矛盾を孕んでいることが鋭く意識されることとなった。すでに一党制政治システム形成過程の一モメントをなすバシキール人匪賊活動との闘争において、責任ある活動家の「気象」のなかに民族関係を緊迫させるものとして「パルチザーンシチナ партизанщина」が存在すると批判され、(9)その克服は、民族同権とインターナショナリズムに立脚する「単一の分裂のない党」の建設に求められていた。体系性を欠き機械的な党による直接的な統治活動という意味での「パルチザーンシチナ」に、一党制政治システムのもつ弊害が端緒的に感得されていたのであるが、その矛盾は中央から派遣されたГ・И・ブロイドによって全面的に分析されることになる。

グリゴーリィ・イサアコーヴィチ・ブロイドは全露ソヴェト中央執行委員会メンバー兼民族人民委員部代表として、中央からバシキーリヤへ匪賊活動と党内闘争の解決のために派遣された。ブロイドは、一九一六年のムスリム蜂起のなかでセミレーチエでの反乱の渦中にあり、九月三日にタシケントの控訴院検事に供述調書を提出し、カスピ海に面したカザリンスクの第一シベリア・ライフル大隊に応召していた。翌年の二月革命まで、カザリンスクにとどまり、ツァーリズムの倒壊後は、タシケントの労兵ソヴェトで指導者として活躍し、二一年からは、民族人民委員補として活動していた。(10)彼も、植民地革命を生き抜いた人物の一人であった。

ブロイドの報告に基づき、党州委員会は、一九二一年六月二七日に決議「バシキール共和国における政治情勢とソヴェト建設の諸課題」を採択した。この決議は七月初めの第二回全バシキーリア・ソヴェト大会の共産党会派への指令書となり、ソヴェト大会では決議「バシキーリアにおける政治情勢とソヴェト建設の諸課題」が採択された。(11) 党州委員会とソヴェト大会のこの二つの決議はバシキール共和国における一党制政治システムの孕む複合的矛盾の位相を明示する文書として貴重である。

党州委員会の決議では、党とソヴェトにおいてロシア人とバシキール人の間で不信が昂じ、民族別の個別会議、「クーリア選挙」が行われ、相互の闘争が行われ、フラクション(分派)の性格を帯びるまでに至っていると指摘し、(12) 一党制政治システムの中核たる「単一の分裂のない党」に大きな危機が胚胎していることを明らかにしていた。さらに、この決議は、党委員会がソヴェト機関のあらゆるイニシアチヴを奪い、ソヴェト権力の信用を貶め、それを「代行している заменить」とも指摘していた。(13) このような党とソヴェトの活動とその関係にみられる弊害は、バシキーリヤの地域的な社会経済構成と関連させて把握されていた。すなわち、党州委員会の決議では、プロレタリアートの「弱体性」、「農民化した労働者、プロレタリア化したバシキール大衆と富強なロシア人農民」という全体的状況のもとで、ロシア人による「パルチザーンシチナ」を生み、「ソヴェト合法性」を侵す専横がなされ、その対局に民族主義者を指導者とする「匪賊活動」が、零落したバシキール人勤労者を引きつけて発生したと説明された。(14) 党州委員会の決議は、党とソヴェトの活動とその関係におけるこのような複合的弊害を指摘し、その克服に向け政策課題を列挙していた。それは、党のソヴェト行政への介入をやめ、「より自由なイニシアチヴの発現」をソヴェト機関に認め、党は「政治的統制と指導」を行うという、党＝ソヴェト関係のレヴェルから、広範な無党派、とりわけバシキール人勤労者をソヴェト体制へ統合するという社会統合レヴェル、教育にバシキール語を導入し、ソヴェト活動家にバシキールの言語と歴史を習得させるという「土着化」政策のレヴェル、バシキール人の土地を植民の対象から除き、彼らの農耕定着をはかるという農業政策レヴェルまで、多様な政策的提言であった。[15]

党州委員会と第二回ソヴェト大会の決議では、バシキール共和国における一党制政治システムの孕む多様で複合的矛盾が意識され、分析されていた。その分析は、バシキーリヤという辺境社会の民族および階級構成の次元でなされ、そこから派生する「パルチザーンシチナ」と「匪賊活動」という社会現象の次元でも、また、党＝ソヴェト関係や党内の分派活動という政治的次元でも、多様に複合的に指摘されていた。このような多様な次元で複合的に醸成された一党制政治システムの矛盾は、その解決の道を、ウファ県との合同による経済再建と党組織の強化の方向と、先の二つの決議で提示された具体的政策、何よりも、バシキーリヤにおける土地改革の実施に求めていくことになる。

一党制政治システムの形成とその矛盾は、このようにバシキール自治共和国で鮮明に現れたが、ヴォルガ中流・ウラル地域の他の民族自治を担う地域でも、それぞれの形で進行した。

タタール共和国でも、バシキール共和国と同じくロシア共産党から自立した党の結成の道が塞がれた。ムスリム共産主義者は、一九一八年六月一八～二二日にカザンで審議会を開き、ロシア共産党の綱領草案を採用するが、組織的には自立したムスリム共産党の創設を決定していた。しかし、一一月四～一二日にモスクワで開かれた第一回ムスリム共産主義者大会では、スルタン＝ガリエフ、フィルヂェーフスらの独自の党の形成という要求は激しい論争のなかでしりぞけられ、自らの党中央委員会を解散し、ロシア共産党のムスリム・ビューローとして組織され、ロシア共産党の規約に服することが確認された。[16] ムスリム共産主義者のなかで、タタール・バシキール共和国の実現と独自の党組織の形成をめぐって、「右派」と「左派」の対立が生まれた。前者は「共和国派 республиканцы」、後者は「インターナショナリスト」とも称された。二〇年五月にタタール自治共和国の形成が布告されると、共和国の指導部は、サイド＝ガリエフを中心とする「左派」が掌握した。

共和国の人民委員会議議長に就いたサイド＝ガリエフは、六月二五日に声明を出している。そこで、「タタール・ソヴェト共和国は、その領域に居住する全ての民族の発展水準を高めるために全力を傾ける。それと同時に、年長の姉としてロシア・ソヴェト連邦社会主義共和国を決して忘れることはないであろう」と述べ、ロシアと世界の革命を領導するモスクワとペトログラードの両首都に必要な経済支援を行うと表明した。[17] ここには、革命家としての、彼の中央志向が窺える。

彼は、党組織においてはムスリム・ビューローを廃止し、[18] 民族問題では、覇権的ショービニズムを黙過し民族主義を批判した。食糧の割当調達においては、地方の状況とタタール農民の特殊性を考慮せず、それは超過達成されたのである。[19] さらに、二〇年一〇月九日の夜更けにサイド＝ガリエフを狙撃する事件が起きた。この事件を機に、「右派」の逮捕と彼を称揚するキャンペーンが繰り広げられた。スルタン＝ガリエフらの「右派」は、この事件を政治的挑発と主張し、両者の対立は鋭いものとなった。中央から調査委員会が派遣されたが、狙撃犯も特定できず、事件そのものは謎に終わった。[20]

このように「左派」と「右派」の対立は昂進していたが、二一年春の第一〇回党大会での民族問題の決定とネップでの農民への譲歩によって、「右派」がサイド＝ガリエフ指導部に挑戦する有利な状況が生まれた。先の狙撃事件で中央から派遣された委員会が提出した調査書では、タタール人の指導部が「二つの鋭く敵対するグループ」に分裂していることを、次のように確認している。

「一つは、自らをインターナショナリストと呼ぶサイド＝ガリエフのグループであり、もう一つは、И・К・フィルヂェーフス、スルタン＝ガリエフのグループで、第一のグループに民族主義者と呼ばれている。個々の同志への尋問といくつかの文書から、どちらのグループも対立するグループを完全に破滅させるためにあらゆることをなしうると判定できる。[21]」

両者の対立は、二一年六月二三～二四日に開かれた第三回タタール州党協議会で鋭く現れ、選挙の結果、サイド＝ガリエフは党の州委員会に選出されなかった。この落選は、彼への不信任決議であった。カザンは、中央から認証され派遣された人物を拒否した最初の共和国の首都となった。[22] 続いて六月二五〜二八日に開かれた共和国の第二回ソヴェト大会で、人民委員会議の議長にK・Γ・ムフターロフが承認された。[23] 敗北したサイド=ガリエフはスターリンによって救われ、クリミアの人民委員会議議長として転出した。この夏に、政治的な苦境のなかでサイド=ガリエフはレーニンに民族共和国について見解と指示を求める書簡を出している。レーニンの回答は、しかし、彼の期待にそわないものであった。

この件は、二年後のスルタン=ガリエフ事件を扱った第四審議会の場で、初めて明らかにされることになる。[24] サイド=ガリエフは、一九二三年六月六日にこの審議会の場で、自らがタタールスタンから「モスクワの手先」として、タタール農民を略奪したとスルタン=ガリエフ主義者に非難され追放された、そこで、レーニンに四つの質問を出して訴えたと、当時の状況を述べた。これに対して、会場から、その公開を求める声があがり、それを渋るサイド=ガリエフに、議長のカーメネフは、レーニンはあなたのためだけに答えたのではないと促した。彼は公表せざるをえなかったのである。

書簡での彼の第一の質問は、「ロシア・ソヴェト連邦の小さな自治共和国の存在一般、特にタターリアの存在は必要であるか」であった。レーニンの答えは「そうだ」と一語で結ばれていた。第二の質問「もし〈そうだ〉とすると、どれだけの期間か、あるいは、別の言葉でいえば、何らかの課題を遂行し、何らかの目標を達成するまでであろうか」に対して、レーニンは「なお一層長期に」と二語で答えた。第三の質問は長い。「もし、第一〇回党大会の民族問題に関する決議を正しく理解し、それを実現する過程において、かつての支配民族の共産主義者が、あらゆる点で高い水準にあるものとして、かつて抑圧された小民族 национальности ――この名をもって、その自治共和国(州、コミューン)は呼ばれているのだが――、その共産主義者と勤労者の全てに対して、教師と保母の役割を果たさなければならず、後者が成長するにつれて、前者は自らの地位をその生徒と後継者に譲らなければならないと考えているとすれば、私は正しいであろうか。……」これに対しても、レーニンの回答は「教師と保母ではなく、補佐として」と簡潔であった。第四の質問は次のように述べる。「全ての自治共和国、この場合はタターリアで、現地の共産主義者（タタール人）のなかに互いにはっきり際立つ二つの潮流（グループ）が存在する。一つは、階級闘争の視点に立ち、現地住民のさらなる階層分化を志向している。他方は、特に最近四年間の階級闘争の過程で明瞭に示された小ブル民族主義の色合いを帯びている。前者が、ロシア共産党全体とその最高機関の全幅の支持を受けねばならず、後者は……ただ利用され、同時に、純粋にインターナショナリズムの精神で教育されねばならないと、私が主張するとすれば、正しいであろうか」。これに対して、レーニンは「二つの潮流に関して、事実に対する正確で簡潔な、明瞭な指摘をお願いする」と判断を留保した。[25]

ここでのレーニンの基本的立場は明瞭であった。民族共和国の解消を求める勢力に対する批判であり、かつての支配民族ロシア人の共産主義者が、民族共産主義者に「教師と保母」としてではなく、「補佐」として対応することを求め、民族自決と自治を支持したのである。レーニンは、第一から第三の質問で、サイド＝ガリエフの見解に否定的に答え、第四の質問で具体的な党内闘争に介入せず、判断を留保したのである。サイド＝ガリエフは公表をためらわざるをえなかったのである。

ムフターロフの指導のもとに、タタール共和国はネップの枠内で、その後二年間、タタールスタンの復興に尽くした。土地改革、宗教問題、教育問題でも積極的な対応を示していく。「階級主義者 классовики」とも呼ばれた「左派」は、これらの方針に対抗しつつ、党内での闘争は継続していった。[26]このようにして、一党制政治システムに包摂されたタタール自治共和国でも、サイド＝ガリエフを中心とする「左派」とスルタン＝ガリエフらの「右派」の対立が、党内闘争として展開していた。

チュヴァシ、マリ、ウドゥムルトといった他の自治州でも、また県・郡のレヴェルでも、一九二〇年に共産党が組織体系化されていくなかで、この共産党を中核とする政治システムの矛盾が蓄積されていく。

（1）《Образование Башкирской Автономной советской социалистической республики», сб. документов и материалов, Уфа, 1959〔以下《ОБАССР》と略記〕No. 312, c. 509.

（2）一九二〇年の六月事件に際し、バシキール人の指導者ヴァリードフがモスクワからバシキール政府へ発した「指導書簡」では、共産主義者は「ショービニスト」と「エス・エル」と一緒に行動していると非難されていた。Ф. Самойлов, Малая Башкирия. М., 1933, c. 90.

（3）《ОБАССР», No. 336.

（4）二一年春にバシキール人匪賊は勢力を挽回し、六月に共和国の首都ステルリタマークに迫る勢いを示したが、その指導者は逮捕され、残存匪賊はカザフのステップへ逃亡した。М. Л. Мултазин, Башкирия и башкирские войска в гражданскую войну. Л., 1927, cc. 195-96;《ОБАССР», c. 53, No. 352, cc. 607-608.

（5）二〇年六月に開かれたブルヂャン＝タンガウロフ・カントンの第一回ソヴェト大会では、「無党派ロシア農民」が共産党フラクションの支持にまわり、それにバシキール人からなる無党派が対抗した。《ОБАССР», No. 312, c. 509. バシキーリヤの共産党組織の社会的基盤は都市住民とウラルの鉱山・工場労働者、入植ロシア農民であり、とりわけ党組織内で農民の占める構成比は五五％と高かった。民族的には圧倒的にロシア人からなり、バシキール人共産主義者はわずか数百名であった。S. Zenkovsky, "The Tataro-Bashkir Feud of 1917-1920". *Indiana Slavic Studies*, Vol. II (1958), pp. 48-49.

（6）《Переписка секретариата ЦК РКП (б) с местными партийными организациями. июнь-июль 1919 г.», сб. документов, Т. VIII, М., 1974, No. 61, c. 39.

（7）《ОБАССР», No. 334, c. 562.

（8）Там же, No. 340, c. 583.

（9）Там же, No. 334, c. 561; No. 336, cc. 566-67. 敵の背後で行われる小規模な軍事作戦行動としてのパルチザン運動とは異なり、党内での否定的意味での活動様式としての「パルチザーンシチナ」は一九一九年末のウクライナをめぐって初めて問題とされた。《КПСС в резолюциях и решениях съездов, конференций и пленумов ЦК», Т. II, М., 1970, c. 124.

（10）E. D. Sokol, *The Revolt of 1916 in Russian Central Asia*, Baltmore. The John Hopkins Press, 1954, p. 167; J. Castagné, "Le bolshevisme et l'Islam: les organizations soviétiques de la Russie musulman", *Revue du monde musulman*, Vol. LI (October 1922). p. 47. しかし、カスターニェは、彼をメンシェビキの同姓のマルク・ブロイドと混同している。

（11）《ОБАССР», NoNo. 353-54, прим. 245, прим. 247.

（12）Там же, No. 353, c. 609. 一党制政治システムの形成により、政治闘争はソヴェトを中心とする政党間の争覇から、共産党の党内闘争へ転轍した。バシキーリヤでは、二一年二月下旬の第四回州党協議会でベイシェフ Беишев の率いる民族主義グループによる初めての分派活動が現れたが、その後もやまず、一〇月末に、党州委員会幹部会は党組織内での「グループ活動と民族を根拠とした争論」の中止を求めざるをえなかった。«Резолюции областных конференций Башкирской партийной организации и пленумов обкома КПСС (1917–1940 гг.)», Уфа, 1959, с. 129; Очерки по истории Башкирской АССР. Т. II, Уфа, 1966, с. 201.

(13) «ОБАССР», No. 353, с. 609. 党委員会のソヴェト行政業務への介入・代行という現象は、中央部ロシアでは、一党制政治システム形成と関連して、一九一八年末～一九年以来、問題とされてきた。拙稿「ロシア革命と地方ソヴェト権力――一党制政治システムの形成によせて」『スラヴ研究』三二号、一九八五年、一七八～七九頁。

(14) «ОБАССР», No. 353, с. 610. ソヴェト大会の決議もこの地域の社会・階級構成について同様の分析を行い、そこから、「小ブル・スチヒーヤ」の発現として、「パルチザーンシチナ」と「匪賊活動」が生じると判定していた。Там же, No. 354, сс. 612–14. バシキーリヤの社会・階級構成は、内戦とそれに続く二一～二二年の飢饉のなかで変容をきたしていた。ウラルの労働者はその社会層を薄め農民化し、農耕技術に劣等なバシキール人は飢饉のなかで大きな被害を蒙り、零落化した。他方、ロシア農民を中心とする入植者は零落したバシキール人の土地を占拠し、両者の関係が緊迫したのである。Очерки по истории Башкирской АССР. Т. II, сс. 193–99.

(15) «ОБАССР», No. 353, сс. 610–12. ソヴェト大会の決議でも、党とソヴェトの関係には言及せず「匪賊活動」への対策に大きな関心を払っているとはいえ、基本的に同じ趣旨の政策提言がなされている。Там же, No. 354, сс. 613–14.

(16) Первый год пролетарской диктатуры в Татарии. Казань, 1933, сс. x–xiii, 129–34.

(17) «Образование Татарской АССР», сборник документов и материалов, Казань, 1963, с. 252.

(18) Там же, с. 227.

(19) С. Л. Олеговна, Борьба с "национал-уклонизмом" в Татарстане в 1920–30-е годы. диссертация на соискание ученой степени кандидата исторических наук, Казань, 1996, с. 104.

(20) Там же, с. 108; Б. Султанбеков, Эхо выстрела у Лядской сада. «Татарстан», 1991, No. 8, сс. 53–54.

(21) С. Л. Олеговна, Борьба..., с. 109.

(22) Там же, сс. 111–12.

(23) Там же, с. 112.

(24) Б. Султанбеков, Эхо выстрела..., сс. 52–53.

(25) Тайны национальной политики ЦК РКП, М., 1992, сс. 30-31.
(26) С. Л. Олеговна, Борьба..., с.117-19.

II　大バシキーリアの形成

工業都市とプロレタリア、そして強力な共産党組織とを有する隣のウファ県との合併により、大バシキーリヤを形成する方針は、バシキール共和国ソヴェト中央執行委員会により、一九二一年春に表明されている。(1) 翌年六月の全露ソヴェト中央執行委員会の決定で、ウファ県の廃止とバシキール共和国への併合が確認され、共和国の首都はステルリタマークからウファに移った。(2)

この大バシキーリアの形成は、共和国の人口構成に質的変化をもたらした。一九二〇年の共和国人口の民族構成では、総人口一〇一万一二四人中、ロシア人三三・八%、タタール人一八・五%に対し、バシキール人は三六・八%を占め、共和国人口の首位の座を保っていた。(3) だが、この大バシキーリヤ形成により人口が二倍強に増大するなかで、共和国人口においてロシア人が首位を占め、バシキール人は少数民族に転落したのである。(4)

このような人口構成の質的変換は、大バシキーリヤの成立とともに行われた行政区分の再編成により、一層その政治的意味を明瞭にした。ウファ県との併合以前のバシキール共和国は小バシキーリヤと呼ばれていたが、そこにおいては、行政中心地は工場や鉄道から遠く離れたバシキール人の僻村におかれていた。また、地域行政を広域的に統轄する要となるカントンには、しばしば、バシキール人の部族＝血縁観念を示す名称が付せられていた。これはバシキール人の民族自治と地域支配の実現を考慮した行政区分の体系であったが、大バシキーリヤの形成による行政区分再編成で、行政中心地はロシア人の多住する都市、工場集落、鉄道駅に移り、共和国のカントンはその名称から部族血縁的表象を払拭し、旧帝政時代の都市を中心とする行政区分体系に大きく復帰したのである。共和国の正式の首府とされたチェミャソヴォ村は、すでに「臨時の」政権所在地ステルリタマークにとってかわられていたが、大バシキーリヤの成立により、首都はさらにウラルの異民族支配の拠点たるウファに移ったのである。(5) 共和国の行政統治体系は、バシキール人の農村・山林地方を統轄する体系から、都市、工場集落、駅というロシア人の多住する拠点へと、再編されたのである。共和国の都市人口において、バシキール人がわずか数％をなし、さらに民族的対立によって二重化されていた。辺境バシキーリヤでは都市と農村の孕む対立は、すにすぎず、彼らの集落が都市から遠く隔たっていること、さらにバシキール住民がほとんど文盲であり、一握りの知識人を除いて、この地域で行政能力をもつのはロシア人とタタール人であったことを併せ考えると、(6) 行政区分体系の再編成がもたらした政治的意味の重大さがわかる。

大バシキーリヤの形成により、党組織も著しく拡大した。一九二二年九月に、大バシキーリヤ成立後、初めて開かれた第六回州党協議会には、六六七三人の党員と同候補が代表されていたが、そのうち、かつての小バシキーリヤに所属する者は二千人弱にすぎなかった。(7) したがって二倍以上の共産主義者を擁し、ロシア革命と内戦において民族ニヒリズムの傾向を示し、バシキール共和国に不信を抱いてきたウファ県党組織との合併は、党内に複雑な軋轢を引き起こさざるをえなかった。バシキール人の民族主義者はウファ県との合併に反対したのに対し、大バシキーリヤ創設により民族自治共和国としてのバシキーリヤを事実上、解消する動きも存在した。(8) また、新生の大バシキーリヤにおける党とソヴェト機関の指導をめぐり、ウファ県側と小バシキーリヤの対立も生まれ、一時、二人の党委員会書記を併立せざるをえない状況となった。(9) さらに、大バシキーリヤの具体的な境界画定作業において、経済主義的見解と民族的契機を重視する見解との対立も鮮明となっていた。(10)

大バシキーリヤの形成はウファ県との合併により、経済復興と発展、ソヴェト建設の進展、その中核となる共産党組織の強化を求めてなされたが、それは共和国の人口構成における質的変換と行政区分＝統轄の再編成を伴い、同時に、共産党組織内での様々な対立を促進・激化させる方向へ作用したのである。

この大バシキーリヤの形成は、ヴォルガ中流・ウラル地域の領域再編と、それに伴う地方支配とモスクワへの統合という意味で大きな意義をもっている。一九一八年三月のタタール・バシキール共和国の形成で目指された領域が細分＝分割されたのである。一九一九年一一月二八日に、スルタン＝ガリエフは東方諸民族共産主義組織の第二回大会で、タタール・バシキール問題について報告を行い、そのなかで、小バシキーリヤを保持しつつ、大バシキーリヤの編成を求める「バシキール人クラーク層の欲情」を指摘し批判していた。[11] しかし、この大バシキーリヤの成立は、スルタン＝ガリエフの予測したバシキール人クラーク層による自らの権力の及ぶ領域の拡大ではなかった。3・ヴァリードフが一九二三年二月に述べたように、「ウファ県をバシキーリヤに併合するということは、実際は、バシキーリヤがウファ県に統合されることを意味している」のであった。[12] スルタン＝ガリエフは、この大会で、小バシキーリヤに自治を認めつつウファ県を含め残りの地域にタタール・バシキール共和国をつくることを主張した。しかし、この方針はウファ県を小バシキーリヤに含めることで、敗北したのである。スルタン＝ガリエフが恐れたタタール人とバシキール人に別個に共和国をつくるということ、さらに、タタール人の住むところにタタール共和国を限定するとなると、カザン県の二〜三の郡とウファ県の一部にその領域は萎縮し、タタール人とバシキール人の住む巨大な領域がはずされるということが、起きたのである。[13]

ヴォルガ中流・ウラル地域では、この時期にチュヴァシ、マリ、ウドゥムルトの自治州でも領域の拡大強化がはかられた。タタール共和国は、大バシキーリヤの形成によってこの地域に分散するタタール人、および彼らの文化的影響下にあるムスリムの領域的結集を断たれ、さらに、チュヴァシ、マリの自治州に領域を移譲し、その領域は縮小している。[14] ウラルから中央アジアに向かって広がるキルギス(現カザフ)共和国は、オレンブルグを中心とする地域がやがて切り離される。ヴォチャーキ(現ウドゥムルト)の自治州も、ロシア人の工業都市イジェフスク、ヴォトキンスクを含めて領域の拡大がなされた。[15] これらの領域再編は、地域住民の民族構成とその帰属を考慮するとともに、経済的発展と統合、さらに、ロシア中央への統合へ向けての大きな戦略的な再編でもあった。

(1) «Образование Башкирской Автономной советской социалистической республики», сборник документов и материалов, Уфа, 1959, [以下«ОБАССР»と略記] Nos. 410-411, прим. 272.
(2) Там же, No. 417, сс. 738-39.
(3) この数字には当時内乱状態にあった、バシキール人の多住する二つのカントンの調査資料が計算されていない。したがって、共和国全体のバシキール人の比率は、より高いと推定される。Труды ЦСУ, Т. XVIII, с. 30. カーは一九二〇年の共和国人口において、バシキール人は六〇～六五％、バシキール語人口は三五～四〇％であったと指摘している。E. H. Carr, "Some Notes on Soviet Bashkiria", *Soviet Studies*, Vol. VIII, No. 3 (1957, January), p. 223.
(4) 一九二六年の共和国人口二六六万六千のうち、ロシア人四〇％、タタール人一七・三％に対し、バシキール人は二三・五％である。«Всесоюзная перепись населения 1926 года.», Т. IV, М., 1928, сс. 312-14. カーは同年の共和国人口のうち、バシキール人は二三％、バシキール語人口は一五％に低下したと確認している。E. H. Carr, Some Notes..., p. 227. ダヴレットシンは大バシキーリヤの成立により、共和国人口でタタール人がバシキール人を上回ったと主張している。Т. Давлетшин, Советский Татарстан. 1974, London, с. 181.
(5) Р. М. Раимов, Образование Башкирской АССР. М., 1952, сс. 400-402. 一六世紀後半のウファ建設は、この地域の異民族がカザンやサマラまでヤサークを運上せずに済ませるためであった。С. Руденко, Башкиры. Новый Энциклопедический словарь. Т. 5, Спб., [1911], сс. 485-89. 辺境のロシア人が多住する地方都市を異民族地域におけるソヴェト統治の拠点とする方針は、二一年春の第一〇回党大会への中央委員会報告のなかですでに確認されていた。М. К. Мухарямов, Октябрь и национально-государственное строительство в Татарии (октябрь 1917 г.-1920 г.), М., 1969, сс. 194-95.
(6) E. H. Carr, Some Notes..., pp. 222-23. 一九二三年のバシキール共和国の都市人口において、ロシア人七八・六％、タタール人一二・八％に対し、バシキール人はわずか四・七％であった。Труды ЦСУ, Т. XX, часть IV, сс. 28-29.
(7) Очерки по истории Башкирской АССР, Т. II, Уфа, 1966, с. 204.
(8) Р. М. Раимов, Образование Башкирской АССР, с. 423.
(9) «ОБАССР», Nos. 421, 424.
(10) Там же, Nos. 433-35, 438-39.

(11) Мирсаид Султан-Галиев, Избранные труды, Казань, 1988, сс. 232-33.
(12) З. Валиди Тоган, Воспоминания, М., 1997, с. 365.
(13) Мирсаид Сулан-Галиев, Избранные труды, с. 233.
(14) チュヴァシ自治州へは一九二一年九月と二五年四月に、タタール共和国からチェチューシ、ブィンスクのカントンから領域の移譲がなされ、二五年六月にはシムビルスク県アラトゥイル郡から移譲された。チュヴァシはこのことで、民族的結集をとげるとともに、ロシア人労働者の多住する地域を含むことで党組織の強化がはかられた。История Чувашской АССР. Т. 2. Чебоксары, 1967, с. 61, 63.
(15) С. И. Сулькевич, Административно-политическое строение Союза ССР. Л., 1926, сс. 109-11, 118-21, 122-27, 136-38, 139-41.

III　土地改革の実施

帝政ロシアにあってバシキーリヤはロシア中央部の雇役制農業構造の矛盾の捌け口の一つとして、移民を受け入れ、辺境植民地として独特の農業構造を形成していた。(1) ロシア革命と内戦の過程で、この植民地農業構造からの転換を求め、土地改革をめぐる二つの路線がここでは激しく対抗していた。ロシア人を中心とする入植農民は、勤労・均等な土地用益の実現を求め、バシキール人の「空き」地の占拠と自らの土地への「切り足し」も辞さず、他方、原住バシキール人は入植者からの土地奪還を求めた。両者は鋭く対抗し衝突したのである。このような土地をめぐる対抗のなかで、共産党は民族の差別なく勤労・均等原理を実現し、遊牧民の農耕定着と農業全般の集団化を展望する土地改革路線を提起していた。(2) これに対し、バシキール革命委員会は、移民からの土地奪還とバシキール人への土地確保を目指していたが、(3) バシキーリヤでの内乱が終了して、ようやく土地改革の実施が可能な状況が生まれた。

一九二一年から二二年にかけてクリミア、ウクライナの一部、そしてヴォルガ中・下流域から南ウラルを飢饉が襲い、零落したバシキール人の土地に対し入植者による占拠が再発するなかで、二二年一月に、バシキール共和国で土地改革の準備作業が始まった。三月には、共和国のソヴェト中央執行委員会によって、指令第五号「土地占拠について」、第六号「不法な移住について」、第七号「内部借地手続きについて」が出され、原住バシキール人の土地用益の擁護と植民地農業構造の廃棄が目指された。(4) しかし、地方の共産党組織はこれらの指令に強く反対し、その不満は中央に達し、四月二七日、全露ソヴェト中央執行委員会はこれらの指令の執行停止を命じた。七月二〇日には、これらの指令は廃棄されるに至った。(5) 地方の共産党組織と全露ソヴェト中央執行委員会は、入植農民による勤労土地用益の実現を擁護する姿勢を示したのである。これに対し、現地で抵抗したのは、С・Г・ムルザブラートフ(二一〜二二年、共和国農業人民委員在任)とА・К・アヂガーモフ(二一年、共和国内務人民委員、二二年同農業人民委員在任)であり、中央の連邦土地問題委員部で指令第五、六、七号の執行停止決定に対して、「特別の考え」にとどまると留保を表明したШ・А・マナートフ(ロシア連邦共和国民族人民委員部におけるバシキーリヤ代表)であった。(6)

このような対立を経て、二三年三月末にバシキール共和国の土地法典が、全露ソヴェト中央執行委員会によって是認された。(7) この土地法典には、辺境バシキーリヤでの実施のためさらにいくつかの修正がなされたが、とりわけ、その修正第一四一条は、バシキーリヤの土地利用状態の現状を「事実上の勤労的で合法的な土地用益にある」ものとして、ロシア人をはじめとする入植者の利害を擁護するものとなった。

修正第一四一条は次のように述べている。

「一四一条　土地法典の承認の日(一九二二年一〇月三〇日)からバシキール自治社会主義ソヴェト共和国の農業および畜産に従事する勤労住民に対し、郷、村、他の農業団体の事実上の勤労的で合法的な土地用益のもとにある現在の土地は、全て、恒久的な用益にあると確定される。

補足　合法的と認められるのは、以下の通りである。

一、次の手続きを経て形成された土地用益、(イ)土地機関あるいは関連するソヴェト大会……の法的決定に従い土地均等分配の手続きを経たもの、(ロ)社会主義土地整理作業を経たもの、(ハ)係争地問題で決着をみたものおよび土地機関により国家草地フォンドの再検討を経たもの。

二、一九一八年二月一九日以前に生じた事実上の勤労土地用益。

三、議論の余地なく現存する勤労土地用益。(8)」(傍点強調─引用者)

この修正第一四一条によって、革命前のストルィピン時代、そして革命と内戦期の入植者によるバシキール人の土地への占拠が「事実上の」「勤労土地用益」にあるものとして法的に認知される道が開かれたのである。

ヨーロッパ・ロシアの東部辺境植民地、バシキーリヤにおいて確定した土地改革の基本は、中央部ロシアの農民革命にならって、民族の差別なく勤労・均等な土地用益を実現し、入植農民にも土地を保障するものであった。この基本方針の確定において、移民からの土地奪還と原住バシキール人への土地確保というもう一つの対抗する方針は、敗退し後景にしりぞき、確定した基本方針の付随的位置に萎縮し、バシキール人は劣悪な農耕民として定着する道が与えられることになった。(9)

このような、一九二二～二三年のバシキーリヤにおける土地改革の準備作業とその基本方針の確定は、共産党組織とソヴェト機構のなかで、バシキール人とロシア人活動家の対立と不信を一層強める方向で作用することになる。

タタール共和国でもК・Г・ムフターロフの指導のもとで、独自の土地改革が目指された。土地の少ない、あるいは無いタタール農民への土地確保とともに、歴史的な公正を目指してカザンの近郊、ヴォルガとカマ川の両岸に、タタール人の居住集落を再興することに着手したのである。ここは、一六世紀にカザン汗国が滅亡した後、タタール人が追放されたところであった。短期間のうちに、ナリマン、クズィル・バイラク、ベルレク、ヤンゲブラル、バフチスライ、チンギズ、ガスプリンスキー名称村などが生まれた[10]。このような土地改革を中央で支援し、擁護したのはスルタン＝ガリエフであった。彼は、一九二二年末にモスクワで共和国の常任代表を務め、同時に連邦土地委員会の第二副議長を務め、民族人民委員部の参事会メンバーであった。

ヴォルガ・ウラル地域をはじめ東方辺境地域では、第一〇回から第一二回党大会の時期に、経済復興と民族政策の具体的な実施が求められた。スルタン＝ガリエフは、このネップの枠内での各民族の自治共和国、自治州での民族政策と土地改革で、これらの民族領域の見解を代表する人物であった。スターリンは、二二年の夏にスルタン＝ガリエフを民族人民委員部の参事会から外そうとした。党中央委員会書記で中央統制委員会議長のクイブィシェフの助けを得て、スルタン＝ガリエフをザカフカースの任務に転出させようとしたのである。この、スルタン＝ガリエフ排除の最初の動きに対して、一連の自治共和国と自治州の代表が、党中央委員会に書簡を送り、彼の中央への留任と活動の継続を求めたのである。この二二年七月七日付けの書簡は、この節の冒頭に訳載したが、ここでは、スルタン＝ガリエフが自治共和国をはじめとする「地方」の代表であり、土地問題ではロシアの連邦委員会への代表であることが指摘されている。さらに、彼の民族問題での対応が正しく、ソヴェト権力の民族政策がかつてないほど集権化されているときに、中央に彼が必要であると主張されているのである。この書簡には、タタール共和国、チュヴァシ自治州、沿ヴォルガ・ドイツ人自治州、マリ自治州、バシキール共和国、さらにトルケスタン自治共和国、カラチャイ・チェルケス自治州の代表が署名していた。また、カルムィクの代表は、特別の書簡でスルタン＝ガリエフの中央への留任を求めていた[11]。

（1）　革命前の大バシキーリヤの農業構造を土地所有に限ってみるならば、全土地の四四・二％をバシキール住民が所有し、ロシア農民は二〇・九％、貴族と商人の土地所有は八・七％であった。«Десять лет советской Башкирии. 1919–1929», Уфа, 1929, сс. 107–108. だが、ここでは、ロシア中央部で典型的な貴族地主に対抗する共同体農民という図式とは異なる独特な土地関係が形成されていた。バシキール人のなかには、何十デシャチーナもの土地を所有する者もいたが、通常のバシキール人は、自分の土地を二、三年の期限でデシャチーナ当たり三～四ルーブリで貸し出した。この土地を借りるロシア人を彼らは〝縁者《えんじゃ》 сват〟と呼び、バシキール人は、祭日に家族連れで訪れ、彼らから白パン、小麦粉、茶、砂糖を贈られ、接待されていた。「ロシア人は、ただ同然にバシキール人から土地、森林、草地を奪い取った。バシキール人はカラーチ[白パン]で騙され、このことを理解できなかった。このため、バシキール人は、ロシア人よりはるかに貧しい生活をしている。」Заки Надеев, Башкиры-мусульмане. «Инородческое обозрение», Т. II, No. 4-5, 1917, cc. 270-71.

(2) «Образование Башкирской Автономной советской социалистической республики», сборник документов и материалов, Уфа, 1959, [以下«ОБАССР»と略記]No. 328, cc. 548-49; «Резолюции областных конференций Башкирской партийной организации и пленумов обкома КПСС (1917-1940 гг.)», Уфа, 1959, с. 122-25; Р. М. Раимов, Образование Башкирской АССР, М., сс. 339-44.

(3) ロシア革命の始まりとともに、一九一七年春のウファ県農民大会で、バシキール人の代表M・ハーリコフは、エス・エルの圧倒的影響下にあるロシア農民に対し、「我々バシキール人は大会が提起した土地社会化にも、[社会]民主派 демократы の国有化にも同意しない。我々の土地が我々のもとに残されるべきであるというだけでなく、我々のもとから欺瞞と力によって奪い取られた全てのもの(土地、森林、水域)が返還されねばならない」と表明していた。М. Л. Муртазин, Башкирия и башкирские войска в гражданскую войну. Л., 1927, cc. 51-52. バシキール民族主義者の土地改革論は、一八九八年以降の入植農民からの土地収用と、その土地へのバシキール人ムスリムの再入植であり、その第一段階として、ストルィピン改革期に入植した農民への措置が構想されていた。このような辺境バシキーリヤにおける土地改革プランは、近隣の共産党組織との対立を起こし、様々な妥協を重ねつつも、バシキール革命委員会の土地改革の基本線となっていた。Ш. Типеев, К истории национального движения и советской Башкирии, Уфа, 1929, с. 142; Р. М. Раимов, Указ. соч., cc. 319, 339-40; «ОБАССР», cc. 43-44, прим. 230, с. 906.

(4) «ОБАССР», Nos. 376-78.

(5) Там же, Nos. 379-82; Р. М. Раимов, Указ. соч., cc. 382-83.

(6) «ОБАССР», No. 379, cc. 669, 929.

(7) Р. М. Раимов, Указ. соч., cc. 411-14.

(8) «ОБАССР», No. 385, c. 678.

(9) 一九二〇年代のバシキーリヤでは畑地と草刈場の貸借が広範に行われていたが、貸し手の大部分は貧しく営農に劣った社会層であり、その基本的部分は生産のための充分な手段をもたず、二〇年代末にも未だ農業によく適応していないバシキール人であった。«Десять лет советской Башкирии. 1919–1929», сс. 116–20.

（10） Б. Султанбеков, Эхо выстрела у Лядской сада. «Татарстан», 1991, No. 8, с. 55; С. Л. Олеговна, Борьба с "национал-уклонизмом" в Татарстане в 1920–30–е годы. диссертация на соискание ученой степени кандидата историческх наук, Казань, 1996, с. 117.

（11） Мирсаид Султан-Галиев. Избранные труды. Казань, 1988, сс. 13–14.

Ⅳ　スルタン＝ガリエフ事件

一九二三年の五～六月にモスクワでスルタン＝ガリエフが逮捕され、党を除名されるという事態のなかで、「単一で分裂のない党」たるべき共産党において、民族地域の自治共和国や州において、広範な無党派層を巻き込んだ分派闘争が展開している様相が明らかとなる。

二三年七月二六日、バシキール共和国の党州委員会書記И・С・ゲラーシモフは党の州委員会総会で、小バシキーリヤとウファ県の合同以来、党指導部の活動において「異常な状況」が生じ、スルタン＝ガリエフ事件に連座するまでに至ったと報告していた。彼は、党員が無党派分子と連携し、党の枠外で問題を審議・処理し、党の方針に圧力をかけ、「偽党州委 кривой обком」と呼ばれるまでに成長したこと、他方では、タタール・バシキール人からなる無党派は、「自主的活動方針」を持し、諸々の大会でバシキールの貧しい民衆の擁護者であると主張し、公然と決議を提出したと指摘した。彼は党指導部における活動の「異常な状況」を、党員、無党派のそれぞれの活動と両者の結合から分析・説明したのである。そして、書記ゲラーシモフは、スルタン＝ガリエフは「党の枠外で」活動し、その民族主義が「バスマチ運動との関係・連絡に至るまでの無党派との連合 единение」にまで達し、そこに党とソヴェト権力に反対する「ある種の統一戦線 некоторый единый фронт」が形成され、反革命へ導いたと指摘した。そのうえで、彼は、民族政策の変更を求める闘いは、無党派の間では「党組織を通じて厳密に党的な方法で」行われるべきであると論じたのである。(1)

すでに一九二三年三月末に党州委員会総会では、民族主義的偏向に対し「最も断固とした闘争」を行うことが確認され、「党機関の決定を触れ歩き、無党派と審議する党活動家」に対しては、党からの追放も辞さないとの決定がなされていたが、(2)五～六月のスルタン＝ガリエフ事件への対処を通じて、バシキーリヤでは無党派の間での「党の枠外」の活動がスルタン＝ガリエフの特徴として厳しく批判されることになったのである。(3)バシキーリアではスルタン＝ガリエフ事件に連座して、土地改革でバシキール人の土地確保に動いたアヂガーモフ、ムルザブラートフらが処分されていることからも、(4)土地改革をめぐり、バシキーリヤの党内で無党派も巻き込み対立が尖鋭化したことが窺える。このような、「単一の分裂のない党」の内部で展開する危機的様相に対して、先のゲラーシモフ報告は、民族主義的偏向に侵されない堅固な党員の育成に一党制政治システムの有効な機能の道を求めたのである。(5)

党州委員会の総会は八月二日に、民族問題に関する同幹部会の活動について決議を採択した。この決議では、書記ゲラーシモフの先の報告趣旨を受け継ぎ、「民族排外主義に貫かれたバシキール人の無党派インテリが党州委員会の政策と活動に影響を与える目的で、一部の責任あるバシキール人活動家らを自らの思想的影響下に従え、ソヴェトと党建設の最も重要な諸問題が、党州委員会と並行して、無党派と党活動家との集会でしばしば審議された」と確認された。そして、この無党派との「連携 блокирование」がバシキール共和国の中央では著しい程度に及び、若干の者をスルタン＝ガリエフ運動に係わらせるまでになったと指摘した。党州委員会は、このような現状認識のもとで、バシキール人とロシア人活動家の相互信頼を回復・強化するために、バシキール人活動家に対しては「党外的影響行使の諸方法」と最終的に手を切ることを、ロシア人活動家に対しては、「第一二回党大会決定の諸方針で、民族政策をあらゆる根気強さをもって実施すること」を、この決議において求めたのである。[6]

バシキール共和国における一党制政治システムは、他党派、とりわけ原住バシキール人の政党活動の道を閉塞させ、そのことで輩出する「無党派」を「単一の分裂のない党」＝共産党を中核とするソヴェト体制に統合する政治システムとして成立した。しかし、この政治システムは、一九二一～二二年の飢饉のなかで、その複合的矛盾を醸成し、その矛盾の克服は、「土着化」政策とともにウファ県との合併による大バシキーリヤの形成と土地改革に求められた。だが、ウファ県との合併も土地改革も、「単一の分裂のない党」のなかに無党派と結びつく「党外的影響行使の諸方法」を広く醸成した。このような一党制政治システムの孕む矛盾と危機は、スルタン＝ガリエフ事件を通じて鋭く意識されたのである。共産党の政治的独占と、無党派の政治的統合によりソヴェトに対する「統制」と「指導」の体系として成立した一党制政治システムは、バシキール人社会から輩出する無党派と、それと結びつく党内分派活動を激成させ、その政治システムの中核たる「党」そのものに危機を胚胎化させる様相を呈したのである。[7]

一九二一年春の辺境バシキーリヤにおける一党制政治システムの形成は、党州委員会に書記局の設置を伴うものであったが、その後の二年有余の間に、書記局の役割は決定的なものとなった。[8]二三年のスルタン＝ガリエフ事件の摘発・処理自体が、その前年四月に党中央の書記長となったスターリンによる党指導者に対する初めての大きな粛清であったが、バシキーリヤ党組織の指導にあたった党州委員会書記ゲラーシモフは、先の七月二六日の党州委員会総会でスルタン＝ガリエフ事件から得た「結論」として次のように述べた。

「……我々には何よりも共産主義者が必要である。そして、このことについては、第一二回党大会で我々は語った。私ははっきりと覚えているが、第一二回党大会では、我々には共産主義者だけが必要なのであり、共産主義者の育成が必要なのであり、同志スターリンの表現によれば、真正な共産主義要員の育成を何より妨げている覇権主義と資本主義に打ち勝つことが我々には必要なのだと、語られたのである。」[9]

この二年有余に、辺境バシキーリヤの一党制政治システムは中央の書記長スターリンの統轄下で党州委員会書記の主導する政治体系への転換を示した。そして、その孕む矛盾を、帝政以来の植民地バシキーリヤにおけるロシア人の「覇権主義」とネップ下で進行する「資本主義」の克服のなかで、「真正な共産主義要員」を育成することにより、解消することが求められたのである。

スルタン＝ガリエフが最も大きな影響力をもっていたタタール共和国では、激しい党内闘争を経て、スターリン体制の成立に向かう。一九二三年五月八日付けで、共和国の党指導部は中央に書簡を送り、スルタン＝ガリエフの「東方の諸共和国および州の原住民コミュニスト、同様に広範な無党派大衆への大きな影響力」を指摘し、彼の逮捕を「誤解」であろうと弁護した。さらに、彼の逮捕の状況がわかると、「スルタン＝ガリエフの全活動が過去においても、現在も我々と結びついており、彼とバスマチ運動との連絡の可能性を断固、否認する」と、再度、擁護の手紙を送った。[10] 第四審議会では、ムフターロフ、フィルヂェーフスらがスルタン＝ガリエフの業績を挙げ弁護したが、サイド＝ガリエフはスルタン＝ガリエフを厳しく批判した。[11] スターリンは、スルタン＝ガリエフ事件を通じて、辺境民族地域の動きに警告を与えるために、第四審議会の議事録を急遽、印刷し「厳秘」のスタンプを付して党組織に送付した。そして、各地域で、スルタン＝ガリエフ事件の審議会が行われていったのである。タタール共和国では、そのような審議会が二三年の七月一九日から二一日にカザンで開かれた。そして、この会議の議長は、国家政治保安部(ゲペウー)のタタール部長С・シュヴァルツであった。このような状況のなかで「左派」は、共和国の指導部である「右派」への攻撃に出た。党書記が頻繁に交代し、党州委員会の書記Б・Д・ピンソンは党州委員会の総会で解任が決定された。中央の裁可なく、党書記の解任に出るのは、全く異例かつ異常な事態であった。[13] 翌二四年三月二〇～二二日に開かれた第八回緊急党協議会で、共和国の指導部は「右派」から「左派」へ移った。[14] これに抵抗する「右派」三九人の声明があり、それへの処分を通じて、二四年五月にムフターロフを中心とする「右派」は敗北した。この年に、中央からM・ハタエーヴィチが大物書記として派遣され(15)、スターリン体制の成立に向かう。

第四審議会では、かつての東方辺境地域の自治共和国、自治州の代表から、複雑で困難な状況が報告されていた(16)。モスクワでのスルタン=ガリエフ事件の審議の後、七〜八月に全ての共和国と州でこの事件が審議された。この過程は、タタール、バシキールの共和国のみならず、ヴォルガ中流・ウラル地域、さらに、東方辺境が、スターリン体制に向けて中央集権化される大きなモメントとなったのである。

（1）«Образование Башкирской Автономной советской социалистической республики», сборник документов и материалов, Уфа, 1959, [以下«ОБАССР»と略記] No. 390, сс. 692-93, 695-96.

（2）Там же, с. 694.

（3）一九二三年の六月九日から一二日にかけてモスクワで開かれた党中央委員会と民族共和国、民族州の責任活動家の第四審議会では、スターリンの演説でも、会議のスルタン=ガリエフ事件に関する決議でも、スルタン=ガリエフと無党派の結びつきには言及されていなかった。«КПСС в резолюциях и решениях съездов, конференций и пленумов ЦК», Т. II, М., 1970, сс. 487-88; И. В. Сталин, Сочинения, Т. 5, М., 1952, сс. 302-303.（邦訳『スターリン全集』第五巻、大月書店、一九五二年、三〇八〜三〇九頁）したがって、「党の枠外」での党員の活動を無党派と結びつけ、その「連携」を指摘分析するのは、バシキーリヤの党書記ゲラーシモフの独自の分析と創見に属する。

（4）«ОБАССР», No. 386, с. 684, прим. 263.

（5）Там же, No. 390, с. 699.

（6）Там же, No. 392, сс. 701-702.

（7）一九二一年三月の第一〇回党大会の最終日に、レーニンは、緊急動議として「党の統一について」という決議を提出したが、その提案説明で、彼は「無党派の自然発生性」が党に与える危険を指摘し、党の「より深く進んだ結束」を求めていた。Десятый съезд РКП (б). март 1921 года. Стенографический отчет. М., 1963, с. 521. 一九二一年九月の第六回バシキーリヤ州党協議会の党建設に関する決議でも、「巨大な無党派大衆」が農村で弱く分散している党細胞に「組織的かつイデオロギー的」に圧力を及ぼしていると警告されていた。«Резолюции областных конференций Башкирской партийной организации и пленумов обкома КПСС (1917-1940 гг.)», Уфа, 1959, с. 155.

（8）バシキーリヤで第一回州党協議会の開かれた一九一九年一一月には、党組織はどのような党事務機構も書記局もなく、一人の党職員も有していなかった。党書記は記録の作成と保管、連絡を主要任務とし、重要な役務を果したが、地方政治において後のような第一級の人物では決してなかった。Ф. Самойлов, Малая Башкирия в 1917-1920 гг. «Пролетарская революция», 1926, No. 11, сс. 211-12; Ш. Типеев, К истории национального движения и советской Башкирии, Уфа, 1929, с. 57. しかし、二一年二月には、党州委員会幹部会を「指導機関」とし、同書記局を「実務機構 рабочий аппарат」とし、書記局長が幹部会メンバーを兼任する党体制がバシキーリヤで形成された。«Резолюции областных конференций Башкирской партийной организации...», сс. 130-31. その後、党組織内で党運営における各行政レヴェルの書記の役割が増大し、党州委員会書記は、同幹部会議長とともに、バシキーリヤの党組織の、したがって、この地方の政治生活における第一任者に上昇転成していた。

（9）«ОБАССР», No. 390, с. 699.

（10）С. Л. Олеговна Борьба с “национал-уклонизмом” в Татарстане в 1920-30-е годы. диссертация на соискание ученой степени кандидата историческцх наук, Казань, 1996, сс. 120-21.

（11）Тайны национальной политики ЦК РКП. сс. 26-31, 48-50, 58-61.

（12）Мирсаид Султан-Галиев, Избранные труды. Казань, 1988, с. 16.

（13）С. Л. Олеговна, указ. соч., сс. 130.

（14）Там же, с. 137.

（15）Там же, с. 137-43.

（16）第四審議会では、六月一一日の午前の第四会議、夕方の第五会議、翌一二日午前の第六会議を通じて、東方辺境の共和国、自治州からの詳しい報告がなされている。バシキーリア、タターリア、ヴォチャーキ自治州、マリ自治州、さらにシベリア、クリミア、カルムィク自治州、中央アジア、カフカース地方からである。См., Тайны национальной политики ЦК РКП. сс. 110-27, 127-30, 130-37, 137-41, 156-64, 164-71, 171-72, 172-75, 175-80, 180-85, 186-96, 196-99, 199-205, 205-209, 213-17, 217-20.

第三節　中央アジアにおける土地改革と民族編成

トルケスタンの遠い東の隅、中国と境を接する辺鄙なところに、広大なセミレーチエ州がひろがっていた。その中心ヴェルヌイまでは、鉄道からは六〇〇ヴェルスターほど離れている。通信手段は、駅逓道を馬によって、荷駝はおもに駱駝で行われている。この州の住民は入り混ざり、キルギス、サルト、タタール、ドゥンガン、タランチ、中国人、そしてセミレーチエの入植民である農民、コサック、官吏と都市のよそ者である。入植農民、商人と官吏が支配者集団をなし、革命前は、恥も外聞もなくムスリム、主にキルギス人を搾取していた。キルギス人は、ここでは、ムスリム諸民族全てのなかで多数をなしていた。……セミレーチエの農民は、大部分がその社会的地位からして、どのような点においても、ソヴェト権力の真の擁護者にはなりえない。ただ、その小さな部分、いわゆる「新移住民」のみが、いくらか我慢できる分子である。（ドミートリィ・フールマノフ「一九二〇年六月一二〜一九日のヴェルヌィにおける蜂起」『プロレタリア革命』一九二三年、第一一号）

Ⅰ　内戦と農民革命

セミレーチエ州でのソヴェト権力の樹立は、同時に内戦への幕開けでもあった。一九一八年四月一六日に、ヴェルヌイ近郊の兵村からコサックが、アラシュ・オルダの部隊を加えて、市を包囲し対峙した。この包囲はやがて解かれたが、六月には本格的な内戦に突入することになる。六月二一日に、州の北部の要塞セルギオポーリが、侵入してきた反革命コサック軍に占領され、これに呼応して、レプシンスク、コパル両郡のコサックも行動を起こした。ここに北部セミレーチエ戦線が形成された。同じ六月に、中国新疆省から、ヂャルケント、プルジェヴァリスク方面にコサック軍が侵入し、ここにも戦線が形成された。さらに、七月には隣接するフェルガナ州でバスマチとの戦線が形成され、これはセミレーチエ南西部もとらえ、影響を及ぼした。一九二〇年一月に、ヂャルケント＝プルジェヴァリスク戦線で、三月に北部セミレーチエ戦線で、反革命の中核をなしたコサック軍が中国領へ潰走して、内戦状況はようやく終了した[1](図3-1参照)。

この内戦のなかで、植民地セミレーチエでは一党制政治システムの形成へ向かったのであるが、入植農民は、ソヴェト権力と党からも自立(律)的に農民革命を実現していくことになる。

一九一八年春からトルケスタン地方、とりわけ植民が最も進行していたセミレーチエ州でも、ソヴェト権力の土地政策に支援されつつ、農民革命が本格的に展開していくことになる。この農民革命は、内戦のなかでコサックと対峙し、原住ムスリムの土地への占拠を続けながら進展した。その主体は、入植して間もない貧しい新移民новоселыであり、彼らは入植村落の富裕な旧移民старожилыの土地をも収用しつつ、中央部ロシアの勤労・均等原理を、植民地でも実現しようとした。一八年一〇月に開かれた第一回セミレーチエ州ソヴェト大会は、土地政策において「土地はそこで労働する者、個人の労働でそれを耕す者へのみ」渡すという原則の実施を農業コ

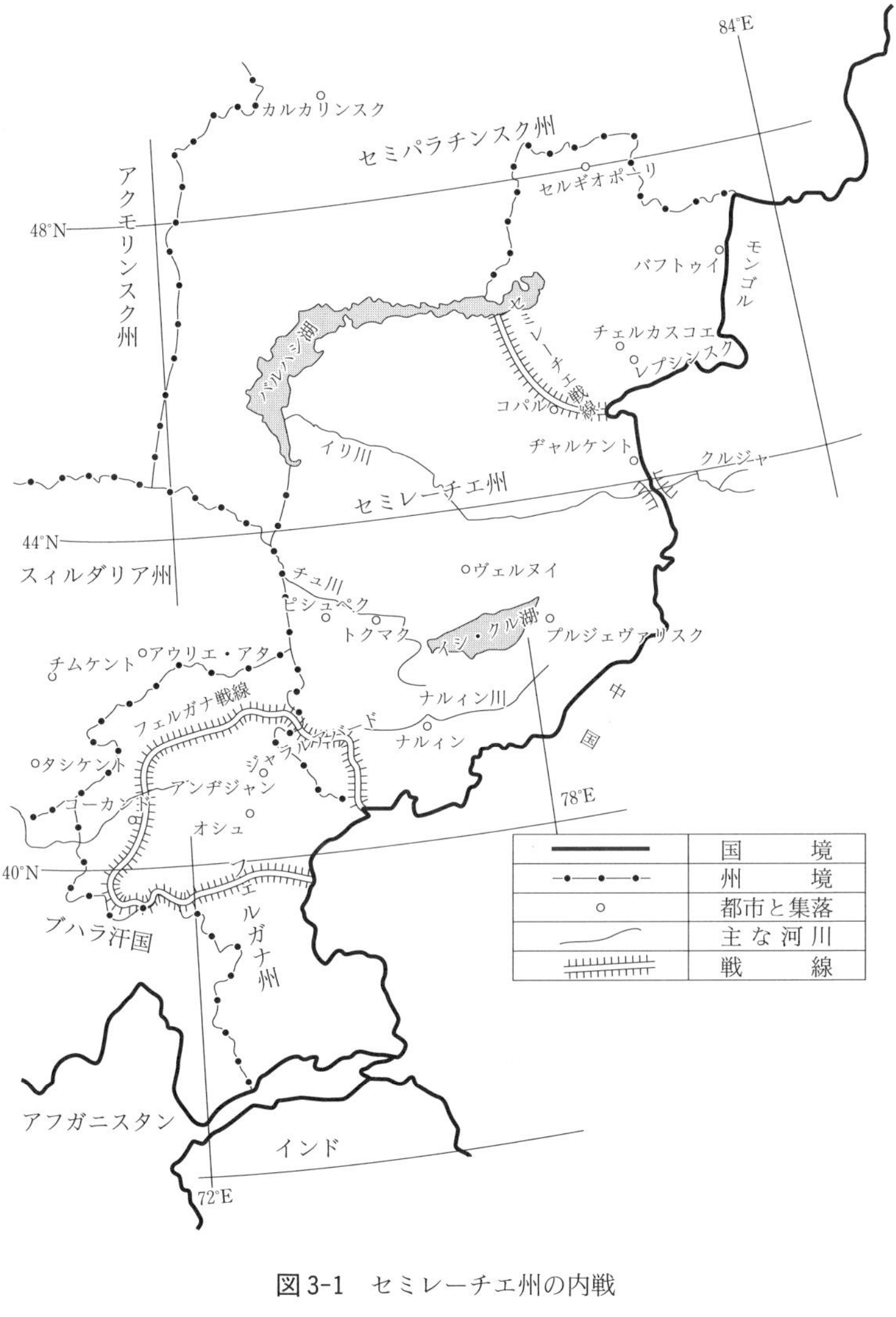

図 3-1　セミレーチエ州の内戦

ミッサールに求めた。(2)だが、ソヴェト権力にも、入植農民の間でも、原住民の土地への占拠に対する明確な批判を欠いたため、この農民革命は植民主義を温存し、むしろ強化する方向に作用した。

一八年春から入植村落では、富裕なクラークや大借地農のもとからの土地収用が始まっている。ガヴリロフスコエ村(ピシュペク郡)の村スホードは全ての借地を「無主の自由な свободный」土地とみなし、窮乏した予備役兵に譲り渡すと決定している。同郡のウスペンスコエ村、ボゴスロフスコエ村でも、大借地農やクラークからの土地収用が決定されている。(3)入植村落でも、中央部ロシアと同じく、村スホードに結集する農民が勤労・均等原則にのっとり、土地割替を実現していったのである。ヴィソコエ村(プルジェヴァリスク郡イヴァニック郷)では、一九年三月二四日に村総会がもたれ、八八人のスホード参加権をもつ経営主のうち、六二人の農民が参加し、「一致して」プリガヴォールを採択している。ここで、家族員構成からみて余分とされる、あるいは、村団から排除された農民の宅地菜園地を無償で収用すると取り決めている。同時に、これらの収用・分配される宅地菜園地の柵、果樹、牧草などの取得を以前の持ち主に認め、その投下した労働の成果を保障したのである。(4)ここには、農民の勤労と平等を求める土地革命の理念が鮮やかに読み取れる。

しかし、この入植村落の土地革命は外に向かっては、原住ムスリムの土地を占拠し、自らの耕地を拡大する論理を内在化させていた。(5)これは、一六年にムスリム蜂起が激しく展開し、入植農民のムスリムへの敵意が強く存続したセミレーチエ南部で特に顕著にみられた。トクマク地方では、一八年秋に第二回郡ソヴェト大会が、農民の「消費・勤労基準」を定めている。この基準によると、五人の成人を含む一家族に、灌漑地二五デシャチーナ(以下d.と略記、一d.＝一・〇九ha)、あるいは三七・五d.の天水畑を与え、これに菜園地二五d.、草刈場五d.、一五d.以下の牧地を付加するというものである。これは平均的な入植農民家族の経営能力をはるかに超える規模であった。大会は、さらにトクマク地区をピシュペク郡から分離し、自立することを決定したが、これは、新しい移住者 новоселы を受け入れずに、一九一六年蜂起のキルギス難民をピシュペク郡へ放逐し、この地方に高い消費・勤労基準に裏づけられた、入植者のフォーマー的経営を確立しようとするものであった。[6] 翌一九年二月には、トクマク郡での土地社会化実施のための移行措置を述べた「指導書 инструкция」が出されている。この指導書では、ロシア人と原住民の間のあらゆる「境界」は存在すべきでないとされ、耕種農業に適する全ての「未占有の予備地」を土地なし農民に与え、畜産には農業に適さない土地を割り当てるとした。そして、灌漑耕地五d.、草刈場一d.、家畜追込地一〜三d.を、農民一人の食いぶちへの分与基準とし、一六歳に達した男子に宅地菜園地一八〇〇サージェン（＝〇・七五d.）を受け取る権利を認めた。しかし、原住民の畜産経営には耕地は分与されないと述べたのである。[7]

ピシュペク郡では、一八年九月の郡ソヴェト大会で、農業コミッサールは、「都市の、一時農村に生活する土地なしの住民が、一年間の飢えから、土地に殺到し」、彼らに大量の土地を正確な記帳もなく臨時の用益として渡さざるをえなかったと状況を説明し、この「土地占拠」が継続中であると報告した。彼は、さらに、土地なしの新移民 новоселы を、彼らの居住する村団に登録し、その村で宅地菜園地を与えることは「不可能であり」、彼らを隣接するキルギス人の土地へ入植させることはできるが、さりとて、これは将来、問題を引き起こすことになろうと述べた。[8] 大会で、郡コミッサールは飢えたキルギス人の悲惨な窮状と、彼らを富裕なキルギス人のもとへ疎開させざるをえない状況を報告し、[9] 法務コミッサールは、彼らに対し、ロシア人入植者によって略奪、窃盗、殺人、私刑などの犯罪がなされていると指摘した。[10] 大会は、トクマク地方代表の分離の主張を反対多数でしりぞけ、[11] コミッサールの報告に窺えるように入植民による飢えたキルギス人への抑圧と彼らの土地の占拠に対し危惧を抱いたのであるが、それは現実のものとなっていく。移民＝入植者に依拠したソヴェト権力は、彼らの志向に引き寄せ適合させられつつ動いていかざるをえなかった。一八年一〇月末に出されたピシュペク郡農業委員部の通報では、土地水利委員会が組織され、冬畑の播種と夏畑の準備が行われたと伝え、各食いぶち当たり播種地〇・五d.の分与を提案していた。このために、同通報はキルギス人の、また、入植村落の、あるいは国有の貸出地を、さらに「キルギス人によって耕されない土地」を、キルギス人との協定を得て土地分与のために利用するよう指示していた。[12] 飢えたキルギス牧民が土地を耕すことができない現実の状況では、これは、キルギス人の土地を占拠し、それを土地ファンドに含めつつ、土地改革が進展することを意味した。

プルジェヴァリスク郡でも状況は同じであった。一九年一月二一日に、キルギス人の諸郷から代表を集めて会議がもたれた。ここで、キルギス人が大量に土地を奪われた状態にあることが明らかとなった。それは、郡の土地部が「自由な未占有の свободный 土地」としてキルギス人の土地を一九年の貸出地に含めたためであった。[13] このような原住民からの土地取り上げが、彼らに対する入植農民の暴圧と一体となって進行していたことが、トルケスタン戦線の軍事革命委員会が発した電文からも窺える。軍事革命委員会は、一九年三月一〇日付けで、M・B・フルンゼとB・クィビシェフの名で当郡の共産党委員会へ宛て打電している。そこでは、農民によるキルギス人への「大規模な迫害」が行われているのは、「民族的激情を煽り、自らの支配の強化を望む反革命クラークの影響下に、完全に当郡の農民がおかれている」ことを示すものであると指摘され、当郡に「巣くう反革命クラークの犯罪的徒党」に対しソヴェトと党の活動家が示している「消極性」が厳しく批判されていた。[14] このような警告に応えて、一九年五月の第二回郡民主大会は、「不法な土地占拠と移住」は行わないと確認している。しかし、この決定は「不法な самовольный」行為として「土地占拠」、「貧しい者への暴圧」一般を挙げ、被害者キルギス人へ一言も具体的に言及していない。大会のアピールは、さらに、「我々の手に秩序と合法性はある。もし諸君が、介入による重荷全てを負うのを欲しないならば、我々自身の生活の建設に中央の部隊が介入するのを許してはならない」と訴えていた。[15] 中央の介入を警戒し、その回避のために自己規制しつつ、入植農民を主体とする土地革命が進行したのである。[16]

この入植農民主体の土地革命は、民族の差別なく、均等に勤労原理に従って農民への土地分与を目指すものであり、その点で、零落したムスリム牧民が土地を得て農耕定着するのを誘引するものでもあった。しかし、現実には、占拠された土地が返却されないのみならず、農耕のための牧民への土地分与は進展をみせなかったのである。クガリンスク郷(コパル郡)のカザフ人一一〇家族は、一七年の飢饉で畜群を失い、遊牧を続けるのが困難となり農耕定着に移ろうとした。彼らは一八年にソヴェト当局に土地分与を請願するが、なしのつぶてで、二一年を迎えていた(17)。第一アクサイ地区(ヴェルヌイ郡)の原住ムスリムの作男貧農組合が、二一年一〇月にトルケスタン共和国中央執行委員会へ宛てた訴えは、彼らが革命と内戦のなかで耐えた苦難と土地確保の困難な状況を記している。この訴状は、革命前には「クラーク」がムスリムから「零細な土地」を奪い、作男として働くことを強い、家畜の踏害への弁償を求め、彼らを恐喝したと、彼らへの抑圧について述べている。だが、重要なことは、革命後に関する彼らの訴えである。一七年二月の革命後、「さらに一層、抑圧が増した」とこの訴状は指摘し、一八年には、コサックの支配下にあった彼らは、コサックの逃亡後、その支持者とみなされ侮辱され、家畜を没収され、銃殺されさえしたと述べた。一九年には、彼らにも土地が与えられたが、それは痩せた石がちの土地だったのである(18)。

さらに、入植者の土地占拠を伴う土地革命は、原住ムスリムの生業である遊牧畜産経営の土地利用形態をずたずたに引き裂くことになった。表3-1は、ヴェルヌイ郡における遊牧畜産経営に対する、とりわけ遊牧路(畜群通路)への農民の様々な阻害行為の一覧である。この表は、ヴェルヌイ郡全体のわずか八郷について、それも遊牧路に関するもののみ示しているが、遊牧路が牧民経営にとって、季節の牧地を結ぶいわば生命線をなしていたことを考慮すれば、この限られた資料からも充分に、牧民経営にもたらされた困難な状況が察知される。この表の約三〇に及ぶ遊牧路に関する状況は、一八年以降も「一時的な土地利用者の耕作」、「不法入植者の建物」などで通路が狭窄され、水飼場や牧地の確保に困難をきたし、遊牧の行程自体も数日間に短縮せざるをえず、彼らの畜産経営が萎縮し危機にさらされていることが判明する。例えば、東カステク郷の四つの遊牧路のうち、第一、第二路は、プルドゥキ村の近くで、農民の牧地、草刈場、播種地により、他のところではブルグン村農民の播種

表 3-1　ヴェルヌイ郡における遊牧路の狭窄状況(1921 年 1 月現在)

1.	アルマ・アタ郷：6 つの畜群通過路 скотопрогонные дороги がある。全ての道で途中休留の際，草と水の確保が充分でない。林野巡視員をはじめとする林野庁が林野区の通過を妨げている。例えば，第 5，第 6 路で，通過に対して，特別の現物支払いを取っている。 第 1 路：Тастак 村を通る。通過路は，村民の穀作により狭窄されている。農民によって道は狭められ，踏害がやむをえず，そのため畜群の進行が妨げられる。 第 4 路：タシケント街道の下の Аскай の地を通る。畜群はぬかる沼を通らねばならない。沼の周りには畑があり，通過を妨げているためである。 第 7 路：Бутаковский 谷に沿っている。林野区と蜂房場が畜群の通行を大いに妨げている。小 Алма-Ата 谷でも，同じ原因で通行が妨げられている。畜群の通行 скотопрогон は 5 昼夜で行われる。
2.	東タルガル郷：7 つの遊牧路 кочевные дороги がある。 第 1 路：Котурбулак 谷へ通じる。「臨時土地用益者」の耕作により，畜群通路全てが閉ざされた。1917 年までは狭窄されていたが，通行は可能であった。1918 年に上記の理由でほとんど全く閉鎖された。 第 2 路：Бельбулак の河口に入る際，10 年前に住みついた 10 戸に及ぶフートルの一群がある。これが畜群通過を全く妨げている。この谷に沿い沼の上で，遊牧路は林野保護線 кордон によって圧窄されている。 第 3 路：Джанышар から追い出され，Кульджа 道に一時住んでいる農民が，通行の主な妨げとなっている。 第 4 路：畜群通路はタルガル兵村まで行き，ここで村の柵にそって東に向かう。ここで，建物，旧移住民と 1918 年の新移住民によって畜群通路は占拠されている。ここを通って畜群は 5 つの土地 урочища へ追い込まれるので，この道は不可欠である。兵村から山地までにも，畜群通路は播種地で狭窄され，ところどころで全く通行不可能となっている。 第 5 路：イリ川にそって行くと，Александровское 村の畑作によって畜群の通行が妨げられる。この畑地は Кульджа 道に至るかつての遊牧路まで蚕食している。Кульджа 道の上では，Талгар 兵村と Иссык 兵村のコサックの畑作で，畜群通路は狭窄されている。さらに，通路は M. Легостаев の養蜂経営によって妨げられている。 第 6 路：道は全く自由に通れ，草地も水飼場を確保されている。 第 7 路：イリ川から Кульдажа 道までは自由に通過できる。草と水が確保されている。Кульдажа 道から Турген 川に沿って，道を Турген 村と一部 Болтаваевсий 村農民の播種地が占有している。 第 8 路：第 7 路から分岐し，Турген 郷のキルギス人の利用地にそって通っている。Терис-Бутак 谷の河口で，道は播種地とクローバー畑によりひどく圧窄されている。道が 5 サージェンの幅まで拡張されると畜群の通行が全く自由になる。Асы の地に遊牧を行わないタルガルの全ての郷は，夏の牧地へ 2 昼夜の，また，Асы の地に遊牧するものは 11 昼夜の畜群通行を行う。
3.	トゥルゲン郷：3 つの畜群通路がある。 第 1 路：Кульджа 道より上は，Восточное 村農民の分与地にそって道はのびている。村の農民，特に Ефимов と Коршов は，耕起により，遊牧路を全くふさいでいる。その後，道は Аткас の地の Михайловское 村住民 Еремеев の蜂房場まで通行自由である。Еремеев の蜂房場では，停留の際畜群を周囲に放つのが妨げられている。 第 2 路：住民 Иванов の借りていた土地が妨げとなっている。この土地は，1918 年から土地委員会へ渡され，Восточное, Маловодное, Евгельевское 村の独立自営の農民 единоличники の手に渡った。彼らは遊牧路を全て耕し，畜群の通行を妨げている。草と水は確保されている。 第 3 路：Асу-Сай 谷に林野警備署 кордон が建てられ，林務官が署の近辺に畜群を放すことを許可しない。 夏の牧地 Асы まで，全ての通路で 2 ～ 3 昼夜の行程である。

4．	東カステク郷：4つの畜群通路がある。 第1，2路：Прудки 村の分与地まで，通行は自由で草も水も保障されている。村の分与地に近づくと村の両側にそって道は2つに分かれ，一方は〔村の〕牧場と草刈場によって，他方は，村農民の播種地によって狭窄されている。これ以降，通行は自由である。Кара-Кастек 谷の河口で，Бургун 村の農民の播種地によって狭窄されている。その後，夏の牧地まで通行は自由である。 第3路：Кара-Кыстак-Дала の地まで3ヴェルスターの幅の通路は，1918年から Прудки 村農民によって不法に占拠されている。ここに種が播かれ，キルギス人の畑とクローバーは略奪されている。同村農民の交叉地条の土地切り足し，草刈場，播種地によって，畜群通路は狭窄されている。 遊牧行程は2日である。
5．	西カステク郷：基本的な畜群通路は2つである。 第1路：Чиен 村と Вильямовское 村の農民の播種地が妨げとなっている。農民は不法占拠したキルギス人の土地に種を播き，遊牧のための道を通れなくしている。Дунгулек-Ой の地では，上記両村の農民が草を刈り，自分の分与地ではなく，占拠したキルギス人の土地に自分たちの家畜を放っている。 第2路：Кара-Саз の地で Чиен 村農民の播種地と菜園によって，畜群通路は全くふさがれている。これはキルギス人の土地である。Дергес-Баур の地では，同村農民がキルギス人の土地を不法占拠し，播種し，通行を妨げている。 第3路：第2路の続きである。全行程，通行に妨げはない。 全路，夏の牧場まで3日の行程である。
6．	ジャイリムイシュ郷：2つの遊牧路がある。 第1路：Ново-российское 村農民の分与地のところで，農民の播種地により道がいくらか狭窄されている。その後，夏の牧場まで，全く通行自由である。 第2路：Карасу-Джагасы の地で，製粉場経営者4人の播種地と，一部はキルギス人の耕起によって道は狭窄されている。Таусагысын の地では，Ново-Российское 村農民がキルギス人の土地に播種し，1ヴェルスターにわたって道が狭窄されている。Ощак-Тын-Ойы の地では，Ново-Российское 村と東 Каргалы 村のロシア人農民がキルギス人の土地で草を刈り取り，道は再び狭窄されている。 これらの道は6昼夜の行程である。
7．	チェモルガン郷：4つの通路がある。 第1路：Каскелен 兵村の牧場が通路の妨げとなっている。 第2路：林野区にそって道が続く。林野庁の巡視員とのいざこざが起きている。 第3路：Ащибулак の地で，畜群通路は Самсоновское 新村の播種地のなかを通り10ヴェルスターにわたり狭窄されている。そこから夏の牧地まで通行自由である。 第4路：Карасу の地から Чубар-Ат 谷の河口まで，Самсоновское 村農民の分与地があり，通路は全く閉ざされている。Кебедже の地には，以前，キルギス人の草刈場があったが，現在は Самсоновское 村農民の家畜が放たれている。ここから夏の牧地までは通行自由である。 これらの道で畜群通行に2～3日を要する。
8．	カラム郷：1917年まで当郷にはかなりの数の畜産経営があり，Сюгатин 郷と Кызыл-Бурковск 郷のキルギス人と共同で，畜群通路を利用していた。しかし，1918年に，Сюгатин 郷と Кызыл-Булковск 郷，一部 Бокийск 郷のキルギス人とロシア人の村落 Кукиковка，Сургун，Зайцевское の住民によって，ひどく零落させられ，移牧する畜群がないほどである。

典拠）ヴェルヌイ郡の遊牧路の状況究明に関する会議議事録。この会議は1921年1月26，27日の両日，原住牧民の代表を集めて行われた。«Советское строительство в аулах и селах Семиречья», No. 85, cc. 143-47.

地により狭窄されている。第三路もまた、プルドゥキ村の農民が一八年から「不法勝手に самовольно」占拠し、土地を切り足し交叉地条を生み出し、彼ら農民の草刈場と耕地によって狭窄していたのである。四路のうち、三路が狭窄状態にあり、夏の牧地までの行程は二日間と短縮されている。さらに、この夏の牧地＝夏営地とて畜群を飼養するのに充分ではなく、隣のピシュペク郡の「一九一八年に畜群を減らした」キルギス人から夏営地を借りなければならない窮地に陥っていたのである。[19]

入植者を中心とする農民革命の進展のなかで、原住ムスリムの農作業への徴用も行われた。これは、一九世紀から二〇世紀初めの植民地セミレーチエの富農経営のもとでの、原住ムスリムの作男としての使役、さらに、第一次大戦下で出征兵士家族の農作業への徴用に引き続くものであった。一九一九年夏に、セミレーチエの各地で原住ムスリムの農作業への徴用が行われている。一九年六月二〇日にプルジェヴァリスク郡執行委員会に対し、セミレーチエ州ソヴェト執行委員会は、赤軍兵士の家族と貧しい農民の支援のために、「定職をもたない全ての市民、とりわけムスリム」に農作業(灌漑溝の清掃、穀物への給水、草刈り、その他の季節ごとの畑作業)へ、正当な支払いを行って動員することを命じた。[20]同じ指令は、六月二一日にピシュペク郡でも出されている。[21]トクマク郡の代表は、一九年八月の第三回セミレーチエ州ソヴェト大会で、「一八歳から五四歳までの原住民の農作業への動員はうまくいった」と報告している。[22]しかし、この徴用が原住民にとっては他律的な、しばしば抑圧的な措置であったことに疑いはない。トクマク地方では、移民によって土地を奪われ窮迫したムスリムに土地を分与し、農耕定着化させる必要が、ムスリム社会の外から訴えかけられるなかでの徴用であった。したがって、原住ムスリムの徴用回避の傾向は当然であった。一九年八月のヂャルケント郡ナルィン地区の入植村落の代表者会議の議事録は、次のように記している。「原住民労務者は何人かずつ、いくつかの村に送られたとはいえ、この動員は紙の上のことだけであり、彼らは一日働くと、定められた基準以上の割増し支払いでも働こうとせず、自分の集落(アウル)へ逃げ去っている」。[23]二〇年夏にも、原住民の農作業への徴用＝動員は行われている。[24]しかし、一九一六年のムスリム蜂起以降、この地域に顕著な民族的不信と敵対、入植農民による土地占拠の継続のなかでは、原住民のこのような農業徴用が成功を収めるのは困難であった。

植民地セミレーチエにおける農民革命は、一八年春から内戦の終わる二〇年までに本格的な展開をみたが、入植農民の原住民に対する土地占拠と抑圧という本質的特徴を考慮すると、その幕開けは、すでに一九一六年ムスリム蜂起への対応＝鎮圧過程から始まっていたといえよう。ここで、この植民地における農民革命を、いくつかの統計資料を利用し、全体的に総括しておこう。

表3-2はセミレーチエ州人口の民族別構成を、一九一六年一月一日現在と一九二〇年八月の人口調査の時点で比較したものである。この間に、当州はムスリム蜂起、革命と内戦を経て、その人口は一三六万二千二百から九五万六千六百へと二九・八％の減少をみた。これを民族別構成でみると、一六年にロシア人はウクライナ人を含め一三万二千人余で州全体の九・七％であったが、内戦の終わった二〇年には、驚くべきことに二六万八千人となり、州人口の二七％を占めるに至った。彼ら移民＝入植者は、この間に絶対数で二倍に膨れ上がり、人口構成でも三割弱にまで肥大したのである。他方、チュルク系の原住民は、絶対数で一二〇万五千から六五万二千九百人と激減し、人口構成でも八八・五％から六八・三％と、その比率を著しく低下させたのである。これは、一九一六〜二〇年に入植民社会が、原住民社会の萎縮のなかで、膨張し大きく増殖したことを示している。

セミレーチエ州では、一九一六〜二〇年に経営数は二四万一七五〇から一八万一一八二へと、約四分の一の減少をみせた。だが、定住民(入植者と原住ムスリムを含む)の経営の減少が、九・二％であったのに比し、原住ムスリム牧民の経営は、一八万から一二万六千へと、三割に及ぶ激減であった。[25] 経営数においても、原住ムスリムの経営が入植民の経営に比し著しく衰退したことが裏づけられる。これを、一九一七年から二〇年までの変化でみると、原住ムスリムの牧民経営の著しい衰退という大勢は変わらないが、入植農民の経営は、植民地の農民革命のなかで立ち直り、経営を拡大していったのである。この革命と内戦の時期に、牧民は同州で人口の二二・

表 3-2　セミレーチエ州の人口構成の変化(1916～1920 年)

民族別＼年	1916 年		1920 年	
ロシア人	132,133	9.7%	134,854	14.1%
小ロシア人			133,263	13.0%
ポーランド人	1,362	0.1%	6,674	0.7%
他のヨーロッパ系	−	−		
小計	133,495	9.8%	274,791	28.7%
カザフ人	1,205,547	88.5%	425,063	44.5%
キルギス人			172,501	18.0%
ウイグル人			45,005	4.7%
ドゥンガン人			10,357	1.1%
モンゴル人	21,795	1.6%	28,903	3.0%
他のアジア系	−	−		
小計	1,227,342	90.1%	681,829	71.3%
その他	1,362 人	0.1%	−	−
総計	1,362,199 人	100%	956,620*	100.0%

＊）セミレーチエ州の全人口は，959,620 人と報告されているが，民族別構成からは 956,620 人となるので，こちらの数字を採用した。3,000 人の差は全体の認識に誤った解釈を生じないであろう。1920 年代のソ連の統計集では，1920 年のセミレーチエ州の人口は中央では集計総括がなされておらず，1916 年ムスリム蜂起前の人口数で代替されている。См., «Статистический ежегодник. 1918-1920». Т. VIII, вып. 1, М., 1922, стр. 4. 1920 年のセミレーチエ州の人口をほぼ正確に算出していると思われるのは，1920 年の農業調査統計資料である。この集計にはレプシンスク郡の 2 郷の人口が調査されていないが，州人口 896,444 人，うち定住ムスリム 87,065 人(9.7%)，ムスリム牧民 545,160 人(60.8%)，ロシア人 263,572 人(29.4%)，ソホーズ構成員 647 人(0.1%)という数字を出している。Труды ЦСУ, Т. II. вып. 7, М., 1923, с. 146.

典拠）1916 年のセミレーチエ州人口の民族別構成は次の文献に依拠した。«Ежегодник России 1916г.». вып. 1, 1918, Петроград, 1918, с. 46, 51. 1920 年の資料は次の文献からとった。«Социалистическое строительство в Казахстане в восстановительный период(1921-1925гг.)», сборник документов и материалов, Алма-Ата, 1962, No. 3, с. 22.

七％、経営の二二％を減少させた。郡別にみると、ギャルケント、プルジェヴァリスク、ナルィン郡では、一九一六年蜂起で逃避した難民が戻ってきて人口・経営数を増大させたが、他の諸郡は内戦と飢饉のため、人口・経営数ともに著しく減少したのである。これに対して、入植農民の経営数は州全体で一九一七年から二〇年末までに一五％の増大をみたのである。内戦の場となったレプシンスク郡でのみ、ロシア人は人口の九％、経営の七％を失ったが、他の全ての郡で、すなわち、ヴェルヌイ郡で四八％、プルジェヴァリスク郡で三五％、ナルィン郡で三四％、ギャルケント郡で二六％、タルドゥイ＝クルガン郡で二〇％、ピシュペク郡で一一％の農業経営の拡大をみたのである。(26)

植民地セミレーチエにおけるロシア人をはじめとする入植民の人口と経営が、革命と内戦期に増大したことは、とりも直さず農民革命の結果であったが、この農民経営の増大をもたらしたいくつかの具体的要因にも言及しておかねばならない。第一に、一九一九〜二〇年に入植農民の間で経営分割＝分家が広く行われたことである。(27)これは、ロシア中央部の農民革命のなかでも、同様な現象が観察されるが、(28)土地を獲得し分離・独立する機会が農民に与えられ、その可能性が現実性に転化したことを示している。第二に、大経営の国有化が行われるとの噂が州全体に広まり、農民がそれを恐れ経営分割に向かったことが挙げられる。このような経営分割＝分家によって、経営規模は縮小し、生産力と農具は分散し、家族の平均員数は州全体で六％も低下したのである。(29)このような分家による経営数の増大とともに、第三に、外からの流入による経営の増大も加わった。内戦のなかでも、移民は各地から植民地セミレーチエへ到来し、ここに経営をかまえたのである。(30)このようにして、経営分割＝分家によるいわば内的なものと、流入という外的なものが相まって、経営数を増大させつつ農民革命が植民地で展開していったのである。

農民革命は、農民経営の数を増大しながら、彼らの経営の平準化をもたらした。播種地なし経営は、一九一七年の二七・六％から二〇年の一七・六％に減少した。革命前に植民地で広く行われていた借地は、二〇年に全農家の四%に、それも平均四・九d.の借地を行っているところまで縮小した(31)。他方で、富裕な旧移住民を中心とする経営が勤労・均等原理の実施により、経営規模が縮小したこと、経営分割＝分家で解体していったことを考えると、入植農民は全体として平準化へと向かったのである。この平準化を底部から促迫した要素として、革命と内戦のなかでたえず生み出された土地なし経営の存在がある。この土地なし経営には、シベリアから流入した移民や戦線の移動で土地を失った人々が含まれるが、彼らは一九一七年には農業経営の二・四%であったが、二〇年には一二・五%へと増大するのである。さらに穀物商業の禁止と食糧事情の悪化で、非農業分野の就労者が、食糧を求めて農業経営を目指した(32)。これらの社会層は、土地を求め、下から農業経営の平準化を求める圧力となったといえよう。このようにして農民経営の数は増大しつつ平準化され、その規模は縮小した。一九一七〜二〇年に、農民経営はその家族員数を六%減らし、播種地は一経営平均二・二d.から一・五d.へと減らし、穀物商業の禁止のなかで、自己の消費内に生産を限定する自給的性格を強めた(33)。

ムスリム蜂起、革命、内戦と続く政治的激動と経済的困難のなかで、植民地セミレーチエでは農民革命が展開し、内戦の終わる二〇年末には、植民地社会は基本的に三つの経営形態へ成層化されていた。二〇年の農業調査では、当州の一八万一一八八経営のうち、ロシア人をはじめとする入植者の経営が二六・五%、定住原住民の経営が九・一%、原住牧民経営が六四・四%であった(34)。ロシア人経営は、農民革命のなかで経営数を増し、肥大し、植民地社会で増勢し、経営規模を平準化した。他方、ムスリム定住民は経済的困難と農民革命のなかで、比重は増したが、ロシア人経営の下方に劣等な農耕民として配置された。さらに原住牧民経営は、比率を低下させ、入植者に遊牧を寸断・破砕され、存亡の危機に立たされた(35)。ここでは、ロシア人をはじめとする入植者の経営のみが食糧を自給できる状況にあり(36)、飢餓線は第一成層たる入植民と、第二、第三の成層たるムスリム住民の間を走っていた。植民地セミレーチエの農民革命は、一九一六年ムスリム蜂起の鎮圧過程での原住ムスリムへの抑圧と飢餓のなかで始まり、革命で鼓吹された入植者＝移民の「土地を自ら耕す者へ」のスローガンのもとで、外部からの流入移民も受け入れつつ、内戦期に満開花したのである。植民地のこの農民革命は、その過程からも、また、結果からしても、ムスリム民衆を政治的に疎外し、彼らの土地への侵害も内包する、中央部ロシアの農民革命とは異なる植民主義的性格を強く温存するものであった。

（1）«Победа Великой Октябрьской соц. рев. в Казахстане и образование Казахской АССР», сб. документов и материалов, Алма-Ата, 1947, сс. 23, 38, 267, 268, 278; No. 143, сс. 202–203; No. 146, сс. 205–206; «Победа Великой Октябрьской соц. рев. и гражданская война в Киргизии (1917–1920 гг.)», с. 22; No. 319, сс. 289–90; История Киргизии, Т. II. Фрунзе, 1956, сс. 71–72.

（2）Г. Трофимов, Из прошлого компартии в Джетысу. «Коммунистическая мысль», 1927, кн. 3, Ташкент, с. 286.

（3）История Киргизской СССР. Т. 3, с. 162; «Победа Октябрьской революции в Киргизии», сб. документов. 1917–1918. Фрунзе, 1977, No. 234, сс. 254–55; «Победа Великой Октябрьской соц. рев. и гражданская война в Киргизии (1917–1920 гг.)», No. 50, с. 65.

（4）Там же, No. 206, сс. 188–89.

（5）ピシュペク郡のソヴェト土地部が、一八年春に作成した「方針 программа」では、民族の差異なく、勤労・消費基準で土地分与を行うことを基本としていた。だが同時に、「本一九一八年には」と限定しながらも、「より多く播種することを望む者」に、広範に雇用労働を用い、「自由な土地 свободные земли」を利用することを許可していた。«Победа Октябрьской революции в Киргизии», No. 237, сс. 257–58.「土地を勤労人民へ」という原則は、原住民の「自由な土地」の占拠を容認する論理を内在させていたのである。

（6）П. П. Никишов, Из истории краха левых эсеров в Туркестане. Фрунзе, 1965, сс. 93–94.

（7）«Великая Октябрьская соц. рев. и гражданская война в Киргизии (1917–1920 гг.)», No. 196, сс. 180–82.

（8）Там же, No. 130, сс. 129–30.

（9）Там же, No. 131, с. 130. 餓死したキルギス人の死体が、郡の各地に散乱していると大会で報告された。Там же.

（10）法務コミッサールは、この特異な「犯罪」が生じる状況を次のように説明している。「かつての罪に対してさえ、ロシア人はキルギス人を襲い家畜を奪った。飢えたキルギス人は、当然にも、一切れのパンや馬鈴薯をロシア人やサルト人から盗まざるをえず、このため残虐な私刑にあったのである」。この「かつての罪」という言葉に、一九一六年のムスリム蜂起が含意されているのであるが、一六年の蜂起への復讐として、ロシア人が様々な抑圧行為を行っていることが示されている。Там же, No. 131, c. 132. このような犯罪がセミレーチエに蔓延していたことが、ピシュペク郡と隣接するある村のプリガヴォールの文言からわかる。カラ=バルトゥイ村（アウリエ・アタ郡、スィルダリア州）の村スホードは、一八年二月七日にプリガヴォールを作成しているが、そのなかで「最近、ロシア人とキルギス人の関係が鋭くなっており、国を崩壊と紊乱に導く略奪、私刑、その他アナーキーで突飛な尋常ならざる行動がみられる。我々の隣のセミレーチエ住民のところでは、スホードで棒で打ち懲罰するのがしばしばみられる」と述べている。«Победа Октябрьской революции в Киргизии», No. 233, c. 253. 入植村落における「私刑 самосуд」の横行は、辺境植民地で解決を迫られる懸案であったが、この時期に「私刑」が原住ムスリムに対して向けられ強く機能したのである。

(11) «Великая Октябрьская соц. рев. и гражданская война в Киргизии (1917–1920 гг.)», No. 131, c. 130.

(12) Там же, No. 161, cc. 153-54.

(13) Там же, No. 195, c. 179.

(14) Там же, No. 202, c. 186.

(15) Там же, No. 221, c. 200.

(16) このような「自己規制」は、二〇年三月三日付けのピシュペク郡革命委員会の指令にも窺える。Там же, No. 308, c. 276. だが、入植農民主体の土地革命のこのような「自己規制」が、原住民の土地への権利の回復にとって不充分であったことは言をまたない。二〇年一一月にプルジェヴァリスク郡土地部は、「キルギス難民の土地は、不法入植村落が占拠した土地を除いて、二〇年春に全て彼らに返却した」と答えていた（傍点強調―引用者）。ロシア農民がすでに不法占拠した土地は返却されず、手がつけられなかったのである。さらに、同郡の土地改革推進のための土地水利部は全て、ロシア人入植村落に設置され、九つの入植村落の農民八六七人が、帰郷したキルギス難民の土地一万二三二〇dを占拠し続けていた。«Советское строительство в аулах и селах Семиречья», No. 14, cc. 51-53.

(17) «Советское строительство в аулах и селах Семиречья», No. 79, cc. 135-36.

(18) Там же, No. 123, c. 184.

(19) Там же, No. 85, cc. 143-47.

(20) «Великая Октябрьская соц. рев. и гражданская война в Киргизии (1917–1920 гг.)», No. 239, c. 214. とりわけムスリム住民を対象とする徴用は、五月二四日の党、ソヴェト、社会団体代表の協議会が作成した州ソヴェト執行委員会の指令書に基づいている。一九年四～五月から州全体で、ムスリム住民へ人馬の徴用が課されている。«Иностранная военная интервенция и гражданская война в Средней Азии и Казахстане», Т. 1, Алма-Ата, No. 440, с. 558; No. 433, с. 544; No. 465, с. 583.

(21) «Великая Октябрьская соц. рев. и гражданская война в Киргизии (1917–1920 гг.)», No. 240, с. 214.

(22) Там же, No. 257, с. 228.

(23) Там же, No. 256, с. 228.

(24) Там же, No. 368, с. 335; История Киргизской ССР. Т. 3, Фрунзе, 1986, с. 203.

(25) «Социалистическое переустройство сельского хозяйства в Узбекстане. 1917–1926 гг.», документы и материалы. Ташкент, 1962, No. 111, с. 217.

(26) «Советское строительство в аулах и селах Семиречья», No. 2, сс. 21–22.

(27) Там же, No. 2, с. 22.

(28) Th. Shanin, *The Awkward Class. Political Sociology of Peasantry in a Developing Society. Russia, 1910–1925.* Oxford, 1972, pp. 157-59. 拙稿「ロシア革命と農民——共同体における〝スチヒーヤ〟の問題によせて」『スラヴ研究』二九号、一九八二年、三一頁。

(29) «Советское строительство в аулах и селах Семиречья», No. 2, с. 22.

(30) Там же, с. 32. 革命と内戦期には、移民の流れが止まったという通説に対して、スカチュコーが、シベリアへの移民がこの時期にも継続していたと指摘している。А. Скачко, К вопросу о колонизации окраин. «Жизнь национальностей», 1923, М., Кн. 2, с. 17. 内戦期にステップ地方へ農民が押し寄せ、カザフ人の土地を占拠していた。一九年末から二〇年初めには、カザフスタンの北方、さらにシベリアからもセミレーチエ地方へ農民の大量の移住＝流入があった。Г. Ф. Дахшлейгер, Социално-экономические преобразования в ауле и деревне Казахстана, Алма-Ата, 1965, сс. 78, 91. プルジェヴァリスク郡ではスィルダリア州の住民が押し寄せ、トクマク郡では「他の諸郡」の移民が、原住キルギス人の土地を占拠したのである。«Великая Октябрьская соц. рев. и гражданская война в Киргизии (1917–1920 гг.)», No. 257, сс. 227, 228.

(31) «Советское строительство в аулах и селах Семиречья», No. 2, с. 33.

(32) Там же, No. 2, сс. 32–33.

(33) Там же, No. 2, сс. 32–33; Г. Ф. Дахшлейгер, Указ. соч., сс. 96–97.

(34) «Советское строительство в аулах и селах Семиречья», No. 2, с. 21.

(35) 内戦の終わった一九二〇年夏に、入植農民とムスリム農民の経営格差は歴然としている。ヴェルヌイ郡では、一経営当たり入植農民の播種面積は四〜一〇d.に平準化したのに対し、ムスリム農民の六割は、播種地〇・五〜三d.の規模にあった。Там же, No. 3, c. 35.

(36)　Там же, No. 2, c. 34.

II　入植農民の社会的行動

植民地セミレーチエのソヴェト権力は移民社会を基盤としていた。この社会的基盤を共通とする共産党と左派エス・エルの合同、そして一党制政治システムの形成のもとで、入植農民を主体とする農民革命も展開した。だが、植民地の移民社会は、一党制政治システムを担う共産党とソヴェト権力に全く一体化していたのではなく、その政策を受容しつつ、反発もし、自立(律)的に対応していたのである。移民社会のこの自立(律)性は、政治の場では、無党派農民代議員のソヴェトへの輩出と、彼らの希薄な党派性、政治的浮動性となって現れた。(1)また、ソヴェト権力と共産党の政策を超えて、原住民の土地を占拠し、穀物調達に反発し、自家消費の範囲に生産をとどめようとする志向など、農民の様々な社会行動に現れた。(2)これは植民地社会における移民＝入植者の、いわば〈スチヒーヤ стихия〉の発現であった。

この自立(律)性 стихийность は、内戦期の移民＝入植者の一連の社会的行動にも窺える。ベロヴォートスコエ村をはじめとする入植村落での農民反乱、チェルカスコエ村を中心とする農民軍の戦い、そして州都ヴェルヌイでの赤軍部隊の反乱などである。

一九一八年の夏からトルケスタンでは、ソヴェト権力の穀物徴発へ反発する農民の行動が始まり、その最大のものが、セミレーチエ州ピシュペク郡のベロヴォートスコエ村を中心とした農民反乱であった。一八年一二月初

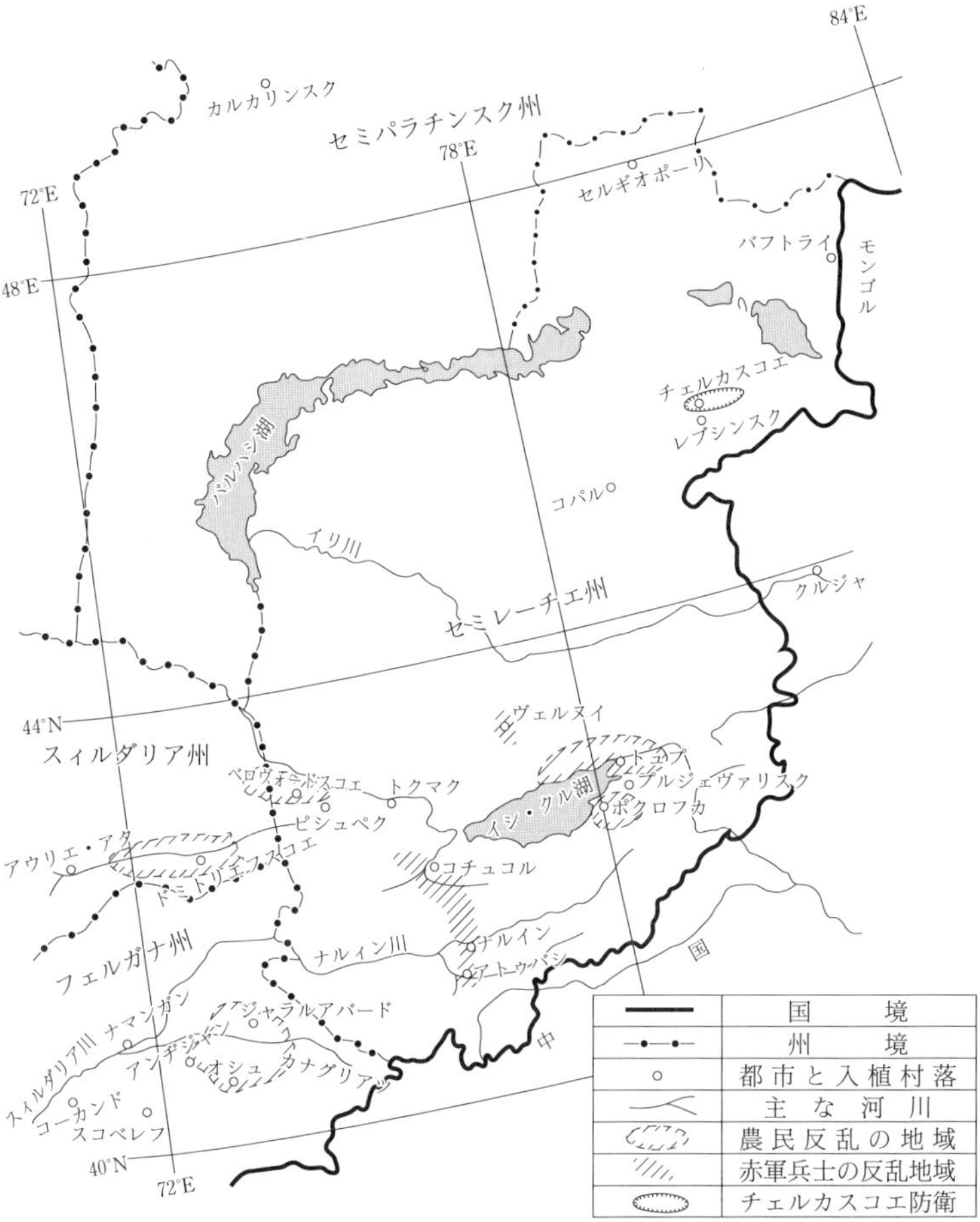

図 3-2　セミレーチエ地方の入植農民の行動(1918～1920 年)

めから、この地方の入植村落では、スホードが開かれ、そこで選出された代表はベロヴォートスコエ村へ赴いた。一二月七日に、この入植村落で、ピシュペク郡と隣のアウリエ・アタ郡（スィルダリア州）の村落代表者の会議が開かれ、反乱の司令部となる軍事＝人民評議会 военно-народный совет が組織された。その議長には、ピシュペク郡ソヴェトのメンバーで左派エス・エルのブラゴダレンコ Благодаренко が就き、反乱の武力をなした人民軍 народная армия の指揮はサドーヴォエ村の農民で左派エス・エルのガリュータ Галюта が執った。反乱の宣伝相の役割を果たしたのは、ソクルク村の司祭トカチョーフ Ткачёв であった。反乱を起こした農民は、穀物徴発の撤回を求め、一二台の食糧を積んだ荷馬車を襲い、これを守る一一人の赤軍兵士を虐殺した。チュー川の渡し場を警備していた二人の赤軍兵士は銃殺され、川に投げ捨てられた。二人のソヴェト活動家も落命した。反乱のなかで、この地方からソヴェト権力は一掃され、「自治ベロヴォートスコエ郡」の形成が宣言され、この地域は一時的に「ベロヴォートスコエ集会ソヴェト Совет Беловодского митинга」によって統治されたのである。叛徒農民は、一二月一四日に郡市ピシュペクの西部を占領する勢いを示したが、やがて駆けつけた赤軍部隊の反撃にあい、二六日に反乱の拠点ベロヴォートスコエ村を占領され、翌年一月一日までに鎮圧された。[3]

二〇日間に及ぶこの農民反乱は、一八年夏から秋にかけて隣のアウリエ・アタ郡タラス川流域で展開したドミトリエフカ村を中心とする農民反乱を引き継ぐものであった。[4] また、一九一九～二〇年に内戦から解放された地域での穀物徴発に抵抗する農民の一連の行動[5]に共通する自立(律)的行動であった。このベロヴォートスコエの反乱において、共産党との合同を拒んだピシュペク地方の個々の左派エス・エルの影響は無視できないとしても、[6]この反乱を左派エス・エルが指導し、入植地のクラークが主体となった反革命暴動と整理することはできない。この反乱は、入植地の村・郷スホードに結集して、直接的な集会民主主義を基盤に、土地を確保しつつ自らの革命を推進する農民のいわば抗糧の闘争であり、彼ら入植民の自立した領域＝「郡」を形成する試みであった。それは、彼らが表明した「集会ソヴェト」「自治」郡という表現に窺える。叛徒農民のイデオロギーは明示されることはなかったが、キリスト教信仰に浸潤する入植村落で、反乱は展開し、反ムスリム的性格を帯びたものであった。「黒隊 черный отряд」を率い、農民を反乱へと駆りたてたのが村司祭トカチョーフであり[7]、また、原住民のなかで活動していた民族人民委員部の三人のムスリム活動家が、反乱のなかで叛徒に殺されたのである[8]。「自由と土地」を求めて辺境へ移住したロシアの農民には「白水境 беловодье」の意識があったが、セミレーチエ州のこの「白水＝ベロヴォートスコエ村」の反乱に、農民の夢と志向が具体的な発現をみたのかもしれない。

反乱を起こした入植農民の志向は、一九年三月の第三回州ソヴェト大会のЛ・マリーニン(左派エス・エル会派の代表)の発言にその反響をとどめていた。彼は、ソヴェト権力への党派の介入を批判し、その「人民性 народность」と「無党派性 беспартийность」を求め、農業集団化を非難し、原住キルギス人の「自決権」に強い不信を示し、それを拒否したのである[9]。だが、左派エス・エルと共産党の合同が進み、左派エス・エルのソヴェトでの発言はこれが最後となった。左派エス・エルの政治回路を通し農民の自立(律)性が発現する道は閉ざされたのである。一九年七月にプルジェヴァリスク郡をとらえた農民反乱は、もはや左派エス・エルの政治力ではなく、コサックの武力に誘発されて進展することになる。

一九年夏のプルジェヴァリスク郡は緊迫していた。五月二八日に、郡と市に非常事態 осадное положение が布告され、全権力は郡の防衛作戦＝政治司令部に移された。この布告は、ドゥンガン、タランチが中国国境から同郡へ進入しようとしているとの状況判断に基づいていたが、一九一六年ムスリム蜂起の際、入植者がドゥンガン、タランチを虐殺したことへの彼らの報復を警戒してのことであった[10]。入植者の社会は一九一六年の報復に怯えたのである。さらに六～七月のソヴェト権力の入植者に対する措置も、彼らを緊張させるに充分であった。六月一八日に、土地を実際に用益する者へ一d.当たり二ルーブリの課税が命じられたが、これは原住民の土地を占拠し耕作する農民への課税を含意した[11]。七月半ばには、不法な土地占拠に対して播種地と菜園を除いて、建物を撤去し、入植農民の播種地と家畜も記帳することが命じられている。入植農民は家畜の中国領への隠匿や、播種地の過少申告でこれらの措置に対応した。[12] しかし、このようなソヴェト権力の側からの政策に対して、ポクロフスコエ村やチュプロ・クリュチェンスコエ村などでは、「クラークの制圧」と呼ばれる状況が生まれた。共産党の細胞が組織されず、ソヴェト権力の支配が及ばない状況がすでに生まれたのである。[13] 入植村落では、農民の自立(律)化が著しく進展していたのである。

こうした六~七月のプルジェヴァリスク郡の緊迫した状況のなかで、突然、中国領からコサック軍騎兵が侵入し、七月二〇日に郡市プルジェヴァリスクを包囲し、市の一部を制圧し、五日間の戦闘が続いた。これは二六日に撃退されたが、コサック部隊が占領したトュプ(プレオブラジェンスコエ)村では、二六日には村住民がパンと塩をもって彼らを歓迎した。こうして農民の反乱は始まった。反乱はトュプの他に、イシ・クル湖岸の一連の入植村落をとらえる大規模な農民反乱となった。反乱の中心となったトュプ村では七月三〇日に叛徒農民は鎮圧され、一五〇人が捕らえられ五四名が銃殺された。[14] イシ・クル湖岸の農民は、コサック部隊の侵入と郡市の包囲を契機に、ソヴェト権力からの自立(律)性を一挙に反乱へと昂進させたのである。

農民の自立(律)性は、このような農民反乱のなかに顕著にみられたが、それは各地でつくられた農民軍の行動のなかにも読み取れる。セミレーチエ州の入植地の農民の武装化は、一九一六年のムスリム蜂起に対処して始まり、出征兵士が武器を携帯して帰還したことによって顕著な現象となった。入植農民は辺境植民地の圧倒的なムスリム社会のなかで、自らの村落を守るために各地に農民部隊を編成した。セミレーチエ州では、「チェルカスコエ防衛」として知られる彼らの戦いがある。

一九一八年夏にレプシンスク郡の入植村落では、コサック軍とアラシュ・オルダのカザフ人部隊から村を守るため、農民は「自衛隊」を編成しはじめた。この地方が内戦に突入するなかで、反革命側の攻勢に押され、ソヴェト権力はレプシンスク市を捨て、チェルカスコエ村へ疎開した。一八年九月一〇日に、ここに軍事評議会が設置され、翌年一〇月半ばに降伏するまで、反革命コサック軍の包囲と戦うことになった。チェルカスコエ防衛を戦ったこの地域には、一二の入植村落と二つのカザフ人集落(アウル)が含まれていたが、ここは、レプシンスク郡の入植農の過半が集中する入植民の拠点地域でもあった[15]。このチェルカスコエ防衛のなかで、ソヴェト側の主力として果敢に戦った農民部隊が、軍事行動において示した農民的性格とキリスト教的倫理観は、彼ら入植農民の自立(律)性を示すものといえよう。

農民部隊は、何よりも自らの入植村落の防衛を専らとし、他地域への転戦や攻勢には消極的であった。また、軍事作戦行動も農業の季節性に影響されていた[16]。さらに、降伏を前にしてアンネンコフ軍との和平交渉のため、一九年一〇月一〇日に作成された「軍使への訓令」には、キリスト教に浸潤された入植農民の世界観が読み取れる。この「訓令」では、和平条件として、戦う双方が直ちに武装解除し、レプシンスク郡に「中立」を宣言すること、コサックと農民の間で穀物と資産を分配し、各郷で「自らの判断に従って」土地問題を解決することが決められていた。そのうえで、この「訓令」の結びの部分で、イエスを最初の「社会主義者」とし、その「至聖なる言葉」の実現を求めつつ、「全てのものが互いに愛しあい、互いに助けあわねばならない」社会を、彼ら入植農民は希求していた[17]。ここには、入植地の郷村共同体で、外には「中立」を表明しつつ、「自らの判断に従って」土地問題の解決を目指す、キリスト教の愛と扶助を旨とする農民の自立(律)的な世界が浮かび上がってくる。

セミレーチエ州では農民軍の自立(律)性は、チェルカスコエ防衛にみられるように、ソヴェト側につきつつ発揮されたが、隣接するフェルガナ地方では、農民軍は反ソヴェト行動にまで行きつめている。この地方のアンヂジャン、オシュ郡でも、ロシア人入植者はキルギス人の土地を占拠し、襲来するバスマチ部隊に対して自衛隊を組織していた。一九年五月に、この農民軍の指揮をK・モンストロフが執り、バスマチ部隊との協定を結ぶに至った。モンストロフの農民軍は、ジャラル・アバード地区を拠点に穀物の割当徴発に反対し、ソヴェトとその執行委員会全ての改選、出征農民兵の帰還などを要求し、九月八日にオシュ市を占領し、アンヂジャン市を包囲する勢いを示した。しかし、この農民軍の反乱はやがて敗退し、翌年一月には、ソヴェト側に投降し鎮圧された[18]。

モンストロフ農民軍は、宿敵バスマチとも協定して、ソヴェト権力の政策と支配を覆すまでに、その自立(律)性を昂進させたのである。

入植農民の自立(律)性は、植民地セミレーチエで編成された赤軍部隊にも確実に浸透していた。この地域から召集された兵士は、第一次大戦のなかでも郷里の入植地での営農に心を引かれ、植民地鉄道のロシア人労働者とともに、トルケスタンにおける革命の担い手となった。内戦のなかで新たに編成された赤軍部隊ももっぱら農民からなり(19)、入植地の農民世界の雰囲気に深く染まっていた。一九二〇年六月一二日から二〇日まで、州都ヴェルヌイで生じた守備隊兵士の反乱は、植民地の赤軍部隊に浸透した農民のこの自立(律)性を明瞭に示しているのである。

ヴェルヌイの守備隊兵士の反乱の直接の契機となったのは、六月二日付けのトルケスタン戦線司令部の命令であった。この命令では、セミレーチエ赤軍部隊のタシケント、さらにフェルガナ地方への転戦が求められていた(20)。この命令は、六月初めのトルケスタン戦線政治部活動家会議の決定に裏づけられて出された。この決定では、セミレーチエ州に関して、共産党は「クラーク、都市の俗物、様々な偶然的分子の寄せ集め」であると指摘され、「クラーク」がソヴェト権力の名のもとに勝利し、その支配を強化したと判断され、セミレーチエの根本的改革のためには「クラーク」からなる赤軍部隊の転出が不可欠であると求めていた(21)。六月一二日に始まった反乱は、赤軍の守備隊兵士全体をとらえ、これにヴェルヌイ市の共産党組織も合流した。近隣の農村からは、反乱兵士に加わる住民が集まりはじめた(22)。反乱を鎮圧するために、ピシュペク市に司令部がおかれ、非常事態が宣言され、ヴェルヌイへ通じる峠には反乱の波及を防ぐため警備隊が配置された。結局、鎮圧部隊は六月一九日にヴェルヌイへ入り、二〇日には反乱は鎮圧されたのである(23)。

六月二日の転戦命令が反乱の直接の契機となったが、反乱の背景には、さらに三つの基本的な状況が存在した。まず第一に、セミレーチエの赤軍部隊の社会的性格である。この地方の赤軍部隊は、入植農民を主体に、一八年一〇月の四千三百から二〇年一月には一万余へと倍増したが、その「規律化」は進展せず、いわゆる「パルチザーンシチナ партизанщина」に染まっていた。赤軍部隊では司令部の選挙制、作戦問題の部隊会議や集会での審議が行われていたのである。[24] 植民地セミレーチエの赤軍部隊は中央の上からの規律化よりも、下からの入植地農民の雰囲気を反映する気風と軍制が優越していたのである。[25] このような赤軍部隊へ出された転戦命令は、彼ら兵士の「住み慣れた土地から離れたくないという利己的心情」に裏づけられて、セミレーチエ兵全員の帰郷、[26] 任命制の革命委員会を選挙制に変え、革命軍事委員会を廃止するなどの要求を提出させることにもなった。[27] 第二に、反乱を生んだ状況として、セミレーチエ地方へ穀物独占の導入が噂され、入植村落に緊迫した雰囲気が漂っていたことがある。[28] それに、農民からなる赤軍兵士も感染していたのである。反乱を起こした守備隊兵士は、食糧割当徴発の廃止を強く求めていた。[29]

このような状況に加え、反乱の背景として、第三に、この地方の入植農民と原住ムスリムの間での鋭い敵対を指摘しなければならない。反乱鎮圧を指導したフルンゼは、六月二〇日付けの革命軍事評議会への電文のなかで、一九一六年蜂起の「反響」が強く現れ、「鋭い民族的敵意」が存在したこと、さらに「キルギス人が、以前は彼らのものであったが、農民が一時的に占拠し、事実上用益している土地へ戻ってきたこと」を、反乱の背景として、まず最初に指摘していた。[30] したがって、このような緊迫した民族関係のなかで、反乱軍はムスリム部隊の解体を求めるとともに、自分たちセミレーチエ出身兵士全ての帰郷を求めたのである。[31] このような反乱の背景を総合して、フルンゼは、六月一二日付けでレーニンに「継続している鋭い民族的敵対を土壌にして、穀物独占を実施するとの噂が飛び交っただけで、住み慣れた土地から離れたくないという利己的心情にもっぱらとらえられて、六月一二日夜、ヴェルヌイで武装反乱が起きた」と、これを知らせる第一電を打ったのである。[32]

フルンゼは、この植民地の状況に通じていたのである。彼の影響を受けて共産党に入党したドミートリィ・フールマノフは、やがてトルケスタン戦線革命軍事委員会の全権代表として、一九二〇年四月にセミレーチエに

図3-3　ミハイル・フルンゼ(1885－1925)

ミハイル・フルンゼは，セミレーチエ州のピシュペク(現ビシケク)でモルダヴィア人准医師を父とし，ロシア農民の娘を母として生まれ，州都ヴェルヌイの中等学校(ギムナジウム)を金メダルで卒業している。1904年から，帝都サンクトペテルブルクで革命運動に加わる。死刑判決を受けるが，終身流刑に減刑され，逃亡する。1917年の革命に参加し，内戦では東部，トルケスタン戦線で赤軍を指揮し，民族問題でも鋭い指摘を行っている。内戦終了後は，ウクライナで活動し，ソ連の形成にあたって，ウクライナ方針の策定に動いた。赤軍の組織をめぐってトロツキーと論争し，彼が排除され失脚する過程で，赤軍の指導者としての地位を確立する。1925年10月に胃潰瘍の手術を受け，3日後に「謎」の死をとげる。スターリンの関与も疑われるが，真偽は不明である。生地ピシュペクは，1926年にフルンゼと改称され，ソ連崩壊の年，1991年にビシケクへ復した。

典拠）М. В. Фрунзе, Избранмые произведения. Т. 1, М., 1957.

赴き、この反乱の渦中におかれた。彼は、後に作品『反乱』(一九二五年)のなかで、状況をドキュメンタリー風に活写している(33)。また、植民地トルケスタンにおける革命の実態を鋭く分析したサファーロフは、このヴェルヌイの赤軍部隊の反乱を、そのスローガンは「中央に反対！」であったと述べ(34)、そこに入植民の社会に根ざした植民地革命の矛盾の現れをみたのである。

一九二〇年一一月にナルィン地方をとらえた赤軍部隊の反乱も、このような入植農民からなる赤軍部隊の性格によるものと思われる。一一月五日にアトゥバシの第五国境連隊から反乱が始まり、反乱兵士は七日にナルィン市と同地方を制圧した。叛徒は、さらにトクマク、ピシュペク方面へ進軍したが、敗退し一九日に中国領へ潰走した。反乱のなかで、ソヴェト機構が廃止され、郷村制とゼムストヴォ参事会の復活、商業の自由が宣言された。

ナルィンの共産党メンバーは逮捕され、党委員会議長のＸ・ムサバーエフ、郡政治ビューロー長Ｃ・オロズバーエフらムスリム共産主義者は殺されている。そして、農民には共産主義者と闘うことが呼びかけられたのである。(35)この二週間に及ぶ赤軍部隊の反乱のなかに、セミレーチエ州で実施された穀物の国家独占と割当徴発に反発し、ムスリム原住民に敵対的な農民の雰囲気の反響、そしてこの辺境の赤軍兵士への感染を読み取ることができる。(36)

セミレーチエ州が内戦へ突入するなかで、入植農民は自らの農民革命を実現しつつ、ソヴェト権力と共産党に対しても、農民反乱、農民部隊の行動、さらに赤軍兵士の反乱を通して、彼ら入植農民の自立(律)性を発現させたのである。彼らの自立(律)性は、農民世界への外部からの、とりわけムスリム世界からの脅威、ソヴェト権力と党というもっぱら郷村社会の上から、また、中央モスクワからの政治的圧力に受動的に反応し反発するなかに、自らの跡を刻印したのである。

(1)　一九一八年春の第五回トルケスタン地方ソヴェト大会で、多くの農民無党派代議員は、支持政党を変え揺れ動いている。П. П. Никишов, Из истории краха левых эсеров в Туркестане. Фрунзе, 1965, с. 76.　同年秋の第一回セミレーチエ州ソヴェト大会でも、農民代議員の政治的流動性は顕著である。Там же, сс. 114–15.

(2)　«Великая Октябрьская соц. рев. и гражданская война в Киргизии (1917–1920 гг.)», No. 130, сс. 129–30; «Советское строительство в аулах и селах Семиречья», No. 2, с. 33.

(3)　Г. Сафаров, Колониальная революция. М., 1921, с. 90; История Киргизии, Т. II, Фрунзе, 1956, сс. 78–80; П. П. Никишов, Из истории крха..., сс. 125–33; «Великая Октябрьская соц. рев. и гражданская война в Киргизии (1917–1920 гг.)», сс. 19–20; No. 174, сс. 162–63.

(4)　Т. Р. Рыскулов, Избранные труды. Алма-Ата, 1984, с. 14; П. П. Никишов, Из истории краха..., с. 120; «Великая Октябрьская соц. рев. и гражданская война в Киргизии (1917–1920 гг.)», с. 19, No. 90, с. 94, No. 126, сс. 124–25.

(5)　Очерки истории Коммунистической партии Казахстана. Алма-Ата, 1963, сс. 184, 190–91; «Социалистическое строительство в Казахстане в восстановительный период (1921–1925 гг.)», сб. док. и мат., Алма-Ата, 1962, No. 30, с. 71, прим.

23.

（6）反乱指導者の一人ブラゴダレンコは、共産党との合同を支持せず、ピシュペク郡ソヴェト執行委員会から追放されていた。А. Н. Зорин, Революционное движение Киргизии（Северная часть）, Фрунзе, 1931, с. 31. 郡ソヴェト執行委員会の副議長アガフォンツォフ Агафонцов をはじめとする左派エス・エルもこの反乱に加わっていた。П. П. Никишов, Из истории краха..., с. 126.

（7）А. Зорин, Эпизоды из истории гражданской войны в Киргизии. «Борьба классов», 1936, No. 9, с. 46. タラス川流域のドミトリエフカ村を中心とする反乱でも、司祭フィヴェイスキー Фивейский が指導者として現れていることに注目されたい。«Великая Октябрьская соц. рев. и гражданская война в Киргизии（1917–1920 гг.）», прим. 30, с. 373.

（8）П. П. Никишов, Из истории краха..., сс. 100–102.

（9）Там же, сс. 155–57.

（10）«Великая Октябрьская соц. рев. и гражданская война в Киргизии（1917–1920 гг.）», No. 224, сс. 202–203.

（11）Там же, No. 233, сс. 208–209; No. 237, сс. 211–13.

（12）Там же, No. 246, с. 219.

（13）Там же, No. 245, с. 218.

（14）Там же, с. 21, No. 251, сс. 222–23, прим. 45, No. 257, сс. 227, 289–90; История Киргизии, Т. II, с. 87.

（15）С. Н. Покровский, Черкасская оборона. «Вопросы истории», 1947, No. 11, сс. 31, 35–36.

（16）Там же, с. 43.

（17）Там же, с. 47. カザフスタンの革命史研究の大家ポクロフスキーは、ここに、「政治的未熟性」を読み取るのであるが、「軍使への訓令」に戦う入植農民の世界観を読み取り、評価することも必要であろう。

（18）Г. Сафаров, Колониальная революция, с. 103; А. Зорин, Эпизоды. Из истории гражданской войны в Киргизии. «Борьба классов», 1936, No. 9, сс. 49–55.

（19）一九一九年四月にコルチャークの参謀本部に送られた秘密報告では、セミレーチエ戦線について、「赤軍の主要な部分はトルケスタンの狙撃兵であり、これは戦闘に慣れ、規律ある老練な兵士である。彼らは農民の出である」と指摘している。«Великая Октябрьская соц. рев. и гражданская война в Киргизии（1917–1920 гг.）», No. 215, с. 195. セミレーチエ州では内戦期に、赤軍のなかに原住ムスリムの部隊もいくつか編成されたが、赤軍部隊は基本的に移民＝入植者からなっていた。トルケスタンとシベリアの「異族人」にロシア人と同じ兵役義務が布告されるのは、内戦も終わる一九二〇年五月一〇日のことである。Декреты Советской власти. Т. 8, М., 1976, сс. 175-76. この兵役には、かってソ連の文献が述べたようにムスリム住民が進んで応じたのではなく、ムスリム新兵のほとんどは脱走し、バスマチにさえ加わっていたのである。С. Муравейский, Очерки по истории революционного движения в Средней Азии. Ташкент, 1926, с. 35.

(20) М. В. Фрунзе, Избранные произведения. Т. I, М., 1957, с. 328.

(21) Г. Сафаров, Колониальная революция, с. 117.

(22) М. В. Фрунзе, Избранные произведения. Т. I, с. 326.

(23) История Киргизии, Т. II, сс. 103-104; «Великая Октябрьская соц. рев. и гражданская война в Киргизии (1917-1920 гг.)», No. 354, с. 322.

(24) С. Н. Покровский, Великая Октябрьская соц. рев. и гражданская война в Семиречье. «Вопросы истории», 1947, No. 4, сс. 77-78.

(25) 一九年に戦線を飛行機で突破してセミレーチエへ共産主義者A・A・シャヴローフが到着した。彼が到着して四日後に、教会で五千人規模のセミレーチエ赤軍兵士の集会が開かれ、ここで、彼は糾弾され殺された。中央から任命された戦線の司令官として、彼は今後、司令部の選挙制を許さないと表明したためであった。Г. Сафаров, Колониальная революция, с. 107. 彼がセミレーチエ北部戦線のコパルに到着したのは、正確には一九年の六月三日で、直ちに軍政治コミッサールとして、中央ロシアの赤軍にならった軍の編成にとりかかっていた。«Иностранная военная интервенция и гражданская война в Средней Азии и Казахстане», Т. I, Алма-Ата, 1963, No. 448, с. 566; No. 452, с. 570.

(26) М. В. Фрунзе, Избранные произведения. Т. I, с. 325. この地方の出身で、反乱鎮圧を指揮したフルンゼは、「自分の村の近くに駐屯する特権」をもち、「どこであれ、自分の故郷から去るのを望まない」セミレーチエ赤軍兵士の気質を反乱の「土壌」として、強く意識していた。Там же, с. 328.

(27) Г. Сафаров, Колониальная революция, с. 117. 別の史料は、反乱兵士は「軍からの反革命将校の追放」、住民の武装化、銃殺の廃止を要求したと指摘している。«Великая Октябрьская соц. рев. и гражданская война в Киргизии (1917-1920 гг.)», No. 354, с. 322.

(28) Там же, No. 360, с. 327.

(29) Там же, No. 355, с. 324.

(30) Там же. 二〇年の春から初夏にかけて、ロシア人と原住民の対立が鋭化していることを別の資料も裏づけている。Там же, No. 313, сс. 283-84; No. 339, с. 306.

(31) М. В. Фрунзе, Избранные произведения. Т. I, с. 325.
(32) Там же.
(33) Дм. Фурманов, Собрание сочинений, Т. 3, Мятеж, М., 1960; Д. Фурманов, Мятеж в Верном 12–19 июня 1920 г., «Пролетарская революция», 1923, No. 11.
(34) Г. Сафаров, Колониальная революция, с. 117.
(35) А. Н. Зорин, Революционное движение Киргизии..., сс. 38–39; «Великая Октябрьская соц. рев. и гражданская война в Киргизии (1917–1920 гг.)», No. 396, с. 359; No. 397, с. 360; No. 402, сс. 363–64.
(36) ナルィン地方は行政的にはプルジェヴァリスク郡に属するが、政治的にはピシュペク、トクマクから影響を受けていた。一九二〇年夏以降、プルジェヴァリスク郡では帰還した五万人のキルギス難民への土地分与に直面していた。Там же, No. 373, сс. 340–41. また、トクマク地方では七月末の第三回共産党大会で、この地方の入植農民に対して「反クラーク」的政治姿勢が強く示されていた。Там же, No. 370, сс. 336–37. さらに、穀物割当徴発の実施はピシュペク地方を中心に緊迫した状況を生んでいた。Там же, No. 372, с. 338; No. 374, сс. 341–42; No. 380, сс. 347–48; No. 386, с. 352. 夏から秋にかけてのセミレーチエ南部のこのような複合的状況が、ナルィン地方の赤軍部隊の反乱の背景となったといえよう。

III　土地改革

一九一九年末から翌年夏にかけて、トルケスタン共和国では土地改革が提起された。これは植民主義を批判し、一九一六年のムスリム蜂起以降も革命と内戦のなかで継続した入植民による土地占拠を終わらせるためであった。中央の全露ソヴェト中央執行委員会と党中央委員会から派遣されたトルケスタン委員会と、T・ルィスクーロフらムスリム共産主義者の積極的活動のなかで[1]、植民地における新しい土地改革の方針が確定していく。

すでに、一九年一二月にトルケスタン委員会と共産党トルケスタン地方委員会は、セミレーチエ州の事態を審

図3-4　ルィスクーロフ，トゥラル・ルィスクーロヴィッチ(1894－1938)

セミレーチエ州のヴェルヌイ郡東タルガル郷のカザフ牧民の子として生まれた。1910年にメルケの3年制のロシア・カザフ人学校を終え，ピシュペクの農業学校を終了し，タシケントの師範学校へ進んだ。1916年のムスリム蜂起のなかで逮捕された。1917年以降，セミレーチエに隣接するアウリエ・アタ郡で活動した。1920年には，トルケスタン中央執行委員会，人民委員会議の議長を務め，「チュルク諸族共産党」を組織し，彼らの「共和国」の創設に動く。第10回から12回の党大会で，民族問題で活躍する。1922-24年に，トルケスタン自治共和国の人民委員会議の議長を務める。モンゴルに派遣され，1926年からロシア連邦共和国の人民委員会議副議長を務める。1937年に逮捕され弾圧され，翌年銃殺された。スターリン批判後，彼の「名誉回復」がおとずれたが，彼の獄死や活動の重要な史料は明示されなかった。ソ連崩壊後に公刊された彼の著作集(全3巻)では，無実を信じつつ困難が予想される娘に宛てた獄中からの最後の手紙は，心を打つ。

典拠）С. Бейсембаев, С. Кульбаев, Турар Рыскулов. Алма-Ата, 1974.

議し、土地問題における植民主義の一掃を確認している。(2) 翌二〇年一月に相ついで開かれたトルケスタンの第三回共産党ムスリム組織協議会、第五回共産党協議会で、ルィスクーロフらは党と共和国を「チュルク諸族共産党」「チュルク共和国」へ改編する決議を通過させた。これは中央アジアのチュルク系諸族の統合と、その政治的イニシアチヴの実現を目指す政治的行動であったが、そこでは飢餓にあえぐ原住ムスリムを救済し、植民主義と闘争することが当面の第一の課題とされたのである。(3)

トルケスタン・ソヴェト中央執行委員会議長という要職にあるルィスクーロフらの党と共和国の改編を目指す政治方針は、二〇年二月以降、トルケスタン委員会からの強い反撃にあい、撤回を余儀なくされていくが、植民主義との闘争方針は、共和国農業人民委員С・Д・アスフェンディアーロフに継承され具体的措置がとられていくことになる。(4) 三月四日に、アスフェンディアーロフら五人からなる委員会の報告を受け、共和国ソヴェト中央執行委員会は「勤労ムスリム農民への土地返却に関する」布告を出した。この布告は、移民に勤労基準に基づく土地利用は認めつつ、非勤労経営からは土地を没収し、一九一六年のムスリム蜂起後に移民の手に渡った土地はキルギス人へ返却すると述べていた。(5) 六月二六日には、農業人民委員部はソヴェト中央執行委員会へ宛て通達を発している。この通達はセミレーチエ州への移民入植が、トルケスタンの植民問題の元凶をなし、当州の土地問題は解決困難な状況にあると指摘し、次のように移民を厳しく閉ざす方針を伝えたのである。

「現時局において、トルケスタンの領域へのどのような移住入植も不可能であり、移民は、地方のソヴェト権力からほしいままに何らかの援助を期待することはできない。逆に、必要とあれば、トルケスタンからの強制追放もありうる(6)」。

ルィスクーロフらムスリム共産主義者による、チュルク系諸族を統合し、ロシアから自立した彼らの共和国と党を創出しようとする動きは、六月二九日の党中央委員会の「トルケスタンにおける共産党(ボ)の基本的諸課題に関する」決定によって、最終的な敗北を蒙る(7)。だが、植民地における土地改革の方針は、この六月二九日の決定のなかで確認され、次のような具体的指示となって現れた。

「(イ)、移民局により設計区画された、あるいは移民により不法に没収されたキルギス人の土地は、勤労分与地の範囲内で移民のもとに残し、他は全て没収する。没収された土地は、キルギス人集落、アルテリ、個々人への土地分与のため、および、一九一六年の惨禍を蒙ったキルギス、ドゥンガン難民の設営のためのファンドとされる。農耕を行う原住民の経営への土地分与は、ロシア農民と平等の原則のうえでなされる。牧民の経営には、遊牧路のみならず、定住農耕への移行を保障する畑地も確保されねばならない。この移行に際して、国家からの資金、農業技術の援助などがなされねばならない。

(ロ)、土地なしのムスリム農民に土地を保障する。

(ハ)、クラークのあらゆる組織を粉砕し、彼らを武装解除し、彼らの指導のみならず、地方における権力の組織化と経済再建へ影響を与えるいかなる可能性も奪うために、再移住を広範に実施し、断固たる措置をとる(8)。」

六月二九日決定のこの土地改革に関する指示を受けて、翌二一年春までに、トルケスタン共和国でも、キルギス(現カザフ)共和国でも、党とソヴェトのレヴェルで植民主義の一掃を目指す土地改革の方針が確定していった。(9)この土地改革の方針は、二一年三月の第一〇回共産党大会でも論議され、確認されることになる。大会で民族問題の基調報告を行ったスターリンに対して、副報告者のГ・サファーロフはトルケスタン、とりわけセミレーチエの植民問題に言及し、スターリンの提出した決議案にいくつかの修正を求めた。この修正要求は、もっぱら遊牧民に係わり、民族問題に一般化できないと、スターリンはつき放したが、スターリンのテーゼを原案にして採択された大会決議では、植民地のソヴェト権力とその土地政策を厳しく批判した見解が取り入れられたのである。(10)民族問題に関する大会決議では、チュルク系三千万の住民のうち、定住民を除くカザフ、キルギス、バシキール、チェチェンなど一千万の遊牧民に対し、ロシアからの植民で土地を奪われ、死滅に向かっている彼らの現状が指摘され、植民者クラークから土地を収用し、遊牧民に必要な土地を確保することが必要であると確認したのである。(11)

中央と地方での土地改革へのこのような大きなうねりに連動して、セミレーチエ州でも改革実現に向けての準備がとられていった。二〇年一一月一〇日に、共産党トルケスタン・ビューローは当州の党組織強化と土地改革準備のため、党とソヴェトの責任ある活動家を派遣すると決定し、一二月初めに、A・レーパをはじめとする一団が送られた。レーパは党州委員会の「責任書記 ответственный секретарь」に就き、党・ソヴェト機構の「健全化」、原住民共産主義者の抜擢登用、土地改革の準備にとりかかった。(12)すでに前年の一二月一五日に、州党組織の解散と党員の再登録が命じられていたが、これは植民主義に汚染された党組織を再建し、「ロシア人移民の植民主義のあらゆる欲望を完全に根だやしにすることで民族的敵対を調整し、クラークの経済力を弱めること」を目指すものであった。(13)この粛党により、トルケスタンの中枢をなすタシケント、スィルダリア地方につぐ党組織を誇ったセミレーチエ州も、二〇年末には党組織を一万七九一二人から三八八〇人(うち党員候補二六六二人)

へと激減させたのである。[14] さらに、土地改革へのロシア人クラークの抵抗を予想警戒して州、郡、郷村のソヴェトは、非常権限をもつ革命委員会の地位を与えられた。[15] 州革命委員会議長には、若きУ・К・ジャンドソフが就き、党州委員会書記レーパとともに、土地改革に向けての体制をつくったのである。[16]

植民地セミレーチエの土地改革は、このような準備過程を経て、二一年二月四日の州革命委員会の「土地水利改革の実施に関する指令」によって始まった。この指令は、一九一六〜二〇年に不法に奪取された土地を、二一年春の農作業の始まりをもって原住ムスリム住民に返還することを命じた。さらに「一九一六〜一八年のキルギス人冬営地の大規模な破壊」を考慮し、土地占拠者の全ての建物と播種地を没収し、遊牧路になされた大きな障害は取り除き、キルギス人の冬、夏、秋の牧地に定住非キルギス人が春に家畜を放つことを禁止した。そして、この指令は、「一九一六〜二一年に不法占拠者 самовольцы を出した開拓村、コサック兵村、都市は、彼らを逆に引き受け、一九一五年以前に開拓村に割り当てられた土地に入植営農させること」を義務づけた。農民は、開拓村、コサック兵村へ引き戻されたが、土地を占拠した都市住民には、一九一五年以前に雇用労働を用いないで農業に従事していた者にのみ土地への権利が認められた。[17]

続けて、州革命委員会は二月一二日に、貧窮する原住ムスリムに、一九一六年以降占拠された土地の返却に関する法を出したが、この法で、原住民の土地の侵害・奪取の主体である「不法占拠者」は、二つに分別されていた。すなわち、自らの分与地をもちながら「クラーク志向」のため原住民の土地を占拠した者と、自らの分与地をもたずに不法占拠に至った者を区別し、前者は無条件に占拠した土地から追放となるが、後者は家財、農具・施設をもって、不法入植する前の村へ返されることになった。さらに、この法は、戻ってきた牧民にも追放されるロシア農民へも行政的に配慮するように地方ソヴェトに求めていた。[18] 四月二五日には、党州委員会が、原住のカザフ、キルギスの作男へロシア人村落の勤労基準に応じて土地を分与する具体的指示を与えた。この決定では、彼ら作男の耕作に入植農民クラークと原住民豪族バイの参加を強いつつ、彼らに建物、農具、種子、さらに「充分なだけの播種地」を確保するため「あらゆる努力を傾けねばならない」と結んでいた[19]。二月四日の土地改革の基本方針を述べた指令に続いて、植民地セミレーチエの各住民グループに係る個別的措置と具体的な指示が出されたのである。

二一年春にこのようにして着手されたセミレーチエ州の土地改革は、翌二二年の夏に終了する。この土地改革のなかで、入植農民の非勤労経営が一掃され、勤労基準を超え余剰と判断された分与地は移民=入植者から収用され、原住民の土地と水利を侵害する土地・建物は除去された[20]。二一～二二年の両年で、移民から直接収用された土地は、セミレーチエ州で二二万六八四三d.(デシャチーナ)で、この収用過程で、不法入植村落の一掃がはかられた[21]。この移民から直接収用された二二万d.余の土地に、旧移民局の管理下にあった土地、コサック軍将校用地、修道院所有地を加えて、当州の土地改革ファンド一〇三万九七七一d.が形成された[22]。この土地ファンドから、二一年に八五万六八六二d.の再配分が行われたが、その八〇・二%が遊牧民の、一六・八%がタランチ、ドゥンガンのムスリム農民の用益下に入った。土地改革で被害を受けたロシア農民に分配された土地は、二・三%にすぎなかった。二二年の土地フォンド一八万二九〇九d.は全て原住民の用益下に移された[23]。この土地改革のなかで、一九一六年ムスリム蜂起で中国に逃れ、再び帰郷したムスリム難民への土地割当も行われた[24]。

このように、一九二一～二二年のセミレーチエ州の土地改革は、二二万d.余の土地を直接、入植民から収用し、この土地を含めて一〇四万d.の土地ファンドをつくり、そこからもっぱら、ムスリム牧民と農民へ土地を返還、再分配するものであった。この土地改革は、帝政ロシアの辺境ステップ地域をとらえた反植民主義の土地改革の一環、それも最大規模を誇る一つであった[25]。しかしながら、最大規模を誇るこの改革をセミレーチエ州の植民史のなかで位置づけると、その意義はいささか色褪せることになる。当州では、一九一六年のムスリム蜂起の前に、すでに五五万d.の優良地、七万d.の草刈場、二〇〇万d.の遊牧地が、原住牧民から収用されていた[26]。この一九二一～二二年の改革で、入植者から直接収用された二二万d.の土地は、帝政ロシアの植民の規模と実態からみるとわずかであり、しかも土地改革が、一九一六年ムスリム蜂起以降の不法な土地奪取の一掃に主眼がおかれていたこともあって、帝政時代の土地収用と植民の実態の改変には及ぶべくもなかったのである。

第二に、この土地改革が播種カンパニアと同時に進行したことも注目しなければならない。内戦から解放され、経済復興、農業増産を求めるネップ時代の播種カンパニアは、不法入植し土地を占拠した農民に、彼らの勤労権を認めつつ、播種とその成果の取り入れを保障した。(27) これは、彼ら農民に土地用益の事実上の存続を容認することになった。ロシア人入植者が土地改革のなかで貧窮した原住民に対して示した、耕耘、播種の援農行為も、(28) 彼ら農民の投下労働への保障と土地占拠の継続志向を強めたであろう。内戦の場となり、経済的荒廃の淵に立たされたレプシンスク郡では、二二年三月に郡の責任活動家会議が、土地問題と播種カンパニアの問題を審議し、「土地を自らの手で直接耕す農夫は、土地を制限されてはならない」と決定し、できるだけ多くの土地に播種することが呼びかけられた。(29) 播種カンパニアは、ネップのもとで農民の土地への関心を高め、勤労権を強め、農民革命の成果を強固にするものであったが、セミレーチエをはじめとする植民地では、耕耘・播種した農民の土地用益の継続を促し、不法占拠地の原住民への返却を曖昧にし、土地改革の成果を減殺する方向に作用した。(30)

第三に、外部からの移民流入を禁止しつつ改革を実施するという、植民地の党とソヴェトの方針も、(31) 中央政府が旱魃と、それに続く飢饉によって生じた飢餓移民の受け入れを、辺境植民地に強く求めることによって、(32) 実質的に効力を失った。飢饉に襲われたヴォルガ流域、カザフスタン北部から、二一年に二二万人の飢えた人々がトルケスタン地方に押し寄せたのである。トルケスタン共和国政府は最初、国境を閉鎖し、飢餓難民の流入を阻止しようとしたが、これを押しとどめることができず、難民二万三〇〇〇人を公共事業に就労させる計画に転換した。だが、この計画も資金難にぶつかり、結局、押し寄せる難民は農民経営のなかに吸収されることになったのである。(33) ロシアを襲う飢饉が、農民を移民として押し出し、それが辺境の入植地での土地問題を鋭化させるという歴史的現象は、トルケスタンでも繰り返されてきたが、今回の飢饉と飢餓難民の流入も、土地改革の実現条件の一つである移民流入の阻止を大きく揺り動かし、土地改革の実施にブレーキをかける方向に作用したのである。

最後に、この土地改革が「突撃的 ударный」と形容される性格をもって遂行されたことにも注目しなければならない。土地改革の開始を告げる州革命委員会の二月四日の指令は、改革に伴う土地整理を「突撃的」に行うことを求めていた(34)。だが、この「突撃的」という言葉に表現される実施方法は、経済的混乱と困難を新たにもたらすことになった。州土地部の通報は、二一年五月に、四月期の土地改革の実施状況にふれ、「大急ぎで、明確なプランを欠き、定まった系統性もなく」畑地が分与され、役畜・農具が分配されたが、それもわずかであり、したがって、不法占拠者も、新しい原住民入植者も「まだ全く惨憺たる状態にある」と確認せざるをえなかった(35)。土地を与えられ、移り住んだ貧窮する原住民には、充分な経営力がなく、土地を放棄するか、バイ、マナプなど有力豪族の庇護下に入らざるをえず、他方、追放された入植民は、充分な援助も得られず、営農の安定を奪われた。これらの結果は、播種地の一時的減少ともなった(36)。二二年一二月七日に、トルケスタン共産党中央委員会は、当州の党組織に「州の土地改革は、その突撃的な土地再分配の部分は終了した。しかし、我々が土地改革の結果の経済的強化と呼ぶ部分は未だ完了していない」と確認・指摘せざるをえなかった(37)。「突撃的」性格の土地改革は、辺境植民地に確かに「一撃 удар」を与えたとはいえ、経済的成果に直接結びつかなかったのである。

以上の諸点を考慮すると、植民地セミレーチエでの土地改革は、中央アジアで最大規模の一つであったとはいえ、その経済的成果は限られたものであったと言わざるをえない。しかし、この土地改革が植民地社会に与えた社会的衝撃は甚大で、入植農民の反動、原住ムスリムの活性化と部族的結集を促し(38)、政治指導の揺れ戻しと党内闘争の醸成をきたすことになった。

植民主義への批判として始まった土地改革は、入植農民の反動を引き起こさざるをえなかった。州革命委員会議長のジャンドソフは、二一年四月一五日付けの電文で、入植農民による土地、建物、農具の引き渡しへの様々な抵抗があったことを伝えている(39)。彼は、このような入植農民の反動のなかで、五月一九日に各郡の革命委員会へ、土地を得たキルギス人とともに追放された不法入植者の経営安定が、当面の緊急重要課題であると指示したのである。[40] 六月一一日には、トルケスタン委員会議長ルズタークらによって、セミレーチエ住民への「呼びかけ」が中央の党機関紙『プラウダ』に発表された。このなかで、土地改革の意義は確認されつつ、同時に、改革は「あらかた終わった」とされ、「全ての誠実なロシア人勤労者」へ土地を確保し、入植村落の撤去と移転は最小限にとどめると表明され、入植農民の安堵がはかられたのである。[41] 入植農民の改革への抵抗と反動は、夏から秋の農作業期に一層、強まり、彼らは「自分の」土地と農具の実力による奪還、テロルも辞さなかった。[42] 緊迫した状況が生まれるなかで、共産党中央委員会はC・ホッジャノフを議長とする入植民追放委員会のセミレーチエからの召還を決定し、共和国農業人民委員アスフェンディアーロフ、セミレーチエ州革命委員会議長ジャンドソフの責任を問うことを確認した。そして、一〇月一四日には次のように決定し、指示したのである。

「今後、土地改革は原住民と外来住民、両グループの土地用益と水利の同権、原住民の土地への不法占拠を一掃することを目的として、原住民と外来住民の土地整理を通じて行われねばならない。その際、第一に旧開村へ移された不法占拠者と、奪われた土地を戻され新しく移り住んだ原住民の経営を安定させねばならない。[43]」

反植民主義への傾斜をもって始まった土地改革の第一段階から、原住民と外来入植者の利害調整を強調する第二段階へ移ったのである。これは、一九二一年夏〜秋の入植農民の土地改革への反動のなかでの、政治的揺れ戻しであった。この揺れ戻しが、さらに加勢するのを止め、植民地における土地改革の正当性を確認するために、党中央委員会は、翌年の一月一一日付けで回章「トルケスタン共産党へ」を出さざるをえなかった。この回章は、中央の『諸民族の生活』誌に載ったが、少数派のロシア人が「〈支配民族〉の恥ずべき特権」を捨て、共産党が「クラーク植民社会の影響」から浄化されることを求めつつ、次のようにセミレーチエの土地改革を支持した。

「トルケスタンにおける新経済政策の実施は、ソヴェト権力の土地政策の再検討、例えば、キルギス住民に彼らの奪われた土地を返却したセミレーチエの土地改革の再検討に至るにちがいないと考えている同志たちの結論は、深い誤りであり、全く皮相である。これらの結論は、新しい旗を掲げた旧い植民主義であり、ソヴェト権力がクラーク農場主の債務奴隷へキルギス人を戻す準備をしていると、全く誤解している。ロシア共産党中央委員会は、早急な実施にあたり個々の誤りと手違いがありえたとはいえ、セミレーチエの土地改革を正しいものと認め、過去へのどのような復帰も許さず、トルケスタンにロシアのアルスターを、すなわち〈中央〉の支持を期待する民族少数派の植民主義的フロンドをつくる試みに全く容赦ない打撃を与える。」[44]

セミレーチエの土地改革は、このようにして、第一期の反植民主義の積極的推進の局面から、第二期のそれへの反動、さらに、この反動に対する土地改革の再確認の第三期を経て、一九二二年の夏に、その終了が宣言された。二二年の八月三一日に、全露ソヴェト中央執行委員会は、議長カリーニンと同幹部会員ルズタークの署名を付して、「セミレーチエ州の住民へ」と題するアピールを発し、土地改革の終了を宣言した。

このアピールは、ロシア農民が「去年と今年の土地改革の不公正さ」を一連の嘆願書で訴え、原住キルギス人は「ロシア農民による土地と農具の新たな不法占拠の企て」を非難し、ロシア軍の支援を得て土地改革が中止となるとか、セミレーチエからロシア人全てが追放されるとか「全く馬鹿げた噂」が飛び交ったと伝え、土地改革によって植民社会にロシア人と原住キルギス人との「非常に不正常な関係」が引き起こされ、緊迫した事態が生まれたと指摘した。そのうえで、このアピールは、土地改革の結果は全く変更されることなく、没収資産の返却、追放された土地への復帰・再入植もないと述べ、土地改革の終了を宣言したのである。その際、今後は入植地からの追放も行われず、土地整理は土地用益の強化と経営改善を目指し、「現存勤労経営の土地用益を切り取ること」は決してないと表明されたのである[45]。植民地セミレーチエの土地改革は、開き放たれたパンドラの箱を再び閉ざすかのように、政治的にその終了が宣言されたのである。二二年八月から翌年春までに「勤労土地用益法」と「土地法典」が中央アジアのキルギス(現カザフ)、トルケスタン両共和国でも採択され、その一州、セミレーチエへも適用されることになった。[46] 政治的に終結を宣告された土地改革は、法的整備を経て最終的に幕を閉じたのである。これによって、ロシア農民革命の理念、すなわち勤労土地用益を辺境植民地でも民族の差別なく実現することを法的に確認したのであり、辺境地域における反植民主義のトーンは落ち、移民制限条項にその残影をとどめるものとなった。

土地改革の開始、揺れ戻し、政治的終了へと進む過程で、セミレーチエ州をはじめ中央アジアの共産党組織のなかで、党内闘争が醸成されることになった。モスクワから派遣されてきた「中央派 центровики」への抵抗は、すでに一九二〇年に現れ、地方の党とソヴェトの植民主義への「自己規制」を促していた。土地改革実施のなかでは、セミレーチエの党組織に、入植農民の追放に反対し、土地改革が階級的方針によってではなく、民族的方針で行われているとの非難が現れた。[47] 二二年一月一一日の党中央委員会の回章「トルケスタン共産党へ」は、土地改革への反動のなかでその正当性を確認するとともに、「民族的隔離の諸傾向」、「党活動を破壊する争論や分派闘争」に警告を発し、その根絶と「全党員の協調一致した活動」を求めたのである。[48] 同年三月に開かれた第二回セミレーチエ州党協議会は、党組織が「一体 единое целое」をなしていないと確認せざるをえなかった。[49] 一二月七日には、トルケスタン共産党中央委員会はジェトゥイスス(旧称セミレーチエ)の党組織へ宛てた書簡のなかで、土地改革のなかで党内闘争が激化したことを確認し、次のように厳しく批判した。

「中央委員会は遺憾ながら、ジェトゥイスの党とソヴェトの上層部が、分派闘争、権力争い、部族的反目に夢中となり、まさにそのことにより、人民大衆が革命的高揚のなかで土地改革の第二段階、経済的安定の強化を成功裡に完了する好機を逸してしまったと確認せざるをえない。[50]」

中央アジアの土地改革をめぐり醸成されたこのような党内闘争は、キルギス(現カザフ)共和国でも、[51] トルケスタン共和国でも鋭いかたちをとった。トルケスタンでは、ネップの推進を主張し、入植農民の営農安定と農業の再建・増産を唱えるM・П・トムスキーと、植民地での民族政策の厳格な実施を求めるサファーロフの政治的対立となった。[52] セミレーチエでは、ネップへの移行が民族政策と土地政策の放棄につながることを危惧する「左派警戒論者 левые паникеры」が登場したのである。[53] セミレーチエ州の土地改革は、植民社会の対立を際立たせ、党内対立と闘争を醸成し、「突撃的」な反植民主義から、土地整理を通じての脱植民化の道へ転轍し、政治的な終結を宣告されたのである。

（1）トルケスタン委員会とルィスクーロフの活動に関しては、次の先駆的論文がある。木村英亮「ソヴェト中央アジアにおける社会主義と民族主義——トルケスタン委員会とルィスクロフ」『史潮』五号、一九七九年。

（2）«Социалистическое строительство в Казахстане в восстановительный период», No. 192, прим. 17, с. 280.

（3）ルィスクーロフはセミレーチエに隣接するスィルダリア州の、やはり植民が進められていたアウリエ・アタ、チェルニャエヴォ両郡に関する委員会（トルケスタン・ソヴェト中央執行委員会付属）の議長を務め、一九年秋から、植民主義への鋭い批判を展開していた。Т. Рыскулов, Избранные труды. Алма-Ата, 1984, сс. 60, 69–70. ルィスクーロフはトルケスタンの第三回党ムスリム組織協議会でも、ソヴェト権力のとるべき政策は、第一に飢餓と植民主義に対する闘争であると主張している。А. А. Гордиенко, Образование Туркестанской АССР. М., 1969, с. 281.

（4）トルケスタン委員会メンバーのフルンゼが二月二二日にタシケントへ到着して、ルィスクーロフへの反撃が始まるが、翌二三日の共産党トルケスタン地方委員会では、土地問題が審議された。ここで、トルケスタン委員会のゴロシチョーキンの提案で、アスフェンディアーロフら五人からなる委員会が、土地問題に関する規定の作成のために選出されている。«Социалистическое переустройство сельского хозяйства в Узбекистане», No. 51, с. 106.

（5）Там же, No. 52, сс. 106–107.

（6）Там же, No. 54, сс. 109–10.

（7）В. И. Ленин, ПСС. 5-е изд., Т. 41, сс. 153, 433–36; прим. 172, с. 545. 六月二九日の決定の後、ルィスクーロフ派が多数を占めていたトルケスタン地方共産党委員会は、「党中央委員会決定の実施を妨げた」として、七月一九日に解散され、再組織されることになる。А. А. Гордиенко, Образование Туркестанской..., с. 289.

（8）«Социалистическое строительство в Казахстане в восстановительный период», No. 192, прим. 17, сс. 280–81.

（9）М. Ким, Октябрьская революция и аграрный вопрос в Казахстане. «Вопросы истории», 1947, No. 10, с. 100; Р. Х.

Аминова, Аграрные преобразования в Узбекстане в годы перехода Советского государства к НЭПу. Ташкент, 1965, сс. 77–79; Очерки истории Коммунистической партии Казахстана. Алма-Ата, 1963, с. 208; «Социалистическое переустройство сельского хозяйства в Узбекстане（1917–1926 гг.)», Ташкент, 1962, No. 56, сс. 111–13.

（10）Десятый съезд РКП(б). Стенографический отчет. М., 1963, сс. 212–13, 487–90.

（11）Г. Сафаров, Колониальная революция. М., 1921, сс. 145–46.

（12）«Советское строительство в аулах и селах Семиречья. 1921–1925 гг.», No. 88, сс. 152–53.

（13）В. П. Николаева, Туркомиссия как полномочный орган ЦК РКП(б). «Вопросы истории КПСС», 1958, No. 2, с. 82. 一九年末から二〇年にかけてのこの粛党は、トルケスタン地方でとりわけ植民主義の強かったタシケント第三鉄道区、フェルガナ地方、そしてセミレーチエ地方で行われた。«Резолюции и постановления съездов Коммунистической партии Туркестана（1918–1924 гг.)», Ташкент, 1968, с. 69.

（14）木村・前掲「ソヴェト中央アジアにおける社会主義と民族主義」二一頁。

（15）Р. Х. Аминова, Аграрные преобразования..., сс. 84–85.

（16）История Казахской ССР с древнейших времен до наших дней. Т. IV, Алма-Ата, 1977, с. 282. レーパとジャンドソフの二人については、従来、その後の活動、さらに具体的な人物像が不明であった。しかし、ソ連の崩壊に前後して、この二人は名実ともに復権し、その悲劇の死を含め活動の軌跡がたどれるようになった。ラトヴィア農民の出であるA・K・レーパ（一八九六―一九三八）は、その後、一九三三年からタタール共和国の党第一書記としてカザンで活動するが、粛清の嵐のなかで処刑されている。ウラス・ジャンドソフ（一八九九―一九三八）は、セミレーチエ州のカザフ人バトラーク（雇農）の家族に生まれ、一九二〇～三〇年代を通じてカザフスタンの党書記として活躍するが、一九三七年に逮捕され、翌年三月に銃殺されている。Б. Султанбеков, А. Лепа: штрихи к политическому портрету. «Коммунист Татарии», 1988, No. 6, сс. 87–92; Ураз Джандосов. Документы и публицистка（1918–1937 гг.）в двух томах. Алматы, 1999.

（17）«Советское строительство в аулах и селах Семиречья», No. 87, сс. 148–52.

（18）М. Ким, Октябрьская революция..., сс. 100–102.

（19）«Советское строительство в аулах и селах Семиречья», No. 104, сс. 163–64.

（20）セミレーチエ州の土地改革の規模については、研究者によってまちまちである。二二年一二月に当州の経済会議が作成した資料に基づくと、二一年に一掃された非勤労経営は一二七、土地面積にして二三七九d.、二二年にはそれぞれ、一三四一経営と一万二五二四d.であった。また、原住民の水利と土地利用を妨げるとして、二一年に一五カ村、二五七経営、一万四九四五d.が、二二年には五四カ村、二八三三経営、一四万八九七七d.の移民村落が分散・撤去された。さらに、入植農民から余剰地として没収されたのは、二一年に二万六六一〇d.、二二年に二万一四〇八d.であった。Там же, No. 141, сс. 221-22. 結局、二一年に四万三九三四d.、二二年に一八万二九〇九d.、両年合わせて二二万六八四三d.の土地が、移民入植者から直接収用されたのである。

(21) 一掃された入植村落の数に関しても、史料によって異なっている。一九二四年一月のトルケスタン共和国第一二回ソヴェト大会に提出された調査書は、同州でロシア人の不法入植村落一一〇、フートル五一、出作り地 заимки 九五が一掃されたと述べている。«Социалистическое переустройство сельского хозяйства в Узбекистане (1917-1926 гг.)», No. 111, сс. 216-17. だが、一九二五年一一月のジェトゥイス（一九二二年にセミレーチエはこう改名した）県党委員会の報告は、四五村落が一掃されたとしている。«Социалистическое строительство в Казахстане в восстановительный период (1921-1925 гг.)», No. 3, с. 22.

(22) «Советское строительство в аулах и селах Семиречья», No. 141, с. 222.

(23) Там же, No. 141, сс. 222-23.

(24) 一九二一年夏までに、セミレーチエ州に、中国領に二万人弱を残しながらも、二四万人の難民がすでに戻ってきていた。プルジェヴァリスク、ピシュペク郡では、不法占拠者を追放し、そこに帰郷した難民への土地割当が行われている。Там же, No. 119, сс. 180-81.

(25) トルケスタンの他の州でも土地改革は行われたが、その規模は数千d.にとどまっている。Р. Х. Аминова, Аграрные преобразования..., с. 80; «Социалистическое переустройство сельского хозяйства в Узбекистане (1917-1926 гг.)», No. 80, с. 154; No. 91, сс. 181-82. カザフスタンの北部ステップでは、旱魃・飢饉にみまわれ、その対策に追われ、土地改革の実施ではなく、その準備作業にとどまったのである。Г. Ф. Дахшлейгер, Социально-экономические преобразования в ауле и деревне Казахстана, Алма-Ата, 1965, сс. 159, 164.

(26) «Социалистическое строительство в Казахстане в восстановительный период», No. 238, с. 335.

(27) «Советское строительство в аулах и селах Семиречья», No. 106, No. 165.

(28) Там же, No. 116, с. 176.

(29) Там же, No. 127, с. 194.

(30) この点で、当州に隣接するフェルガナ州ジャラル・アバード地区の土地改革の経過は興味深い。この地区は、ロシア人農民の入植がさかんに進められ、かつてモンストロフの農民軍が跋扈したところであるが、ここからスィルダリア州に追放されたロシア人農民は、自分の穀物の取り入れのため再び戻ることを許された。その後、彼らの追放はうやむやにされたのである。

«Социалистическое переустройство сельского хозяйства в Узбекстане (1917–1926 гг.)», No. 102, с. 198.

(31) 一九二一〜二二年の土地改革の準備、実施、終了のどの局面においても、外部からの移民を閉ざすというのが一貫した公的立場であった。Там же, No. 54, сс. 109–10; No. 83, с. 116; No. 100, с. 194.

(32) 一九二一年一月一日に、レーニンは農業人民委員С・П・セレダーに書簡を送り、そこで、移民の受け入れに積極的に動くように求めている。この書簡で、シベリア革命委員会の議長И・Н・スミルノーフは提案された移民総数のうち、わずか一〇万人だけ受け入れることができると答え、キルギス（現カザフ）共和国人民委員会議の議長В・А・ラドウス＝ゼニコヴィチは移民の受け入れ自体を拒んでいると伝えた。そして、レーニンはセレダーにラドウス＝ゼニコヴィチとその日のうちに交渉し、カザフスタンの移民受け入れ数を決定するよう提案していた。Ленинский сборник. XXXVII, M., 1970, с. 277. 中央政府は、シベリアとカザフスタンへ移民を受け入れるように政治的圧力をかけたのである。

(33) J. Castagné, Le Turkestan depuis la révolution russe (1917–1921). *Revue de monde musulman*, No. L (june 1922), pp. 72–73; Ш. З. Уразаев, В. И. Ленин и строительство советской государственности в Туркестане. Ташкент, 1967, с. 355.

(34) «Советское строительство в аулах и селах Семиречья», No. 87, с. 152.

(35) Там же, No. 114, с. 174.

(36) «Социалистическое переустройство сельского хозяйства в Узбекстане (1917–1926 гг.)», No. 111, сс. 216–17.

(37) «Советское строительство в аулах и селах Семиречья», No. 143, с. 226.

(38) ムスリム牧民への土地返還が行われるなかで、バイ、マナプを中心とする牧民の部族的結集も強められた。このことにより、彼らの社会に伝統的な部族間の争い родовая борьба も鮮明になっている。二二年春に山地州 горная область の新設をめぐり、ソルト族とサルィバギシュ族の対立が鋭化し、結局、山地州の創設は見送りとなった。История Киргизии, Т. II, Фрунзе, 1956, с. 128.

(39) «Советское строительство в аулах и селах Семиречья», No. 103, с. 162–63. 入植民の土地改革への抵抗に関しては、次の文献も参照されたい。А. Н. Зорин, Революционное движение Киргизии (северная часть). Фрунзе, 1931, с. 40; Г. Ф. Дахшлейгер, Социально-экономические преобразования..., сс. 146, 160.

(40) М. Ким, Октябрьская революция..., с. 102.

(41) «Советское строительство в аулах и селах Семиречья», No. 118, сс. 177–78. Я・Э・ルズタークは、第二次トルケスタン委員会（二〇年七月〜二二年八月）の成員であり、М・П・トムスキーとともに議長も務めた。

(42) Р. Х. Аминова, Аграрные преобразования..., сс. 102–103; «Социалистическое переустройство сельского хозяйства в

Узбекстане (1917–1926 гг.)», No. 86, с. 169.

(43) Очерки истории Коммунистической партии Казахстана, с. 211.

(44) «Жизнь национальностей», No. 3, 26 января 1922 г.

(45) «Жизнь национальностей», No. 18(153), 11 сентября 1922 г.

(46) «Социалистическое переустройство сельского хозяйства в Узбекстане (1917–1926 гг.)», No. 90, с. 174; No. 100, с. 194; «Советское строительство в аулах и селах Семиречья», No. 134, с. 207.

(47) А. Н. Зорин, Революционное движение..., с. 40.

(48) «Жизнь национальностей», No. 3, 26 января 1922 г.

(49) А. Н. Зорин, Революционное движение..., с. 44–45.

(50) «Советское строительство в аулах и селах Семиречья», No. 143, с. 227.

(51) キルギス(現カザフ)共和国でも、一九二一～二二年の土地改革のなかで党内闘争が激化した。民族主義者は〈キルギス会議〉を招集し、植民主義との闘争を前面に出した。これに対し、大ロシア覇権主義者は、ウラリスク、クスタナイ両県の共和国からの分離とロシアへの併合を求めた。二二年二月の共和国党委員会総会には、T・ルィスクーロフの民族問題に関するテーゼが提出され、これをめぐり鋭い対立が生じた。Очерки истории Коммунистической партии Казахстана, сс. 200–203.

(52) Г. Ф. Дахшлейтер, Социально-экономические преобразования..., сс. 149–51.

(53) Р. Х. Аминова, Аграрные преобразования..., с. 53.

セミレーチエ州の植民と革命が提起した問題は、南シベリアから南ウラル、中央アジア、カフカース、クリミア半島に及ぶ帝政ロシアの広大な辺境植民地に共通する歴史的イッシューでもあった。革命と内戦のなかで辺境民族地域に成立したソヴェト権力と、それを支える共産党は、基本的に外来入植者を社会的基盤としていた。ここでは、入植農民を主体とし、勤労用益実現の名のもとに原住民の土地への侵害も辞さない農民革命が展開した。だが、辺境民族地域における革命の構造、その「並存性」に規定されて、一九二〇年からもう一つの土地革命への胎動が始まり、一九二一～二二年の土地改革となった。植民地におけるこの土地革命は、ロシア中央部の農民革命と異なり、植民地社会における対立と党内闘争を醸成して、移民と原住民に平等な土地用益を認める土地整理へと落着した。植民地の土地革命は、反植民主義から脱植民化へトーンを落として終了したのである。

第四節　ネップからスターリン体制へ

シャミグーロフ主義が我々を脅かしている、と私は確信したのだが、その危険に、私はきわめて不安にかられた。それを定式化すれば、これは、自らのうちなる危険である。……敵よりも友が、全て、いつでも良いというわけではない。同志マヌイリスキーがここで自らの演説を行ったとき、私は髪の毛の一部を掻きむしらんばかりであった。同志マヌイリスキーの演説は、ロシア・ウクライナ語に翻訳されたシャミグーロフ主義である。（一九二三年六月一〇日、第四審議会でのトロツキーの演説より）

この第四節では、ロシア革命後のソヴェト社会がネップに移行するなかで、民族政策がどのように展開し、さらに、スターリン体制の成立をみるなかで、どのような転換をとげるかを全体的に概括する。第二、三節で、個別にヴォルガ中流・ウラル地域と中央アジアが扱われたのを受けてのことである。一九二〇年代から三〇年代に至る十年余のこの一時代は、かつて「諸民族の牢獄」と称された帝政ロシアから、革命と内戦のなかで自立と解放を求めて登場した諸民族が、ソヴェト同盟という新たな体制に統合され、そこで民族の再生と復興を志向した特異な一時代であった。ネップの時代に、革命は運動から体制へとその次元を転換し、民族の解放のスローガンから、その政策をソ連という新たな体制のもとで実現するという局面に入った。民族問題はソ連の体制下で長きにわたって解決済みと公言されてきたが、ペレストロイカのなかでその矛盾が認識され、ソ連体制の崩壊に前後して、それは鋭いかたちで噴出するようになった。このような状況のもとで、ネップ期の民族政策を革命からスターリン体制の成立に至るソ連史のなかで位置づけ、その矛盾と意義を新たに確定する知的作業も必要とされている。

I　ネップ期民族政策の形成

旧体制が崩壊し、革命のなかで解き放された「民族」のモメントは、内戦からネップへと移行する時期に、ソヴェト体制のもとで民族政策として体系化されていくことになる。それは、政治を独占し一党制の政治システムを形成したロシア共産党の第一〇回から第一二回党大会にかけての論議と決定を経て成立し、一九二〇年代のネップという一時代を貫く基本的枠組みをなした。

さて、ネップへの転換をうたった一九二一年春の共産党の第一〇回大会では、民族人民委員のスターリンが「民族問題における党の基本的諸課題について」と題して基調報告を行った。この報告は、三月一〇日午前の第五会議でなされ、そこでは、まず、ソヴェト体制下のロシアには支配する民族も無権利な民族もおらず、「本国」も「植民地」も、搾取者も非搾取者もいないが、それでも民族問題は存在すると指摘された。そして、その解決とは、過去から引き継いだ政治・経済・文化における不平等を克服することであるとされ、遅れた民族が「中央ロシア」に追いつき、その「後進性」を克服することに求めた。さらに、彼はこの克服を妨げるものとして「ロシアの覇権的民族排外主義」と「原住民の地方民族主義」の二つを挙げて批判し、「遅れた民族」が「中央のプロレタリア的ロシア」に追いつくのを可能とすることが実践的な課題であると提起した。この「中央のプロレタリア的ロシア」と「遅れた民族」との関係、つまり、彼の「中枢―辺境」という論理において、スターリンは、民族自決権というスローガンの放棄を明言したのである。彼は、外務人民委員のチチェーリンに対し、それは「帝国主義者の利用に便利な空虚なスローガン」となったとし、我々はすでにこのスローガンと決別し、それは正確には「国家的分離に対する諸民族の権利」であり、この権利はロシア連邦に入る諸民族には行使されないでいると答えた。ここでは、「遅れた民族」のロシアへの結合の論理が主張されているのである。(1)

大会では、このスターリンの報告に対して民族地域から具体的に様々な意見と批判が出され、補足が要求された。この日の第五会議で副報告者として、また、トルケスタン代表の委任も受け発言したのは、Г・И・サファーロフであった。彼は、辺境植民地のソヴェト権力の社会的基盤とその民族政策の誤りを厳しく批判した。

サファーロフは、この副報告で東方辺境地域の革命と民族問題の構造を鋭く分析、提示したのである。彼は、民族問題を過去の遺産としてよりも、植民地における革命の過程、そこから生み出される矛盾として強く意識していた。彼は、まず、辺境地域の都市と農村の対立は「民族的敵対」の性格を帯びたとし、ロシア人の都市と「遅れた原住民の農村」の関係を指摘した。そして、この対立は、ウラルでも、トルケスタンでも、キルギス(カザフ)スタンでも存在することを確認する。第二に、地方で樹立されたソヴェト権力が、現地の被抑圧民族の勤労者から遊離していたことが指摘される。彼は、ここで、トルケスタンがロシア連邦の辺境における民族問題の

「実験室」であると指摘し、富農が共産党に入り、地方権力を代表し、原住民を抑圧する構造が生まれたと、次のように述べる。

> 「多くの辺境地域では、この覇権をもつロシア人クラークが一掃されるには、まだ程遠い。このことについては、同志スターリンのテーゼで多少とも詳しく述べられている。覇権をもつこのロシア人クラークが、運命の意図によって、辺境におけるプロレタリア独裁の〈担い手〉になり、原住民大衆を反革命陣営になげやったのである。」

さらに、サファーロフはセミレーチエ州の例を挙げつつ、「土地に対する原住民の勤労権」の確立なくしては、辺境における民族政策はそもそも意味をなさないと主張した。サファーロフは、バシキーリア、キルギス（カザフ）スタン、トルケスタン、カフカースに及ぶ植民地において、現地住民を主体とした改革の推進と非資本主義的発展を求め、原住民の利害から遊離した都市にいくつかの官僚組織をつくり経済発展を目指すのではないと批判したのである。この点で、サファーロフは、「自らをマルクス主義的に思考していると考える多くの同志」が、「より高い経済形態の有利性という視点」から、クラーク経営の必要性と保持を主張していると批判した。彼は、中央ロシアの経済政策をそのまま辺境地域で実施することを厳しく拒否する文言を決議に入れること、さらに、被抑圧民族への対応で「慎重さ」だけをただ呼びかけるのでは足りないとし、追加・補足を求めたのである。[2]

ウクライナからはB・ザトンスキーが、スターリンの資本主義の発展から民族問題を一般的に説明していくテーゼに対し、「時空を超えて書かれたようだ」と、その抽象性を評し、共産党の最大の誤りは民族運動を見過ごし反革命側に追いやったことだと指摘した。ザトンスキーはさらに、「中央ロシア」では特異な「革命ロシア・パトリオティズム」が生まれたとし、それがもつ「単一不可分」への傾向を批判し、この「粗野なロシア主義 русапетство」との闘いを訴えた。また、H・A・スクルィプニクは、スターリンの報告では「問題は少しも解決されない」と述べ、A・И・ミコヤンは、スターリンのテーゼは、諸民族の自決と分離の「抽象的諸原則」を述べたもので、現在は具体的措置が求められていると不満を示した[3]。

大会では、このようにスターリンの基調報告に対し厳しい批判を含め補足意見が述べられたが、彼の報告を基礎に、大会決議「民族問題における党の当面の諸課題について」が作成された。この決議では、中枢—辺境論を基軸に据え、中枢の大ロシア人を頂点に位置づけ、そこから他の諸民族を経済的な発展段階に応じ序列化し、最後に一定の領域をもたず他民族のなかに分散する少数民族を配置した。そして、このいわば頂点(中枢)から底面(辺境)に広がる円錐的序列に従って、共産党の当面の課題は、非ロシア系諸民族が「中央ロシア」に追いつくことを援助することとされた[4]。この中枢—辺境論にみられる論理は、スターリンが革命から内戦にかけて一貫して抱いていた思考であり[5]、「ロシア人労働者」が「兄弟諸民族の信頼」を得て革命を行ったという、彼の自負にも裏打ちされていた[6]。民族人民委員スターリンの思考が、党の民族政策の基底に据えられ、認知されたのである。

大会決議では、この「中枢—辺境」論を基軸に、第一に具体的措置が述べられていた。すなわち、行政・裁判の母語による執行、「現地住民の生活と心理を知る現地の人々」から権力機関を構成し、熟練労働者と党・ソヴェト活動家を原住民出身者から育成し、母語による学校教育、出版・演劇・文化啓蒙活動の発展を目指すことが掲げられた[7]。これらの具体的措置は、革命と内戦のなかで民族政策の誤りを克服しつつ確認されてきたものであり、それぞれの地域と民族に党とソヴェトが「根をはる коренить」という意味で「土着化 коренизация」とも、「民族化 национализация」とも総称される政策である。

第二に、大会決議では、各地に新しく形成されたソヴェト共和国が、帝国主義諸国の包囲に対して「緊密な国家的同盟」に入ることを確認していた。その際、この「同盟」の範型として、ロシアの様々なレヴェルでの連邦が「ソヴェト諸共和国の国家的同盟の一般的形態」としてふさわしいと指摘されていた[8]。すなわち、東方辺境地域が自治共和国、州としてロシアへ統合されてきた型や機構が、ロシアと他のソヴェト共和国の関係の雛型として提示されているのである。ここには、翌年の秋に、スターリンが提出する「自治化案」が、すでに胚胎していた。これは諸ソヴェト共和国をロシア連邦共和国へ自治共和国として統合することを目指すものであった。(9) さらに、外務人民委員チチェーリンを批判するなかで、スターリンはロシア連邦共和国では諸民族の「国家的分離権」は行使されずにいると豪語し、民族自決のスローガンからの決別を宣言したことにも注目しなければならない。(10)

第三に、大会決議は、これらの「土着化」政策と「緊密な国家的同盟」の達成を妨げるものとして、辺境民族地域の党組織における二つの「偏向」を指摘していた。覇権主義、植民主義を示す「大ロシア・ショービニズム」への偏向と、「ブルジョワ民族主義」への偏向であり、決議では前者の「特別の危険性と有害性」が強調されていた。(11) この二つの偏向論は、革命と内戦期にみられた民族ニヒリズムや大ロシア覇権主義への批判を受け継ぎつつ、発展させたものであった。

第一〇回党大会は、経済の分野でネップへの転換を示す画期をなしたのは周知のことであるが、同時に民族問題においても、ソヴェト体制下の新しい枠組み形成に向けての大きな一歩を印したのである。この枠組みは、一九二三年春の第一二回党大会でもう一度確認されるが、それまでの二年間にこの枠組みをめぐって、いくつかの鋭い対立と論争が引き起こされることになった。

まずネップへの移行は、辺境民族地域に新しい論争を呼び起こした。民族問題の解決に関心を抱く一連の活動家から、ネップが再び辺境植民地に入植民クラークと地方豪族バイらの経済支配の復活をもたらすことを警戒する声があがったのである。これは、中央アジアでは、政府とソヴェトのトルケスタン問題委員会のM・Π・トムスキーと党トルケスタン局員Γ・サファーロフの対立となって先鋭化した。

トムスキーは、もっぱら労組の指導者として知られており、第一〇回党大会での労働組合論争ではレーニンを支持したが、大会後、党の指導からの労組の自立を主張し、批判され、トルケスタン委員会の議長としてタシケントに赴いていた。彼は、一九一九年春の第八回党大会ですでに、後の自らの立場を示唆する発言を行っていた。

彼は、民族ニヒリズムの立場をとったピャタコフほど「確信をもって民族自決権を否定はしない」と述べつつ、「インターナショナルな統一」の必要性を訴えていた。そして、「この会場で、民族自決権、民族運動が正常で望ましいと語るような人は一人としていないと、私は思う。これには、必要悪として、我々は対応している」と述べ、経済問題では、経済主義的視点から、クスターリへの保護の必要性を否定していたのである。[12]この観点は、トムスキーのトルケスタンでの活動の基調をなしていた。彼は食糧税の実施に奔走し、ムスリム貧農委員会の組織化やクラークからの没収資産・農具の分配を批判した。これに対して、サファーロフは原住民の階層分化と貧農の組織化による脱植民化の民族政策の実施を主張した。この対立は、トムスキーの方針に「大ロシア排外主義」への傾向を読み取ったレーニンの介入を呼び、二一年一〇月一四日の党中央委員会総会では、トムスキーの召還とトルケスタンでのネップ導入に慎重たることを求める決議が採択された。[13]

カルムィク自治州でも、ネップに疑念を抱き大ロシア主義への批判を強める動きが生まれ、党とソヴェト活動家の間に対立が顕在化していた。[14]中央からは、一九二二年一月にトルケスタン共産党へ、六月にはカザフ共和国へ、ネップと民族政策を対立させるのは正しくないとの指導がなされている。[15]だが、辺境民族地域での「左翼警戒論者 левые паникеры」の声はやまず、第一二回党大会の民族部会での発言にももちこまれることになる。[16]

市場を通じて経済復興を目指すネップへの移行は、地域間の合理的経済調整を求め、二一年二月に設置されたゴスプランから、同幹部会員И・Г・アレクサンドロフ教授作成の小冊子『ロシアの経済地域区分』が出された。同教授のこの経済地域区分論は、民族の経済的一体性を分断し、その経済的自立への展望を挫くものと厳しい批判がなされることになる。[17]二二年四月末から五月初めに開かれた民族ソヴェトの会議では、「後進民族」が工業地域へ統合され、彼らの原始的農業と畜産が、発展から取り残されるのではないかとの危惧が述べられた。この会議は後進民族の経済に「特殊な組織方法の探究」を求めるとともに、最小の民族にも個別の経済地域が必要であり、共和国・州の民族自治に対しても分断されない「経済的自立性」の保持を主張したのである。[18]

ゴスプラン主導のこのような経済地域区分に対する危惧と批判は、ウクライナ共和国からも[19]、チュヴァシ自治州からも出されていた[20]。バシキール自治共和国では、より具体的に、大バシキーリヤの形成に関連して、二二年五月に共和国側は、ゴスプランが南ウラルの工業地域を共和国から排除し、単なる「農業バシキーリヤ」をつくろうとしていると反発を募らせていた。八月一七日には、全露ソヴェト中央執行委員会が南ウラル工業地域を同共和国の領域外とする布告を出し、共和国側はこれは「民族自決の原則からの乖離」であり、「大バシキーリヤの死滅に等しい」と非難したのである[21]。

ネップへの移行は、このように辺境民族地域にそれがもたらす結果への危惧と批判を生み、ゴスプランの経済地域区分は共和国、自治州の側からの強い批判にあった。さらに、第一〇回党大会で定式化された二つの「偏向」論は、ソヴェト共和国の「緊密な国家的同盟」へ向けての動きのなかで、新たな展開を示すことになる。スターリンは、二一年夏にザカフカース連邦の形成に反対するグルジアの共産主義者を「民族・偏向者」と呼び、すでに厳しい対応を示していた[22]。統合を妨げる「地方民族主義」の「偏向」に対する彼のこの厳しい対応は、二二年八月以降のいわゆる彼の「自治化」案に受け継がれていた。

二二年八月から一〇月にかけての二カ月間のロシア共産党内でのソヴェト諸共和国の統合をめぐる対立は、すでにスターリン批判後、スターリンの「自治化」案に対するレーニンの対抗として知られ、これに関してM・レヴィンの優れた研究も出されていた。さらに、一九八九年八月にソ連共産党が採択した政綱「現在の状況における党の民族政策」では、ソ連結成時に鋭い政治闘争が行われたことを確認した。これを受けて、関連資料が『党中央委員会通報』に公表されることになった。このことにより、従来のスターリンに対するレーニンの対立、そしてレーニンの提案を受け入れソ連が正しく結成されたという国是ともいえるテーゼに対して、両者の対立の側面が一層鋭く浮き彫りにされるとともに、スターリンの志向、他の民族共和国の動向が鮮やかに示されることになった。

一九二二年八月にスターリンが提出した「ロシア連邦共和国と独立共和国の相互関係に関する決議案」は、ロシア共和国の周りに他の共和国を従属的に統合する案であった。各共和国の党中央委員会で、この案が審議されていくが、九月二二日付けでスターリンは、レーニンに宛てた書簡で自らの案を説明した。この書簡のなかで、スターリンは、彼の中央―辺境論に基づいて、論程をたどっている。彼を長とする委員会は、この手紙では、「辺境地域との関係調整委員会」とさえ記されているのである。スターリンは「中枢―辺境」の関係を整序するには、各共和国間の平等な関係に基づく交渉によるか、「虚構の独立」を「実質的な自治」に変えるか二つに一つであると提示している。そして、後者の立場から、スターリンは、内戦と干渉のなかで「民族問題でモスクワの自由主義」が「我々の意図に反して」、「社会=自立論者 социал-независимцы」を育成することになったと指摘する。そして、共産主義者のなかに「社会=自立論者」を育て、辺境の若い共産主義者は「独立 независимость」の言葉を「額面通り」に受け取り、その実現を求めるまでになっているとする。そして、ウクライナ、白ロシア、グルジア、アルメニア、アゼルバイジャンの五共和国を「自治化」することが、目的に適っていると自らの立場を説明した。彼は、「中枢―辺境」論に依拠し、中枢と辺境の関係整序のためには「虚構の独立」を「実質的な自治」に変える必要があると説いたのである。[23] スターリンのこの「自治化」案に、レーニンは「覇権主義的ショービニズム」をみてとり、「決死の闘い」を挑むことになる。スターリンは、レーニンの批判を受け入れるが、九月二七日の書簡で、全露中央執行委員会とならんで、同盟の中央執行委員会を設置するというレーニンの提案に反対し、あくまでロシア共和国の中央執行委員会に加盟共和国の中央機関が服することが望ましいと主張した。そして、そうしなければ、「ロシアの中央執行委員会」をつくることになり、さらにロシア連邦共和国内の自治共和国がウクライナなどとの同権を求めるようになると警告し、これは必要でもなく、目的にも適っていないと断言した。そして、レーニンが「急いでいる」とし、その「拙速さ」を指摘し、「レーニンの民族自由主義」によって「自立論者 независимцы」が力を得ているとレーニンを批判したのである。[24]

図 3-5　ゲオルギー・イヴァノヴィチ・サファーロフ(1891－1942)

技師の子として生まれ，1908 年からロシア社会民主労働党で活動する。首都ペテルブルクと国外で主に活動し，帝政の崩壊後，1917 年 4 月にレーニンらとともに封印列車で帰国する。内戦からネップにかけて，トルケスタンで活動し『植民地革命(トルケスタンの経験)』(1921 年)で植民地における革命の問題を鋭く提起した。1921 年に，トルケスタン委員会のメンバーとしてトムスキーと対立し，中央に召還された。1921 年の末から 22 年に，コミンテルン執行委員会の書記として東方部の責任者であった。その後，レニングラードでトロツキー＝ジノヴィエフ合同反対派に属し，第 15 回党大会(1927 年)で党から除名された。28 年に復党するが，35 年に再び除名される。42 年 6 月 27 日に銃殺された。ソ連崩壊の最後まで，名誉回復はなされなかった。

典拠）«Независимая газета», 23-го июля 1992 г., с. 5.

結局、スターリンは「レーニンの民族自由主義」を非難しつつも、レーニンの同盟案を面従腹背の体で受け入れていく。一〇月六日のロシア共産党中央委員会でスターリンの修正案が採択された。[25] ここに、レーニンの「最後の闘争」の一つの重要な局面が展開したのである。レーニンがソヴェト諸共和国の同権に基づく統合を要求し、「覇権主義的ショービニズム」を厳しく批判したのに対し、スターリンは中枢—辺境論に依拠し辺境民族の従属的統合を唱え、これを容認しないグルジア、ウクライナらの活動家を「社会=自立論者」と厳しくとらえ、彼らを育成した「モスクワの自由主義」、彼らを支援するレーニンの「民族自由主義」を非難したのである。

このようにして、二一年の春の第一〇回党大会での民族問題に関する論議以降、ネップへの移行と「緊密な国家的同盟」へ向けての駆動のなかで、批判と対立が醸成された。このなかで、スターリンが中枢—辺境論を基軸とした統合論の立場からロシアと同権の共和国の「同盟」をつくることによって、ロシア内の自治共和国がウクライナと同じ権利を求めることを警戒していたことに、注目しなければならない。このスターリンの危惧は、二二年一二月末の第一〇回全露ソヴェト大会を機に現実のものとなった。大会で、スターリンはソヴェト共和国の統合問題で報告を行った。だが大会の共産党会派の会議で、スターリンの方針に対して、スルタン=ガリエフが厳しい批判を放ったのである。「我々、自治共和国と州の代表は」、個別の共和国の代表が「連邦 федерация」を介さず、直接、同盟の中央執行委員会と人民委員会に参加する必要があると考える、と彼は訴えた。さらに、民族を「同盟」に参加できる、できないと「継子と嫡子」に分けるのは、「我々の考えるところでは、正常ではない」と述べ、会場から拍手を得たのである。(26) この対立は、翌年春の第一二回党大会でクライマックスを迎える。

第一二回党大会は、二三年春に開かれた。スターリンの民族問題に関する報告は、四月二三日に大会の第一二会議で行われた。この報告で、彼は「諸民族の単一の国家への統合」を妨げるものとして、「覇権的ショービニズム」、帝政以来の諸民族の実質的不平等、個々の共和国における民族主義の三つの要素を指摘した。とりわけ最後の地方民族主義に関しては、それは大ロシア民族主義への「防衛的形態」であるが、「いくらかの奇形的形態」をとり、攻勢的なものに転化したと、グルジアの例を出しつつ警告した。そして、「統合」を妨げる要因を除去するために、具体的政策として、党とソヴェト機関の「民族化」、ソヴェト同盟の人民委員部へ民族の代表を参与させること、同盟中央執行委員会へ民族の代表を参与させること、同盟中央執行委員会に民族の代表からなる第二院を設置することを提案した。(27)

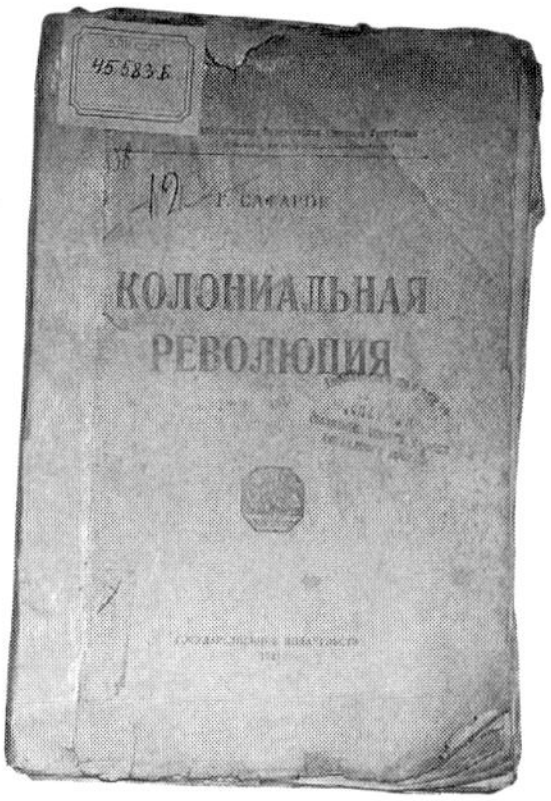

図3-6　サファーロフの名著『植民地革命（トルケスタンの経験）』モスクワ，1921年

典拠）ロシア科学アカデミー・サンクトペテルブルク支部図書館所蔵。著者撮影。

この大会報告に、グルジア、ウクライナをはじめとする活動家から厳しい批判が出された。大会でスターリンに「偏向者」と論難されたБ・М・ムヂヴァーニ、Ф・И・マハラッゼ、К・М・ツィンツァーゼらグルジア人共産主義者は、レーニンの最後の手紙の公表を迫り、自らを「民族問題のイリイッチ学派」と誇示しつつ、ザカフカース連邦形成の拙速さと「大ロシア・ショービニズム」を批判した。[28]ウクライナからは、Γ・Φ・グリニコ、X・Γ・ラコフスキーも「深い中央集権主義者的惰性」や「官僚的視点」からの同盟形成を批判し、H・A・スクルィプニクは、スターリンの二つの偏向論はバランスをとるための「二枚舌」であり、二つの偏向の対置は多くの同志が何もしない口実になるのではないかと批判したのである。[29]

スターリンを掩護する人々の壁も厚かった。カーメネフは議長として側面から、ジノヴィエフは、スターリンと党中央委員会全体が提出したテーゼにレーニンの見解は充分反映されていると、正面から擁護した。ソヴェト同盟中央執行委員会書記のA・C・エヌキッゼは、レーニンの書簡は、病気で日常活動のできない彼が「一面的で誤った情報の犠牲」になったためと説明し、グルジア、ウクライナの「偏向している同志たち」は小ブル大衆の雰囲気にとらわれていると非難した。[30]ブハーリンは、スターリンの二つの偏向論を大ロシア・ショービニズム批判と額面通りに受けとり、大ロシア・ショービニズムへの打撃が、それに培養された地方民族主義への打撃ともなると読み直した。そして、「諸民族の平等という視点」ではなく、かつての支配民族の「譲歩」が必要であり、「純粋に官僚機構的な視点、あるいは純粋に経済的な視点」から手を切ることを求めた。[31]これは、スターリン報告の読み換えであり、スターリンを批判したウクライナ、グルジアの活動家の発言に事実上、通じる主張であった。トロツキーの立場に言及し発言を始めたラデックは、原則的にブハーリンに同意しつつも、「偏向者たち」への「白紙委任」には同意できないと、彼を批判した。[32]かつて、革命と内戦期に民族ニヒリズムを批判された、この二人の論述は、スターリン擁護を党中央から崩すことはできなかった。

スターリンの大会報告をめぐるこのような激しい議論は、四月二三日の昼の第一二会議と、翌日午前の第一四会議の両日行われ、二五日には、論議は大会の民族部会に引き継がれた。この部会での論議は、激しく鋭い対立をあらわにした。ムヂヴァーニはザカフカース連邦を「人為的つくりもの」と呼び、各民族の共和国と州の同権を求める修正案を提出したし、ラコフスキーはスターリンは「物ではなく影を打っている」と印象を述べつつ、ソヴェト共和国の「国家連合 конфедерация」と民族自決原則の同盟内外での一致を求めた。トロツキーも、レーニンの手紙の精神で民族問題を学ぶ必要があると発言した。(33)

タタール人共産主義者のスルタン＝ガリエフもスターリンのテーゼに反対した。彼は、民族人民委員部でスターリンの協力者とみなされてきたが、自治を得た民族の共和国と州の立場から「真の自治」の実現を求め、覇権主義を批判した。彼は、第二院が平等を基礎にした民族の代表原則で構成され、諸民族がロシア連邦とザカフカース連邦以外の連邦の道を通じて統合する自由を求めた。さらに、地方民族主義は覇権的ショービニズムに対する単なる闘争であり、偏向ではないと主張し、バシキーリヤの例を出しつつ地方民族主義との闘争に警告を発した。(34)一方、フルンゼは、辺境民族地域でのネップの否定的影響を受けとめつつ、工業施設の辺境地域への移転と原住民プロレタリアの育成を主張した。さらに、彼は、ロシア文化の優越性を説く主張を批判し、民族文化の擁護を唱え、ソヴェト同盟の国家機構とロシア連邦共和国との明分化を主張したのである。(35)

民族部会での論議を受けて、大会は、二五日夜の第二六会議で再び民族問題を討議した。スターリンは、ここでブハーリンとラコフスキーが民族問題の意義を膨らませ、労働者階級の権力という問題を見失ったと反論した。すなわち、スターリンは、彼の「中枢―辺境」論に基づき「農民の辺境」のためにプロレタリア独裁の基礎をなす「中央の工業地域」を犠牲としてはならないと述べ、民族自決権より労働者階級の「ソヴェト権力強化の権利」が優先すると主張した。そのうえで、二つの偏向論において地方民族主義の有害さの削除を求めるものとして、彼らの見解をしりぞけたのである。スターリンは、大会に民族部会での討論とテーゼになされた補足・修正を紹介し、これら全ては「テーゼをより具体化したものであるから」反対しないと説明した。(36)スターリンの後に立ったラコフスキーは、もう一度、民族自決権がソヴェト同盟の内外で一致すること、第二院でロシア連邦共和国代表が五分の二以上を占めないことを提案したが、これは否決された。(37)大会は、結局、スターリン作成のテーゼに、それへの厳しい評価と危惧を反映した補足・修正を加えつつ、「民族問題に関する」決議を採択したのである。

ロシア共産党の第一〇回から第一二回大会に至るこの時期に、ソヴェト同盟の民族政策の基本的枠組みが形成されることになった。この枠組み形成に主導的役割を果たしたのは、ソヴェト政府の初代民族人民委員で、二二年春には党書記長のポストに就いたスターリンであった。彼は、「中枢─辺境」論を基底に、中央の先進工業を担うロシアが辺境の異民族を解放し後進性から脱却させることに民族問題の解決をみた。この論理には、辺境の中央への従属的統合と、その行政的効率化のために党とソヴェト機構を「民族化」する志向が伏在していた。したがって、スターリンのこのような上からの中央への統合の枠組みには、民族自決を求める立場から厳しい批判が放たれ、スターリンは後退と妥協を余儀なくされたのである。

第一に、レーニンをはじめウクライナ、グルジアなどの共産主義者の批判にあい、確かに第一〇回大会では外務人民委員チチェーリン、第一二回大会ではウクライナ共和国人民委員会議長ラコフスキーに対して、民族自決権の制限を明言したとはいえ、スターリンは自らの「自治化」案を放棄し、同権と平等の名のもとに「ソヴェト同盟」を結成せざるをえなかった。第二に、スターリンは、彼の挙げる二つの偏向のうち「大ロシア覇権主義」の批判に重点を移すことを強いられた。スターリンが、第一二回党大会のために準備した素案では、覇権的ショービニズムへの言及が意図的に抜け落ち、かわって地方での「小ブルジョワ的」「メンシェヴィキ的」偏向と、中央での「民族自由主義」が批判されていた。二三年二月の党中央委員会総会で、この点は批判され、第一二回党大会の決議では、「地方民族主義」の偏向を除外することはなかったが、「覇権的ショービニズム」がとりわけ危険と指摘されたのである。[38] 第三に、ソヴェト同盟の最高機関に設置される第二院に、四つの同盟構成共和国、つまり、ロシア、ウクライナ、白ロシア、ザカフカース連邦の他に、自治共和国と自治州の代表も加えるところまで後退した。確かにザカフカース連邦の解体や、スルタン＝ガリエフの主張する民族の自由な連邦選択の道は拒んだとはいえである。

スターリンはこのように後退と妥協を強いられつつ、党とソヴェト機関の民族化、辺境地域への工業配置と土地改革などの措置を確認し、大会を乗り切ったのである。

(1) Десятый съезд РКП(б). Стенографический отчет. М., 1963, сс. 184-87.
(2) Там же, сс. 189-201.
(3) Там же, сс. 201-206.
(4) Там же, сс. 603-606.
(5) スターリンが、一九一八年四月に、ヴォルガ中流・ウラル地域のカザン、ウファ、オレンブルグ、エカチェリンブルグに、さらにトルケスタンのソヴェト権力に宛てたアピール、および、内戦が終了した一九二〇年秋に発表した論説「ロシアの民族問題に関するソヴェト権力の政策」(『プラウダ』二〇年一〇月一〇日付け)を参照されたい。Политика советской власти по национальному вопросу за три года. М., 1920, сс. 8-9, 393-94.
(6) Десятый съезд РКП(б). Стенографический отчет. с. 601.
(7) Там же, сс. 603-604.
(8) Там же, с. 602.
(9) レーニンが一九二〇年六月にコミンテルン第二回大会のために作成した「民族・植民地問題に関するテーゼ　第一次草案」に対するスターリンのコメントは、注目に値する。彼は、ロシア連邦共和国内のタタール、バシキールなどの自治共和国と、ウクライナなどの独立共和国との間にロシアとの連邦関係で差異は「ない、あるいはゼロに等しいほどその差異は小さい」と述べていたのである。В. И. Ленин, ПСС, 5-ое изд., Т. 41, М., 1970, прим. 82, с. 513; С. И. Якубовская, Строительство союзного советского социалистического государства. 1922-1925. М., 1960, сс. 27-28.
(10) Десятый съезд РКП(б). Стенографический отчет. сс. 186-87. スターリンは、すでに、一九二〇年の一〇月に、辺境地域の分離の要求は「革命の現段階ではきわめて反革命的である」と判断していたことに注目されたい。И. В. Сталин, Сочинения. Т. 4, М., 1951, с. 354.(『スターリン全集』第四巻、大月書店、三八六頁)
(11) Десятый съезд РКП(б). Стенографический отчет. сс. 606-607.
(12) Восьмой съезд РКП(б). Март 1919 года. Протоколы. М., 1959, сс. 81-84.
(13) Ленинский сборник. Т. XXXVI, 1959, сс. 306, 320-321; В. И. Ленин о Средней Азии и Казахстане. Ташкент, 1982, прим.

235, с. 722. トムスキーがサファーロフとの対立のなかで、一九二一年七～九月に中央のレーニンに宛てた書簡については、次を参照せよ。«Пересмотрите дело с баранами». Письмо М. П. Томского В. И. Ленину. 1921 г. «Исторический архив», 2000, No. 4, сс. 4–10.

(14) Очерки истории Калмыцкой АССР. Эпоха социализма. М., 1970, сс. 118, прим. 62. 二二年五月に開かれたカルムィク自治州の党協議会とソヴェト大会には、中央からスルタン=ガリエフが派遣されていた。彼は、この対立を巧みに調整していた。この年の夏に、スルタン=ガリエフを地方へ転任させる動きがあったが、カルムィク代表は中央での彼の留任を次のように求めた。「常に、民族が異なるということで分裂していたロシア人とカルムィク人が、この二つの大会(党協議会とソヴェト大会)で――その議長をスルタン=ガリエフが務めていたのだが――、驚くほどの一致団結をみせた」。これは、中央への留任を求めて、彼の優れた資質を挙げた文言であるが、そこでは、党とソヴェトにおける対立と闘争が背景をなしている。Мирсаид Султан-Галиев, Избранные труды. Казань, 1998, с. 14.

(15) «Жизнь национальностей», No. 3, 2-го января 1922 г.; No. 12, 15-го июня 1922 г.

(16) Из истории образования СССР. «Известия ЦК КПСС», 1991, No. 4, сс. 165–66, No. 5, с. 162.

(17) И. Трайнин, Экономическое районирование и национальная политика. «Жизнь национальностей», No. 21, 10-го октября 1921г., С. К., Экономическое районирование и проблемы автономно-федеративного строительства, там же, No. 25, 12-го ноября 1921г.

(18) Там же, No. 10, 19-го мая 1922 г., с. 12.

(19) レーニンも国内の経済地域区分に対し、ウクライナの同志が「不安」を抱き、彼らはウクライナ共和国が「単一の地区」とされるべきだと考えていると、書き付けている。В. И. Ленин, ПСС. 5-ое изд., Т. 54, М., 1975, сс. 157–58, прим. 266, с. 610.

(20) С. Коричев, К вопросу об экономическом районировании России. «Жизнь национальностей» No. 12, 15-го июня 1922 г., сс. 4–5.

(21) «Образование Башкирской Автономной советской социалистической республики», сборник документов и материалов, Уфа, 1959, сс. 737, 766, 767–69. 結局、同年一一月九日に、ウラルの代表的なベロレーツクの工場群を含むタミヤン・カタイ郡を行政的にはバシキール共和国に残しつつ、経済的にはウラル州の管轄下におくという二重統治で妥協がはかられた。Там же, с. 776.

(22) О так называемом «национал-уклонизме». «Известия ЦК КПСС», 1990, No. 9, с. 77; И. В. Сталин, Сочинения. Т. 5, М.,

1952, cc. 88-100.（『スターリン全集』第五巻、大月書店、九八～一〇九頁）

（23）Из истории образования СССР. «Известия ЦК КПСС», 1989, No. 9, cc. 198-200.

（24）Там же, с. 208.

（25）Там же, с. 215.

（26）Мирсаид Султан-Галиев, Избранные труды. Казань, 1988, cc. 409-10.

（27）Двенадцатый съезд РКП(б). Стенографический отчет. М., 1968, cc. 484-92.

（28）Там же, cc. 495-97, 518-19, 584-85.

（29）Там же, cc. 504-505, 571-73, 580-82.

（30）Там же, cc. 585-91, 601-602.

（31）Там же, cc. 611-15.

（32）Там же, cc. 615-19.

（33）民族部会の議事録は、「ペレストロイカ」末期に民族問題の論議が鋭くなる状況で初めて公表された。"Из истории образования СССР". «Известия ЦК КПСС», 1991, No. 3, cc. 169-82; No. 4, cc. 159-76; No. 5, cc. 154-76.

（34）Там же, No. 4, cc. 161-63.

（35）Там же, No. 3, cc. 178-80; No. 5, cc. 159-61, 168-70, 171-72.

（36）Двенадцатый съезд РКП(б). Стенографический отчет. cc. 650-55.

（37）Там же, cc. 657-58.

（38）В. С. Лельчек, под общей редакцией. Историки спорят. М., 1988, с. 225; О так называемом «национал-уклонизме», cc. 77-78.

II　ネップ期民族政策の展開

このような激しい論争と対立のなかで成立したネップ期民族政策の枠組みが、現実にどのように適用されるかを最初に示したのはスルタン＝ガリエフに対してであった。第一二回党大会の民族部会で、スターリンは、スルタン＝ガリエフがグルジアの活動家ムヂヴァーニの委任を受けロシア(российская)連邦を解体し直ちにロシア(русская)共和国をつくることを求めていると判断し、バシキール人活動家がバスマチと連絡をとっていると示唆し警告していた。スターリンは、彼の活動に辺境の民族自治共和国と州の代表の意向をみて、それを「中央に対する民族活動家の統一戦線」と読み取り、危惧したのである。(1)これは、すでに、スルタン＝ガリエフへの弾圧の伏線であった。スターリンは大会での危機を乗り切ると、直ちに妥協と後退から反撃に出た。大会は四月二五日に終わったが、その九日後の五月四日の金曜、スルタン＝ガリエフは仕事を終えると、中央統制委員会の建物に呼び出された。そこで、彼は逮捕され、バスマチと通じ「中央との闘争のため全ての辺境地域の民族活動家と連絡をつけた」として、党からの除名を通告された。(2)

六月九日から一二日まで、党中央委員会は、民族地域の代表を招集し、スルタン＝ガリエフの活動を批判し民族政策の実施について審議した。この審議会は、ソヴェト政権のもとで四回目の民族問題を議論した場とされるが、民族政策の大きな転換点となった。会議では、フルンゼ、スクルィプニク、トロツキーらが慎重な対応を求めたが、会議はスルタン＝ガリエフへの弾圧を認め、ムスリム地域の「地方民族主義」へ強い警告を与えることになったのである。(3)

これは、ネップ期民族政策の不吉な展開を暗示するものであったが、一九二〇年代に政治・経済・文化の各方面で、党とソヴェト機構の「民族化」、民族地域の経済の復興と自立、民族文化の発展をめぐり、対立と矛盾を醸成しつつ民族政策が実施されていく。

政治の分野での民族政策は、大ロシア覇権主義と地方民族主義の二つの偏向を批判しつつ、党、ソヴェト、赤軍の「土着＝民族化」を進展させることであった。共産党は一九二二年の三七万五千から、三〇年の一五七万二千へ急成長したが、非ロシア人の党構成員はさらに急速に増大し、ロシア人の比率は七一・九％から六四％へ低

図3-7　スルタン=ガリエフ，ミルサイド・ハイダルガリエヴィチ(1919年撮影)

1892年，ウファ県ステルリタマーク地方のバシキール人の村に，タタール人の零落貴族の娘を母とし，国民学校のロシア語の教師を父として生まれる。ウファ県をはじめ，ヴォルガ中流・ウラル地方を転々とし，タタール人，バシキール人，ロシア人の混住する世界で育った。初等学校を終え，村のメクテーベに学んだ。1907年，15歳のとき，カザンのタタール師範学校に優秀な成績で入学し，常にクラスでトップであった。1911年に学校を卒業し，バシキーリアのタタール人村落で教えた。ウファ，オレンブルグ県のゼムストヴォでムスリムの教育・文化活動に携わった。1915年に，バクーの女子ギムナジアの教師となり，アルメニア系の新聞に記事を書きカフカースの民族対立の雰囲気を肌で感じつつ，働いた。二月革命後，バクーからペトログラードに移り(5月)，六月デモ，七月事件を経験し，カザンに移る。カザンでムスリム社会主義委員会の組織者の1人となる。カザンでのソヴェト権力の樹立を支持し参加する。1918年に，ムスリム共産主義者のロシア共産党から自立した組織の形成とタタール・バシキール共和国の創設を求める。1919-23年に，ムスリム共産主義者として要職に就く。東部戦線第2軍革命軍事評議会メンバー，民族人民委員部参事会メンバー，中央ムスリム委員部議長，連邦土地委員会副議長。1922-23年に，民族問題と同盟の結成でスターリンと対立し，党から除名され，彼の行動は第4審議会で批判された。

1928年に再び逮捕され，30-34年ソロヴェツキー島の収容所に送られた。37年に再び逮捕され，40年1月28日，銃殺された。89年に名誉回復された。23年5月末から1カ月にわたって書いた31歳の獄中自伝「私は誰か」は，彼の生涯と思想を知るうえで，興味尽きない。

典拠）Мирсаид Султан-Галиев, Избранные труды. Казань, 1998.

下した。党組織の民族化が進展したのである。しかし、アルメニアとグルジアを除いて、民族地域の党組織においても、かつての支配民族で少数者のロシア人が優越的多数を占めており、地域住民の民族構成との逆転現象が依然として存続していた(4)。この量的に進展した党組織の民族化は、二つの点で質的に希釈して評価せざるをえない。すなわち、アジア系諸民族では、党歴が浅く、主に農村出身の党構成員、とりわけ党員候補が多数をなし(5)、彼らは比率のわりに重要ポストには就いていなかった。第二に、党組織のなかでロシア人についで多数を占めるウクライナ人、ユダヤ人、白ロシア人、さらにヨーロッパ系少数民族出身の党員のなかでは、著しくロシア化が進展していたのである(6)。

党組織のこのような「民族化」の状況に比して、ソヴェト代表機関の土着＝民族化は急速に進展していた。都市ソヴェトではロシア人代表が相対的に高い比率を保持していたが、農村ソヴェトは住民の民族構成に近づくかたちで民族化が達成されつつあった(7)。だが、ソヴェト行政機構と軍事機構、つまり赤軍では、土着＝民族化は

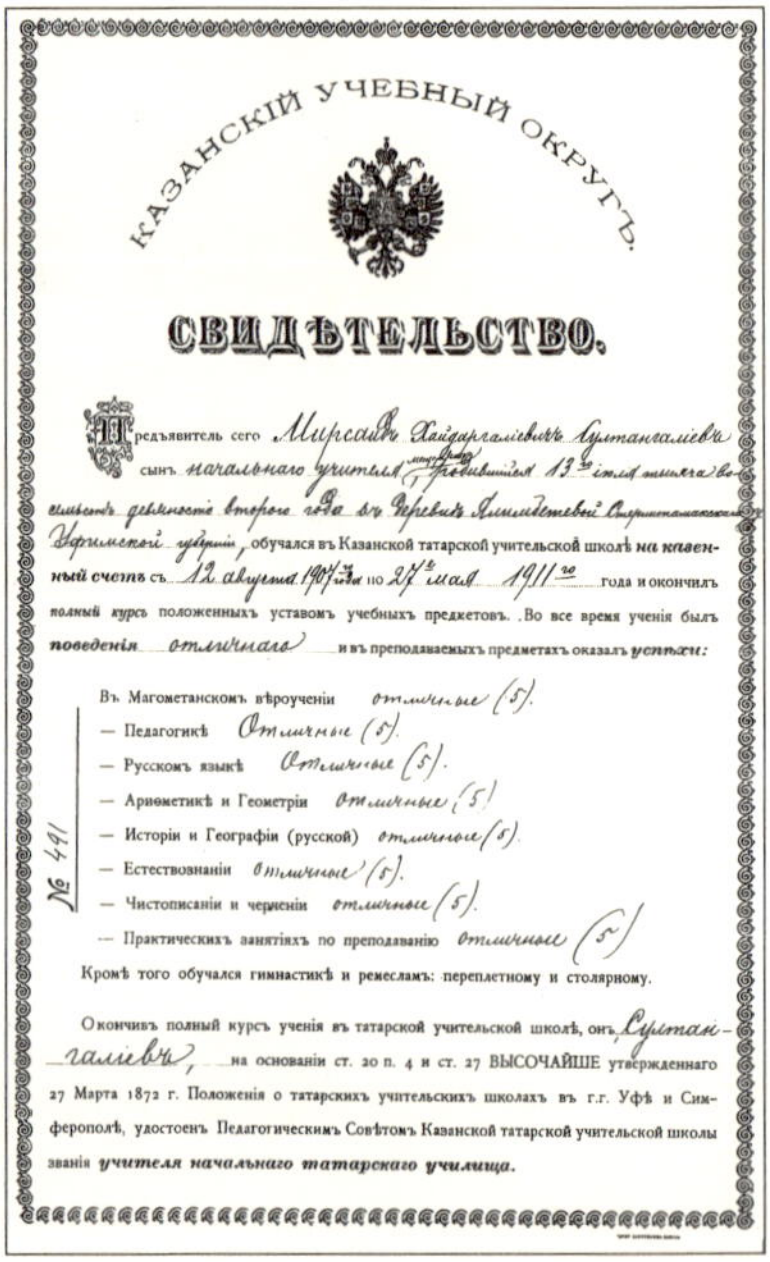
КАЗАНСКІЙ УЧЕБНЫЙ ОКРУГЪ.

СВИДѢТЕЛЬСТВО.

Предъявитель сего Мирсаидъ Хайдаргалиевичъ Султангалиевъ сынъ начальнаго учителя ... обучался въ Казанской татарской учительской школѣ на казенный счетъ съ 12 августа 1907 года по 27 мая 1911 года и окончилъ полный курсъ положенныхъ уставомъ учебныхъ предметовъ. Во все время ученія былъ поведенія отличнаго и въ преподаваемыхъ предметахъ оказалъ успѣхи:

Въ Магометанскомъ вѣроученіи отличные (5).
— Педагогикѣ Отличные (5).
— Русскомъ языкѣ Отличные (5).
— Ариѳметикѣ и Геометріи Отличные (5).
— Исторіи и Географіи (русской) отличные (5).
— Естествознаніи отличные (5).
— Чистописаніи и черченіи отличные (5).
— Практическихъ занятіяхъ по преподаванію отличные (5).

№ 491

Кромѣ того обучался гимнастикѣ и ремесламъ: переплетному и столярному.

Окончивъ полный курсъ ученія въ татарской учительской школѣ, онъ, Султангалиевъ, на основаніи ст. 20 п. 4 и ст. 27 ВЫСОЧАЙШЕ утвержденнаго 27 Марта 1872 г. Положенія о татарскихъ учительскихъ школахъ въ г.г. Уфѣ и Симферополѣ, удостоенъ Педагогическимъ Совѣтомъ Казанской татарской учительской школы званія учителя начальнаго татарскаго училища.

図 3-8　スルタン＝ガリエフのタタール師範学校修了証

1907年8月12日から1911年5月27日まで学び，学業の全期間を通して「操行」は「優」，イスラム教，教育学，ロシア語をはじめ，全ての科目に「優(5)」が記されている。そして，タタール人初等学校の教師資格が認証されている。

典拠）Мирсаид Султан-Галиев. Избранные труды. Казань, 1998.

遅々として進展をみなかった。各構成共和国の平等と同権を建前として形成されたソヴェト同盟でも、ロシア連邦共和国の法令施行が実質的に確認されていた(8)。また、自治共和国の地位も二〇年代を通じて低下しつつあった(9)。このような状況のもとで、ソヴェト行政機構での当該民族の母語による行政の執行と当該民族出身者の登用は、中央と結びつく行政機関、とりわけ共和国の内務、商工業、教育の分野では進展せず、むしろ、その不必要性さえ主張されたのである(10)。

政治の分野での土着＝民族化のこのような不均等でねじれた展開は、二〇年代の政治力学の変動を考慮すると重要な意味をもっている。この時代に、政治の動引力はソヴェトから党に移り、ソヴェトは停滞と萎縮のゆえに、その「活性化」さえ叫ばれることになる。最も民族政策が進展したソヴェト代表制の分野は、ソヴェト政治において従属的地位に落ち、かわって、党とソヴェト行政機構、すなわち執行を担う分野が主導的地位を占めるに至った。ここでは、民族＝土着化の遅滞と実質的なロシア化の存続が顕著であった。これは、党とソヴェト機構が執行機関として、政治を牽引し、ソヴェト代表制をその動員機関として従属させるスターリン体制への移行を準備するものであった。

経済の分野での民族政策も順調な進展をみせたとはいえなかった。反植民主義の旗を掲げた、一九二一年から翌二二年にかけての辺境植民地の土地改革は、鋭い対立を生み、中途で終了が宣告され、民族の差異なく行われる土地整理作業に落着した。二〇年代後半の第二次の土地改革は、もっぱら在地の原住民豪族の大土地保有に対して向けられたものであった。ネップ期に辺境地域では、穀物、綿花などの工芸作物の復興は急速であったが、畜産の復興は遅れ、二〇年代末でも、中央ロシアと異なり、一連の民族地域で農畜産は、一九一六年の水準まで回復していなかった。さらに、辺境植民地では、外来のロシア人、ドイツ人などの入植者と原住民の経営格差も依然として存続していた(11)。

これを工業の分野でみると、中央からの繊維企業の移転と追加投資、石油産業の発展を除いて、取るに足る成果はみられなかった。二〇年代を通じて、工業プロレタリアートのなかで原住民出身者の比率は高まり、その意味では「土着化」は進展した。だが、この非ロシア系の民族労働者の多数をなしたのは、ウクライナ人、白ロシア人であり、彼らは、著しくロシア化の影響も蒙った。他のアジア系民族の労働者は未熟練労働者層を補充していた[12]。異民族地域で外来の、そして基幹的部分をなすロシア人労働者は、当該地域の言語の修得をはじめとする土着化の措置には無関心であり、ウクライナにみられるようにそれへの強い抵抗もみられた[13]。

　文化の分野においては、一九二〇年代に各民族の母語の復権が、教育、出版・印刷を通じて行われ、ローマ字を基礎にした新しい文語の作成、アラビア表記のローマ字表記への転換が進められ、文盲の一掃と識字率の向上にも努められた。この分野での民族政策は、すぐれて言語政策に集約されており、民衆の母語は民族語として、教育と出版をはじめあらゆる分野で復権し、諸民族の文化の再生・復興の勢いが窺えた。この母語から公的な民族語を形成し、それを認証する過程は、複雑な対抗――民族集団の分断と統合、自立と連合――と絡みあうものであったとはいえ、ネップの時代は、非ロシア系民族が歴史上初めて自らの言語と文化の発展を展望できた時代であった。このような状況のなかで、辺境民族地域では支配的なロシア文化と自らの民族文化の再興を求める動きとの間で、多様な文化闘争が闘われる時代でもあった。

　このようにして、民族政策は政治、経済、文化の各方面で進展と様相を異にし、矛盾と対立を孕みながら展開した。民族政策が展開するこの場は、中央からの統合を目指す動きと、辺境地域から民族の解放と自立を求める動きのせめぎあいの場となった。この意味で一九二三年のスルタン＝ガリエフ事件はネップ期民族政策の位相を示すとともに、その中央集権的統合への転換を示したものであった。この事件で、スルタン＝ガリエフは除名され、復党を許されることはなかった。ラコフスキーもムヂヴァーニも、ルィスクーロフも間もなく外交分野の活動へと派遣された[14]。これはていの良い中央の高等政治からの排除であった。フルンゼは、二五年に手術中に謎の死をとげた[15]。二〇年代のネップ期民族政策は、スルタン＝ガリエフ事件について、その政策が最も積極的な進展をみたウクライナで第二の鋭い対立を生むことになる。

ウクライナでは、一九二五年五月にウクライナ共産党中央委員会書記にスターリンの腹心、ラザール・カガノーヴィチが任命された。教育人民委員A・シュムスキーらは、この任命に不満をもち、ウクライナ化の推進を積極的に唱えた。スターリンは、翌二六年四月二六日付けでウクライナ共産党中央委員会へ書簡を送り、「シュムスキー主義」を厳しく批判した。その際、モスクワを回避し、「ロシア文化とその最高の成果であるレーニン主義」に反してウクライナ文化の復興を目指す恐れがあると強く警告し、「内容においてプロレタリア的、形式において民族的な」社会主義文化の育成を求めた[16]。ウクライナ文化の推進を求める民族政策は、シュムスキーの後を継いだ教育人民委員スクルィプニクによって受け継がれるが、二七年にウクライナ共産党中央委員会は、コミンテルン中央執行委員会へ、このウクライナ化を妨げるロシア覇権主義を七項目にわたり批判する声明を送ることになる[17]。

（1）Из истории образования СССР. «Известия ЦК КПСС», 1991, No. 4, сс. 172–73; No. 5, с. 170.
（2）Б. Султанбеков, Фрагменты. «Коммунист Татарии», 1990, No. 10, с. 66.
（3）А. В. Антонов-Овсеенко, Сталин и его время. «Вопросы истории», 1989, No. 1, сс. 101–103.
（4）Национальная политика ВКП(б) в цифрах. М., 1930, сс. 132–33, 132–43.
（5）Всесоюзная партийная перепись 1927 года. 7-й выпуск. М., сс. 60–151.
（6）Там же, сс. 15–17, 51.
（7）Национальная политика ВКП(б) в цифрах, сс. 204–12.
（8）История Советской конституции сборник документов. 1917–1957, М., 1957, сс. 221–22, прим. 1.
（9）バシキール自治共和国の憲法作成過程を参照されたい。«Образование Башкирской Автономной советской социалистической республики», сборник документов и материалов, Уфа, 1959, 63, Nos. 447, 475, 477, прим. 308, 310.
（10）Национальная политика ВКП(б) в цифрах, сс. 26, 199–200, 229–60. 赤軍における民族政策の実施については、Там же,

cc. 190–92.

(11) Там же, cc. 53, 55, 64–65, 70.

(12) Там же, cc. 14–15, 17–18, 110.

(13) Ю. Ларин, Об извращениях при проведении национальной политики. «Большевик», 1926, No. 23–4, cc. 53–54.

(14) О так называемом «национал-уклонизме», с. 78; Т. Рыскулов, Избранные труды. Алма-Ата, 1984, cc. 34–35.

(15) А. В. Антонов-Овсеенко, Сталин и его время. «Вопросы истории», 1989, No. 2, cc. 101–102.

(16) J. S. Reshestar, "National Deviation in the Soviet Union". *The American Slavic and East European Review*, 1953, vol. XII, pp. 164-46. И. В. Сталин, Сочинения. Т. 8, М., 1952, cc. 149–54.（邦訳『スターリン全集』第八巻、大月書店、一九五二年、一七八〜八三頁）

(17) Национальная политика ВКП(б) в цифрах, с. 26.

III　スターリン体制への傾斜

ソ連全体に及ぶ規模で党中央委員会のもとで民族問題を論議する場は、もはや開かれることはなかった。一九二六年の一一月にソ連中央執行委員会議長カリーニンの委任を受けて、モスクワでいわゆる「ルィスクーロフ」審議会が開かれた。これは、ロシア連邦共和国の人民委員会議副議長のルィスクーロフのもとに開かれ、ロシアの自治共和国の代表が参加した。しかし、部分的な問題の提出と民族に係わる活動の改善について一般的な希望を述べるに終わった。唯一原則的な提案といえば、ロシアで全露中央執行委員会のもとに「民族会議 палата национальностей」を設置するということであったが、これも政治局によって拒否された。(1) 一九二三年のスルタン＝ガリエフ事件を論議した第四審議会から、民族問題を論ずる雰囲気は大きく変わったのである。

一九二〇年代末にソ連は工業化と集団化へ向けて大きく動きはじめ、市場を通じての商品交換体制としてのネップが崩れ去っていくなかで、二〇年代の民族政策の枠組みもまた、大きく転換を迫られていく。

二八年はこの転換の始まりの年となった。カザフとウクライナの両共和国で、植民地の従属的経済を批判し、共和国の自立的経済発展を目指す動きは、厳しく批判され、第一次五カ年計画のなかに封じ込められた。(2) 白ロシアにおいて小規模村落とフートル農の育成を目指す土地整理も、カザフスタンをはじめ遊牧地域での畜産の展望も、集団化の嵐のなかで否定されていった。(3)

集団化と工業化への急速な駆動のなかで、民族地域の指導者が相ついで「民族主義」の名のもとで弾圧されていくことになる。その嚆矢をなしたのは、二〇年代にクリミア・タタール文化の「黄金時代」を築いた共和国指導者、ヴェリ・イヴラヒモフへの弾圧であった。彼はクリミヤへの入植に反対し抵抗していた。二八年一月に、彼は逮捕され、五月九日には処刑されたのであった。(4) 同年末には、再びスルタン＝ガリエフをはじめとする一連の活動家への弾圧が始まった。(5) この民族地域を襲った弾圧の波は、三三年七月七日のスクルィプニクの自殺をもって、(6) 一応終了した。彼は、第一〇、一二回党大会でも、第四審議会でも民族問題で鋭い発言をし、ウクライナの二〇年代の民族政策の枠組みを守ってきた人物であった。

ネップ期民族政策のこのような事実上の崩壊のなかで、第一六回、第一七回の共産党大会が開かれている。一九三〇年の第一六回大会では、ネップ期民族政策の出発点をなした第一〇回党大会の決定が、もう一度、想起され、民族＝土着化の推進と大ロシア民族主義の危険性が再確認されている。(7) だが、この再確認にこめられた含意は、第一〇、一二回大会のそれとはもはや、異なっていた。すなわち、民族＝土着化は、上からの革命としての集団化と工業化を担う民族地域の活動家の育成と行政の効率化のためであり、大ロシア覇権主義を批判する論調は、集団化へのロシア人「クラーク」の抵抗を重視してのことであった。(8) したがって、一九三四年の第一七回大会では、二〇年代の枠組みをなした大ロシア覇権主義と地方民族主義の二つの偏向という論理そのものが捨てられ、「国家に対する危険」が前面に出て強調されることになる。(9)

一九三〇年代のスターリン体制のもとでの民族政策は、ネップ期の二つの偏向論を「国家への危険」にすりかえ、党とソヴェトの民族＝土着化を体制への辺境民族地域の強力な統合の論理にかえて成立したのである。このような民族＝土着化を進めつつ、中央への統合を求める体制において、帝政ロシアのイリミンスキー学派の教育者と研究者もまた、ソ連体制とその文化政策において自らの場を見出すことになるのである。そして、統合の「中枢」となるロシア的なものへの強調が文化のあらゆる面でなされ、辺境民族地域の民族主義に強い警戒がなされた。[10]ネップ期民族政策の枠組みに内在していた民族の自立と解放を求める契機は、三〇年代には否定され、ソヴェト国家への統合とその安全保障において民族問題はもっぱら考慮されることになる。

このようにしてスターリンのもとで成立したソヴェト同盟（ソ連）は、三〇年代の国家主義（エタティズム）の風潮にも助けられ、第二次大戦での勝利と、さらにその後の冷戦のなかで「赤い帝国」として強固に存続してきた。フルシチョフのもとで展開したスターリン批判も、基本的には「個人崇拝」と、三〇年代の「粛清」と「テロル」に向けられたものであり、スターリンの個々の活動の問題性は明らかにされたが、ソ連体制の成立と民族政策の正当性そのものを問うものではなかった。七〇年代にはじまる「停滞」とその克服を目指した「ペレストロイカ」のなかで、ソ連は崩壊した。革命を経て成立した二〇年代のネップ期民族政策の展開とスターリン体制への移行も、その未完の契機を含めて、再検討が求められているといえよう。それは、ソ連という二〇世紀を生きた一つの特異であったが、現代を共有する体制の解明に向けて不可欠の作業でもあろう。

（1）　Тайны национальной политики ЦК РКП, М., 1992, с. 10; Т. Рыскулов, Собрание сочинений, Т. 1, с. 42.

（2）　С. Садвокасов, О национальностях и националах. «Большевик», 1928, No. 1; Коста Таболов, Против линии национальной демократии (ответ тов. Садвокосову), там же; Лебедь, Д. Внимание идеологическому фронту. там же, No. 7, 1928; Е. Гирчак, Письмо в редакцию "Большевик". «Большевик», No. 11 (15 июня 1928 г.).

（3）　П. Рысаков, Вредительство в национальных районах. «Революция и национальноси», 1931, июль, No. 7(16), сс. 47–51.

（4） A. W. Fisher, *The Crimean Tatars*. Hoover Institution, 1978, p. 141.

（5） О так называемой «Султан-галиевской контррреволюционной организации». «Известия ЦК КПСС», 1990, No. 10, cc. 80-81; К. Таболов, Социалистическое наступление и активизация буржуазных националистов. (еще о султангалиевщине). «Правда», 4-го ноября 1929г., No. 256.

（6） “Н. А. Скрыпник”. «Правда», 8-го июля 1933, No. 186, c. 2.

（7） XVI съезд Всесоюзрой коммунистической партии(б). Стенографический отчет. М.-Л., 1930, cc. 56, 299, 716; И. В. Сталин, Сочинения. Т. 12, М., 1949, c. 371 （邦訳『スターリン全集』第一二巻、大月書店、一九五三年、三九二頁）

（8） Национальная политика ВКП(б) в цифрях, cc. 27-28.

（9） И. В. Сталин, Сочинения. Т. 13, М., 1952, c. 362 (邦訳『スターリン全集』第一三巻、大月書店、一九五三年、三八三〜八四頁)；XVII съезд Всесоюзной коммунистической партии(б). 26 января-10 Февраля 1934 г. Стенографический отчет. М., 1934, cc. 32, 359-60, 659.

（10） スターリン「同志デミヤン・ベードヌイへの手紙」И. В. Сталин, Сочинения. Т. 13, М., 1952, cc. 23-27. （邦訳『スターリン全集』第一三巻、四二〜四六頁）スターリンが内戦期に、反革命の拠点として辺境地域を描いた論説「南方の軍事情勢によせて」が、一九三四年に再び『プラウダ』の一面に掲載された。これは、スターリン体制下での辺境少数民族への不信と、さらに迫害・追放に至る伏線をなしていた。“К военному положению на Юге” (Сталин), «Правда», 19-го ноября 1934 г., No. 318.

あとがき――「地域」からの視点

ソ連の崩壊によって、歴史上の「帝国」の時代は終わりを告げた。この「帝国」の時代は、一六世紀以降、ヨーロッパ諸国の大航海時代を経て世界史的に形成され、一九世紀末からは、ドイツ、イタリア、日本、そして、アメリカ合衆国も「帝国」の呪縛にとらえられてきた。第一次大戦を通じて、この「帝国」は大きく揺さぶられ、ロシアでは革命によって帝政が崩壊した。しかし、その後のソ連は、とりわけスターリンの体制のもとで、この「帝国」秩序を社会主義の名のもとに復興させた。これは、社会主義の体制と結びついたものであり、これを「帝国」と呼ぶには、多くの人々の抵抗感があると思える。とりわけ、二〇世紀を、民主主義の発展、働く人々の経済的向上、民族の解放と結びつけ、社会主義に、その人間的倫理の実現を含め、展望を見出してきた人々にとっては、そうであろう。しかし、一つの中心から、事実上、政権の交替を伴わずに永続的に、異なる民族と地域を広域にわたって統合・支配してきた体制として、これは「帝国」と呼びうるものであった。「帝国」の体制は、第二次大戦後に英仏の「帝国」の崩壊、一九六〇年代の非同盟運動のなかで大きく崩れ去った。しかし、ソ連では、社会主義という理念と結びつき脚色されながら、長く持続し、ソ連の崩壊とともに、その歴史的な終焉を迎えた。

ロシア帝国とソ連というこの体制、いわば二つの「帝国」秩序のもとにあって、「地域」に十全な認識対象としての価値が与えられることはなかった。この時代に、国家と、そこでの政治、政策を中心に歴史叙述を進める歴史学の基本的あり方から、「地域」は認識対象として低く、補足的なものとみなされてきた。歴史学の思考は、とりわけ「国民」国家であれ「帝国」であれ、その枠組みの基本を国家にみてきたのである。ここでは、国家＝帝国への統合という考えが基本的な暗黙の認識であった。ロシア帝国では、国家学派が歴史、法学での支配的な学派であり続けた。

ロシア革命によって、この帝国秩序が解体されると、一九二〇年代には、地方誌研究 краеведение がさかんになる。二一年には、全ロシア地方誌研究協議会が招集されている。一年後には、科学アカデミーのもとに、地方誌研究中央ビュローが設立される。共産主義アカデミーのもとにも、マルクス主義者＝地方誌研究者協会が組織されている。二〇年代には、専門誌として『地方誌研究 краеведение』とビュレティン『地方誌研究中央ビュロー通報』が出ており、両者はやがて、『ソヴェト地方誌研究』として統合される。

しかし、スターリン体制のもとで、二〇年代の地方誌研究は壊滅した。あるいは変質をきたした。それは、集団化と工業化、文化建設の地方的条件を探ることを性急に求められ、博物館の展示を飾る侍女となった。第二次大戦後、地方誌研究は復興の兆しをみせるが、博物館を中心として地方における政治のプロパガンダ機能の一端を果たす状況は、基本的には変わらなかった。スターリン体制以降の地方誌、そこにおける地域史研究の壊滅的状況は、ソ連での国家主義的な中央史観の成立と無関係ではなかった。

ソ連で地域史研究の全国大会が開かれるのは「ペレストロイカ」のなかで、ようやく可能となった。一九八七年一〇月にウクライナのポルタヴァで第一回の全ソ地方史研究協議会が開かれた。この協議会では、一九二〇年代の最良の伝統を引き継ぐことが述べられたが、同時に、地域の特殊性の「過大視と絶対化、狭い地方主義的な評価」は歴史の歪曲に導くと警戒の念が表明されている。そして、何よりも、地方史研究を通じて、「ソヴェト愛国主義と社会主義インターナショナリズム」の涵養、「郷土への義務、その運命に対する責任の感覚」を育成すること、つまり、人々の意識の革新が訴えられたのである。これは、ソ連体制のなかでの改革、ペレストロイ力の息吹を感じさせるものではあったが、地方史研究のもつ意味と方法、つまりは、「帝国」史の組み換えのためにそれが必要との認識はなされないままであった。

その後のソ連の崩壊と独立主権国家の登場、それぞれの地域の自立化のなかで、従来の歴史研究が方向性を失う状況が生まれた。このような状況のなかで、歴史の書き直しが進行している。その書き直しの特徴は、歴史上の人物の「英雄化」や自らの国家の「太古化」から、民族集団の政治・社会状態の「引き上げ評価」、そして、民族の傑出した人物を「パンテオン」に装いをかえて奉納し、「自尊」をはかることなど様々である。アイデンティティの危機にとらえられたロシアの歴史家は、「ロシア理念」の探索と回帰に傾き、他の民族地域でもそれぞれ自らのアイデンティティを模索し、「民族」を歴史叙述の中軸に据える趨勢が強まっている。このような状況を「民族」に訴え利用しようとする政治エリートがそれぞれの共和国と地域に存在し、また、彼らの政治に便乗する歴史家がいる。

これは、我が国の歴史研究をとりまく状況とも奇妙に響きあっているように思える。歴史教科書の検定と東アジア諸国からの批判、考古学における古さを追い求めた「捏造」、「自虐史観」との批判と「新しい歴史教科書をつくる会」の教科書、教科書検定における近隣諸国条項やナショナリズムの高揚など、一九八〇年代以降の日本をとりまく状況である。日本の歴史学が、戦後、天皇制を批判しながら東アジア、あるいは世界史のなかで日本を位置づけようと努めてきたことには、大きな意義がある。しかし、その日本は、応々にして国民国家を枠組みとしており、地域史はその補足であった。明治国家の辺境である北海道と沖縄をはじめ諸地域、日清戦争以降の植民地、台湾、朝鮮、樺太さらに満州も独自の対象として充分に認識されてこなかったのではないだろうか。近年における東北学、関東学などの地域研究の提唱、さらに帝国と植民地の研究への動きは、このような反省と動向の反映であろう。

国家を越えてのモノと人、情報の流れは、とりわけ冷戦の崩壊後急速に進んでいる。国家のもとに統合されてきた地域が、あるいは国家を越えて互いに結びつく現象もみられる。グローバルとローカルの同時進行を示す「グローカリゼィション」との造語も生まれている。従来の国家という殻のなかで、地域において政治、経済、文化と情報の分野での民主化と国際化がマグマのようにエネルギーを蓄積し、それが冷戦の崩壊と前後して、地域紛争として表出してきたのである。この状況で、歴史の視点を地域に据えることの重要性は疑いない。

ロシアの現状をみると、しかし、多くの民族が交錯し共棲する地域社会では、民族史の歴史叙述だけでは有効ではない。また、かつてのように全国一律にとらえ、地域の特殊性を添えるだけでも充分ではない。本書は、帝国の東部辺境、とりわけヴォルガ中流・ウラル地域と中央アジアのセミレーチエ地方を対象としている。ここでは、あくまでも「地域」を様々の民族集団、社会グループによって形成される地域社会と考え、その歴史分析を目指した。「地域」から開示することで、「帝国」の枠組みを問い直す作業が重要であると判断してのことである。

イリミンスキーは、母語とロシア正教による教育を通して、地域とそこに生活する「異族人」の「帝国」への社会統合を目指した。しかし、この自らのシステムがそのまま有効に機能するか、不安のなかで死を迎えた。革命後のレーニンも、ソ連の結成にあたり、「遺書」と呼ばれる最後の口述のなかで、ロシアの労働者に対して「自治化」の問題で自責の念にかられていた。スターリンのもとで新たな確立をみたソヴェト「帝国」は、彼の「中枢—辺境」論といわばイリミンスキー・システムの結合であった。しかし、この体制もペレストロイカのなかで崩壊した。新生ロシアでは、その国称「ロシア(ロシア連邦)」にみられる二重性のなかに、「市民」と「民族」という二元的構成原理を継承し体現している。この「市民」と「民族」の二元性を「地域」の歴史叙述のなかにいかに統合していくかが課題とされているように思える。

二〇〇〇年の春に大統領に就任したプーチンは、「強い国家」の復活を掲げ、ロシアに七つの行政管区を創設し、中央からの地方への統制を強める方針をとっている。しかし、民主主義が地方自治を学校として育つという政治学の「公理」に依るとすれば、その学校の教科書としての地域史は欠かせない。新生ロシアにとって、その歴史認識、そして民主主義の形成に、地域からの歴史像の構築は、避けては通れない作業であろう。本書で扱われた帝政ロシア、革命、そしてソ連の形成に至る時期の「東方」と「辺境」地域の研究が、その地域史の構築の一助になれば幸いである。

最後に、本書の上梓にあたり多くの人々の支援と励ましを得たことを述べておかねばならない。学生、院生、そして助手として学んだ北海道大学から、私は何よりもその史学の気風を受け継いだ。文学部の西洋史研究室には、フランス革命を中心とする優れた先輩や先生方がおられ、ロシア史研究では鳥山成人先生が私の変わらぬ指導教官であった。廊下を隔てた東洋史、日本史研究室に蝟集する俊英からの刺激は言うまでもない。また、スラヴ研究センターの有能なスタッフからは常に研究への積極性を教えられた。原暉之さんからは、研究会をはじめ公私にわたる助言、示唆を受け、兎内勇津流さんからは、貴重な参考資料を厭わず送って頂いた。北大は、ロシア・スラヴ研究の中心として、狭い世界で育った私に広い知の地平を拓いてくれた。北海道の拓殖を目指して設置されたこの植民地の「帝国」大学は、この意味で本書の成立に大きく寄与している。さらに、北海道で七〇年代以降進められた「民衆史掘り起こし」運動から、辺境で地域と民衆を考えるということの「人間性」を学んだ。また、赴任した静岡県立大学にも多くを負っている。同僚の島田孝夫さんからは、蔵書とコンピューターから貴重な情報を戴いた。県立大学の図書館には、半ば変人の資料狂いに快く応じて頂いた。そして、最後に、欧文の謝辞にならって決して最少ではないが私をとりまく家族に助けられている。妻の敦子には、いつものように原稿をワープロでおこしてもらった。父母に、さらに父母を通して四代にわたり北の辺境で開拓と農業にたずさわってき人々の資質に、私は多くを負っていると感じている。

本書は、北大図書刊行会の田宮治男さんの勧めがなかったら生まれなかったであろう。彼は、私の先輩でもあり、九州男児を自認されるその褒めと脅しで、私に研究をまとめることを勧めてくれた。彼を引き継いだ今中智佳子さんの優しくも厳しい励ましがなければ、本書は日の目をみなかったであろう。「私の大学」でもある北大の図書刊行会から、本書が上梓されること、喜びである。

二〇〇一年四月二九日　静岡、緑と光溢れる上足洗、宿舎にて

追記

本書の原稿を提出して、私は県費で七月中旬から九月末までの一夏を海外研修に出る機会を得た。本書の舞台となっているロシアの東方辺境から中央アジアの各地で、大学、図書館、文書館などを訪れ、研究者と交流することができた。また、平成一三年度科学研究費補助金(研究成果公開促進費)を得ることができた。本書の出版は、これらの公的支援にも多くを負っている。

事項・人名索引

あ　行

か　行

さ　行

た　行

な　行

は　行

ま 行

や 行

ら 行

西山克典(にしやま かつのり)

1951年，北海道上川地方志比内《しびない》(アイヌ語で鮭のたくさんとれる沢の意味)生まれ。北海道大学文学研究科博士課程を単位取得後退学。
現　在　静岡県立大学国際関係学部助教授。
専　攻　ロシア近・現代史。

【主な論文】
「ロシア革命と農民——共同体における〝スチヒーヤ〟の問題によせて」『スラヴ研究』29号(1982年)；「ロシア革命と地方ソヴェト権力——〝一党制〟政治システムの形成によせて」同上32号(1985年)；「ロシア革命と国家編成」『スラヴの民族』弘文堂(1995年)所収「シベリア・中央アジア・モンゴル——「開発」シンドロームからの脱却を求めて」『岐路に立つ現代世界——混沌を恐れるな』東京大学出版会(1996年)所収；「帝国秩序の崩壊と再編——ストルィピンからスターリンへ」『ロシア史研究』64号(1999年)
【訳　　書】
トロツキー『ロシア革命——「十月」からブレスト講和まで』柘植書房(1995年)；リチャード・パイプス『ロシア革命史』成文社(2000年)

ロシア革命と東方辺境地域——「帝国」秩序からの自立を求めて

2002年2月28日　第1刷発行

著　者　　西山克典
発行者　　佐伯　浩

発行所　北海道大学図書刊行会
札幌市北区北9条西8丁目北海道大学構内(〒060-0809)
tel.011(747)2308・fax.011(736)8605・http://www.hup.gr.jp/

㈱アイワード／石田製本

ISBN4-8329-6281-7